Wiegand

David Harveys urbane Politische Ökonomie

RAUMPRODUKTIONEN: THEORIE UND GESELLSCHAFTLICHE PRAXIS

Herausgegeben von Bernd Belina, Boris Michel und Markus Wissen

Band 16

Die Buchreihe bildet ein Forum kritischer Raumforschung im Rahmen kritischer Gesellschaftstheorie. Ihr Ziel ist es, Debatten zugänglicher zu machen, zu bündeln, zu initiieren und zu kritisieren. Kritische Raumforschung untersucht die soziale Produktion von Raum und die je spezifischen gesellschaftlichen Verräumlichungen.

Kritische Raumforschung als Gesellschaftsforschung fragt nach den aktuellen räumlichen Transformationsprozessen, denen der physisch-materielle Raum inklusive seiner sozialen Bedeutungen unterworfen ist. Dazu gehören neue Formen der Inwertsetzung und Politisierung von Natur und gebauter Umwelt, die Umstrukturierung städtischer, staatlicher und globaler Räume, räumliche Strategien der Kontrolle oder die Produktion und Veränderung räumlicher Maßstabsebenen.

Kritische Raumforschung rückt soziale Kämpfe um und mittels Raumproduktionen und damit gesellschaftliche Widersprüche in den Mittelpunkt.

Kritische Raumforschung kritisiert gesellschaftswissenschaftliche Konzepte von Raum, die diesen losgelöst von jeglicher Materialität konstruieren; ebenso kritisiert sie Konzepte, die Gesellschaft an diese Materialität fesseln. Kritische Raumforschung sucht nicht nach einer „Raumtheorie", sondern nach gesellschaftlichen Raumverhältnissen.

Felix Wiegand, geb. 1983, studierte Politikwissenschaft an der Universität Wien und ist zurzeit wissenschaftlicher Mitarbeiter am Institut für Humangeographie der Goethe-Universität Frankfurt. Seine Arbeitsschwerpunkte sind kritische Raum- und Stadtforschung, das Werk von David Harvey sowie materialistische Staats- und Gesellschaftstheorie.

Felix Wiegand

David Harveys urbane Politische Ökonomie

Ausgrabungen der Zukunft marxistischer Stadtforschung

WESTFÄLISCHES DAMPFBOOT

Gefördert durch die Österreichische
HochschülerInnenschaft

Gefördert durch die
HochschülerInnenschaft
an der Universität Wien

Bibliografische Information der Deutschen Nationalbibliothek
Die Deutsche Nationalbibliothek verzeichnet diese Publikation in der Deutschen Nationalbibliografie; detaillierte bibliografische Daten sind im Internet über http://dnb.d-nb.de abrufbar.

1. Auflage Münster 2013

Umschlag: Lütke Fahle Seifert AGD, Münster
Druck: Rosch-Buch Druckerei GmbH, Scheßlitz
Gedruckt auf säurefreiem, alterungsbeständigem Papier
ISBN 978-3-89691-922-9

Inhalt

1 Einleitung

> „Die Ausdehnung der modernen großen Städte gibt in gewissen, besonders in den zentral gelegenen Strichen derselben dem Grund und Boden einen künstlichen, oft kolossal steigenden Wert; die darauf errichteten Gebäude, statt diesen Wert zu erhöhn, drücken ihn vielmehr herab, weil sie den veränderten Verhältnissen nicht mehr entsprechen; man reißt sie nieder und ersetzt sie durch andre. Dies geschieht vor allem mit zentral gelegenen Arbeiterwohnungen, deren Miete, selbst bei der größten Überfüllung, nie oder doch nur äußerst langsam über ein gewisses Maximum hinausgehn kann. Man reißt sie nieder und baut Läden, Warenlager, öffentliche Gebäude an ihrer Stelle. Der Bonapartismus hat durch seinen Haussmann in Paris diese Tendenz aufs kolossalste zu Schwindel und Privatbereicherung ausgebeutet; aber auch durch London, Manchester, Liverpool ist der Geist Haussmanns geschritten, und in Berlin und Wien scheint er sich ebenso heimisch zu fühlen. Das Resultat ist, daß die Arbeiter vom Mittelpunkt der Städte an den Umkreis gedrängt, daß Arbeiter- und überhaupt kleinere Wohnungen selten und teuer werden und oft gar nicht zu haben sind, denn unter diesen Verhältnissen wird die Bauindustrie, der teurere Wohnungen ein weit besseres Spekulationsfeld bieten, immer nur ausnahmsweise Arbeiterwohnungen bauen."
>
> *Friedrich Engels – Zur Wohnungsfrage* (1973 [1872]: 215)

Die mittlerweile etwa 40-jährige Geschichte einer im weitesten Sinne kritischen Stadtforschung – als eigenem, akademisch institutionalisiertem Feld – ist untrennbar mit dem Namen David Harvey verbunden. Gemeinsam mit Henri Lefebvre und Manuel Castells gilt er als einer der Begründer dieser Tradition, zu deren Weiterentwicklung er seit der Veröffentlichung seines bahnbrechenden Werkes *Social Justice and the City* (Harvey 2009 [1973]) bis hin zu seinem jüngsten Buch *Rebel Cities. From the Right to the City to the Urban Revolution* (Harvey 2012b) kontinuierlich beigetragen hat. Ob als positive Referenz oder negativer Bezugspunkt, an Harveys explizit marxistischem Ansatz ist selbst im deutschsprachigen Raum kaum ein Vorbeikommen: Ein zumindest kurzer Verweis auf eine seiner Publikationen findet sich wohl in den meisten Texten zum Thema Stadt und Urbanisierung[1], die aus der Perspektive kritischer Sozialwissenschaften verfasst sind.

1 Im Anschluss an das prozessorientierte Verständnis von Harvey wird in diesem Buch nicht systematisch zwischen „Stadt" bzw. „urbaner Region" und „Urbanisierung" unterschieden.

Gleichzeitig reicht die Relevanz von Harveys Werk weit über diesen Gegenstand oder den vergleichsweise engen Zirkel kritischer StadtforscherInnen hinaus. Als eine der Gründungsfiguren der *Radical Geography* hat er nicht nur bereits früh einen zentralen theoretischen Beitrag zum besseren Verständnis der räumlich ungleichen Entwicklung des Kapitalismus geleistet. Vielmehr sind seine Arbeiten spätestens seit dem Bestseller *The Condition of Postmodernity* (Harvey 1989b) international derart bekannt, dass Harvey heute nach der Zahl von Zitationen „(...) zweifelsfrei der bedeutendste Geograph der Gegenwart [ist]" (Belina 2011: 240). Aber auch jenseits solcher formaler Kriterien ist sein Stellenwert unbestritten: Insbesondere Harveys Bemühen, die Marxsche Kritik der Politischen Ökonomie systematisch um Fragen der Räumlichkeit zu erweitern, haben ihm den Ruf eingebracht, der „greatest living Marxist geographer" (Castree 2007: 97)[2] bzw. einer der zur Zeit wichtigsten marxistischen GesellschaftstheoretikerInnen zu sein (vgl. Callinicos 2006: 47). Und schließlich weisen ihn seine jüngeren Veröffentlichungen zu Globalisierung, Neoliberalismus und Imperialismus sowie zu den „urbanen Wurzeln" der aktuellen Wirtschafts- und Finanzkrise als „einen der bedeutendsten zeitdiagnostischen Theoretiker des globalen Kapitalismus" aus (Belina 2011: 240).

1.1 Das Gesamtwerk von Harvey – eine *terra incognita*?

Der Einsatzpunkt des vorliegenden Buches ist eine Leerstelle, die angesichts der skizzierten – und nicht einmal von seinen KritikerInnen bestrittenen – Bedeutung von Harveys Werk verwunderlich ist: Bis heute liegt selbst im englischsprachigen Raum (fast) keine zusammenhängende, detaillierte Rekonstruktion seines Œuvres vor. Während etwa die Arbeiten von Lefebvre und Castells mittlerweile relativ gut erschlossen sind[3], existieren über einen sehr frühen, zum Teil mangelhaften Verstoß

Stattdessen werden erstere als Effekt und zugleich Ausgangspunkt von letzterer gefasst (vgl. hierzu Kapitel 4.2 und 5.4).

2 Alle Zitate verbleiben in der Originalsprache und wurden weder einer geschlechtergerechten noch einer einheitlich britischen oder US-amerikanischen Schreibweise angepasst. So nicht anders gekennzeichnet, stammen Kursivierungen aus dem Original. Bei Begriffen, deren Übersetzung fragwürdig erscheint, wird die ursprüngliche Bezeichnung bei der erstmaligen Nennung in Klammern gesondert angeführt.

3 So sind nach einer ersten, postmodernen Wiederentdeckung Lefebvres in den 1990er Jahren – aus der eine regelrechte, inhaltlich fragwürdige „Lefebvre-Industrie" (Kipfer/Milgrom 2002: 38f.) erwuchs – im Rahmen einer zweiten, stärker gesellschaftskritisch orientierten Rezeptionswelle in jüngerer Vergangenheit eine ganze Reihe instruktiver Monografien und Sammelbände erschienen (vgl. u.a. Elden 2004; Schmid 2005; Merrifield 2006; Kipfer et al. 2008b). Wenngleich zur Zeit in kritischen Kreisen weit weniger

(Paterson 1984) sowie das vergriffene und auch antiquarisch kaum erhältliche Einführungsbuch *David Harvey: Live Theory* (Jones 2004) hinaus keine Monographien über Harvey. Zwar wurde jüngst versucht, diese Lücke mit dem Sammelband *David Harvey. A Critical Reader* (Castree/Gregory 2006) zu schließen. Wie Noel Castree (vgl. 2007: 97f.) selbst eingesteht, fokussieren die darin enthaltenen Beiträge allerdings – mit Ausnahme von Derek Gregorys einführendem Essay (Gregory 2006) – mehrheitlich auf spezifische Aspekte und nicht auf Harveys Gesamtwerk.[4] Dies versucht der angeführte Text von Castree im Nachhinein zu beheben. Er stößt dabei jedoch ebenso an die Grenzen des Artikelformats wie diverse (Review-)Symposien zu einzelnen Veröffentlichungen von Harvey (vgl. z.B. Castree/Essletzbichler/Brenner 2004b; McDowell et al. 1998; Ashman et al. 2006) sowie die meist sehr knappen Einträge zu seiner Person oder seinen Publikationen in Nachschlagewerken (vgl. z.B. Castree 2004; 2008; Jones/Woodward 2009). Somit ändern diese Veröffentlichungen nur wenig am „(...) fragmentary and partial grasp of Harvey's intellectual and political project this last thirty or more years." (Castree 2007: 98)

Zweifellos gehören Harveys Analysen kapitalistischer Urbanisierung, die im Folgenden im Mittelpunkt der Betrachtungen stehen werden, zu jenen Aspekten seines Werkes, die zumindest im englischsprachigen Raum noch am ehesten eine umfassende Aufarbeitung erfahren haben. Abgesehen von einer unüberschaubaren Fülle an Zeitschriftenartikeln, die zudem meist auf spezifische Gesichtspunkte abstellen, ist die Veröffentlichungssituation jedoch auch hier keineswegs rosig. Während seine wichtigsten Bücher sowie zentrale Begriffe nämlich in kaum einer Überblicksdarstellung zur Geschichte kritischer Stadtforschung fehlen dürfen (vgl. z.B. Gottdiener 1994 [1985]; Saunders 1987; Soja 2000; Parker 2004; Hubbard 2006), bleibt die Auseinandersetzung darin zumeist vergleichsweise knapp, oberflächlich und manchmal einseitig negativ. Eine detaillierte Rekonstruktion und differenzierte Diskussion von Harveys Argumentationsfiguren und theoretischen Grundlagen findet demgegenüber nur selten statt (vgl. z.B. Katznelson 1992; Merrifield 2002). Zudem werden seine Arbeiten häufig isoliert voneinander betrachtet bzw. auf ihren Zeitkern reduziert und vorhandene (Weiter-)Entwicklungen nicht oder nur am Rande berücksichtigt.

---

populär, existieren auch zum Werk von Manuel Castells eine Vielzahl von Veröffentlichungen. Allerdings sind seine marxistischen Analysen zur „kapitalistischen Stadt" aus den 1970er Jahren – trotz jüngster Anzeichen für eine Wiederbelebung (vgl. Castells 2012 [1973]) – bisher keineswegs derart umfangreich rekonstruiert wie seine Arbeiten zum „Informationszeitalter" (vgl. z.B. Webster/Dimitriou 2004; Stalder 2008).

4 Für einen Überblick über sein Œuvre ist die im Sammelband enthaltene Publikationsliste von Harvey indes überaus hilfreich.

Noch wesentlich unbefriedigender ist die Situation hierzulande, wo ohnehin nur von einer lückenhaften Rezeption gesprochen werden kann. Neben des „allgemeinen Fehlens einer Tradition kritisch-materialistischer Raumforschung in deutscher Sprache" (Belina/Michel 2007b: 8) mag dies seine Ursache zum einen in der Kontinuität einer spezifischen stadt*soziologischen* oder *-ethnographischen* Perspektive haben, die bis heute seltsam verengte Darstellungen der Geschichte kritischer Stadtforschung produziert (vgl. z.B. Häußermann/Kemper 2005; Lindner 2004; Eckardt 2012).[5] Ein anderer Faktor ist wohl, dass Harveys Arbeiten zum Thema Stadt und Urbanisierung – anders als seine jüngeren Analysen zu Neoliberalismus und Imperialismus sowie einzelne weitere Texte – bisher kaum übersetzt sind. Die Ausnahme bilden hier einige frühe, mitunter jedoch fehlerhafte Abdrucke.[6]

Wenn sich somit an der „dürftige[n] Veröffentlichungssituation von Harveys Arbeiten in deutscher Sprache" (Keil 1987: 133) seit dem Zeitpunkt dieser Diagnose wenig verändert hat, so gilt dies ebenso für Versuche einer strukturierten Auseinandersetzung mit seinem Werk. Abgesehen von Roger Keils noch immer lesenswertem Überblickstext *David Harvey und das Projekt einer materialistischen Stadttheorie*, aus dem das Zitat stammt, sowie verstreuten Hinweisen, knappen Diskussionen und diversen Erörterungen in verschiedenen Texten aus den 1980er und 1990er Jahren (vgl. z.B. Ossenbrügge 1983; Hartmann et al. 1986; Hitz et al. 1995; Schmid 1996; Krätke 1991) wurde diesbezüglich lange Zeit kaum Nennenswertes publiziert. Demgegenüber haben die vergleichsweise umfangreichen Debatten rund um Harveys Buch *Der neue Imperialismus* (Harvey 2005 [2003]) zwar einige wichtige Aspekte seines Werkes erhellt, dies aber selbstredend nicht aus einer urbanisierungstheoretischen Perspektive (vgl. z.B. Zeller 2004; Deppe et al. 2004; Gerstenberger 2007; ten Brink 2008a). Und wo Christian Schmid (vgl. 2005: 40ff.) eine solche einnimmt, beschäftigt er sich mit Harvey im Rahmen eines umfassenderen Überblicks zur

5 Um diese Engführung – und die damit verbundene, enervierende Debatte um die Frage, ob Raum und Städte überhaupt ein adäquater Gegenstand soziologischer Forschung sein können (vgl. z.B. Saunders 1987) – zu vermeiden und den inter- bzw. transdisziplinären Charakter des Projekts hervorzuheben, ist in diesem Buch anstelle von Stadtsoziologie durchgehend von kritischer Stadtforschung die Rede. In diesem Sinne wird die historische „Neue Stadtsoziologie" [„New Urban Sociology"] als Teil einer breiteren, ab den späten 1960er Jahren entstandenen Tradition kritischer Stadtforschung verstanden, die von Beginn an auch einen stärker politökonomisch orientierten Strang beinhaltete, für den Harveys Werk paradigmatisch ist (siehe unten).

6 Ein häufiges und bisweilen auch in aktuellen Übersetzungen noch zu findendes Defizit stellt z.B. die Wiedergabe des englischen Begriffs „built environment" mit „baulicher Umwelt" oder „Bebauung" anstelle der wörtlichen sowie mittlerweile längst gebräuchlichen Bezeichnung „gebaute Umwelt" dar. Infolge solcher Mängel wird in diesem Buch zumeist nicht auf diese frühen Übersetzungen (vgl. u.a. Harvey 1978 [1974]; 1985 [1978]; 1987a; 1991 [1985]), sondern auf die Texte im englischen Original zurückgegriffen.

Geschichte kritischer Stadt- und Raumforschung, nicht mit dem Ziel einer detaillierten Argumentation. Im Unterschied dazu haben in jüngerer Vergangenheit die Zeitschrift *AnArchitektur* (2006a; 2006b) sowie AutorInnen wie Bernd Belina (2003; 2006; 2008; 2010; 2011), Susanne Heeg (2008), Andrej Holm (2010; 2011) oder Markus Wissen (2011; Wissen/Naumann 2008) Harveys Ansatz für die Analyse der Dynamiken und Widersprüche neoliberaler Urbanisierungsprozesse fruchtbar gemacht und dabei einzelne Begriffe systematisch diskutiert. Zudem fungiert Harvey gerade mit seinen aktuellen Texten – wenngleich sicher weniger als etwa Lefebvre – auch für manche der zahlreichen „Recht auf Stadt"-Initiativen, die in den letzten Jahren in vielen deutschsprachigen Städten entstanden sind, als wichtiger theoretischer Bezugspunkt.

Trotz dieses offenkundig vorhandenen Interesses wurden bisher jedoch keine Schritte in Richtung einer umfassenden Darstellung von Harveys Arbeiten zum Thema Stadt und Urbanisierung – oder auch darüber hinaus – unternommen. Das vorliegende Buch möchte dazu beitragen, diese Lücke zu füllen, indem es seine urbane Politische Ökonomie rekonstruiert sowie die wissenschafts- und gesellschaftstheoretischen Grundlagen seines Ansatzes offenlegt. Warum hierfür, wie im Titel in Anspielung auf Mike Davis' außergewöhnliches Buch *City of Quarz* (Davis 2006 [1990]) angedeutet, „Ausgrabungen" notwendig sind, inwieweit diese möglicherweise in die „Zukunft" weisen und wo die Grenzen eines solchen Projekts liegen, verdeutlicht ein kurzer – und notwendigerweise stark vereinfachender – Blick auf die weitgehend synchron verlaufende Entwicklung vom Feld kritischer Stadtforschung auf der einen und Harveys Werk auf der anderen Seite.[7]

1.2 Harvey und die Entwicklung kritischer Stadtforschung

Als Entstehungsphase kritischer Stadtforschung gelten gemeinhin die späten 1960er Jahre. Zwar gab es etwa in Gestalt von literarischen und journalistischen Sozialreportagen – für das 19. und frühe 20. Jahrhundert lassen sich diesbezüglich z.B. Charles Dickens, Jacob A. Riis, Charles Booth, Hans Ostwald, Max Winter oder Emil Kläger nennen – sowie den Arbeiten von Friedrich Engels – *Die Lage der arbeitenden Klasse in England* (1972 [1845]) und *Zur Wohnungsfrage* (1973 [1872]) – zweifellos schon früher kritische Untersuchungen zur sozialen Situation in (Groß-)Städten oder Prozessen der Stadtentwicklung. Zur Geburtsstunde einer theoretisch fundierten, macht- und herrschaftskritisch ausgerichteten *und* zugleich auch akademisch

7 Eine detailliertere Beschreibung von Harveys intellektueller Biographie – inklusive einer genauen Übersicht über seine bisherigen Veröffentlichungen und der Einführung wichtiger Abkürzungen – erfolgt in Kapitel 2.

institutionalisierten Beschäftigung mit der urbanen Frage wurde jedoch erst die so genannte „Krise der Stadt“ in den 1960er Jahren.[8] Da die bis dahin dominante, (links-)liberal oder konservativ ausgerichtete Stadtforschung in der Tradition von Émile Durkheim, Max Weber, Georg Simmel und insbesondere der *Chicago School of Urbanism* auf diese Krisenprozesse ebensowenig eine Antwort fand wie jüngere, positivistisch beeinflusste und zum Teil sehr staatsnahe Zugänge, mündete die „Krise der Stadt“ unmittelbar in eine „Krise der Stadtforschung“ (Schmid 2005: 31). Aus dieser ging in den „1968er Jahren“ im Kontext einer generellen Politisierung der universitären und außeruniversitären Wissensproduktion – die unter anderem auch die *Radical Geography* und die Zeitschrift *Antipode* entstehen ließ (vgl. Peet 1977a; Harvey/Smith 1984; Swyngedouw 1999; Smith 2001; Belina/Michel 2007a) – sowie einer staatlichen, auf die Beherrschung der „Krise der Stadt“ gerichteten Förderung kritischer Untersuchungen eine Vielzahl alternativer Ansätze hervor. Gemeinsam begannen diese, das inter- bzw. transdisziplinäre Feld kritischer Stadtforschung zu konstituieren.[9]

Obwohl de facto überaus vielfältig und keineswegs auf einzelne Figuren oder Länder reduzierbar, nahm in diesem Prozess Harvey – gemeinsam mit Castells – eine Pionierfunktion ein. Dieser Status gründet zunächst auf der fast zeitgleichen Veröffentlichung jener Werke, die im Nachhinein insbesondere wegen ihrer theoretischen Radikalität als „primary launching pad“ (Soja 2000: 100) kritischer Stadtforschung gesehen werden können: *La Question Urbaine* bzw. *Die kapitalistische Stadt* (Castells

8 Vor dem Hintergrund der innerstädtischen Riots und urbanen Gegenbewegungen der 1960er Jahre wurde unter diesem Schlagwort in zeitgenössischen Debatten ein ganzes Bündel von als städtisch identifizierten Problemlagen diskutiert. Diese reichten von den direkten Folgen des funktionalen Städtebaus der Nachkriegszeit bzw. des Fordismus – wie etwa die Restrukturierung der Städte nach den Erfordernissen des Automobilverkehrs, die Errichtung uniformer, anonymer Wohnblöcke in den Vorstädten bei gleichzeitigem Niedergang der Innenstädte oder eine zunehmende Umweltverschmutzung und ein genereller Verlust an urbaner Lebensqualität – bis hin zu dem damit verbundenen, aber umfassenderen Scheitern staatlicher Sozial- und Stadtpolitik. Letzteres kam unter anderem in wachsenden kommunalen Fiskalproblemen sowie dem Fortbestand und der räumlichen Konzentration der als „gefährlich“ eingestuften und häufig rassifzierten städtischen Armen zum Ausdruck. Insgesamt kann die „Krise der Stadt“ als wichtiger, aber häufig vernachlässigter Aspekt der Krise des Fordismus gedeutet werden (vgl. Schmid 2005: 31; Soja 2000: 95ff.; Häußermann/Kemper 2005: 30ff.).

9 Einen Überblick über diesen Prozess der Entstehung und Entwicklung kritischer Stadtforschung vermitteln unter vielen anderen z.B. Zukin (1980), Lebas et.al.(1982), Jaret (1983), Katznelson (1992: 92ff.), Peet (1998: 67ff.), Soja (2000: 95ff.), Milicevic (2001), Häußermann/Kemper (2005) oder Schmid (2005: 22ff.) sowie nicht zuletzt die Einleitungstexte und Beiträge aus den Sammelbänden, die unten im Zusammenhang mit Harvey und Castells angeführt sind.

1977 [1972]) und *Social Justice and the City* (Harvey 2009 [1973]). Beide Bücher entfalteten eine ungeheure Wirkung: „(…) [O]nce *The Urban Question* and *Social Justice and the City* arrived on the scene, nobody could study the city as blithely as they once did.“ (Merrifield 2002: 133) Wenngleich maßgeblich vom Werk Lefebvres beeinflusst und einander in gewissen Aspekten durchaus nicht unähnlich, erarbeiteten Castells und Harvey darin einen je eigenständigen theoretischen Zugriff auf die urbane Frage. Ihre Ansätze wurden in der weiteren Entwicklung kritischer Stadtforschung zu den zentralen „theoretische[n] Angelpunkte[n]“ (Schmid 2005: 32), welche lange die zwei „Hauptrichtungen der Theoriebildung“ (Krämer/Neef 1985: 7) markierten (vgl. auch Zukin 1980; Soja 2000: 99ff.): Hier ein eher soziologischer bzw. staatstheoretischer, anfangs stark vom „strukturalen“ Marxismus (vgl. Jaeggi 1976) der so genannten Althusser-Schule geprägter Zugang, der um das Konzept des kollektiven Konsums und später der urbanen sozialen Bewegungen zentriert war und, von Frankreich ausgehend, den Grundstein für die *New Urban Sociology* im engeren Sinn legte (vgl. z.B. Castells 2012 [1973]; Pickvance 1976; Harloe 1977; Mayer/Roth/Brandes 1978); und dort eine im Kontext der US-Amerikanischen *Radical Geography* entstandene, auf die Produktion der gebauten Umwelt bzw. des (städtischen) Raums im Allgemeinen fokussierte Perspektive, die eine direkte Adaption der Marxschen Kritik der Politischen Ökonomie vor Augen hatte (vgl. z.B. Tabb/Sawers 1978; Cox 1978; Dear/Scott 1981).[10]

Trotz unterschiedlicher Gewichtungen zeichnete beide Herangehensweisen somit eine explizit marxistische Orientierung aus. Nicht umsonst nahm der Marxismus daher in der Ausbreitung und Etablierung kritischer Stadtforschung, die im Verlauf der 1970er Jahre im Anschluss an bzw. parallel zu den Pionierarbeiten von Harvey und Castells einsetzte, lange Zeit eine vergleichsweise zentrale Stellung ein: „(…) [T]he new Marxist studies became the major source of innovation in the urban

10 Die hier angeführten Sammelbände offenbaren nicht nur, wie produktiv und thematisch ausgreifend jene Phase kritischer Stadtforschung war, sondern auch, dass zwischen den beiden „Hauptrichtungen der Theoriebildung“ de facto starke inhaltliche und mitunter auch personelle Überschneidungen bestanden, weshalb die Differenzierung keineswegs im Sinne einer groben Trennung missverstanden werden sollte. Zudem machen diese, sowie eine Reihe etwas später – zum Teil auf deutsch – erschienener Sammelbände (vgl. Harloe/Lebas 1981; Krämer/Neef 1985, Borst et al. 1990) sichtbar, dass innerhalb der kritischen Stadtforschung von Beginn an zumindest noch eine dritte, in erster Linie von England ausgehende, neo-weberianische – und also nicht- bzw. antimarxistische – Strömung existierte, welche vor allem mit dem Namen Ray Pahl verbunden ist. Ein starker italienischer, nicht selten operaistisch geprägter Diskussionsstrang sowie Beiträge zu Osteuropa, Spanien usw. runden das Bild einer auch geographisch äußerst vielfältigen Debattelandschaft ab.

field" (Katznelson 1992: viii).[11] Dabei handelt es sich um einen zunächst paradox erscheinenden Sachverhalt: Weder hat Marx selbst das Thema Stadt oder, allgemeiner, Raum, in den Rang eines gesonderten Untersuchungsgegenstands erhoben, noch wurden in den marxistischen Debatten aus der ersten Hälfte des 20. Jahrhunderts die von Engels angestoßenen Überlegungen zu einem politökonomisch fundierten Verständnis urbaner Prozesse umfassend rezipiert. Gerade aufgrund der lange Zeit – mitunter auch politisch-praktisch – problematischen Beziehung des Marxismus zu Fragen des Städtischen gereichte die „marxification' of urban scholarship" (Soja 2000: 100) in den 1970er und 1980er Jahren letztlich beiden Seiten zum Vorteil: „For a while, a lot of the best urbanism was carried out by Marxists, and the best Marxism by urbanists." (Merrifield 2002: 5; vgl. auch Katznelson 1992: 27ff.) Obgleich im Zuge der immer stärkeren Ausdifferenzierung des Feldes längst auch andere Ansätze an Einfluss gewannen, blieben der Marxismus im Allgemeinen und die Werke von Harvey und Castells im Besonderen bis etwa Mitte der 1980er Jahre innerhalb der kritischen Stadtforschung eine zentrale Referenz.

Genau in diesen Zeitraum fallen gleichzeitig auch Harveys wichtigste Veröffentlichungen zum Thema. So hat er im Verlauf der 1970er und 1980er Jahre, ausgehend von *Social Justice and the City*, in einer Vielzahl von Zeitschriftenartikeln und Essays die wissenschafts- und gesellschaftstheoretischen Grundlagen seines Zugangs erarbeitet sowie – verbunden mit breiter angelegten Untersuchungen der historischen Geographie des Kapitalismus – verschiedene Dimensionen kapitalistischer Urbanisierung konzeptionell zugänglich gemacht und empirisch beleuchtet. Zudem wurde in dieser Periode Harveys theoretisches Hauptwerk *Limits to Capital* (Harvey 2006 [1982]) publiziert. In diesem Text, der bis heute seinen zentralen intellektuellen Bezugspunkt darstellt, entwickelt er in direkter Auseinandersetzung mit – dem „späten" – Marx sein eigenes, um Fragen der Zeitlichkeit und Räumlichkeit erweitertes und dadurch selbst „urbanisiertes" Verständnis Politischer Ökonomie.

Wenn insbesondere die Erarbeitung seines theoretischen Beitrags zum Projekt kritischer Stadtforschung und deren marxistische Hochphase somit zeitlich weitgehend deckungsgleich waren, dann fielen am Ausgang der 1980er Jahre umgekehrt auch deren Enden zusammen. Hier vollzog sich innerhalb der kritischen Stadtforschung – und, damit aufs engste verknüpft, der kritischen Geographie und Regionalforschung – ein Paradigmenwechsel, der vereinfachend als Verschiebung in Richtung poststrukturalistischer und postmoderner Zugänge beschrieben werden kann (vgl. Dear et al. 1987; Peet 1998: 216ff.; Smith 2001: 10ff.; Schmid 2005: 45ff.; Häußermann/Kemper 2005: 40ff.; Hudson 2006). Dieser scheint aus heutiger Perspektive zwar weniger signifikant gewesen zu sein als in anderen akademischen Feldern,

11 Zu den Ursachen für die besondere Attraktivität einer genuin marxistischen Perspektive siehe Häußermann/Kemper (2005: 33).

fungieren einige der an Marx orientierten Ansätze hier doch noch immer als positive Referenz. Aber gerade weil diese zuvor derart einflussreich waren, nahm die Reorientierung noch stärker als anderswo die Form einer scharfen Kritik des Marxismus bzw. dessen dominanter, struktur-orientierter Spielarten an. Dabei wurden deren wissenschafts- und gesellschaftstheoretischen Grundannahmen ebenso in Frage gestellt wie der Vorwurf einer verkürzten, Leerstellen-behafteten Analyse erhoben oder die Fähigkeit in Abrede gestellt, die neuen, post-fordistischen bzw. post-modernen Realitäten angemessen erfassen zu können.

Während hierbei ehemalige VorreiterInnen marxistischer Stadt- und Regionalforschung mitunter besonders engagiert zu Werke gingen, hat sich Harvey in den zum Teil heftig geführten Debatten Ende der 1980er und zu Beginn der 1990er Jahre als einer der prominentesten VerteidigerInnen eines marxistischen Zugangs profiliert. Sein Festhalten an zentralen Positionen, d.h. insbesondere am Anspruch einer umfassenden, „meta-theoretischen" Perspektive und einer politökonomischen Fundierung der eigenen Analyse, verleiht Harveys Werk bis heute eine außergewöhnlich starke inhaltliche Kontinuität. Dies bedeutet freilich nicht, seine Arbeiten wären von den tiefgreifenden ökonomischen, politischen und ideologisch-kulturellen Veränderungen, welche die Grundlage des beschriebenen Paradigmenwechsels bildeten, unberührt geblieben. Stattdessen lässt sich Ende der 1980er Jahre auch bei ihm eine thematische und theoretische Verschiebung konstatieren. In diesem Zusammenhang markiert das Jahr 1989 insofern eine „fault-line" (Wright 2006: 80; vgl. auch Castree 2006: 257ff.), als hier *The Condition of Postmodernity* (Harvey 1989b) veröffentlicht wurde. Mit diesem Buch vollzog Harvey nicht nur eine Abkehr von der alleinigen Fokussierung auf Urbanisierungsprozesse bzw. die räumlich ungleiche Entwicklung des Kapitalismus, sondern auch eine stärkere Hinwendung zu kultur- und gesellschaftstheoretischen sowie normativen Fragestellungen.

Letztere haben in weiterer Folge auch Harveys Arbeiten aus den 1990er Jahren geprägt, in denen er – nicht zuletzt im kritischen Dialog mit poststrukturalistischen Ansätzen – die wissenschafts-, gesellschafts- und raumtheoretischen Grundlagen seines Zugangs zu schärfen versucht. Demgegenüber zeugen seine Veröffentlichungen aus den 2000er Jahren zu Neoliberalismus, Globalisierung und Imperialismus von einem erneuerten Interesse an zeitdiagnostischen Analysen. Im Verlauf dieser zwei Dekaden ab Ende der 1980er Jahre hat Harvey Städten und Urbanisierungsprozessen in seinen Betrachtungen zwar immer wieder eine wichtige Rolle eingeräumt, sie jedoch kaum mehr derart in den Mittelpunkt seiner Überlegungen gestellt wie noch zuvor. Im Unterschied dazu verdeutlicht das eingangs bereits erwähnte Buch *Rebel Cities* (Harvey 2012b), bei dem es sich im Wesentlichen um eine Zusammenstellung von Artikeln aus den letzten Jahren handelt, dass Harvey im Kontext der aktuellen Krise und der neuen Konjunktur urbaner sozialer Bewegungen wieder verstärkt zu seinen Themen der 1970er und 1980er Jahre zurückgekehrt ist.

Gerade weil er dabei theoretisch direkt an die umfangreichen Arbeiten aus jener Periode anknüpft und dort auch die Grundlagen seines Selbstverständnisses als kritischer, marxistischer Geograph sowie, in Gestalt von *Limits to Capital*, seiner Auffassung von Politischer Ökonomie gelegt wurden, scheint es naheliegend, sich in der Rekonstruktion seines Werkes – zumal mit dem Fokus auf Stadt und Urbanisierung – auf diese Phase zu konzentrieren. Harveys Publikationen aus den 1990er und 2000er Jahren finden demgegenüber in diesem Buch eher am Rande bzw. überall dort Erwähnung, wo sie wesentlich über vorherige Überlegungen hinausgehen und zur Klärung beitragen können. Gleiches gilt schließlich auch für seine jüngeren Analysen zu den Dynamiken und Widersprüchen neoliberaler Urbanisierung bzw. zur aktuellen Krise, auf die erst am Ende kurz eingegangen wird. Diese Auswahl verweist auf eine grundsätzliche Herausforderung im Umgang mit dem Werk eines Theoretikers, der als „restless analyst" (Harvey 1985a: xi) auch im vergleichsweise hohen Alter kaum Ermüdungserscheinungen zeigt: „A full accounting of Harvey's contribution cannot (...) currently be undertaken: the contribution is, quite simply, still in the making." (Castree 2007: 97) Angesichts der dargestellten Kontinuitäten ist mit dem hier gewählten Fokus auf Harveys Veröffentlichungen aus den 1970er und 1980er Jahren jedoch die Hoffnung verbunden, auch diese neuen – sowie mögliche zukünftige – Publikationen ein Stück weit zugänglicher zu machen.

Obwohl es somit zuallererst werkgeschichtliche Gründe hat, die Rekonstruktion von Harveys urbaner Politischer Ökonomie als Ausgrabungsarbeit anzulegen, so hat der kurze Blick auf die Entwicklung kritischer Stadtforschung deutlich gemacht, warum ein solcher Zugang auch hinsichtlich marxistischer Ansätze generell notwendig ist: Nicht zuletzt infolge des Paradigmenwechsels Ende der 1980er Jahre sind viele der produktiven Debatten der 1970er und 1980er Jahre sowie zentrale Konzepte und Begriffe heute weitgehend verschütt gegangen und bedürfen – weit über Harvey hinaus – der Wiederaneignung. Vor dem Hintergrund der Geschichte kritischer Stadtforschung und der aktuellen gesellschaftlichen Entwicklung würde, so die hier vertretene These, von einer stärkeren Wiederbelebung der Verbindung zwischen Marxismus und Stadtforschung längst nicht nur ersterer profitieren. Ohne deshalb einer neuen Zentralperspektive das Wort reden oder berechtigte Kritik ausblenden zu wollen, ist augenscheinlich, dass eine marxistische, politökonomisch informierte Perspektive die mittlerweile ungleich pluraler orientierte – und sich dabei mitunter in einem „fröhliche[n] Eklektizismus" (Schmid 2005: 61), einer „Polyphonie des Städtischen" (Berking/Löw 2005: 12) oder einfach einer Fülle an empirischen Einzelstudien auflösende – kritische Stadtforschung durchaus bereichern kann. Dies betrifft zuallererst die Frage nach dem – gesellschaftstheoretisch zu durchdringenden – Verhältnis relativ stabiler, auf der Ebene der Produktionsweise angesiedelter Strukturmerkmale kapitalistischer Gesellschaften zu den Spezifika historisch-geographisch konkreter Gesellschaftsformationen, Entwicklungsweisen oder Perioden[12], und, davon ausgehend, nach den grundlegenden – und somit wiederkehrenden – raum-zeitlichen Dynamiken, Widersprüchen und Krisenpotentialen kapitalistischer Urbanisierung; damit untrennbar verbunden sind Aspekte wie die Klassendimension von Macht und Herrschaft im urbanen Raum, ein kritisches Verständnis von (lokaler) Staatlichkeit oder die Fokussierung auf konkrete Akteure und Strategien progressiver Stadtpolitik und deren In-Beziehung-Setzen zu umfassenderen, gesamtgesellschaftlichen Transformationsprojekten.

1.3 Methode und Aufbau

Angesichts der zeitlichen Distanz zu den – nicht zuletzt von Harvey selbst – aufgeheizten Debatten um das Für und Wider „des" Marxismus, „des" Poststrukturalismus oder „der" Postmoderne lässt sich ein Dialog zwischen unterschiedlichen macht- und herrschaftskritischen Ansätzen heute zweifellos einfacher bewerkstelligen als noch vor einigen Jahren. Insbesondere mit dem Ziel einer solchen Verständigungsarbeit vor Augen, aber auch hinsichtlich eines möglichen Nutzens über die Stadtforschung hinaus, ist die Annäherung an Harveys Werk indes mit einer besonderen Herausforderungen verknüpft, der es methodisch zu begegnen gilt. Diese ergibt sich aus der dargestellten Rezeptionslandschaft von Harveys Arbeiten sowie seiner spezifischen Rolle in der Entwicklung kritischer Geographie und Stadtforschung. Gerade weil sich sein Werk bereits über mehrere Jahrzehnte erstreckt und es – v.a. im anglophonen Raum – für viele der ProtagonistInnen heutiger Debatten in ihrer akademischen Sozialisierung ein wichtiger Bezugspunkt war, ist mit der Zeit ein Bestand an geteiltem Wissen entstanden, der längst keinerlei Beleg am Text mehr zu bedürfen scheint. Diese, vor allem in manchen der oben genannten Überblicksdarstellungen zu beobachtende Tendenz, nach der die Nennung eines bestimmten Buchtitels von Harvey oder einzelner Begriffe die tatsächliche Argumentation ersetzt, ist insbesondere dort problematisch, wo es um mögliche Auslassungen und Schwächen seines Zugangs geht. Wird diesbezüglich auf den Nachweis am Text und eine theorieimmanente Bezugnahme verzichtet, droht die Kritik in eine bloße Zuschreibung abzugleiten, wodurch der Weg in Richtung einer produktiven Auseinandersetzung von vornherein verbaut ist (vgl. Archer 1987).

Im Unterschied dazu wird in diesem Buch versucht, mithilfe von Ausgrabungsarbeit im eigentlichen Wortsinn, d.h. einer systematischen Re-Lektüre von Primärtexten, deren strukturierter, häufig auf Originalzitate zurückgreifender Er-

12 Zur Unterscheidung von Produktionsweise und Gesellschaftsformation bei Marx und in der marxistischen Tradition siehe Althusser/Balibar (1972), Callinicos (1987: 39ff.) sowie Harvey (2006 [1982]: 25f., Fn. 12).

schließung sowie dem konsequenten Ausweisen des inhaltlichen Zusammenhangs und der jeweiligen Abstraktionsebene, über die bloße Reproduktion vermeintlich gesicherter Wahrheiten hinauszugehen und das eigene Vorgehen zugleich möglichst transparent und nachvollziehbar zu gestalten. Mit diesem Ansatz soll keineswegs die Illusion einer „unschuldigen" (Althusser/Balibar 1972: 12), d.h. den eigenen Standpunkt verhehlenden Lektüre erzeugt werden, liegt doch bereits der Auswahl und Gewichtung bestimmter Texte oder Passagen eine spezifische Auslegung zugrunde. Allerdings vermag eine textnahe Rekonstruktion, indem sie Begriffe und Kategorien detailliert erarbeitet und deren (Weiter-)Entwicklung verfolgt, zentrale Argumentationsstränge sowie die generelle Theoriearchitektur von Harveys Werk offenzulegen. Im Sinne einer „symptomalen Lektüre" (ebd.: 32), die vorhandene Leerstellen und Widersprüche als latenten Ausdruck bestehender Grundannahmen begreift und diese wiederum historisch kontextualisiert, lässt sich auf diesem Weg die je bestimmende „Problematik" (Bachelard/Althusser) sichtbar machen, d.h. „die spezifische begriffliche Struktur, die in einer (...) Theorie zugleich die Objekte und die Fragen, die an diese Objekte gerichtet werden können, ordnet" (Brühmann 1980: 231; zitiert nach Pühretmayer 2010: 10). Damit werden nicht nur die Bedingungen für eine Einschätzung von Harveys Positionen, sondern auch die Möglichkeit einer immanenten Kritik sowie daran anschließender Adaptionen und „Terrainwechsel" (Althusser/Balibar 1972: 31) geschaffen:

> „Durch die Rekonstruktionsarbeit soll verhindert werden, andere Theorien implizit oder explizit bloß an den eigenen Begriffsverständnissen zu messen – und damit eher diskussionslos zu verabschieden. Das Verfahren der immanenten Kritik soll zur ausführlichen Beschäftigung mit den Grundannahmen der anderen Position(en) auffordern und im Weiteren zu einer konsistenten Integration weiterführenden Argumente in den eigenen Ansatz oder überhaupt zur kreativen Erarbeitung einer neuen Problematik führen." (Pühretmayer 2010: 9f.)

Diese – keineswegs als kanonisch zu verstehende – Methode ist in jüngerer Vergangenheit etwa in der Rekonstruktion der Werke von Lefebvre (vgl. Schmid 2005: 17ff.), Poulantzas (vgl. Bretthauer et al. 2006: 20ff.) oder Gramsci (vgl. Opratko 2012: 22ff.) erfolgreich zur Anwendung gekommen. Um Harveys urbane Politische Ökonomie entsprechend erschließen zu können, erscheint es zuallererst notwendig, nach dem persönlichen, politischen, wissenschaftlichen und gesamtgesellschaftlichen Kontext seiner theoretischen und empirischen Arbeiten zu fragen. Dies ist vor allem deshalb wichtig, weil Harveys Entwicklung und die seines Œuvres – ähnlich, aber vielleicht noch deutlicher als bei vielen anderen StadtforscherInnen – maßgeblich durch die Orte, d.h. konkret (Groß-)Städte geprägt wurde, in denen er gelebt und gearbeitet hat. Beginnend mit Baltimore, wo sich Harvey Anfangs der 1970er Jahre von einem Vordenker positivistischer Geographie zum kritischen Stadtforscher und Theoretiker gewandelt und also überhaupt erst zu einer genuin marxistischen „Problematik"

– bzw., so sein eigener Begriff, einem „Paradigma" – gefunden hat, lassen sich später auch Paris, Oxford oder New York als „Truth-Spots" (Gieryn 2006; vgl. auch Barnes 2006) seines Ansatzes begreifen.

Eine solche Herangehensweise sollte indes nicht als Plädoyer für eine biographistische oder historizistische Deutung, sondern als Einladung verstanden werden, sich anhand der *Räume Harveys intellektueller Biographie* die je spezifischen *Ausgangspunkte* seines Schaffens vor Augen zu führen (Kapitel 2). Unter den Leitbegriffen *Wissenschaft*, *Marxismus* und *Raum* werden im Anschluss die ontologischen und epistemologischen *Grundlagen* seines Ansatzes in ihrer Entwicklung zwischen den frühen 1970er und den späten 1990er Jahren nachgezeichnet und kritisch diskutiert (Kapitel 3). Das Kapitel greift somit nicht nur thematisch, sondern auch zeitlich weiter aus als andere Teile des Buches. Dies liegt darin begründet, dass Harvey bzgl. der genannten Aspekte – nicht zuletzt als Reaktion auf die zu diesem Zeitpunkt lauter werdende Kritik an marxistischen Zugängen – in den späten 1980er und im Verlauf der 1990er Jahre eine Reihe wichtiger Verschiebungen und Erweiterung vorgenommen hat, die eine Thematisierung wert sind. Im Unterschied dazu liegt der Schwerpunkt des vierten, mit *Annäherungen* betitelten Abschnitts zunächst ganz auf den frühen 1970er Jahren. Hier wird erörtert, wie sich, ausgehend von seiner Hinwendung zu einer marxistischen Position in *Social Justice and the City*, Harveys Verständnis *von der Stadt als „Ding an sich" zum Prozess kapitalistischer Urbanisierung* verschoben hat und welche interne Struktur sein diesbezügliches Werk bis Ende der 1980er Jahre aufweist (Kapitel 4). Daran anknüpfend wird dann in einer detaillierten Rekonstruktion von *Limits to Capital* – als dem theoretischen Herzstück seiner urbanen Politischen Ökonomie – *die Integration von Zeit und Raum in eine allgemeine Akkumulations- und Krisentheorie* als eine zentrale *Errungenschaft* von Harveys Werk ausgemacht und zugleich auf mögliche Mängel und Leerstellen befragt (Kapitel 5). Abschließend stehen seine theoretischen und empirischen *Analysen* im Mittelpunkt: Mit Hilfe welcher Konzepte und Begriffe versucht Harvey, *kapitalistische Urbanisierung zwischen Akkumulation und Klassenkampf* zu denken, inwieweit kann sein Zugriff dabei politökonomisch und gesellschaftstheoretisch überzeugen, und welche politischen und strategischen Positionen entwickelt er mit Blick auf die notwendige Überwindung der kapitalistischen Form von Urbanisierung und Vergesellschaftung (Kapitel 6)?

2 Ausgangspunkte: Die Räume Harveys intellektueller Biographie

„It's Baltimore, gentlemen. The Gods will not save you."
Burrell – The Wire, Season 3, Episode 3: Dead Soldiers

Von Kent im Osten über Cambridge im Norden bis Bristol im Westen: Schlägt man auf der Landkarte mit dem Zirkel einen Halbkreis rund um London, hat man die wesentlichen Stationen umschrieben, auf denen der 1935 geborene David Harvey in den 1950er und 1960er Jahren seine akademische Karriere begann.[1] Ausgehend von einer frühen Begeisterung für Karten, Seefahrt und die naturräumlichen Gegebenheiten seiner Heimatregion Kent, studierte er zunächst auf der Eliteuniversität in Cambridge Geographie – für den aus der ArbeiterInnenklasse stammenden jungen Harvey ein offensichtlich prägendes Erlebnis: „The experience of class difference and segregation at Cambridge was both dramatic and formative." (Harvey 2002: 162) Obwohl sich daraus schon früh der Wunsch nach einer Überwindung von Klassenprivilegien entwickelte – „The only question was how and by what means" (ebd.: 163) –, erfolgte eine umfassendere Politisierung seiner Erinnerung zufolge erst durch die Suezkrise 1956. Wenn das Vorgehen Großbritanniens, Frankreichs und Israels in Ägypten bei Harvey jene Aversion gegen imperialistische Politiken weckte, die seine Haltung bis heute auszeichnet, dann wurde hier gleichzeitig der endgültige Niedergang des britischen *Empire* sichtbar.

Dieser fand im jungen, progressiven Teil der universitären Elite des Landes, zu der sich Harvey mit dem Abschluss seines Doktoratsstudiums – zur historischen Geographie Kents im 19. Jahrhundert – in Cambridge 1962 und einer darauffolgenden Anstellung an der Universität Bristol zählen durfte, ein spezifisches Echo: die wachsende Begeisterung für das sozialistisch-reformistische Modernisierungsprojekt der *British Labour Party* und dessen Glauben an sozialen Fortschritt mittels tech-

---

1 Die folgende Überblicksdarstellung von Harveys intellektueller Biographie beruht auf vereinzelten Hinweisen in seinen theoretischen Arbeiten (vgl. Harvey 2009 [1973]: 9ff.; 2001 [1984]; 2001c; 2001 [1974]-b; 2000: 3ff.), einem autobiographischen Text (Harvey 2002), Interviews (Harvey 1988b; 2001 [2000]; 2007) sowie einer Reihe von Sekundärquellen (vgl. u.a. Merrifield 2002: 133ff.; Barnes 2006; Gregory 2006; Thrift 2006; Castree 2006; 2007).

nologischer Effizienz und wissenschaftlicher Rationalität. In Gestalt der Regional-, Stadt- und Umweltplanung nahm die Disziplin der Geographie, die zuvor lange direkt im Dienst des *Empire* gestanden hatte, in diesem fordistischen Projekt des *social engineering* eine wichtige Rolle ein. Maßgeblich von dieser neuen gesellschaftlichen Funktion beeinflusst, erfasste die Modernisierungsdynamik in den 1960er Jahren – längst nicht nur in Großbritannien – schließlich auch die Disziplin selbst. In Form der so genannten „quantitativen Revolution" erlebte sie einen Wechsel von einem idiographischen, d.h. auf die naturräumlichen Besonderheiten konkreter Orte fokussierten, hin zu einem nomothetischen Paradigma und also den Einzug einer (vermeintlich) naturwissenschaftlichen, auf Standardisierung und statistischer Verifizierbarkeit aufbauenden Methodik.[2]

Mit seinem 1969 veröffentlichten Werk *Explanation in Geographie* (Harvey 1969) (im Folgenden *Explanation*) strebte der zu diesem Zeitpunkt gerade 34jährige Harvey nicht weniger als eine *einheitliche* – namentlich positivistische bzw. logisch-empirizistische – epistemologische und methodologische Fundierung dieser Ver(-natur-)wissenschaftlichung der Geographie an: „(...) [M]y project was to develop the philosophical side of this quantitative revolution." (Harvey 2001 [2000]: 4) Dieses Vorhaben kann im Rückblick insofern als gelungen betrachtet werden, als *Explanation* Harvey nicht nur eine hohe akademische Reputation verschaffte, sondern auch eines der zentralen Bücher war, „(...) which helped spearhead geography's 'quantitative revolution' and inspire a whole generation of 'space cadets', on both sides of the Atlantic, who'd put their numbers where there mouths were and correlate geography into a legitimate 'spatial science'." (Merrifield 2002: 134) Für die bis heute selbst bei kritischen WissenschaftlerInnen unbestrittene intellektuelle Qualität von *Explanation* zahlte Harvey freilich den Preis einer temporären Isolation von der sich rasch wandelnden Welt jenseits der Wissenschaftsphilosophie: „(...) I was so absorbed in writing the book that I didn't notice how much was collapsing around me. I turned in my *magnus opus* to the publishers in May 1968, only to find myself acutely embarrassed by the change of political temperature at large." (Harvey 2001 [2000]: 5)

Dieser Eindruck einer Diskrepanz zwischen wissenschaftlichem Werk und gesellschaftlicher Realität musste sich zwangsläufig weiter verstärken, als Harvey im Verlauf des Jahres 1969 eine Stelle an der *Johns Hopkins University* in Baltimore (USA) antrat; einer Stadt, in der Armut, Rassismus und politische Unruhen grassierten und wo es 1968 in Folge der Ermordung von Martin Luther King zu einem schweren Aufstand

2 Zu diesem Paradigmenwechsel und der jüngeren Geschichte der Geographie als Disziplin siehe neben Harveys Ausführungen in den oben genannten Texten die Überblicksdarstellungen von Peet (1998) und Johnston/Sidaway (2004), sowie, für den deutschsprachigen Raum, Eisel (2009).

der Schwarzen[3] Ghetto-BewohnerInnen gekommen war: „(...) [H]ere was I, having written this neutral tome that seemed somehow or other just not to fit. I realized I had to rethink a lot of things I had taken for granted in the 1960s." (ebd.: 6)

Die „dramatic intellectual about-face" (Barnes 2006: 27), die Harvey im Anschluss vollzog und ihn von einem Vordenker positivistischer Geographie zu einem marxistischen Urbanisierungstheoretiker werden ließ, verdankt sich in diesem Sinne nur teilweise seinem akademischem Umfeld – die *Johns Hopkins University* wird von ihm als mehrheitlich konservativ, in der interdisziplinären Ausrichtung seines Instituts aber gleichzeitig als durchaus prägend beschrieben.[4] Vielmehr war Harveys Ortswechsel nach Baltimore insbesondere deshalb eine „crucial relocation" (ebd.: 36), weil die Stadt nicht nur über die Jahre zu seiner neuen „home town" (Harvey 2000: 133) werden sollte, sondern sie auch sofort einen wichtigen inhaltlichen Einfluss ausübte: „Baltimore itself intrigued me from the start. In fact, it was a terrific place to do empirical work. I quickly became involved in studies of discriminating in housing projects, and ever since the city has formed a backdrop to much of my thinking." (Harvey 2001 [2000]: 7) Gerade weil Harvey über konkrete empirische Arbeiten zu residentieller Segregation und dem Wohnungs- und Häusermarkt in Baltimore das Thema Urbanisierung für sich entdeckte und erste Schritte in Richtung kritischer Theorie unternahm, erscheint an dieser Stelle der Vergleich mit dem „Begründer" marxistischer Stadtforschung naheliegend: „(...) Baltimore for Harvey functioned in a similar way to Manchester for Engels." (Barnes 2006: 41)

Zwar wies Baltimore eine ganze Reihe spezifischer Charakteristika auf – neben einer besonders segregierten und stark rassifizierten Macht- und Sozialstruktur sind hier vor allem ihre kulturellen und architektonischen Eigenheiten zu nennen, welche die Stadt – bis heute – zu einem Ort machen, „(...) that always gets it a little bit wrong, that charms with its bad taste." (Merrifield 2002: 135) Ähnlich wie im Manchester

3 Die Großschreibung des Begriffs verweist auf die soziale Produziertheit der Kategorien Schwarz und Weiß.

4 Dies betrifft nicht nur Harveys Verständnis von marxistischer Sozialwissenschaft als inter- bzw. transdisziplinärem Projekt (vgl. Kapitel 3.1), sondern auch seine Auffassung vom Verhältnis zwischen Sozial- und Naturwissenschaften. Wie sehr ihn die enge Verzahnung beider Bereiche am *Department of Geography and Environmental Engineering* an der *Johns Hopkins University* beeinflusst hat, verdeutlicht die folgende Passage: „I've spent a lot of time trying to persuade engineers that they should take the idea that knowledge – including their own technical ingenuity – is still socially constructed. But when I argue with people from the humanities, I find myself having to point out to them that when a sewage system doesn't work, you don't ring up the postmodernists, you call in the engineers – as it happens, my Department has been incredibly creative in sewage disposal. So I am on the boundary between the two cultures." (Harvey 2001 [2000]: 18; vgl. auch Harvey 1996b: 6ff. sowie Kapitel 3.3.3).

des 19. Jahrhunderts ließen sich allerdings auch im Baltimore der späten 1960er und frühen 1970er Jahre Entwicklungen beobachten, die – wie z.B. Deindustrialisierungsprozesse, die als „white flight" bekannte Flucht der mehrheitlich Weißen Mittelschicht in die suburbanen Vororte oder der Niedergang der innenstädtischen Wohnquartiere mitsamt der damit verbundenen sozialen Konflikte – allgemeinere gesellschaftliche Krisendynamiken anzeigten. Weil in weiter Folge auch die Art und Weise, wie diese Problematiken in den 1980er und 1990er Jahren bearbeitet wurden, als paradigmatisch bezeichnet werden kann, war und ist die Stadt für Harvey „(...) emblematic of the processes that have moulded cities under US capitalism, offering a laboratory sample of contemporary urbanism." (Harvey 2001 [2000]: 7)[5]

Über diese empirische Ebene sowie deren theoretische Reflexion hinaus erwies sich Baltimore für Harvey freilich noch in einer weiteren Hinsicht als einflussreich. Der Maxime folgend, „(...) that theoretical work and embeddedness in the world of innercity suffering must go hand in hand" (Harvey 2002: 170), begann er nämlich schon bald nach seiner Ankunft, sich an einzelnen der zahlreichen Initiativen zu beteiligen, die in der Stadt im Kontext der *Black Panther*- sowie der Antikriegs- und BürgerInnenrechtsbewegung entstanden.[6] Die politische Radikalisierung, die nicht zuletzt aufgrund solcher persönlicher Erfahrungen einsetzte, sollte Harveys bis dahin bestehende Anhängerschaft für den fabianischen Sozialismus bzw. seine im US-Amerikanischen Wortsinn „liberale" Position nachhaltig erschüttern. Infolge

---

5 Die Entwicklung Baltimores wird unter anderem im Buch *Baltimore. The Building of an American City* (Olson 1997 [1980]) sowie dem Sammelband *The Baltimore Book. New Views of Local History* (Fee/Shopes/Zeidman 1992) nachgezeichnet, der sich der Sozial- und Wirtschaftsgeschichte der Stadt „von unten" bzw. mit Blick auf die sozialen Kämpfe nähert. Der darin enthaltene Beitrag von Harvey wurde in seinem Buch *Spaces of Capital* wieder abgedruckt. Aus ihm stammt auch die folgende, treffende Beschreibung: „A city center (...) is a great book of time and history. (...) A medieval European city immediately signals that religion and aristocracy were the chief sources of power by the way cathedrals and castles dominate. The United States struggled long and hard to ged rid of aristocratic priviledge, but Baltimore's downtown skyline says that a financial aristocracy is alive and well. As you look down on the city from Federal Hill, banks and financial institutions tower over everything else, proclaiming in glass, brick, and concrete that they hold the reins of power." (Harvey 2001 [1992]: 128; s. auch Harvey 2000: 133ff.) Einen guten Eindruck von der Situation in Baltimore und im urbanen Amerika generell – zu Beginn des 21. Jahrhunderts vermittelt die preisgekrönte Fernsehserie *The Wire*.

6 Neben der Beteiligungen an einer Solidaritätskampagne zugunsten der *Black Panther*-Bewegung sind diesbezüglich etwa die Mitinitiierung eines bis 2009 bestehenden linken Kulturzentrums sowie diverse Kampagnen zur Mietregulierung zu nennen. Im weiteren Verlauf der 1970er und 1980er Jahre hat sich Harvey darüber hinaus von Baltimore aus auch in der Solidaritätsarbeit für Zentralamerika, d.h. insbesondere für die SandinistInnen in Nicaragua, sowie in Anti-Apartheid-Initiativen zu Südafrika engagiert (vgl. Harvey 2002: 170f., 176ff.; 2001 [2000]: 16; Merrifield 2002: 136).

all dieser unterschiedlichen Einflüsse entstand bei Harvey das Bedürfnis nach einer umfassenden, theoretischen *und* politischen Neuausrichtung: „I wanted some kind of intellectual understanding of what was going on that was going to be consistent both in the project of understanding historical geography and also consistent with the notion of looking for a knowledge system, if you like, which was about empowerment of disempowered people." (Harvey 1988b: 12)

Glaubt man seinen Erinnerungen, so ist es eher dem Zufall geschuldet, dass diese Suchbewegung ihn 1970 zu Marx – und nicht etwa zu den innerhalb der *Radical Geography* ebenfalls sehr prominenten anarchistischen AutorInnen wie Peter Kropotkin oder Elisée Reclus – führte: „(...) I turned to Marxist formulations to see if they yielded better results. The shift from one approach to the other wasn't premeditated – I stumbled on it." (Harvey 2001 [2000]: 7; vgl. auch Barnes 2006: 39ff.) Einen entscheidenden Einfluss scheint hier ein *Kapital*-Lesekreis gehabt zu haben, den Harvey 1971 auf Initiative einiger seiner Studierenden organisierte und dessen Charakter er in der Rückschau nicht ohne Selbstironie wie folgt beschreibt: „I wasn't a Marxist at the time, and knew very little of Marx. (...) The reading group was a wonderful experience, but I was in no position to instruct anybody. As a group, we were the blind leading the blind. That made it all the more rewarding." (Harvey 2001 [2000]: 8) Für wie gewinnbringend Harvey die Erfahrung einer gemeinsamen Lektüre des *Kapitals* auch in der Folge gehalten haben muss, zeigt der Umstand, dass er seither – mit einer einzigen Ausnahme – jedes Jahr einen solchen Kurs abgehalten hat.[7]

Einen sehr viel unmittelbareren Ausdruck fand Harveys erste Annäherung an das Werk von Marx 1973 in Form der Publikation von *Social Justice and the City* (Harvey 2009 [1973]) (im Folgenden *Social Justice*). Wie er selbst in der Einleitung des Buches betont, repräsentieren die darin versammelten Essays „the history of an evolving viewpoint." (ebd.: 10) So macht die Struktur von *Social Justice* Harveys theoretische und politische Reorientierung, die parallel zum Schreibprozess stattgefunden hatte, auf besondere Weise nachvollziehbar: Während der erste, mit *Liberal Formulations* betitelte Teil seinen bis dahin bestehenden, linksliberal informierten

7 Anfangs war dies wohl nur deshalb möglich, weil die Universitätsleitung in Baltimore aufgrund des Kurstitels „Reading Capital" und der Verankerung in einem Geographieinstitut beinahe zehn Jahre fälschlicherweise davon ausging, es handle sich um eine Lehrveranstaltung über Hauptstädte (vgl. Harvey 2000: 3f.). Mittlerweile sind Harveys Einführungsvorträge zu *Das Kapital* eine bekannte, sowohl als Video (auf seiner Homepage http://davidharvey.org) als auch in Buchform (Harvey 2011) zugängliche und weltweit von Studierenden, AktivistInnen usw. vielfach genutzte Ressource. Für eine Reflexion zu den unterschiedlichen Erfahrungen, die Harvey mit seinem *Kapital*-Lektürekurs und der Vermittlung kritischen Wissens generell im Verlauf der Jahrzehnte gemacht hat, siehe Harvey (2000: 3ff.; 1988b: 12ff.).

Zugang zum Zusammenhang von Urbanisierung, Raum und sozialer Gerechtigkeit an ihre Grenzen treibt, wird diesbezüglich im zweiten Abschnitt unter der Überschrift *Socialist Formulations* ein ungleich radikalerer, von einer strukturalistischen Marx-Interpretation geprägter Ansatz gewählt. Im Rahmen dieser „thrillingly schizophrenic pages“ (Castree 2006: 250) entwickelt Harvey nicht nur erstmals eine ganze Reihe jener Prämissen, die sein Werk seither kennzeichnen (vgl. Kapitel 3). Vielmehr unternimmt er auch erste Annäherungen an ein prozesshaftes und genuin marxistisches, auf der Analyse und Kritik der bestehenden Produktions- und Eigentumsverhältnisse fußendes Verständnis kapitalistischer Urbanisierung (vgl. Kapitel 4). Da *Social Justice* in diesem Sinn das definitive Ende seiner positivistischen Phase besiegelt und darin zugleich die Basis gelegt wird, um die urbane Frage in der Folge als gänzlich neue, gesellschaftstheoretisch informierte Problematik entwerfen zu können, markiert das Buch zweifellos „Harvey's very own epistemological break“ (Merrifield 2002: 136; vgl. auch Barnes 2006: 27).

Obwohl sich angesichts dessen *Social Justice* und *Explanation*, trotz vereinzelter Kontinuitäten, derart unterscheiden, „(...) [that it] must have been difficult for many readers to believe that the two books had been written by the same author“ (Gregory 2006: 6), haben beide Werke doch auch etwas gemein: In beiden Fällen gelang es Harvey, in einem einzelnen Buch eine politische und wissenschaftliche Konjunktur zu verdichten. Im Fall von *Social Justice* war dies, wie bereits einleitend ausgeführt, die Verknüpfung der gesamtgesellschaftlichen Auseinandersetzungen der „1968er Jahre“ mit einer Politisierung der verschiedensten Wissenschaftsdisziplinen und einer damit einhergehenden Kritik bestehender Paradigmen. Obwohl sich in dieser Gemengelage der Einfluss von *Social Justice* längst nicht nur auf die Geographie und Stadtforschung beschränkte – „(...) it is difficult to find a book which has had a more definitive agenda-setting influence on so many different disciplines (...)“ (Soja 2000: 105) – fungierte das Werk vor allem hier als „reference point“ (Harvey 2001 [2000]: 9) für einen kritischen bzw. explizit marxistischen Zugang: „*Social Justice and the City* (...), like Castell's *Urban Question*, captured the Marxist moment, sparking a new zeitgeist by denouncing the old zeitgeist.“ (Merrifield 2002: 136)

Gerade der Umstand, dass die Verbreitung dieses neuen Zeitgeists zunächst die Form einer radikalen Kritik des gesellschaftlichen und wissenschaftlichen Status quo annahm, wurde Harvey dabei fast zum Verhängnis. So stand aufgrund politisch motivierter Einwände die Veröffentlichung von *Social Justice* sowie weiterer Texte mehrfach auf der Kippe. Auch konnte er in den harten institutionellen Kämpfen, die sich an der *Johns Hopkins University* – ähnlich wie an vielen anderen Universitäten zwischen den aufstrebenden kritischen WissenschaftlerInnen und den VerteidigerInnen der bestehenden akademischen und gesellschaftlichen Ordnung entzündeten, seine Position wohl nur dank gewichtiger FürsprecherInnen sowie der Absicherung durch seine Professur halten. Angesichts solcher Erfahrungen fällt Harveys Fazit zu den frühen 1970er Jahren ambivalent aus: Einerseits beschreibt er die Atmosphäre und seine eigene Situation in beinahe schwärmerischem Tonfall: „For once in my life it seemed that professional, personal, and political life merged into one turbulent stream of continuous innovation backed by revolutionary fervor and cultural power." (Harvey 2002: 172) Andererseits scheint der – letztlich erfolgreiche – Kampf um die institutionelle Etablierung kritischer Geographie und Stadtforschung überaus kräftezehrend und mit persönlichen Enttäuschungen verbunden gewesen zu sein: „Like the battle with the aristocrats at Cambridge, the intellectual victory at Hopkins was Pyrrhic." (ebd.: 173)

Im Ergebnis war es Harvey in der Folgezeit jedoch möglich, von einer konsolidierten Position in Baltimore aus kontinuierlich an einer marxistischen Analyse der politischen Ökonomie kapitalistischer Urbanisierung zu arbeiten.[8] Wie er mit bemerkenswerter Offenheit eingesteht, bedurfte es hierfür nach der Veröffentlichung von *Social Justice*, das diesbezüglich eher „transitional essays" bzw. einen „bridgehead" (Gregory 2006: 2; 7) dargestellt hatte, zunächst der vertieften Auseinandersetzung mit dem Marxschen Werk selbst: „What I realized after *Social Justice and the City* was that I didn't understand Marx, and needed to straighten this out (...). My aim was to get to the point where the theory could help me understand urban issues (...)." (Harvey 2001 [2000]: 10) Ein ganz ähnliches Vorhaben verfolgten zur gleichen Zeit jene europäischen StadtforscherInnen, die sich um das bis heute wichtige Magazin *International Journal of Urban and Regional Research* (IJURR) herum organisierten. Da einige der zentralen Figuren dieser Gruppe – Edmond Préteceille, Christian Topalov und insbesondere Manuel Castells – ebenso in Paris arbeiteten wie Henri Lefebvre, war für Harvey offensichtlich, „(...) that the urban question was taken seriously in France." (Harvey 2002: 174)

Um von diesem Sachverhalt zu profitieren, aber auch, um an dem – zu diesem Zeitpunkt theoretisch sehr einflussreichen – Diskussionszusammenhang von Louis Althusser, Étienne Balibar, Nicos Poulantzas und andere VertreterInnen eines strukturalen Marxismus teilhaben zu können, verbrachte Harvey 1976/77 auf Initiative von Castells einen längeren Forschungsaufenthalt in Paris. Insofern die französische

---

8 Über sein eigenes Werk hinaus wurde Harveys Stellung an der *Johns Hopkins University* auch für die Entwicklung kritischer Geographie und Stadtforschung generell zu einem wichtigen Einflussfaktor, ermöglichte sie doch unzähligen jungen WissenschaftlerInnen den Einstieg in eine zum Teil überaus erfolgreiche akademische Karriere. So haben unter anderem Kevin Archer, Patrick Bond, Erica Schoenberger, Neil Smith, Erik Swyngedouw oder Richard Walker in Baltimore bei Harvey studiert bzw. promoviert. Von einem – zumindest in gewissen Phasen – generell inspirierenden intellektuellen Klima an der *Johns Hopkins University* zeugt zudem Harveys Austausch mit kritischen WissenschaftlerInnen aus anderen disziplinären Kontexten, die, wie z.B. Donna Haraway oder Nancy Hartsock, zwischenzeitlich dort lehrten bzw., wie etwa Vicente Navarro, dies noch immer tun.

Metropole als „Hauptstadt des 19. Jahrhunderts“ (Benjamin 1977 [1935]) neben Manchester, Chicago, Los Angeles oder New York eine wichtige, wenn nicht „(...) *die* zentrale Position in der historischen Geographie urbanen Denkens [besetzt]“ und dabei zum „Metonym für Urbanität und Moderne“ wurde (Berking/Löw 2005: 14; Herv. F.W.; s. auch Merrifield 2002), erscheint es folgerichtig, dass die Stadt auch Harvey rasch in ihren Bann schlug. So begann er im Zuge seines Aufenthalts, sich für das Paris der zweiten Hälfte des 19. Jahrhunderts – während des *Second Empire* unter Kaiser Napoleon III. – zu begeistern, d.h. insbesondere für die politische Ökonomie der vom Präfekten und Stadtplaner Georges-Eugène Baron Haussmann angestoßenen Stadterneuerung sowie die gesellschaftlichen Transformationsprozesse auf dem Weg zur Pariser Kommune 1871. Die empirischen (Sekundär-)Analysen, die er hierzu in den folgenden Jahren – parallel zu seinen Arbeiten in und zu Baltimore – durchführte und die von Walker (2004: 441) als „his best work“ geadelt werden, fanden ihren Niederschlag in einer Reihe von Essays, die mittlerweile unter dem Titel *Paris, Capital of Modernity* (Harvey 2003b) in gesammelter Form erschienen sind (vgl. Kapitel 6).

Wenn Harvey hier also erneut sein Wohnort als zentrale Inspirationsquelle diente, so zerschlugen sich demgegenüber seine anfangs gehegten Hoffnungen, auch über das Themenfeld „Stadt“ hinaus in einen regen intellektuellen Austausch treten zu können: Zu abschreckend war offensichtlich der Eindruck, den die vielgerühmten Pariser Intellektuellen – gemeint sind hier wohl vor allem Althusser und sein Umfeld – auf ihn hinterließen: „They were often as arrogant and dismissive as any other elite (although Manuel [Castells, F.W.], Lefebvre, and the urban group were not like that). My reactions were visceral and negative, mirroring my response to upper-class arrogance in Cambridge.“ (Harvey 2002: 174) Diese Erfahrung schlug sich bei Harvey nicht nur in einer bis heute bestehenden kritischen Distanz zu den „high-flying French intellectuals“ (Harvey 2001 [2000]: 17, 12) – auch und besonders der jüngeren Generation explizit post-strukturalistischer bzw. postmodernener Provenienz – nieder, sondern war möglicherweise auch einer der Gründe für Harveys später geäußerte, harsche Kritik an der so genannten „Althusser-Schule“ (vgl. Kapitel 3.2). Unmittelbar versuchte er dem als überheblich wahrgenommenen Gestus der Althusserianer durch ein Vorhaben zu begegnen, das nicht minder (über-)ambitioniert war als deren theoretisches Projekt: „(...) I came out of the French experience wanting to convert my attempt to construct a better urban political economy into nothing less than a project to overhaul all of Marxian theory in order to encompass historical and geographical questions more competently.“ (Harvey 2002: 174f.)

Ursprünglich mit dem Ziel angetreten, lediglich einige der für die Analyse von Urbanisierungsprozessen zentralen Leerstellen marxistischer Theorie zu füllen, strebte Harvey nun eine umfassende, abstrakt-werttheoretische Rekonstruktion der Marxschen Kritik der Politischen Ökonomie sowie deren Weiterführung in Form einer systematischen Integration zeitlicher und räumlicher Aspekte an. Bis das Ergebnis dieses Projekts schließlich 1982 unter dem Titel *The Limits to Capital* (Harvey 2006 [1982]) (im Folgenden *Limits*) veröffentlicht werden konnte, wurde Harvey nach eigener Aussage mehrfach mit seinen eigenen intellektuellen und persönlichen Grenzen konfrontiert: „If I began with heady arrogance, the writing of that book was terribly humbling." (Harvey 2002: 175) Die Anstrengungen, die Harvey diesbezüglich unternahm – „Writing *Limits to Capital* nearly drove me nuts" (Harvey 2001 [2000]: 10) – erschienen zunächst umso unverhältnismäßiger, als das Buch jenseits eines kleinen Zirkels interessierter StadtforscherInnen und GeographInnen, für die es rasch zu einem „foundational text" (Castree/Essletzbichler/Brenner 2004a) wurde, lange Zeit kaum auf Resonanz stieß. So bedurfte es der Intervention des berühmten marxistischen Literaturtheoretikers Frederic Jameson, der sich das von ihm als „magisterial" (Jameson 1998: 185) gerühmte Werk für die Analyse postmoderner Urbanisierung zunutze machte, dass *Limits* vom Verlag *Verso* Ende der 1990er Jahre erstmals neu aufgelegt wurde. Erst in der Folge erhielt das Buch endgültig den Status als Harveys „masterwork" (Walker 2004: 434) und zugleich „major contribution to the Marxist intellectual commons." (Jessop 2004: 481) Im Unterschied zu dieser eher schleppend verlaufenden Rezeptionsgeschichte entwickelte sich *Limits* für Harvey selbst nicht nur schnell zu seinem persönlichen Lieblingstext, sondern vor allem zur zentralen Grundlage all seiner weiteren Arbeiten: „It gave me ways of thinking and understanding, (...) that were to be the foundation of everything else that I was ever to write. For me, it is the most important work I have ever written and will always remain so. It forms one limit beyond which I will never go, but it provides an extraordinary foundational resource for exploration of the world in other directions." (Harvey 2002: 176)

Obwohl das Buch also grundsätzlich viele verschiedene Anknüpfungsmöglichkeiten eröffnet (vgl. Kapitel 5.4), beschränkte sich Harvey bis Mitte bzw. Ende der 1980er Jahre weitgehend darauf, die Dynamiken und Widersprüche kapitalistischer Urbanisierung zu untersuchen. Die entsprechenden, parallel zu *Limits* entstandenen Analysen und Überlegungen zu Fragen der Rententheorie, der Stadtpolitik oder der residentiellen Segregation wurden zusammen mit den erwähnten historischen Studien zu Paris sowie einer ganzen Reihe bereits in den 1970er Jahren erschienener Texte in dem mit *Studies in the History and Theory of Capitalist Urbanization* untertitelten Doppelband *The Urbanization of Capital* (Harvey 1985b) und *Consciousness and the Urban Experience* (Harvey 1985a) publiziert (vgl. Kapitel 6).[9] Gemeinsam mit *Limits* kulminierten in diesen Veröffentlichungen somit ca. 15 Jahre Arbeit zur politischen Ökonomie kapitalistischer Urbanisierung, weshalb sie eigentlich Harveys bisherigen Karrierehöhepunkt hätten darstellen sollen. Wie sein Rückblick auf die Situation Mitte der 1980er Jahre zeigt, war seiner eigenen Wahrnehmung nach jedoch genau das Gegenteil der Fall – was auch damit zu tun hatte, dass sich in dieser Phase die Durchsetzung des Neoliberalismus in allen gesellschaftlichen Bereichen immer schärfer abzuzeichnen begann:

> „In fact, this turned out to be one of the lowest periods of my life. *Limits* and the urbanization books – a joint project that had absorbed me for a dozen years – were dead and gone. I was exhausted intellectually and emotionally and felt I would never write again. The books, although respected and respectable, were hardly howling successes, and their general message seemed to be falling on stony ground. Geographers and others did not care for the Marxism, and Marxists did not care for the geography. Reagan and Thatcher were pushing reactionary pro-market policies and zapping it to labor everywhere. (...) The left was increasingly fragmented; political economy was increasingly discredited; and many, including an assortment of leftists, seemed hell-bent on attacking Marxism (...). The visions of the early 1970s, however problematic, were either totally defeated or rechanelled in ways I did not appreciate. Baltimore seemed in terminal decline as a liveable or civilized city. My university was turning more and more into a money-spinning corporation with less and less interest in critical studies or even basic learning. My personal life was a mess, my intellectual project a failure, and I was exactly fifty years old." (Harvey 2002: 178)

Wohl nicht zuletzt als Antwort auf diese persönliche Krise – und zugleich als eine frühe Datierungsmöglichkeit für die Verschiebung, die in seinem Werk Ende der 1980er Jahre stattfand – zog Harvey 1987 nach (Süd-)England zurück, um an der *University of Oxford* die prestigeträchtige *Halford Mackinder*-Professur für Geographie zu übernehmen. Ihm zufolge waren mit diesem Ortswechsel zunächst eine ganze Reihe von Vorteilen verbunden: Neben der Rückkehr zu seinen biographischen und – aufgrund der Tätigkeit an einem konventionellen Geographie-Institut – auch disziplinären Wurzeln, führt er hier sein gewachsenes Ansehen und die institutionelle Machtposition an: „From being seen as a kind of maverick intellectual sitting in some weird transatlantic department, I was transformed into a respectable figure, for whom various unexpected doors subsequently opened." (Harvey 2001 [2000]: 16) Gleichzeitig trat jedoch auch sofort Harveys tiefe Abneigung gegen das konservative

9 Eine Auswahl der darin enthaltenen Essays wurde 1989 unter dem Titel *The Urban Experience* (Harvey 1989c) wiederveröffentlicht. So möglich, wird aus diesem Buch zitiert. Um Verwirrungen zu vermeiden, erfolgt weder in diesem Fall noch bei Beiträgen, die direkt aus dem Doppelband stammen, im Literaturverweis eine gesonderte Angabe des erstmaligen Erscheinungsdatums. Wo diese Information relevant erscheint, wird sie stattdessen im Fließtext angeführt.

Klima an englischen Eliteuniversitäten sowie seine Gegnerschaft zum neoliberalen Herrschaftsprojekt hervor: „Depression in Baltimore got converted into annoyance, even anger, in Oxford. I was forcefully reminded of what I had long ago rebelled against. The smugness of much of Oxford repelled me, and I could not understand how the left in Britain, within geography and without, was taking such wishy-washy positions in relation to Thatcherism.“ (Harvey 2002: 179)

In der Folge begann Harvey, sich aktiv an einigen der zentralen Debatten zu beteiligen, die vor dem Hintergrund der sich rasch veränderten gesellschaftlichen Realitäten und Kräfteverhältnisse zum Themenkomplex Postmoderne und Post-Fordismus geführt wurden. Ausgangspunkt hierfür war die noch aus seiner Zeit in Baltimore stammende Beobachtung einer massiven Verschiebung in Richtung eines Regimes „flexibler Akkumulation“ sowie einer Form der Urbanisierung, die mittels einer unternehmerischen, auf inter-urbaner Konkurrenz, *Public-Private-Partnerships* und spektakulären Kultur- und Architekturinszenierungen aufbauenden Stadtpolitik die Probleme der 1970er Jahre zu überwinden versuchte. Hatte Harvey ursprünglich geplant, diesen Themenkomplex in einem Buch über Postmodernismus in amerikanischen Städten näher zu analysieren, so verschmolz dieses Projekt, das seine Verwirklichung stattdessen in Form mehrerer Artikel fand (vgl. u.a. Harvey 1987a; 1988c; 1989a; 2001 [1992]), de facto mit seinem zweiten inhaltlichen Schwerpunkt aus jener Zeit: der kritischen Auseinandersetzung mit postmoderner und poststrukturalistischer Theorie – als dem intellektuellen „Überbau“ bzw., so Harveys polemische Formulierung, „kulturelle[n] Mäntelchen“ (Harvey 1987a: 125) der sich vollziehenden gesellschaftlichen Transformation – aus der Perspektive des Marxismus bzw. die Verteidigung des letzteren gegenüber den Angriffen ersterer (vgl. Harvey 1987c).[10]

---

10 Demgegenüber fanden die Ereignisse von 1989 und der folgende Zusammenbruch der Sowjetunion in Harveys Werk aus dieser Periode ebenso wenig einen Niederschlag, wie er im Ende des so genannten „Realsozialismus“ je einen Grund für politischen Pessimismus gesehen hat. Wenn Harvey dies mit seinem spezifischen Verständnis des Marxismus' begründet, dann verweist er dabei zugleich selbst auf den engen Zusammenhang zwischen seiner intellektuellen Biographie und den Orten, an denen er tätig war: „Marx was my anchor, and what Marx wrote was a critique of capitalism. The alternative comes out of that critique, and nowhere else. So I was always more interested in trying to apply the critique and see the alternatives where I actually was, in Baltimore, or Oxford, or wherever I happened to be. That may be my own form of localism. On the one hand, I develop a general theory, but on the other, I need to feel this rootedness in something going on in my own backyard. Marxism was so often supposed to be mainly about the Soviet Union or China, and I wanted to say it was about capitalism, which is rampant in the US, and that must have priority for us. So one effect of this was to insulate me a bit from the fall-out of the collapse of Communism.“ (Harvey 2001 [2000]: 20f.)

Das Ergebnis dieser Überschneidung, *The Condition of Postmodernity* (Harvey 1989b) (im Folgenden *Condition*), bezeichnet Harvey als „(...) the easiest book I ever wrote." (Harvey 2002: 180). Wie bereits der Titel – eine Erwiderung auf Jean-François Lyotards *The Postmodern Condition* (Lyotard 1984 [1979]) – anzeigt, stellt das Buch den Versuch dar, aus einer explizit marxistischen Perspektive den gesellschaftlichen Kontext kritisch zu beleuchten, in dem sich eine neue, postmoderne Form des Kapitalismus durchgesetzt und so unterschiedliche Bereiche wie Kunst und Kultur, Städtebau, Gesellschaftstheorie oder auch die individuellen Erfahrungen von Raum und Zeit grundlegend verändert hat. Obwohl etwa zeitgleich auch Alex Callinicos, Terry Eagleton oder Fredric Jameson ähnliche Kritiken der Postmoderne vorlegten, handelt es sich bei jener von Harvey um „(...) the most widely read and cited analysis of the topic authored by a Marxist." (Castree 2007: 101) Die vergleichsweise gute Zugänglichkeit des Buches sowie seine zeitdiagnostische Aktualität sind denn auch zweifellos zentrale Ursachen dafür, dass *Condition* mit über 100.000 verkauften Exemplaren bis heute Harveys erfolgreichstes Werk ist (vgl. Smith 2001: 10). Der vielfach übersetzte Bestseller begründete seine internationale Reputation als einer der wichtigsten lebenden marxistischen Gesellschaftstheoretiker und kann gemeinsam mit Ed Soja's *Postmodern Geographies* (Soja 1989) als eine der zentralen Veröffentlichungen gelten, welche geographisches Denken über die Disziplin hinaus salonfähig machten und den *spatial turn* einläuteten. Insofern Harvey in *Condition* über das Themenfeld Urbanisierung hinaus geht und verstärkt Fragen der Gesellschafts- und Kulturtheorie behandelt, markiert das Buch zudem einen gewichtigen Einschnitt in seiner Werkstruktur. Und schließlich begründeten die darin enthaltenen polemischen Angriffe auf postmoderne bzw. -strukturalistische AutorInnen wie Lyotard oder Foucault sowie die vollständig fehlende Rezeption feministischer AutorInnen Harveys Ruf als – je nach Standpunkt – einer der pointiertesten Kritiker eines antimarxistischen Backlashs oder eines unverbesserlichen, ökonomistisch, reduktionistisch, antifeministisch usw. argumentierenden Traditionsmarxisten.

Die ausgreifende und scharfe Debatte, die mit der Veröffentlichung von *Condition* einsetzte und in der Folge zum Teil auf einer sehr persönlichen Ebene weitergeführt wurde, begleitete Harvey, als er 1993 von Oxford in seine Wahlheimat Baltimore zurückkehrte, um dort erneut eine Professur an der *Johns Hopkins University* anzutreten. Überhaupt standen die folgenden Veröffentlichungen zunächst noch stark im Zeichen seines sechsjährigen Aufenthalts in England. Dies betrifft etwa seine Unterstützung einer lokalen Kampagne zur Rettung der Rover-Fabrik in Cowley bei

Oxford, welche nicht nur in das gemeinsam mit der politischen Aktivistin Teresa Hayter herausgegebene Buch *The Factory in the City: the Story of the Cowley Automobile Workers in Oxford* (Hayter/Harvey 1993) mündete. Die im Zuge dessen zutage getretene Frage nach einer adäquaten Form von Klassenpolitik und dem konkreten Gehalt von Gerechtigkeit ist vielmehr auch eines der zentralen Themen des 1996 veröffentlichten *Justice, Nature and the Geography of Difference* (Harvey 1996b) (im Folgenden *Justice & Nature*), einem „grand and craggy book" (Young 1998: 36).[11] In Form und Inhalt stark von Harveys ebenfalls in Oxford erwachter Begeisterung für die Schriften von Raymomd Williams geprägt, besteht die wichtigste Intervention dieses Werkes zweifellos im Versuch, die an *Condition* vor allem von feministischer Seite geübte Kritik aufzugreifen und poststrukturalistische Theorie – anders als zuvor – eher als Bereicherung eines marxistischen Zugangs denn als dessen strikten Gegensatz zu verstehen. Wenn *Justice & Nature* angesichts der vielfältigen, mitunter eklektizistisch anmutenden Bezüge für Harvey das „least coherent book I've written" (Harvey 2001 [2000]: 17) darstellt bzw. er infolge seiner „Postmodernisierung des Marxismus" letztlich „zwischen den Stühlen" sitzt (Belina 2003), dann besteht der rote Faden des Buches demgegenüber in einer durchgehenden Beschäftigung mit Fragen der (Natur-)Räumlichkeit. In diesem Sinne enthält das Buch die elaborierteste Ausarbeitung seines historisch-*geographischen* Marxismus: „The book does for me in a geographical way what *Limits* did for me from the standpoint of political economy. It grounds a conceptual apparatus, but it does so in an open and flexible way (...)" (Harvey 2002: 186; s. auch Kapitel 3.3.3).

Wie sehr Harvey das Thema „Raum" – auch und gerade als abstrakt-theoretische Kategorie – in dieser Phase seines Schaffens beschäftigt hat, offenbaren die Titel und der Inhalt seiner nächsten beiden Veröffentlichungen: *Spaces of Hope* (Harvey 2000) sowie *Spaces of Capital* (Harvey 2001d). Während das letztgenannte Buch verschiedene, mehrheitlich aus den 1970er und 1980er Jahren stammende Beiträge

---

11 Harveys Analyse des Kampfes um die Rettung der Rover-Fabrik in *The Factory in the City* sowie *Justice & Nature* (vgl. Harvey 1996b: 19ff.) stellt bis heute eine seiner konkretesten Einlassungen auf die komplexen Herausforderungen des politischen Tagesgeschäfts und also auf Fragen der Strategie *und* Taktik dar. Trotz der kontinuierlichen Teilnahme an bzw. Bezugnahme auf lokale Initiativen und Bewegungen ist Harvey nie zum politischen Aktivisten im engeren Sinn geworden, sondern hat stets die intellektuell-akademische Tätigkeit als seine zentrale Domäne verstanden. Neben einer (wissenschafts-)theoretischen Reflexion über das schwierige Verhältnis beider Sphären (vgl. Kapitel 3.1.3) wurde diese Thematik von ihm auch in Hinblick auf seine persönliche Praxis reflektiert (vgl. Harvey 1988b: 16ff.; 2002: 168ff.). Wie das Wirken im intellektuell-akademischen Umfeld und politischer Aktivismus einander konkret befruchten können, hat Harvey im Zusammenhang mit dem Widerstand gegen die neoliberale Globalisierung expliziert (vgl. Fn. 25). Für eine kritische Einschätzung seines Werkes unter diesem Aspekt siehe Castree (2006: 265ff.; 2007: 110ff.) und Smith (2008: 152ff.).

aus Sammelbänden und Zeitschriften enthält, die einerseits den Zusammenhang von geographischem Wissen und politischer Macht fokussieren und andererseits die konkreten Prozesse der kapitalistischen Raumproduktion analysieren, führt *Spaces of Hope* den mit *Condition* sowie *Justice & Nature* begonnenen Weg weiter. So greift Harvey hier erneut einzelne poststrukturalistische TheoretikerInnen auf und thematisiert – hauptsächlich vor dem Hintergrund einer in Baltimore in den 1990er Jahren an Dynamik gewinnenden Kampagne für einen menschenwürdigen Lohn („living-wage campaign") – Fragen sozialer Differenz, der Körperpolitik und des Verhältnisses von Universalität und Partikularität. Zudem findet in seinen teilweise recht abstrakten Reflexionen über die Möglichkeit sozial-räumlicher Alternativen und Utopien sowie die politische Bedeutung des Diskurses um (Menschen-)Rechte die Form der vorangegangenen Theoriedebatten einen neuerlichen Widerhall. Insofern der zentrale inhaltliche Bezugspunkt seiner Überlegungen in *Spaces of Hope* aber die Analyse und Kritik der neoliberalen Globalisierung ist und er deren Dynamik an dieser Stelle auch wieder verstärkt politökonomisch zu durchdringen versucht, geht Harvey hier jedoch bereits einen Schritt weiter als in den 1990er Jahren.

Die Richtung, die Harveys theoretische und politische Entwicklung in der Folge genommen hat, wurde erneut maßgeblich von äußeren, räumlichen Umstände beeinflusst: Mit seinem Wechsel auf die von ihm bis heute bekleidete Stelle als *Distinguished Professor* am Graduiertenzentrum der *City University* in New York hat sich Harvey im Jahr 2000/01 ins „Herz der Bestie" des neoliberalen Kapitalismus begeben, die als „the capital of capital itself" (Merrifield 2002: 155) nicht umsonst „(...) zur Modellstadt für das Theorieprogramm der World- und Global City-Forschung geworden [ist] (...)" (Berking/Löw 2005: 14) und damit heute eine ähnliche Rolle einnimmt wie Paris für das 19. Jahrhundert. Zudem erfolgte sein Umzug nach New York zeitnah zu jenem Wendepunkt, an dem die Anschläge vom 11. September den weltweiten „Krieg gegen den Terror" einläuteten. Angesichts dessen erscheint es folgerichtig, dass Harveys wichtigste Publikation in den 2000er Jahren mehrheitlich um die politischen und theoretischen Implikationen kapitalistischer bzw. US-Amerikanischer Geopolitik – in *Der neue Imperialismus* (Harvey 2005 [2003]) –, um die *(Kleine) Geschichte des Neoliberalismus* (Harvey 2007 [2005]-a) sowie um die Verbindung beider Phänomene in Gestalt der *Räume der Neoliberalisierung* (Harvey 2007 [2005]-b) kreisen. Diese Themen bilden schließlich auch den realgeschichtlichen Hintergrund für *Cosmopolitanism and the Geographies of Freedom* (Harvey 2009), in dem Harvey an seine eher abstrakten Überlegungen zu Fragen der Räumlichkeit und der Konzeption universeller Rechte aus *Justice & Nature* sowie *Spaces of Hope* anzuknüpfen versucht.

Wurde Harvey die zunehmende Beschäftigung mit Fragen von neoliberaler Globalisierung und Geopolitik, die in all diesen Werken seit der Jahrtausendwende erkennbar ist, durch die Geschichte der letzten 30 Jahre sowie die Ereignisse in seiner neuen Heimat New York gewissermaßen von Außen aufgezwungen, so legen seine autobiographischen Ausführungen zugleich nahe, diese thematische Ausweitung auch als Effekt seines veränderten Status' als Wissenschaftler und der damit verknüpften Praxen zu interpretieren. Als ein mittlerweile international anerkannter, mit Ehrendoktorwürden bedachter und als Vortragender begehrter Intellektueller ist Harvey längst Teil jener globalen Wissenschaftselite, deren Erfolg sich neben ihren Publikationen auch maßgeblich daraus speist, ständig auf allen Kontinenten unterwegs und also global verfügbar zu sein. Harveys Reisetätigkeit ist dabei trotz seines inzwischen fortgeschrittenen Alters derart ausgedehnt, dass sie den 15 Jahre jüngeren Nigel Thrift nach eigener Aussage um seine Gesundheit fürchten lassen würde (vgl. Thrift 2006: 225). Und obwohl sie für Harvey die Erfüllung eines Kindheitstraums darstellt, hat die ständige Mobilität auch für ihn selbst offensichtlich längst nicht nur positive Seiten:

> „Whizzing in and out of airports (that all look the same) into lecture and seminar rooms (that exhibit very little variation) and, worst of all, piling into one of those dreadful international hotels (which make a fetish of serial monotony) where conferences so typically occur do not do the trick. I have become a privileged member of a globalized faculty club. I end up seeing the same faces and trading the same ideas in Singapore, Barcelona, and Berlin. I have, it seems, become a viable commodity in the circulation of academic ideas. I have been globalized along with ethnic food, Coca-Cola, Levi jeans, rap music, and the omnipresent McDonalds. This was not at all what I had in mind." (Harvey 2002: 159f.)

Demnach hindern die vielen Reisen Harvey zwar teilweise daran, seiner „Love of Place" (ebd.) nachzukommen und also wie gewünscht in die lokalen Zusammenhänge vor Ort einzutauchen. Allerdings zeigt z.B. die Art und Weise, in der er in der jüngeren Vergangenheit im Anschluss an Reisen nach Südamerika, Indien oder China verstärkt Urbanisierungsprozesse – und die damit verknüpften sozialen Kämpfe – im globalen Süden bzw. den BRIC-Staaten als zentrales Moment der gegenwärtigen Phase kapitalistischer Entwicklung thematisiert hat, dass persönliche Erlebnisse für Harvey nach wie vor einen wichtigen Einflussfaktor ausmachen (vgl. z.B. Harvey 2007: 1131ff.; 2009 [2008]; 2012a).[12] Dies ist vor allem deshalb relevant, weil Harvey – und dies unterscheidet ihn maßgeblich von der überwältigenden Mehrheit des „globalized faculty club" – als bekanntermaßen *kritischer* Intellektueller bis heute häufig den Einladungen sozialer Bewegungen folgt, was ihn kontinuierlich in Austausch mit politischen AktivistInnen bringt.[13]

Wie sehr dies Harveys Werk positiv beeinflusst, wird nirgendwo sichtbarer als in seiner Auseinandersetzung mit der seit 2008 andauernden Wirtschafts- und Finanzkrise. Insofern diese in Gestalt des Kollaps des *Subprime*-Marktes nicht nur in seiner

---

12 Dass Harvey dies nicht unreflektiert tut und er sich der Begrenztheit seiner Perspektive durchaus bewusst ist, verdeutlicht etwa die folgende ironische Einleitung seines Redebeitrags auf einem 2008 in Baltimore veranstalteten Symposium zu dem Buch *Adam Smith in Beijing: Die Genealogie des 21. Jahrhunderts,* der letzten Veröffentlichung des ebenfalls an der *Johns Hopkins University* lehrenden und 2009 verstorbenen Weltsystemtheoretikers Giovanni Arrighi (2008): „I agree with what Joel [Andreas, sein Vorredner; F.W.] is been saying; I do so with a great deal of expertice, because I once visited China for three weeks. And we had this joke in academia which says: If you go to a place for three weeks, you write a book; if you go for three months, you write an article; and if you go there for three years, you don't write anything at all. So I went three weeks and so I'm an instant expert." (Harvey 2008)

13 Im Kontext der globalisierungskritischen Bewegung hat Harvey die produktive Wirkung dieses Austausches konkret benannt, zugleich aber auch eine spezifische – und eigenständige – Aufgabe kritischer Intellektueller ausgemacht: „I think it is very imporant for those of us who have the resources and the time to reflect on what is going on and the skills to give some theoretical interpretation of events, to listen very carefully to the wide-ranging experiences recorded within the enormous array of anti-neoliberal – and to some degree anti-capitalist – social movements that now exist. I think we can help magnify the voices of the social and labour movements. but at the same time I think we must also take a constructively critical role, point out similarities that are often concealed in the differences, attempt syntheses where we can, help built alliances and coalitions, translate (always a difficult task) in sensitive ways what is happening into a more general counter-hegemonic, anti-neoliberal and anti-capitalist discourse. Political activists are invariably preoccupied with their immediate tasks and these task can sometimes be all-consuming of time, energy and slender resources. But those that I meet in my travels are also hungry for general ideas and perspectives that they can use and that situate what they are doing in a broader context. They do not care for dogma or for arid theoreticism (into which we academics sometimes descend). But they plainly value the opportunity for dialogue, as do I. Out of this, new ways of thinking (theoretically) and acting (practically) are gradually beginning to emerge. I am hopeful for this global movement in formation." (Harvey 2007: 1134f.)

Wahlheimat USA – und damit dem Zentrum des globalen Kapitalismus – ausgebrochen ist, sondern auch von Beginn an „urbane Wurzeln" hatte (vgl. Harvey 2012a), liegt es auf der Hand, dass Harvey diese Krise wie kaum ein zweiter marxistischer Theoretiker analytisch begleitet. Umso bemerkenswerter ist demgegenüber die Form, in der er dies tut: Sowohl *The Enigma of Capital (and the Crisis of Capitalism)* (Harvey 2010) – eine politökonomische Krisenanalyse verbunden mit einer Erklärung der allgemeinen Dynamiken und Widersprüche der Kapitalzirkulation – als auch die Sammlung verschiedener jüngerer Aufsätze zum Zusammenhang von Urbanisierung, Krise und sozialen Kämpfen, die unter dem Titel *Rebel Cities. From the right to the City to the Urban Revolution* erschienen ist (Harvey 2012b), sind vergleichsweise eingängig formuliert. Ohne deshalb an analytischer Schärfe zu verlieren, orientieren beide Bücher ganz offensichtlich – ähnlich wie zuvor nur *Condition*, *Der neue Imperialismus* und die *(Kleine) Geschichte des Neoliberalismus* – auf ein relativ breites Publikum. Gleiches gilt auch für die beeindruckende Zahl an Radio-, TV- und Zeitungsinterviews sowie Vorträgen und Diskussionen, die Harvey in den letzten Jahren überall auf der Welt, vor allem aber an den Brennpunkten sozialer Proteste – von Porto Alegre und Santiago de Chile über New York und London bis hin nach Athen, Istanbul oder Beirut – absolviert hat. Seine Homepage http://davidharvey.org, mit mehr als zwei Millionen „Klicks" mittlerweile eine der erfolgreichsten Websites eines Akademikers weltweit, legt diesbezüglich ein detailliertes Zeugnis ab.

Alles in allem entsteht daher der Eindruck, Harvey selbst sehe in der Krise – nicht zuletzt vor dem Hintergrund seines fortgeschrittenen Alters – ein (letztes?) Möglichkeitsfenster, um mittels einer Popularisierung seiner Thesen den Widerstand gegen die herrschenden Politiken strategisch zu unterstützen und so zu einer nachhaltigen Verschiebung der Kräfteverhältnisse beitragen zu können. Während letzteres noch in weiter Ferne scheint, lässt die Aufmerksamkeit, die Harveys Analysen – zumindest im anglophonen Raum – innerhalb der (urbanen) sozialen Bewegungen, aber auch dem bürgerlichen Feuilleton gegenwärtig erfahren, von einem gewissen Erfolg seiner Interventionen sprechen. Neben Figuren wie David Graeber, Michael Hardt und Antonio Negri, Naomi Klein oder Peter Marcuse erscheint er vor allem in den USA als einer jener „großen" linken Intellektuellen, deren Deutungsangebot gerade in der aktuellen Krise besonders gefragt ist. Wenn dies nicht zuletzt daran liegt, dass hier der inhärente Zusammenhang von Urbanisierungsprozessen und den Dynamiken und Widersprüchen des Kapitalismus einmal mehr in besonders verheerender Form zutage tritt, dann verweist dies zurück auf den Inhalt von Harveys urbaner politischer Ökonomie. Diesen gilt es im Folgenden zu rekonstruieren.

3 Grundlagen: Harvey über Wissenschaft, Marxismus und Raum

„By our theories you shall know us."
David Harvey – Explanation in Geographie (1969: 486)

„Theory is good, but it doesn't prevent things from existing."
Jean-Martin Charcot an Freud, zitiert nach Ian Craib (1992: v)

Jede einfache Aussage über die Welt, erst recht aber jeder wissenschaftliche Zugang beinhaltet notwendigerweise gewisse Annahmen darüber, wie die Realität in ihren Grundzügen beschaffen ist (Ontologie) und ob bzw. wie Wissen und Erkenntnis über sie gewonnen werden kann (Epistemologie). Diese Prämissen sind indes nicht bloß integraler Bestandteil wissenschaftlicher Praxis, sondern haben auch entscheidenden Einfluss auf deren konkrete Gestalt: Ontologie und Epistemologie prägen theoretische Ansätze, die Methodenwahl oder die Interpretation und Bewertung von Forschungsergebnissen auf einer derart fundamentalen Ebene, dass WissenschaftlerInnen sich ihrer nicht einfach entledigen können – sie sind für diese „A Skin, not a Sweater" (Marsh/Furlong 2002). Trotz einer derart zentralen Bedeutung werden ontologische und epistemologische Positionen jedoch häufig nicht expliziert, weshalb es der Rekonstruktion aus der tatsächlichen Vorgehensweise des Wissenschaftlers/der Wissenschaftlerin bedarf.

Obwohl ein Blick hierauf auch im Fall von Harvey aufschlussreich ist, hat er die Grundlagen seiner wissenschaftlichen Praxis immer wieder gesondert offengelegt und in entsprechenden Debatten aktiv Stellung bezogen. Gerade weil die Beschäftigung mit ontologischen und epistemologischen Fragen eine der wenigen Kontinuitäten zwischen seiner frühen positivistischen Phase und seinem marxistischen Hauptwerk ausmacht, werden hier Veränderungen seiner eigenen Zugangsweise, aber auch des akademischen und sozialen Kontextes seiner Arbeiten besonders deutlich. Gleichzeitig ist aus diesen Überlegungen nach seiner Hinwendung zum Marxismus nie mehr eine eigenständige Publikation entstanden. Dass Harveys Ausführungen stattdessen auf eine Vielzahl unterschiedlicher Textstellen, Einleitungen, Vorworte und Artikel verteilt sind, erschwert die Rezeption erheblich und ist wohl einer der Gründe, warum dieser Aspekt seines Werkes bisher nur eine überschaubare Rezeption und wenig systematische Aufarbeitung erfahren hat – Ausnahmen bilden etwa Castree (1995) sowie die Beiträge in dem Sammelband *David Harvey. A Critical Reader* (Castree/Gregory 2006).

Zugleich lassen seine verstreuten Äußerungen jedoch durchaus ein bestimmtes Muster erkennen, welches den generellen Debattenverlauf innerhalb der kritischen Geographie und Stadtforschung abbildet und daher zwei Höhepunkte aufweist. Demnach verdichten sich Harveys Bemerkungen zu den ontologischen und epistemologischen Grundlagen seines Zugangs zum einen im Kontext der allgemeinen Politisierung der Wissenschaften in der ersten Hälfte der 1970er Jahre. Insbesondere die entsprechenden Passagen aus *Social Justice* sowie einiger parallel erschienener Texte zeugen hier vom Bemühen, sich von der eigenen positivistischen Vergangenheit abzusetzen und mittels einer Kritik bürgerlicher Ansätze zu einer neuen, genuin marxistischen Sichtweise auf Wissenschaft und Gesellschaft zu gelangen. Nachdem Harvey letztere im Verlauf der späten 1970er und der ersten Hälfte der 1980er Jahre vertieft hatte, ohne dabei – abgesehen von wenigen Stellen in *Limits* und einzelnen Essays – seinen Standpunkt weiter zu explizieren, lässt sich eine zweite Hochphase ab etwa 1985 bis Ende der 1990er Jahre identifizieren. Im Kontext der Debatten um Fluch und Segen der Postmoderne besteht Harveys Einsatz hier in erster Linie darin, seine marxistische Perspektive gegen die Kritik von Seiten anderer kritischer – insbesondere poststrukturalistischer und feministischer – Ansätze zu verteidigen.

Vor dem Hintergrund dieser Periodisierung wird im Folgenden die Entwicklung skizziert, die Harveys ontologische und epistemologische Prämissen sowie die daraus erwachsenden konzeptionellen Grundlagen seines Ansatzes ausgehend von den frühen 1970er Jahren genommen haben. Als Orientierung dient dabei die analytische Trennung in drei Oberbegriffe, die für sein Werk bis heute von großer Bedeutung sind: „Wissenschaft", „Marxismus"[1] und „Raum". Obwohl zwischen diesen Termini de facto vielfältige Zusammenhänge bestehen und sie alleine nicht ausreichen, um die Basis von Harveys Ansatz erschöpfend zu erfassen[2], erlauben

---

1 Da sich Harvey im Grunde bereits seit der Veröffentlichung von *Social Justice,* spätestens aber ab der zweiten Hälfte der 1970er Jahre sehr direkt und individuell auf die Originaltexte von Marx bezieht, ist in seinen Veröffentlichungen häufig eher vom „Marxschen" denn von einem „marxistischen" Zugang die Rede. Insofern es sich jedoch auch bei Harveys Rezeption um eine Interpretation des Marxschen Werks handelt, wird der von ihm vertretene Ansatz im Folgenden zumeist als „marxistisch" bezeichnet.

2 Ein weiterer wichtiger, in diesem Buch aber weitgehend ausgeklammerter Aspekt von Harveys Werk, die Frage nach dessen *normativen* Grundlagen, ließe sich unter dem Begriff der „Gerechtigkeit" diskutieren. Wie der Titel von *Social Justice* verrät, war diese Thematik für Harvey zunächst vor allem zu Beginn der 1970er Jahre relevant. Bereits mit dem Übergang zu den „sozialistisch" informierten Passagen des Buches wird die Bezugnahme

sie an dieser Stelle doch zumindest eine strukturierte Annäherung. So wird zunächst offengelegt, inwiefern Harvey Wissenschaft als eingreifende Praxis versteht (Kapitel 3.1), bevor in einem nächsten Schritt seine Auffassung von Marxismus als Gesellschaftstheorie und Methode rekonstruiert wird (3.2). Abschließend erfolgt dann eine Auseinandersetzung mit Harveys Plädoyer zugunsten eines historisch-*geographischen* Materialismus, d.h. seines Verständnisses von Raum als integralem Bestandteil marxistischer Theorie (Kapitel 3.3). In jedem dieser Abschnitte wird zudem versucht, entlang dreier Unterkapitel die Genese von Harveys Positionen zumindest annähernd in ihrem zeitlichen Verlauf nachvollziehbar zu machen und in den jeweiligen Debattenkontext einzubetten.

3.1 Wissenschaft – als eingreifende Praxis

Der Blick auf die Räume von Harveys intellektueller Biographie hat bereits einen Eindruck vom gesellschaftlichen Kontext vermittelt, in dem er ab Ende der 1960er Jahre einen Wandel vom Vordenker positivistischer Geographie zum überzeugten Marxisten vollzog. Demnach waren es die gesellschaftlichen Dynamiken der „1968er Jahre" und seine persönlichen Erfahrungen in seiner neuen Heimatstadt Baltimore, die Harvey die Grenzen seines bisherigen Zugangs vor Augen führten und eine politisch-theoretische Neuausrichtung anstießen. Wie *Social Justice* sowie eine Reihe von Zeitschriftenartikeln aus den 1970er Jahren (vgl. z.B. Harvey 2001 [1974]-a; 2001 [1974]-b; 2001 [1978]) offenbaren, erfolgte dieser Perspektivenwechsel zunächst in

auf abstrakte, ethisch-moralische Prinzipien jedoch von der Suche nach den Ursachen sozialer Ungerechtigkeit in den Produktions- und Eigentumsverhältnissen abgelöst – und von Harvey bis zu Beginn der 1990er Jahre nicht mehr weiterverfolgt. Spätestens mit *Justice & Nature* (vgl. v.a. Harvey 1996b: 329ff.) lässt sich bei ihm jedoch ein neuerliches Aufleben eines – nunmehr politisch-strategisch statt abstrakt begründeten (vgl. Harvey 2001 [2000]: 18ff.) – Interesses an Fragen von (Menschen-)Rechten und Gerechtigkeit feststellen. Nach deren kritischer Diskussion im Kontext der neoliberalen Globalisierung und der damit verbundenen sozialen Kämpfe (vgl. Harvey 2000; 2007 [2005]-b: 52ff.) hat Harvey diese Thematik in der jüngsten Vergangenheit im Zusammenhang mit dem weltweiten Zyklus urbaner sozialer Bewegungen erneut aufgegriffen, das „Recht auf Stadt" dabei aber gegen eine juristische Engführung abzugrenzen versucht (vgl. Harvey 2009 [2008]; 2012a; s. auch Kapitel 6.5.3). Einen guten Überblick über die Entwicklung des Verhältnisses zwischen analytischer und normativer Ausrichtung im Werk von Harvey gibt Castree (vgl. 2006: 256ff.). Interessante Einblicke vermitteln diesbezüglich auch die Beiträge im Sammelband *The Urbanization of Injustice* (Merrifield/Swyngedouw 1996), der aus einem Symposium zum 20. Jahrestag der Veröffentlichung von *Social Justice* hervorgegangen ist und in dem sich neben Harvey selbst unter anderem auch Doreen Massey, Neil Smith oder Edward Soja mit der urbanen Dimension sozialer (Un-)Gerechtigkeit und Harveys diesbezüglichen Positionen beschäftigen.

Form einer kritischen Absetzbewegung vom wissenschaftlichen Status quo in der Geographie und Stadtforschung. Aufgrund seiner eigenen, positivistischen Vorgeschichte bringt Harvey seine Argumente dabei häufig im Modus der Selbstkritik vor.[3] Paradigmatisch erscheint diesbezüglich eine längere Textpassage aus *Social Justice*, in der Harvey der zeitgenössischen Geographie ein verheerendes Zeugnis ausstellt und für einen grundlegenden Paradigmenwechsel plädiert:

> „(...) [T]here is a clear disparity between the sophisticated theoretical and methdological framework which we are using and our ability to say anything really meaningful about events as they unfold around us. There are too many anomalies between what we purport to explain and manipulate and what actually happens. There is an ecological problem, an urban problem, an international trade problem, and yet we seem incapable of saying anything of depth or profundity about any of them. When we do say something, it appears trite and rather ludicrous. In short, our paradigm is not coping well. It is ripe for overthrow. (...) It is the emerging objective social conditions and our patent inability to cope with them which essentially explains the necessity for a revolution in geographic thought." (Harvey 2009 [1973]: 128f.)

Angesichts einer im Zuge der „quantitativen Revolution" – gerade auch von ihm selbst – ver(-natur-)wissenschaftlichten Geographie lässt sich für Harvey ihre Unfähigkeit, die gesellschaftlichen Dynamiken und Probleme jener Zeit zu erklären und weiterführende Perspektiven zu eröffnen, nicht in erster Linie auf methodologische oder analytisch-empirische Unzulänglichkeiten zurückführen. Statt in diesem Bereich nach den Ursachen für bestehende Erkenntnisschranken und eine allgemeine gesellschaftspolitische Sprachlosigkeit zu suchen, macht Harvey daher das Selbstverständnis der positivistischen Geographie, mithin also ihre im weitesten Sinn epistemologischen, d.h. wissenschafts- und erkenntnistheoretischen Grundannahmen zum Ansatzpunkt seiner Kritik. Nicht umsonst markiert das mit *Revolutionary and Counter-revolutionary Theory in Geography and the Problem of Ghetto Formation* (ebd.: 120ff.) betitelte Kapitel[4], aus dem die obige Passage stammt, in der

3 Obwohl Harvey dabei durchaus hin und wieder auf *Explanation* – das zentrale Werk seiner positivistischen Phase – Bezug nimmt, hat er dieses im Nachhinein nie einer systematischen Kritik unterzogen. Als charakteristisch für sein (Nicht-)Verhältnis zu *Explanation* kann seine humorvolle Erwiderung auf eine 1972 veröffentlichte Rezension des Buches gelten, in der Harvey laut Trevor Barnes davon spricht, er wäre in der Debatte um das Werk deshalb im Nachteil, „(...) because he had 'never read' his own book and furthermore had 'no intention of doing so now.'" (Barnes 2006: 36f.)

4 Das Kapitel ist die erweiterte Version eines gleichnamigen, ein Jahr zuvor in der Zeitschrift *Antipode* erschienenen Essays (vgl. Harvey 1972). Zum Stellenwert dieses Artikels für die weitere Entwicklung der (US-Amerikanischen) *Radical Geography*, siehe Peet (1977b: 16f.). Die in der selben *Antipode*-Ausgabe veröffentlichte Diskussion zu Harveys Thesen vermittelt einen guten Überblick über die unterschiedlichen epistemologischen Positionen in der kritischen Geographie und Stadtforschung zu Beginn der 1970er Jahre. Als

Struktur von *Social Justice* den Übergang von den „liberalen“ zu den „sozialistischen“ Formulierungen: Die dort erstmals vorgenommene grundlegende Neubewertung von Wissen(-schaft)[5] ist ein zentrales – mithin namensgebendes – Merkmal des „epistemologischen Bruchs“, den Harvey mit *Social Justice* vollzog (vgl. Barnes 2006; Castree 2006). Sie dient daher als Ausgangspunkt der folgenden Darstellung (Kapitel 3.1.1). Im Anschluss erfolgt dann eine Wiedergabe von Harveys konkreter Kritik am Status quo der Geographie und Stadtforschung (Kapitel 3.1.2), bevor anhand von Texten aus der zweiten Hälfte der 1980er Jahre diskutiert wird, wie er die Marxsche Theorie im Spannungsfeld zwischen revolutionärer Praxis und wissenschaftlichem Anspruch verortet, wo hier Mängel bestehen und mit Hilfe welcher Ansätze sich diese beheben ließen (Kapitel 3.1.3).

3.1.1 Ein „aktivistisches“ Wissenschaftsverständnis

Über das Ausmaß der Veränderung in Harveys Wissenschaftsverständnis und die Bedeutung, die er dieser auch selbst zugeschrieben hat, geben bereits die ersten Seiten von *Social Justice* Auskunft. Im Rahmen einer überblicksartigen Einführung identifiziert Harvey hier „Theorie“ – noch vor „Raum“, „sozialer Gerechtigkeit“ sowie „Urbanisierung“ – als einen der vier Bereiche, in denen der Wandel zu einer kritisch-marxistischen Position im Verlauf des Buches besonders sichtbar würde. Ganz in diesem Sinn distanziert er sich von der in *Explanation* sowie zum Teil auch noch im ersten Abschnitt von *Social Justice* angenommenen und nun als „künstlich“ kritisierten Trennung von Epistemologie bzw. Methodologie und Gesellschaftstheorie, Tatsache und Wertung, Objekt und Subjekt oder (privater) Erkenntnis und (öffentlicher) Vermittlung sowie vom damit verknüpften Ideal einer Theoriekonstruktion mittels a priori definierter Kategorien und deren anschließender Verifizierung (vgl. Harvey 2009 [1973]: 9ff.).

Statt solchermaßen dem (Selbst-)Bild einer neutralen und objektiven i.S.v. kontext-unabhängigen, auf Standardisierung und Quantifizierbarkeit ausgerichteten wissenschaftlichen Praxis anzuhängen, gelangt Harvey im zweiten Teil von *Social Justice* zu einem alternativen, post-positivistischen Verständnis des Verhältnisses von

---

mittlerweile legendär gilt die sich daraus entspinnende, über mehrere Jahre verlaufende und äußerst polemisch geführte Kontroverse zwischen Harvey und dem positivistischen Geographen Brian Barry (vgl. hierzu Johnston/Sidaway 2004: 251f.).

5 Harvey unterscheidet in seinen Texten nicht systematisch zwischen den Begriffen Wissen, (Sozial-)Wissenschaft und Theorie bzw. abstraktes Denken, weshalb diese auch im Folgenden zunächst weitgehend synonym verwendet werden. Zu den von Harvey an einzelnen Stellen genannten Kriterien für die Wissenschaftlichkeit bzw. Gültigkeit von (marxistischer) Theorie siehe Kapitel 3.1.1, 3.1.3 und 3.2.2. Im letztgenannten Kapitel erfolgt zudem eine Unterscheidung zwischen wissenschaftlicher Empirie und Theorie.

Wissenschaft und Gesellschaft. Im Zentrum dieser gewandelten Perspektive, die auch die eingangs erwähnten Zeitschriftenartikel prägt, steht dabei eine bestimmte, im Anschluss an die Marxschen Feuerbachthesen (Marx 1978 [1845]) bzw. eine strukturalistische Interpretation von dessen Ontologie und Epistemologie (vgl. Kapitel 3.2.1) gewonnene Auffassung von (wissenschaftlichem) Wissen, die sich mit Noel Castree (2006: 252f.) treffend als „aktivistisch" bezeichnet lässt. Diese – sowohl deskriptiv als auch appelativ-normativ zu verstehende – Sichtweise beinhaltet zumindest drei zentrale Momente und nimmt ironischerweise einige der Argumente vorweg, die später in der Debatte um die Postmoderne auch und besonders gegen Harvey selbst – und sein vermeintlich „modernes" Wissenschaftsverständnis – vorgebracht wurden (vgl. Kapitel 3.2.3).

Erstens zeichnet sich Harveys Zugang durch die Einsicht aus, dass es sich bei Wissen nicht um eine unvermittelte, spiegelbildliche Abbildung der Realität, sondern um eine sozial konstruierte Repräsentation derselben handelt, Real- und Erkenntnisobjekt also nicht identisch sind. Damit gerät für ihn die Situiertheit – d.h. das Eingebunden-Sein – von Wissensproduktion in gesellschaftliche Zusammenhänge und damit in Macht- und Herrschaftsverhältnisse in den Blick: „We are (...) forced to concede that 'scientific' enquiry takes place in a social setting, expresses social ideas, and conveys social meanings. (...) [P]articular kinds of scientific method express certain kinds of ethical or ideological positions." (Harvey 2001 [1974]-a: 40) Aus dieser Perspektive transportiert gerade die positivistische Vorstellung, Wissenschaft wäre neutral bzw. wertfrei und operiere jenseits von Gesellschaft, eine bestimmte soziale Bedeutung: „[T]he use of a particular scientific method is *of necessity* founded in ideology, and (...) any claim to be ideological free is *of necessity* an ideological claim." (ebd.: 39)

Über das bloße Verständnis als gesellschaftlich konstruiert hinaus begreift Harvey Wissen *zweitens* als soziales Verhältnis und als eine produktive „material force" (Harvey 2009 [1973]: 298).[6] Da es einen maßgeblichen Einfluss auf soziales Handeln hat,

6 Ohne dass Harvey dies tatsächlich ausweisen würde, bezieht er sich an dieser Stelle zweifelsohne auf die folgende, viel zitierte Passage aus der *Kritik der Hegelschen Rechtsphilosophie* von Marx (1976 [1843/44]: 385): „Die Waffe der Kritik kann allerdings die Kritik der Waffen nicht ersetzen, die materielle Gewalt muß gestürzt werden durch materielle Gewalt, allein auch die *Theorie wird zur materiellen Gewalt* [Herv. F.W.], sobald sie die Massen ergreift. Die Theorie ist fähig, die Massen zu ergreifen, sobald sie *ad hominem* [am Menschen] demonstriert, und sie demonstriert *ad hominem*, sobald sie radikal wird. Radikal sein ist die Sache an der Wurzel fassen. Die Wurzel für den Menschen ist aber der Mensch selbst. Der evidente Beweis für den Radikalismus der deutschen Theorie, also für ihre praktische Energie, ist ihr Ausgang von der entschiedenen positiven Aufhebung der Religion. Die Kritik der Religion endet mit der Lehre, daß der *Mensch das höchste Wesen für den Menschen* sei, also mit dem *kategorischen Imperativ, alle Verhältnisse umzuwerfen*,

ist Wissen demnach ein aktives, eingreifendes Moment gesellschaftlicher Praxis: Es drückt die Reproduktion oder Veränderung normativer Orientierungen, politisch-institutioneller Rahmenbedingungen, ökonomischer Strukturen usw. nicht nur aus bzw. ist diesen unterworfen, sondern konstituiert solche Prozesse umgekehrt auch selbst entscheidend mit. Wird Wissen solchermaßen als „both constructed and consequential“ (Castree 2006: 253) verstanden, erfolgt schließlich *drittens* eine Verunsicherung der Kategorien von Wahrheit und Erkenntnis. Ohne diese Kategorien deshalb gänzlich aufzugeben, einem „Beurteilungsrelativismus“ [„judgemental relativism“] (Bhaskar 1998 [1979]: 63) das Wort zu reden oder die Eigenlogik des wissenschaftlichen Feldes zu negieren (vgl. Kapitel 3.1.3), distanziert sich Harvey daher von dem – zu Beginn von *Social Justice* noch präsenten (vgl. Harvey 2009 [1973]: 37ff.) – positivistischen Ideal der Verifizierbarkeit von Theorie mittels formalisierter, zumeist quantitativer Hypothesentests. Demgegenüber nimmt er eine Reinterpretation des Begriffs der Verifizierung vor, die diesem eine gänzlich neue Bedeutung verleiht: „Verification is achieved through practice which means that theory *is* practice in a very important sense. When theory becomes practice through use then and only then it is really verified.“ (Harvey 2009 [1973]: 12) Anstelle universeller Wahrheitsannahmen oder abstrakter Erkenntniskriterien werden somit andere Faktoren relevant:

> „Concepts and categories cannot be viewed as having an independent existence, as being universal abstractions true for all time. (...) Concepts are ‘produced’ under certain conditions (...) while they also have to be seen as producing agents in a social situation. It is irrelevant to ask whether concepts, categories and relationships are ‘true’ or ‘false’. We have to ask, rather, what it is that produces them and what is it that they serve to produce?“ (ebd.: 298)

Statt also hochtrabend über Wissenschaft, Wahrheit und Erkenntnis zu räsonieren, fragt Harvey nach den spezifischen Wechselbeziehungen zwischen Prozessen der Wissensproduktion und den bestehenden gesellschaftlichen Verhältnissen bzw. Praxen – kurz, nach dem Zusammenhang von Wissen und Macht.[7]

Wie bereits angedeutet, handelt es sich bei dem Kapitel *Revolutionary and Counter revolutionary Theory in Geography and the Problem of Ghetto Formation* (ebd.: 120ff.,

---

in denen der Mensch ein erniedrigtes, ein geknechtetes, ein verlassenes, ein verächtliches Wesen ist.“

7 Obwohl Harveys Verständnis von Wissen(-schaft) in diesem Sinn bereits früh gewisse Überschneidungen mit jenem von Foucault aufweist, hat er erst mit der Veröffentlichung von *Condition* begonnen, diesen aktiv – und durchaus kritisch – zu rezipieren (vgl. z.B. Harvey 1989b: 44ff., 213f., 272f., 304f.). Bis heute steht dabei der Zusammenhang von Wissen, Macht und Raum im Zentrum von Harveys Interesse (vgl. z.B. Harvey 1996b: 77ff., 108f.; 2000: 182ff.; 2001a: 217; 2009: 30ff., 156ff. s. hierzu auch Kapitel 3.2.3 und 3.3.3).

147ff.) aus *Social Justice* um eine zentrale Etappe dieses Suchprozesses, werden darin doch die Grundzüge von Harveys Intervention umrissen. Im Anschluss an eine kritische Lesart des Wissenschaftstheoretikers Kuhn reflektiert Harvey hier über Prozesse der Revolution und Konterrevolution in den Sozialwissenschaften im Allgemeinen und der Geographie im Besonderen. Im Sinne seiner „aktivistischen" Auffassung von Wissen unterscheidet er dabei entsprechend ihrer gesellschaftlichen Funktion zwischen „Status quo-", „konterrevolutionärer" und „revolutionärer" Theorie – nicht ohne zu betonen, dass diese nicht „an sich", sondern immer nur im Kontext spezifischer gesellschaftlicher Situationen als solche bestimmt werden könnten.[8]

Für eine Status quo-Theorie ist demnach charakteristisch, dass sie zwar eine zutreffende Repräsentation der ihr jeweils zugrunde liegenden sozialen Realität liefert. Allerdings verallgemeinert sie ihre Aussagen unzulässigerweise und verknüpft sie mit einem universellen Wahrheitsanspruch, weshalb eine solche Theorie notwendigerweise in Politiken mündet, die den gesellschaftlichen Ist-Zustand aufrechterhalten. Demgegenüber hat eine konterrevolutionäre Theorie – wiewohl in sich kohärent – lediglich scheinbar einen hinreichenden Realitätsbezug, ist de facto aber „(...) in some way quite divorced from the reality it purports to represent." (ebd.: 151) Da sie die bestehenden Verhältnisse nicht erfasst, sie entnennt oder bewusst verschleiert, trägt sie dazu bei, dass notwendige Entscheidungen ausbleiben und gesellschaftliche Veränderungen erschwert oder verhindert werden. Im Unterschied zu diesen beiden Theorietypen zeichnet sich eine revolutionäre Theorie für Harvey durch die Fähigkeit aus, die soziale Realität in ihrer widersprüchlichen Dynamik adäquat zu repräsentieren und auf diesem Weg gesellschaftliche Alternativen denkbar zu machen: „A revolutionary theory offers real choices for future moments in the social process by identifying immanent choices in an existing situation. The implementation of these choices serves to validate the theory and to provide the grounds for the formulation of new theory. A revolutionary theory consequently holds out the prospect for creating thruth rather than finding it." (ebd.) Statt absolute Wahrheitsansprüche zu vertreten, ist sich eine solche Theorie ihrer sozialen Situiertheit und der daraus erwachsenden „epistemologischen Relativität" [„epistemic relativity"] (Bhaskar 1998 [1979]: 62) bewusst. Da eine revolutionäre Theorie gesellschaftliche Veränderungen aktiv befördert und sich ihr Wahrheitsgehalt gleichzeitig auch an deren Gelingen bemisst, stehen Revolutionen in den Wissenschaften und solche in der Gesellschaft

8 Harveys Argumentation weist an dieser Stelle interessante Parallelen zu der von Robert W. Cox im Kontext einer neogramscianisch inspirierten Internationalen Politischen Ökonomie getroffenen Differenzierung zwischen „Problemlösungs-" und „kritischer" Theorie auf (vgl. Cox 2011 [1981]). Ebenso lassen sich Überschneidungen, aber auch Differenzen zu dem Begriff der „critical urban theory" ausmachen, den zuletzt vor allem Neil Brenner mit Inhalt zu füllen versucht hat (vgl. Brenner 2009).

hier in einem wechselseitigen Bedingungsverhältnis: „Revolutions in thought cannot ultimately be divorced from revolutions in practice." (Harvey 2009 [1973]: 127)

Als historisches Beispiel für Prozesse der Revolution und Konterrevolution in den Sozialwissenschaften dient Harvey das Verhältnis zwischen der bürgerlichen Politischen Ökonomie von Adam Smith und Ricardo auf der einen und der Marxschen Kritik derselben auf der anderen Seite (vgl. ebd.: 125ff.). Letztere gilt ihm dabei nicht nur deshalb als Prototyp einer revolutionären Theorie, weil – so Engels berühmter Vergleich aus dem Vorwort des zweiten *Kapital*-Bandes (vgl. Marx 1963 [1885]: 13ff.) – die Marxsche Mehrwerttheorie die Politische Ökonomie auf ähnliche Weise in ihren Grundfesten erschüttert und auf ein neues Erkenntnisniveau gehoben habe wie die Entdeckung des Sauerstoffs durch Antoine Lavoisier die Chemie. Vielmehr war – und ist – die Theorie von Marx in Harveys Augen vor allem deshalb revolutionär, weil sie mit dem grundlegenden Verständnis des Kapitalismus zugleich auch die Voraussetzungen für dessen Überwindung geschaffen hat. Aus Sicht der Herrschenden sei an ihr deshalb von Anfang an in erster Linie der Umstand gefährlich gewesen, „(...) that it appeared to provide the key to understand capitalist production from the position of those *not* in control of the means of production." (Harvey 2009 [1973]: 126f.)

Wenn der Marxismus in der Folge unzähligen Versuchen der Marginalisierung und Kooptierung ausgesetzt war, so fordert Harvey nun gegen solche Versuche der konterrevolutionären Einhegung dazu auf, ihn zur Grundlage einer notwendigen Revolution in der Geographie zu machen. Hierfür sei ein marxistischer Zugang insbesondere wegen seiner „dialektischen", auf Widersprüche, Prozesshaftigkeit und gesellschaftliche Veränderungen abstellenden Methode besser geeignet als etwa phänomenologische und positivistische Ansätze, mit denen dieser jedoch eine Reihe von Überschneidungen aufweise (vgl. ebd.: 128ff.). Obwohl dieses Plädoyer zugunsten des Marxismus den eigentlichen Kern der Differenzierung zwischen revolutionärer und konterrevolutionärer Theorie ausmacht, wird die Frage der Marxschen Methode nicht hier, sondern erst am Ende von *Social Justice* weiter ausgeführt (vgl. Kapitel 3.2.1) Stattdessen versucht Harvey im Folgenden anhand des Beispiels innerstädtischer Ghettos – deren Dynamik vor allem in den USA ein zentrales Moment der zeitgenössischen „Krise der Stadt" ausmachte – eine konkrete Idee davon zu vermitteln, worin die von ihm angestrebte Revolution im geographischen Denken bestehen könnte (vgl. Harvey 2009 [1973]: 130ff.).

Als Ansatzpunkt fungiert dabei die Frage nach den Ursachen für die Entstehung von Ghettos. Statt letzte in der Tradition dominanter Landnutzungstheorien als Effekt von Marktungleichgewichten zu interpretieren, argumentiert Harvey, anknüpfend an die Arbeiten von Engels, dass es sich bei Ghettos in Wirklichkeit um die zerstörerischen Konsequenzen kapitalistischer Profitlogik handelt – d.h. konkret einer sozial produzierten Verknappung des verfügbarer Wohnraums durch die Organisation des Immobilienmarktes nach dem Kriterium des Tauschwerts bzw. dem Ziel einer Maximierung des Rentenaufkommens (vgl. Kapitel 6.3, 6.4). Wenn aus dieser Perspektive das Problem der Ghettos letztlich nur durch das Durchbrechen eben dieser Logik tatsächlich überwunden werden kann, dann erscheinen hier all jene Zugänge als konterrevolutionär, die diesen Sachverhalt de-thematisieren und entsprechend politisch zahnlose, liberale Lösungen vorschlagen. Anstelle endloser empirischer Untersuchungen zur sozialen Situation in den Ghettos oder gut gemeinter sozialarbeiterischer Tätigkeit sieht Harvey die vordringlichste Aufgabe in der Geographie daher darin, über den Umweg einer grundlegenden Kritik der bestehenden Ansätze ein neues, holistisches und radikales Paradigma zu entwickeln. Dieses müsse zwar an die bestehenden empirischen Ergebnisse und das Wissen aus den Communitys anknüpfen, diese jedoch in einer kohärenten Theorie zusammenführen. Im Unterschied zu den bestehenden Ansätzen verlange ein solchermaßen revolutionärer Zugang zudem, dass die WissenschaftlerInnen selbst ein „'real' as opposed to 'mere liberal' commitment" (Harvey 2009 [1973]: 146) zeigten und sich also auch persönlich an sozialen Auseinandersetzungen beteiligten – statt, wie im ersten Teil von *Social Justice* mitunter nahegelegt, als ExpertInnen Politikberatung zu betreiben (vgl. z.B. ebd.: 94f.).[9]

Dieser Gedanke wird schließlich in einem knappen Nachtrag am Ende des Kapitels zu *Revolutionary and Counter-revolutionary Theory* noch einmal aufgegriffen (vgl. ebd.: 147ff.). Dort stellt Harvey zunächst im Anschluss an Marx' und Engels berühmte Formulierung, wonach „[d]ie Gedanken der herrschenden Klasse (...) in jeder Epoche die herrschenden Gedanken [sind]" (Marx/Engels 1969 [1845/46]: 46), die These auf, gesellschaftlichem Wissen wäre im Regelfall eine konterrevolutionäre bzw. den Status quo affimierende Tendenz inhärent. Dies gelte insbesondere für die Wissenschaften, wo disziplinäre Grenzen nicht nur dem Staat eine Kontrolle mittels „Teile und herrsche"-Strategien erlaubten, sondern auch insofern „konterrevolutionär" wären, als sie dem Verständnis sozialer Realität entgegenstünden. Harvey plädiert daher für eine generelle Auflösung disziplinärer Trennungen:

> „Reality has (...) to be approached directly rather than through the formulations of academic disciplines. We have to think in non- or meta-disciplinary terms if we are to think academically about our problems at all. Genuine revolutionary formulations can-

9 Insbesondere in Gestalt solcher direkter Appelle atmet das Kapitel *Revolutionary and Counter-revolutionary Theory* in besonderem Maße die politische Atmosphäre seiner Entstehungszeit. Harvey zufolge waren diesbezüglich vor allem seine eigenen Erfahrungen in einer Solidaritätskampagne zugunsten der *Black Panther*-Bewegung von Bedeutung, im Rahmen derer er 1969 gemeinsam mit anderen Weißen KollegInnen und Studierenden der Hopkins University das Hauptquartier der Bewegung in Baltimore vor Polizeiübergriffen zu schützen versuchte (vgl. Harvey 2002: 170).

not have a specific disciplinary basis – they must be located with respect to all relevant aspects of material reality." (Harvey 2009 [1973]: 149)

Als Konsequenz aus dieser Sichtweise appelliert Harvey an WissenschaftlerInnen, ihre im akademischen Umfeld erlernten disziplinären Identitäten hinter sich lassen. Dies sei die Voraussetzung, um sich aktiv in soziale Auseinandersetzungen einbringen und im Sinne des von Gramsci geprägten Begriffs der „organischen Intellektuellen"[10] gemeinsam und auf Augenhöhe mit anderen, nicht-akademisch sozialisierten AktivistInnen die Funktion einer politisch-strategischen Führung bzw. Organisierung übernehmen zu können. Das Ideal, das Harvey hier vor Augen hat, ist die Aufhebung der Trennung zwischen universitärer und außeruniversitärer Sphäre bzw. zwischen Theorie und Praxis: „A social movement becomes an academic movement and an academic movement becomes a social movement when all elements in the population recognize the need to reconcile analysis and action." (ebd.) Nur wenn das Bemühen um ein neues, revolutionäres Paradigma in einzelnen Bereichen der Wissenschaften – wie der Geographie – derart in einem größeren und langfristigeren, gesellschaftspolitischen Kontext gesehen werde, sei es möglich, die fortwährend drohende und von ihm am Beispiel des Keynesianismus illustrierte Gefahr der Vereinnahmung und Integration in ein reformistisches Projekt zu verhindern: „(...) [I]f such revolutions in thought are to be anything more than adaptions whereby those in control in society perpetuate their ability to control, they must be viewed as the beginning of a struggle to bring into being a more complete revolutionary theory which can be validated through revolutionary practice." (ebd.: 148)

Bevor die bis hierhin lediglich angedeutete Frage genauer untersucht werden soll, warum für Harvey gerade der Marxismus das Potential birgt, eine solchermaßen umfassende, revolutionäre Theorie zu sein, erscheint es indes sinnvoll, seine konkrete Kritik am Status quo der Geographie und Stadtforschung näher zu untersuchen.

3.1.2 Kritik am Status quo der Geographie und Stadtforschung

Zu diesem Zweck lohnt sich zunächst ein Blick auf zwei 1974 erschienene Texte, in denen Harvey die Geschichte und Gegenwart der Geographie beleuchtet und ihre Verstrickung in gesellschaftliche Herrschaftsprojekte scharf kritisiert. Obwohl er sich darin zum Teil einer anderen Begrifflichkeit bedient als in *Social Justice*, werden hier manche Aspekte des gesellschaftlichen und akademischen Hintergrundes besonders anschaulich, vor dem er zu seinem neuen, „aktivistischen" Verständnis von Wissen(-schaft) gelangt ist. So hat Harvey zum einen die 1973 erfolgte Machtübernahme

10 Zum Intellektuellen-Begriffs bei Gramsci siehe Demirovic (2007: 34ff.) und Opratko (2012: 48ff.).

des gelernten Geographen Augusto Pinochet in Chile sowie die damit verbundene reaktionäre Umgestaltung der sozialen Geographie des Landes zum Anlass genommen, um unter dem programmatischen Titel *What kind of geography for what kind of public policy?* nach der gesellschaftspolitischen Verantwortung von GeographInnen zu fragen (Harvey 2001 [1974]-b).

Der Fokus liegt dabei auf der disziplinären Entwicklung in Großbritannien in den Jahrzehnten nach dem zweiten Weltkrieg. Insofern er selbst bis Ende der 1960er Jahre ein Teil derselben war, handelt es sich bei dem vernichtenden Urteil, zu dem Harvey hier gelangt, erneut auch um eine Selbstkritik: Ihm zufolge hat sich die Disziplin nach dem Ende des *British Empire* aus Furcht vor der Bedeutungslosigkeit zum Erfüllungsgehilfen eines korporatistischen, „proto-faschistischen" Staates gemacht und in Gestalt von Stadt-, Regional- und Umweltplanung dessen Aktivitäten der Manipulation, Kontrolle und Kooptierung mit erfüllt: „(...) [W]e have learned to be good citizens, to prostrate ourselves and to prostitute our disziplin before 'national priorities' and 'the national interest'. We have survived, in short, by adopting an Eichmann mentality." (ebd.: 33) Dieses komplizenhafte Verhalten steht nach Harvey jedoch in einem gewissen Widerspruch zum humanistisch und reformerisch geprägten Selbstverständnis der GeographInnen. Das Aufbrechen dieser Spannung und also eine Politisierung der WissenschaftlerInnen zu verhindern, sei eine der wesentlichen Funktionen des dominanten, positivistischen Bildes von Wissenschaft:

> „If we can accept that 'facts' and 'values' are separate and distinct from each other and that the former are subject of scientific investigation whereas the latter are mere personal opinion (subjective), then we can snap the tension by a neat methodological device. If geography is a 'science' and therefore concerned with facts and models and abstract theories, we can then regulate our humanism to personal opinion to be expressed outside geography but not within." (ebd.: 35)

Ganz ähnlich argumentiert Harvey zum anderen in dem parallel erschienen Text *Population, resources, and the ideology of science* (vgl. Harvey 2001 [1974]-a), der kritisch die zeitgenössische Debatte um Bevölkerungswachstum und Ressourcenknappheit reflektiert (vgl. hierzu Braun 2006: 195ff.; s. auch Kapitel 3.3.3). Die Marxsche Kritik an Malthus und Ricardo aufgreifend, arbeitet Harvey in diesem Essay den inneren Zusammenhang zwischen empirizistischer Methode und positivistischer Epistemologie auf der einen und der neo-malthusianischen These einer vermeintlichen weltweiten „Überbevölkerung" auf der anderen Seite heraus. Zudem zeigt er, wie und warum neo-malthusianische Ansätze notwendigerweise zur Legitimation neokolonialer Projekte sowie zur staatlichen Repression gegenüber der eigenen Bevölkerung beitragen. Angesichts solcher politisch-praktischer Implikationen gelangt Harvey an dieser Stelle ebenfalls zu dem Fazit, dass das (Selbst-)Bild einer neutralen, interessens- und ideologiefreien Wissenschaft nicht nur unzutreffend ist, sondern unmittelbar der Aufrechterhaltung des gesellschaftlichen Status quo dient.

Die enge Verknüpfung zwischen geographischem Wissen und (staatlicher) Macht, die in diesen beiden frühen Texten schonungslos offengelegt wird, hat Harvey auch in der Folgezeit kontinuierlich beschäftigt. Neben einer Auseinandersetzung mit der Biographie des ehemals an der *Johns Hopkins University* in Baltimore tätigen und in der McCarthy-Ära politisch verfolgten Ostasien-Experten Owen Lattimore (vgl. Harvey 2001 [1983]) ist hier etwa der Text *On the history and present condition of geography: an historical materialist manifesto* zu nennen (Harvey 2001 [1984]). Darin führt Harvey nicht nur aus, wie sich die Geographie als Disziplin durch die Interventionen der *Radical Geography* seit den späten 1960er Jahren verändert hat, warum eine Kritik des Positivismus nicht gleichbedeutend mit der Abkehr von wissenschaftlichen Standards sein dürfe (vgl. Kapitel 3.1.3) und worin der politische Gewinn einer erst noch zu entwickelnden „peoples' geography" bestehen könnte. Vielmehr gibt er zuvor auch einen Überblick darüber, welche Rolle geographischem Wissen bei der Entwicklung des Kapitalismus zukam bzw. noch zukommt – von der Kartierung unbekannter Gebiete im Kolonialismus über die geopolitische Beratung imperialistischer Regierungen bis hin zur ideologischen Rechtfertigung von Macht- und Herrschaftspolitiken mittels rassistischer, kulturalistischer oder sexualisierender Diskurse (vgl. Harvey 2001 [1984]: 108ff.).

In jüngerer Vergangenheit hat Harvey diese Thematik schließlich vor allem im Kontext der Globalisierungs-Debatte wieder aufgegriffen. Dabei wird verstärkt der Versuch sichtbar, einen möglichen positiven Beitrag der Geographie – als Disziplin, aber auch im Sinne multipler Wissensbestände jenseits der Universität – zu einem Entwurf und der Verwirklichung gesellschaftliche Alternativen und Utopien zu skizzieren (vgl. v.a. Harvey 2000; 2009). Allerdings knüpfen auch diese Arbeiten an konkrete Kritiken an. So führt Harvey etwa die US-Außenpolitik als Beispiel dafür an, wie die Vermittlung falschen oder lückenhaften geographischen Wissens zur Legitimierung einer aggressiven Geopolitik beitragen und so die reale Verwirklichung eines „Kosmopolitismus" verhindern könne; oder er macht sichtbar, in welchem Umfang die Form und der Inhalt solchen Wissens von den – zumeist herrschaftlich organisierten – institutionellen Arrangements geprägt sind, in denen es produziert wird, also etwa den Staatsapparaten, internationalen Organisationen, NGOs oder Bildungseinrichtungen (vgl. Harvey 2001a: 210ff.; 2002: 177). Somit gelangt Harvey hier letztlich zu einer ganz ähnlichen Einschätzung wie zu Beginn der 1970er: „The supposed neutrality of geographical knowledges has at best proven to be a beguiling fiction and at worst a downright fraud." (Harvey 2001a: 231)

Harveys Kritik am Status quo der Wissenschaften hat sich allerdings nie darauf beschränkt, deren gesellschaftliche Situiertheit anhand der Verstrickung in konkrete Macht- und Herrschaftspraxen offenzulegen, um darüber die weit verbreitete Neutralitätsannahme und deren de-politisierende Funktion in Frage zu stellen. Insbesondere in dem Text *On countering the Marxian myth – Chicago-style* (Harvey 2001 [1978]) zeigt er vielmehr schon früh auf, dass mit der spezifischen „class basis" bzw. dem „class bias" (ebd.: 70) der dominanten, „bürgerlichen" Sozialwissenschaften zugleich ganz bestimmte Erkenntnisschranken verbunden sind. Als Einsatzpunkt dient Harvey dabei der in den 1970er Jahren innerhalb der Stadtforschung voll entbrannte Richtungsstreit zwischen der bis dahin vorherrschenden Stadtsoziologie in der Tradition der *Chicago School* und den marxistischen „HerausfordererInnen". Diese Auseinandersetzung ist ihm zufolge „[i]n its most elemental form (...) a struggle to establish a hegemonic system of concepts, categories and relationships for understanding the world. It is a struggle for language and meaning itself." (ebd.: 69)

In diesem Ringen um Deutungshoheit stehen einander, daran lässt Harvey keinen Zweifel, bürgerliches und Marxsches bzw. marxistisches Denken insofern als zwei unversöhnliche Kontrahenten gegenüber, als *beide* spezifische gesellschaftliche Standpunkte verkörpern: „[T]he former is a representation of the world drawn up from the standpoint of *capital* while the latter is a representation of the world drawn up in terms of the opposition of *labour*." (ebd.: 70) Dass sich zu jenem Zeitpunkt bürgerliche SozialwissenschaftlerInnen trotz dieser fundamentalen Differenz verstärkt für marxistische Zugänge interessierten, begründet Harvey hier ganz ähnlich wie in *Social Justice*. Seine zu Beginn des Kapitels angeführte These, wonach die gesellschaftlichen Krisenprozesse der späten 1960er Jahre die lange vorherrschenden, positivistischen Ansätze in Erklärungsnot brachten und in der Folge neue, kritische Zugänge an Attraktivität gewannen, erfährt nun allerdings anhand der „Krise der Stadt" eine Konkretisierung. Demnach beruht die Unfähigkeit der dominanten Stadtforschung, die urbanen Krisenprozesse der 1960er und 1970er Jahre in ihrer Entstehung nachzuvollziehen oder auch nur adäquat auf den Begriff bringen zu können, zum einen auf der spezifischen, die unternehmerische Arbeitsteilung nachvollziehenden Organisationsform und institutionelle Struktur bürgerlicher Wissenschaften: In Harveys Augen war die Stadtforschung aufgrund ihrer disziplinären Ausdifferenzierung – insbesondere in Gestalt einer eigenständigen Stadt*soziologie* – zu fragmentiert, um die verschiedenen – ökonomischen, politischen, ideologischen usw. – Dimensionen der „Krise der Stadt" in ihrer Dynamik und Wechselwirkung als gesamtgesellschaftliche Problematik erfassen zu können. Da sie eine isolierte „städtische Krise" und also rein urbane Lösungen vor Augen hatte, musste sie somit notwendigerweise scheitern (vgl. ebd.: 72ff.).

Über diese bereits in *Social Justice* thematisierte Problematik hinaus legen gesellschaftliche Krisenprozesse für Harvey jedoch noch eine weitere, grundlegendere – und überaus aktuelle – Erkenntnisschranke bürgerlicher Sozialwissenschaften offen:

> „Capitalist crises translate into crises in bourgeois social science not simply because the latter fragments in ways inappropriate to understanding the former. Bourgeois social science inclines, by virtue of being bourgeois, to interpret social affairs in terms of competing interests and functions within a social totality which is perceived to be either actually or

potentially harmonious in its workings. (...) Such a social science has no profound theory of crises and does not even perform well when it comes to questions of social change. When crises erupt, they are either greeted with stunned silence or attributed to some malignant external force (accidents, wars, famines, pestilence or seemingly arbitrary acts like Arab intransigence on oil prices). The political economists, Marx once oberserved, are reduced at times of crisis merely to saying that all would be well if the economy would only perform according to their textbooks." (ebd.: 74)

Dass bürgerliche Sozialwissenschaften ein derartig harmoniefixiertes Weltbild haben und infolgedessen – ganz im Sinne konterrevolutionärer bzw. Status quo-orientiert Theorie – nicht in der Lage sind, gesellschaftliche Dynamiken, Widersprüche und Krisen analytisch hinreichend zu durchdringen, erscheint angesichts ihrer durchaus handfesten Verstrickung in eben diese konflikthaften sozialen Verhältnisse zunächst paradox. Wie Harvey ausführt, ist diese Unzulänglichkeit indes die logische Folge aus ihrem positivistischen, weltabgewandten wissenschaftlichem Selbstverstandnis: „Bourgeois social science (...) attempts to construct a view of the world from outside, to discover some fixed points (categories or concepts) on the basis of which an 'objective' understandig of the world may be fashioned." (ebd.: 88f.) Wenn sich dieser Widerspruch zwischen realer gesellschaftlicher Situiertheit und deren ständiger wissenschaftstheoretischer Verleugnung demnach insbesondere in Umbruch- und Krisenphasen offenbart, dann kommt in derartigen Situationen umgekehrt die Stärke solcher Zugänge zum Tragen, die ihre Erkenntnis bewusst aus der Gesellschaft heraus zu generieren versuchen und auf Konflikte und Krisen fokussieren. Darin liegt für Harvey denn auch die Erklärung für den Aufschwung der Marxschen Theorie in den „1968er Jahren": „When crises erupt, a theory which deals directly with crisis formation begins to be taken seriously both by the populace at large and by those working in the sheltered groves of academia. Capitalist crisis generates a resurgence of interest in the Marxian theory to the same degree that it provokes a crisis within bourgeois social science." (ebd.: 74)

Sowohl im Rückblick als auch vor dem Hintergrund der gegenwärtigen Situation lässt sich gegen diese Diagnose zweifellos der Einwand formulieren, Harvey unterschätze die Eigenlogik und Vermachtung des akademischen Feldes sowie der ideologischen Sphäre im Allgemeinen und vertrete daher eine zu optimistische Sichtweise. Für den Zweck dieser Darstellung von größerer Bedeutung erscheint jedoch sein Insistieren darauf, dass die soziale Situiertheit im Fall des Marxismus – im Unterschied zu den bürgerlichen Sozialwissenschaften – eine produktive, erkenntnisfördernde Wirkung hat. Diese Annahme wird am Ende des Textes konkretisiert und bildgewaltig veranschaulicht:

„To construct knowledge requires an active involment in the processes of social change. We discover ourselves by striving to change the world, and in the course of the struggle we change both the world and ourselves. (...) [T]he only sure path to that knowledge which has the capacity to change the world is to engage in the struggle. Herein lies the

> most serious barrier to the bourgeois understanding of Marxian thought, for to understand that thought means ultimately to practice it, which means, quite simply, that the bourgeois academic will have to cease to be bourgeois and come to the other side of the barricades if he is really to understand what the view from inside, the view from the standpoint of labor, is really all about." (ebd.: 89)

Mit diesem Appell legt Harvey nahe, er wolle seine These, bürgerliche und marxistische Sozialwissenschaften verkörperten unterschiedliche gesellschaftliche Standpunkte, in letzter Instanz durchaus wörtlich verstanden wissen. Allerdings bleibt bis hierhin noch unklar, wie das Verhältnis zwischen revolutionärer Praxis und dem behaupteten Erkenntnisvorsprung marxistischer Wissenschaften für ihn genau beschaffen ist – was letztere also im Sinne von *Social Justice* zu einer revolutionären Theorie macht – und ob die Einnahme eines Klassenstandpunktes in seinen Augen wirklich immer der persönlichen Beteiligung am Straßenkampf bedarf.

3.1.3 Marxistische Theorie zwischen revolutionärer Praxis und wissenschaftlichem Anspruch

Um diese Fragen beantworten zu können, bietet sich zuallererst der Rückgriff auf eine Reihe von Texten an, die ab Mitte der 1980er Jahre – d.h. mehr als eine Dekade nach *Social Justice* und den ersten Kämpfen um ein kritisches, post-positivistisches Wissenschaftsverständnis – erschienen sind und in denen Harvey die Bedeutung einer an Marx orientierten „Meta-Theorie" für die kritische Stadtforschung gegen zeitgenössische Angriffe verteidigt (vgl. Kapitel 3.2.3). In diesem Zusammenhang hebt er in den größtenteils identischen Vorworten zu *The Urbanization of Capital* (Harvey 1985b: x ff.) bzw. *Consciousness and the Urban Experience* (Harvey 1985a: xi ff.) sowie der Einleitung von *The Urban Experience* (Harvey 1989b: 1ff.) noch einmal – auch und vor allem gegenüber anderen Meta-Theorien wie jenen von Weber, Simmel oder der *Chicago School* – die besonderen Charakteristika marxistischer Theorie hervor. Ganz ähnlich wie in der obigen Darstellung identifiziert Harvey diesbezüglich „(…) the dialectical quality of the Marxian approach to understanding and participating in social change. We think before we act but learn to think through doing." (ebd.: 3). Obwohl eine emanzipatorische soziale Praxis und das Wissen um gesellschaftliche Zusammenhänge demnach die Bedingung der Möglichkeit des jeweils anderen darstellen und somit eine Einheit bilden, lohnt es sich an dieser Stelle, Harveys Ausarbeitung dieser „Dialektik" für einen Moment nachzuverfolgen.

So betont Harvey in einem ersten Schritt – seine eigene biographische Entwicklung reflektierend – die besonderen analytischen Qualitäten einer an Marx anschließenden Theorie: „I turned to the Marxian categories in the early 1970s, and reaffirm my faith in them here, as the only ones suited to the active construction of rigorous, comprehensive, and scientific understandings of something as complex and rich as the historical geography of the urban process under capitalism." (Harvey 1985a: xi) In der Folge macht er als zweites Alleinstellungsmerkmal dieser Theorie deren „kritische" und „progressive" politische Orientierung aus, welche nicht nur die Verbesserung der Lebensbedingungen einer einzelnen sozialen Gruppe, sondern die umfassende Emanzipation der gesamten Menschheit zum Ziel habe. Eine solchermaßen bewusste gesellschaftspolitische Ausrichtung sei für die Wissenschaften ebenso der einzig gangbare Weg, wie umgekehrt emanzipatorische Praxis auf ein detailliertes Verständnis sozialer Realitäten angewiesen wäre:

> „Science can never be neutral in human affairs (it would otherwise be irrelevant); attempts to put ourselves outside of history and politics at best produce well-meaning pseudo-sciences (of which positivism is one example) and at worst so break the chain of moral connection between what scientists do and what society does (...). Conversely, political rhetoric unbacked by scientific understanding is only by accidend non-vacuous." (Harvey 1989b: 3)

Für die letzte These beruft sich Harvey auf Marx selbst: Dieser habe seinen politischen Kampf gegen den Kapitalismus nicht zufällig auf dessen intensive Analyse gegründet, sondern aus der Überzeugung heraus, nur eine Einsicht in die Funktionsweise der kapitalistischen Produktionsweise und die daraus erwachsenden Dynamiken erlaubten erfolgreiche politische Interventionen. Wenn die revolutionäre Umgestaltung der Gesellschaft daher zunächst auf dem Verständnis derselben zu beruhen scheint, dann stellt Harvey eine solche Deutung im gleichen Atemzug wieder in Frage. Auch hier dient ihm Marx als Referenz, hat dieser doch in seiner berühmten elften Feuerbachthese proklamiert: „Die Philosophen haben die Welt nur verschieden *interpretiert*; es kommt aber darauf an, sie zu *verändern*." (Marx 1978 [1845]: 7) Diese These paraphrasierend, schreibt Harvey: „Revolutionary understandings of the world cannot be had out of passive contemplation but arise through active struggle. Only through changing the world can we change ourselves. Our task, therefore, is not to understand the world but to change it." (Harvey 1985a: xii) Statt nun aber dieses Kriterium der politischen Praxis im engeren Sinn – wie zuvor mit der Metapher des Straßenkampfes angedeutet – zu verabsolutieren und die „dialektische Qualität" auf diesem Weg einseitig aufzulösen, kehrt Harvey abschließend erneut zum Ausgangspunkt seiner Argumentation zurück: „(...) [T]hat slogan cannot be read too one-sidedly either. Active reflection on our understandings, critique of bourgeois ideology, the struggle to make Marxian concepts both plain and hegemonic, and the evaluation of our own historical experience of struggle are as important activities as active engagement on the barricades. That is why Marx wrote *Capital*. And that is why I can write these words." (ebd.)

Wenn kritische Wissensproduktion an dieser Stelle als distinktes Terrain mit eigenen Funktionen und spezifischen Konfliktmodi ausgewiesen und damit Harveys eigene, akademisch-intellektuelle Praxis legitimiert wird, dann steht diese somit nicht im Widerspruch zu einer „certain class perspective" (ebd.: xi), sondern ist im Gegenteil ein wichtiger Bestandteil umfassenderer gesellschaftlicher Auseinandersetzungen. Ganz im Sinne seiner frühen Formulierungen aus *Social Justice*, wonach revolutionäre Theorie erst in revolutionärer Praxis ihre tatsächliche Wahrheit findet, erklärt Harvey die politische Relevanz marxistischer Theorie denn auch hier zum letztlich wichtigsten von insgesamt drei Kriterien für deren Gültigkeit: „The political proving ground may be the most difficult of all terrains to work upon. But, in the final analysis, it is the only one that counts." (Harvey 1989: 16) Statt einem Selbstzweck zu dienen, muss sich Theorie demnach immer wieder auf soziale Kämpfe hin orientieren und sich daran messen lassen, inwieweit sie strategische Möglichkeiten für eine emanzipatorische Umgestaltung der Gesellschaft aufzeigen kann – ein Anspruch, dem Harvey in seiner eigenen wissenschaftlichen Praxis zu entsprechen versucht hat, indem er politische Konjunkturen und Kämpfe bis heute als Richtschnur bzw. Korrektiv für die eigenen Arbeit nutzt (vgl. Kapitel 2 und 3.2.3).

Demgegenüber verweisen die beiden anderen von ihm genannten Gültigkeitskriterien – eine adäquate Theoriekonstruktion sowie Erklärungskraft, d.h. die Fähigkeit zur stringenten und kohärenten Analyse konkreter gesellschaftlicher Entwicklungen (ebd.: 13f.) – stärker auf die Eigenlogik bzw. „relative Autonomie" (Althusser) des wissenschaftlichen Feldes. Dass diese für Harvey nicht nur in keinem Widerspruch zum politischen Anspruch des Marxismus steht, sondern sich dessen besondere Qualität gerade auch anhand wissenschaftlicher Maßstäbe zeigt, hat zu Beginn bereits der Hinweis auf die „rigorous, comprehensive, and scientific understandings" (Harvey 1985a: xi), zu denen marxistische Analysen fähig sind, deutlich gemacht. Anderswo betont er noch stärker den wissenschaftlichen Charakter des Marxismus. So würdigt er etwa in dem schon erwähnten Text *On the history and present condition of geography* (Harvey 2001 [1984]) die *Radical Geography* nicht nur für ihre Verdienste, sondern bemängelt zugleich auch ihre Vielstimmigkeit und das Fehlen einer gemeinsamen theoretischen Sprache. Gegen die vorschnelle Aufgabe wissenschaftlicher Standards zugunsten einer zwar politisch bewussten, letztlich aber willkürlichen Geographie, erklärt Harvey hier:

> „Geographers cannot remain neutral. But they can strice towards scientific rigor, integrity and honesty. The difference between the two commitments must be understood. There are many windows from which to view the same world, but scientific integrity demands that we faithfully record and analyze what we see from any one of them. [E]ach view can be represented in a common frame of discourse, subject to evaluation as to internal integrity and credibility." (ebd.: 117)

Dieser Verweis auf die Existenz und Bedeutung genuin wissenschaftlicher Praxen und (Erkenntnis-)Kriterien mündet hier in die zunächst paradox wirkende Aufforderung zu einem „dual methodological commitment to scientific integrity and nonneutrality" (ebd.: 120). In ihrer Stoßrichtung korrespondiert diese Argumentation nicht nur mit Harveys Herangehensweise in *Social Justice*, sondern auch mit einer ebenfalls Anfang der 1970er Jahre ausgesprochene Warnung, sein Beharren auf der gesellschaftlichen Situiertheit und also dem ideologischen Charakter jeglichen Wissens dürfe nicht im Sinne eines völligen Relativismus missverstanden werden:

> „(…) [I]t is not very informative to aver (…) that *all* versions of a problem are ideological, and it is downright misleading to suggest that our views (…) depend merely upon wheter we are optimists or pessimists, socialists or conservatives, determinists or possibilists, and the like. To contend the latter is not to give sufficient credit to that spirit of scientific endeavor that seeks to establish 'truth' without invoking subjective personal preferences; to say that there is no such thing as ethical neutrality is not to say that we are reduced to mere personal opinion." (Harvey 2001 [1974]-a: 40)

Solche und ähnliche Textstellen, in denen Harvey zugunsten von Wissenschaftlichkeit, Systematik, theoretischer Stringenz usw. argumentiert, wurden von KritikerInnen immer wieder als Beweis für den vermeintlich „totalisierenden" und „universalistischen" Anspruch seiner marxistischen Theorie herangezogen (vgl. Kapitel 3.2.3). Aber auch erklärte AnhängerInnen seines Zugangs werten sie mitunter als Indiz für die These, zwischen der positivistischen und der post-positivistischen Phase seines Werkes existierten stärkere Kontinuitäten als gemeinhin angenommen, er stünde also gewissermaßen „Between Deduction and Dialectics" (Barnes 2006; vgl. auch Gregory 2006). Eine derartige Position droht nicht nur zu übersehen, dass die von Harvey vorgebrachten Kriterien für die Gültigkeit und Wissenschaftlichkeit des Marxismus mit einem positivistischen Zugriff letztlich inkompatibel sind (vgl. z.B. Harvey 1989b: 13; s. auch Kapitel 3.2.2). Vielmehr wird fälschlicherweise auch suggeriert, die wahrgenommene Spannung zwischen seinem „aktivistischen" Wissenschaftsverständnis und der gleichzeitigen Aufrechterhaltung eines wissenschaftlichen Erkenntnisanspruchs wäre Harveys Vorgeschichte als Anhänger des Positivismus geschuldet. Demgegenüber erscheint der Hinweis angebracht, dass es sich hierbei um eine grundlegende Herausforderung *jedes* post-positivistischen Ansatzes handelt. Zu bemängeln ist aus dieser Perspektive eher, dass zwischen der Betonung der sozialen Situiertheit des Marxismus und den zum Teil sehr formal anmutenden Kriterien für dessen Wissenschaftlichkeit bzw. Gültigkeit in Harveys Texten aus den 1970er und 1980er Jahren oftmals eine zu große Lücke klafft und er nicht systematisch versucht hat, diese immanent, d.h. auf dem Feld der Wissenschaftstheorie selbst, zu schließen.

Eine gute Gelegenheit hierzu hätte sich insbesondere in den Debatten geboten, die in den späten 1980er sowie im Verlauf der 1990er Jahre um den Stellenwert des Marxismus im Allgemeinen und Harveys Zugang im Speziellen geführt wurden (vgl. Kapitel 3.2.3), waren darin doch zumindest zwei(-einhalb) Zugänge prominent vertreten, welche die Erarbeitung einer konsistenten „politischen Epistemologie" (vgl. Kinzel 2009) erlauben. Neben der – teilweise überaus präsenten – „abwesenden Ursache" dieser Debatte, dem strukturalen Marxismus Althussers (vgl. Kapitel

3.1), betrifft dies zum einen die Philosophie des *Critical Realism*.[11] Während dieser Zugang im Verlauf der 1980er Jahre – insbesondere aufgrund der Bemühungen des Geographen Andrew Sayer (vgl. 1992 [1984]; 1995; 2000) – im Feld der kritischen Geographie und Stadtforschung vergleichsweise einflussreich wurde, stieß er bei Harvey zunächst auf massive Ablehnung. So kritisiert dieser den Critical Realism im Rahmen einer breiteren Debatte als lediglich „superficially attractive method" (Harvey 1987c: 373), die in Wahrheit wenig Neues zu bieten habe und stattdessen zu einem empirizistischen Backlash beitrage. Ein ähnliches Missfallen – das umgekehrt teilweise ebenso galt (vgl. Sayer 1987; 1995: 184ff.) – kommt auch in einem gemeinsam mit Allen Scott verfassten Text aus dieser Periode zum Ausdruck, der sich allgemein gegen die verschiedenen „(...) pallid, depoliticized and ultimately vacuous versions of the theory of structure and agency" (Harvey/Scott 1989: 221) richtet. Im Unterschied dazu hat Harvey die Arbeiten von Roy Bhaskar – dem „Begründer" des Critical Realism – zu Fragen der Dialektik später in *Justice & Nature* positiv rezipiert (vgl. Harvey 1996b: 46ff., 69, 75f.). Zudem lassen sich spätestens zu diesem Zeitpunkt gewisse Überschneidungen zwischen seiner eigenen und einer kritisch-realistischen Interpretation der Marxschen Methode (vgl. Jessop 2006: 145) sowie, in Fragen der Räumlichkeit, zwischen seiner und Sayers Position feststellen (vgl. Castree 2001; Sayer 2000: 105ff.). Allerdings werden hier keine wissenschaftstheoretischen Fragen im engeren Sinn diskutiert, eine weiterführende Auseinandersetzung findet nicht statt.

Während der Critical Realism auf Harvey somit keinen nachhaltigen Einfluss hatte, ist dies bei der feministischen Standpunkttheorie – dem zweiten Zugang, von dem ausgehend eine stärkere wissenschaftstheoretische Fundierung seines Ansatzes möglich gewesen wäre – durchaus der Fall.[12] Angesichts der Tatsache, dass der Marxismus in Harveys Texten aus den 1970er und 1980er Jahren ganz offensichtlich als „(...) a form of situated knowledge from the perspective of the working class" (Smith 1995a: 506) verstanden wird, scheint diesbezüglich jedoch zuallererst bemerkenswert, dass er sich darin nirgendwo mit der langen Tradition marxistischer Standpunkttheorie beschäftigt hat. Die an diese zum Teil anschließende feministische Standpunkttheorie begann Harvey ebenfalls erst zu rezipieren, als er sich Anfang der 1990er Jahre infolge der scharfen Kritik von Feministinnen an seinem Buch *Condition* gezwungen sah, in einer Erwiderung seine eigene Situiertheit sowie

11 Neben den im Folgenden angeführten Arbeiten von Sayer vermitteln z.B. auch Archer et. al (1998) sowie Pühretmayer (2005) einen guten Überblick über zentrale Annahmen und Konzepte des Critical Realism.

12 Verschiedene Positionen feministischer Standpunkttheorie und wichtige Kontroversen lassen sich z.B. anhand der Veröffentlichungen von Hartsock (1998b), Harding (2004) sowie Singer (2005) nachvollziehen.

das Verhältnis seiner Klassenperspektive zu anderen Kategorien sozialer Differenz auszuweisen (vgl. Harvey 1992).

Gerade weil ihm dabei mit Donna Haraway und Nancy Hartsock zwei Theoretikerinnen als zentrale Referenzen dienen, für die – wohl auch im Anschluss an eine gemeinsame *Kapital*-Lektüre mit Harvey in Baltimore (vgl. Haraway/Harvey 1995: 509) – das Werk von Marx und die Tradition marxistischer Standpunkttheorie trotz aller Kritik ein zentraler Bezugspunkt sind, wäre an dieser Stelle eine Verknüpfung mit seinen bis hierhin dargestellten Überlegungen unmittelbar naheliegend gewesen. Dies gilt umso mehr, als zwischen Harvey und den beiden Autorinnen im weiteren Verlauf der 1990er Jahre eine ganze Reihe mitunter harter, aber immer solidarischer Debatten stattfanden und ihre gesellschaftstheoretisch fundierte Form feministischer Standpunkttheorie für ihn in dieser Phase zu einem zentralen Einflussfaktor wurde (vgl. z.B. Haraway/Harvey 1995; Harvey 1996b: 248ff, 354ff.; Hartsock 1998a; Harvey 1998; Hartsock 2006; s. auch Kapitel 3.2.3). Während Harvey im Zuge dessen unter anderem Fragen von Identität, Differenz und Körperpolitiken diskutiert und eine Verräumlichung standpunkttheoretischer Überlegungen angeregt hat, blieb die Chance, daran anschließend – etwa im Rückgriff auf die Unterscheidung zwischen „schwacher" und „starker" Objektivität (Sandra Harding) oder die Kategorie der Erfahrung – seinen eigenen Ansatz ebenfalls noch einmal wissenschaftstheoretisch zu reflektieren, weitgehend ungenutzt. Auch eine nachholende Rezeption marxistischer Standpunkttheorie sucht man in diesen Texten vergebens.

Diese Schwerpunktsetzung ist freilich insofern durchaus folgerichtig, als Harveys generelles Erkenntnisinteresse auch in seinen Texten aus den 1990er Jahren weniger einem wissenschaftstheoretischen Diskurs, als vielmehr dem Feld der Gesellschaftstheorie und -analyse gilt. Obwohl entsprechende Präzisierungen seinen Zugang zweifelsohne bereichern würden, verweisen bereits die von ihm angeführten Gültigkeitskriterien marxistischer Theorie – politische Relevanz, Theoriekonstruktion und Erklärungskraft – darauf, dass es Fragen von Erkenntnis, Wahrheit und Wissenschaftlichkeit für ihn eher auf einer konkreteren, „angewandteren" Ebene zu beantworten gilt. Daher ist es an dieser Stelle angezeigt, seine Gesellschaftstheorie und Methode näher zu untersuchen.

3.2 Marxismus – als Gesellschaftstheorie und Methode

Ähnlich wie Harveys Auffassung von Wissenschaft als eingreifender Praxis lässt sich auch sein Verständnis des Marxismus am besten ausgehend vom Kontext der frühen 1970er Jahre rekonstruieren. Diesbezüglich ist von Bedeutung, dass in der ersten Generation der „marxifizierten" Geographie und Stadtforschung zunächst eine ganz spezifische Lesart von Marx dominierte: Hatte etwa Henri Lefebvre zuvor einen humanistisch-hegelianischen, in erster Linie an das Marxsche Frühwerk anknüpfenden Marxismus vertreten, wandten sich im Anschluss an Althusser insbesondere die französischen VertreterInnen der *New Urban Sociology* um Manuel Castells, aber auch AutorInnen wie Doreen Massey schnell einer „strukturalistischen" Interpretation zu, die hauptsächlich auf den späten, politökonomischen Schriften von Marx aufbaut – allen voran die *Grundrisse* (Marx 1983 [1858]) sowie *Das Kapital* (Marx 1962 [1867]; 1963 [1885]; 1983 [1894]).[13] Wie Soja (2007 [1989]: 87f.) in der Rückschau bzgl. der Geographie festhält, hatte diese Ausrichtung neben innermarxistischen Abgrenzungsstrategien noch eine Reihe weiterer Gründe, die ebenfalls im spezifischen gesellschaftlichen, akademischen und theoretischen Umfeld der späten 1960er und frühen 1970er Jahre zu suchen sind:

> „Die strukturalistische 'Lesart' war für die marxistische Geographie besonders attraktiv, da sie scheinbar eine konsequente Begründung dafür lieferte, unter der oberflächlichen Erscheinung der Phänomene (räumliche Ergebnisse) in den strukturierten und strukturierenden sozialen Produktionsverhältnissen nach den zugrunde liegenden Wurzeln zu suchen. (...) Strukturalismus, insbesondere in der althusserianischen Variante, war massiv anti-positivistisch; er bot eine probate Folie gegen den theoretischen Humanismus, auf dem andere verhaltenstheoretische und phänomenologische Kritiken der positivistischen Geographie basierten (...); und er öffnete das Feld des Überbaus, das vieles von dem zu enthalten schien, wonach Geograph/inn/en suchten. (...) Auch wenn es selten explizit gemacht wird, so zog sich eine strukturalistische Epistemologie der einen oder anderen Sorte (...) fast unterbewusst durch die frühe Entwicklungsphase einer marxistischen Geographie."

Nähert man sich ausgehend von dieser Diagnose den frühen Texten von Harvey an, so ist zunächst augenscheinlich, dass diese nicht unmittelbar von der „althusserianischen Variante" des strukturalistischen Marxismus geprägt sind, findet dessen Theorie doch bestenfalls am Rande Erwähnung (vgl. Harvey 2009 [1973]: 125, 290). Daher ist Harvey grundsätzlich zuzustimmen, wenn er sich Ende der 1980er Jahre nicht nur generell gegen den – von GegnerInnen des Marxismus pejorativ eingesetzten – „Mythos" verwehrt, *alle* ProtagonistInnen marxistischer Stadtforschung wären früher „AlthusserianerInnen" gewesen, sondern diese Zuschreibung auch für sich selbst zurückweist: „(...) I never had a very good understanding of Althusser and it was most certainly never my intention to write urban studies out of such a frame of reference. My objective was to ground urban studies in Marxian political economy and that meant reading *Capital* rather than *Reading Capital.*" (Harvey 1987c: 369)

13 Zur Bedeutung dieser Unterscheidung zwischen einer humanistischen und einer strukturalistischen bzw. politökonomischen Marx-Interpretation für die marxistische Stadtforschung siehe Merrifield (2002: 7ff.). Für eine Kritik an einer zu rigiden Gegenüberstellung beider Lesarten siehe Archer (1987).

Die Schärfe, die Harvey seiner Distanzierung mit dieser sarkastischen Anspielung auf das gleichnamige Buch von Althusser und Balibar (1972) verleiht, ist zweifellos dem spezifischen Debattenkontext (vgl. Kapitel 3.2.3), seiner Abneigung gegenüber den tendenziell theoretizistischen Debatten, die im Anschluss an Althussers Werk geführt wurden[14], sowie möglicherweise auch schlechten persönlichen Erfahrungen aus seiner Zeit in Paris geschuldet (vgl. Kapitel 2). Ihren rationalen Kern findet diese Distanzierung demgegenüber in der Tatsache, dass Harvey zu diesem Zeitpunkt infolge seiner direkten Auseinandersetzung mit der Marxschen Kritik der Politischen Ökonomie sowie deren eigenständiger Weiterentwicklung längst jenen „highly individual approach" (Callinicos 2006: 48) entwickelt hatte, welcher seinen Marxismus bis heute als „klassisch" im besten Wortsinn ausweist (Castree 1995: 275ff.; 2006: 250f.).

In Hinblick auf den Beginn seiner Marx-Rezeption erscheinen solche Prädikate indes wenig zutreffend. Wie im Folgenden sichtbar wird, entspricht insbesondere seine Interpretation der Marxschen Ontologie und Epistemologie in *Social Justice* vielmehr insofern ganz dem Zeitgeist der frühen 1970er Jahre, als sich das Buch – trotz anderer theoretischer Referenzen – der gleichen strukturalistischen Sichtweise und Sprache bedient, von der sich Harvey in Gestalt des Althusserianismus später so entschieden loszusagen versuchte (Kapitel 3.2.1). Das ungleich konkretere – und von Althussers Verständnis doch gar nicht so weit entfernte – Bild der Marxschen Methode, das Harvey nach *Social Justice* gewinnen konnte, ist ebenso Gegenstand des nächsten Abschnitts, wie die Frage, welchen Niederschlag dieses in seinem eigenen Theorieverständnis gefunden hat (vgl. Kapitel 3.2.2). Abschließend wird dann anhand von Harveys Umgang mit den Debatten, die ab der zweiten Hälfte der 1980er Jahre um den Stellenwert marxistischer Theorie innerhalb der kritischen Geographie und Stadtforschung im Allgemeinen und mögliche Ausschlüsse seines Zugangs im Speziellen geführt wurden, untersucht, wie offen bzw. geschlossen sein Marxismus gegenüber anderen kritischen Gesellschaftstheorien ist (vgl. Kapitel 3.2.3).

---

14 Diese Abneigung wird nirgendwo deutlicher als in der folgenden Passage, in welcher Harvey nach einer generellen Würdigung der Arbeiten von Althusser, Balibar und Poulantzas zur Unterscheidung von Produktionsweise und Gesellschaftsformation die daraus entstehende Debatte treffend zusammenfasst: „The subsequent debate has gone from the unnecessarily obscure and difficult (Althusser and Balibar) to the ridiculous (Hindest and Hirst, 1975) and reached its nadir of self-destructivness in the work of Hindess and Hirst (1976) and Cutler, Hindess, Hirst and Hussain (1978) (…). A measure of sanity, together with some important insights, has been injected into the debate by writers such as Ollman (1971), Godelier (1972), Therborn (1976), Laclau (1977) and more recently Cohen (1978). E.P. Thompson (1978), justifiably incensed by the *a*-historical and unenlightened character of much of the debate, dismisses it all as arrant and arrogant theoretical nonsense, but in the process is rightly rebuked by Anderson (1980) for throwing out the nuggets of gold within what he admits to be a good deal of turgid dross." (Harvey 2006 [1982]: 25, Fn. 12).

3.2.1 Eine strukturalistische Interpretation der Marxschen Ontologie und Epistemologie

Begibt man sich in Harveys Texten aus den frühen 1970er Jahren auf die Suche nach seinem Verständnis von Marxismus, so gestaltet sich dies insbesondere in *Social Justice* weniger einfach, als es der Status des Buches vermuten lassen würde. Obwohl dieses wie kein zweiter Text seine theoretische und politische Reorientierung verkörpert, erfolgt die Bezugnahme auf Marx im zweiten – möglicherweise nicht umsonst „sozialistisch“ anstelle von „marxistisch“ betitelten – Teil zunächst nämlich fast ausschließlich im Zusammenhang mit konkreten urbanisierungstheoretischen Überlegungen (vgl. Kapitel 4.1). Dabei werden zwar bereits einige zentrale Begriffe wie Ware, Tausch- und Gebrauchswert oder Produktionsweise eingeführt (vgl. z.B. Harvey 2009 [1973]: 153ff., 196ff.), eine systematische Annäherung an die Grundlagen der Marxschen Theorie sucht man jedoch vergeblich. Um eine solche bemüht sich Harvey erst in den *Conclusions and Reflections* am Ende des Buches (ebd.: 285ff.) sowie in einzelnen Passagen anderer Texte aus den 1970er Jahren (vgl. z.B. Harvey 2001 [1974]-a: 50ff.; 2001 [1978]: 75ff.). Im Zentrum steht dabei Harveys Interesse an der Marxschen Methode als dem „(...) most important thing to be learned from the study of Marx's work (...)“ (Harvey 2009 [1973]: 286) Die Ursprünge dieser in *Social Justice* als „Dialektik“ bzw. „dialektischer Materialismus“ (vgl. ebd.: 129f., 154, 290, 302) bezeichneten Methode[15] liegen für ihn in der nicht-aristotelischen Philosophie von Leibnitz, Spinoza, Hegel oder Kant: „Marx brought together all of these diffuse elements (and more) and constituted a method, which, by the fusion of abstract theory and concrete practice, allowed the creation of a theoretical practice though which man could fashion history rather than be fashioned by it.“ (ebd.: 287)

Angesichts seines anderswo zeitgleich geäußerten Vorbehalts, die „Phrase“ dialektischer Materialismus „conveys little and conceals a lot“ (Harvey 2001 [1974]-a: 51), scheint es zunächst konsequent, wenn Harvey in *Social Justice* erklärt, die Marxsche Methode lasse sich nicht in Gestalt abstrakter Begriffe, sondern nur durch das Nachvollziehen von dessen konkreter Praxis verstehen. Statt nun aber dieser Weisung selbst zu folgen, sind es gerade nicht die Originaltexte von Marx, die Harvey im weiteren Verlauf als Richtschnur dienen. Als solche fungiert stattdessen einerseits

15 Wie im Folgenden sichtbar wird, versteht Harvey unter Dialektik sowohl ein ontologisches Prinzip, d.h. die Annahme, die Funktionsweise der Welt bzw. Gesellschaft wäre dialektisch, als auch eine Methode im engeren Sinn. Diesen doppelten Zugriff hat er später in *Justice & Nature* im Rahmen eines ganzen Kapitels näher ausgeführt (vgl. Harvey 1996b: 46ff.). Obwohl dort eine stärker Prozess-orientierte Sichtweise dominiert als in *Social Justice*, geht Harvey meines Erachtens nicht wesentlich über die Konzeption von Dialektik hinaus, die er bereits in den 1970er sowie vor allem in den 1980er Jahren (vgl. Kapitel 3.2.2) entwickelt hat.

der „dialektische Marxismus“ und die „Philosophie der immanenten Verhältnisse“ des US-Amerikanischen Politikwissenschaftlers Bertell Ollman, der für Harvey bis heute eine wichtige theoretische Orientierung darstellt (vgl. Ollman 2003; s. auch Harvey 1996b: 48ff., 271f.). Dessen eher hegelianische Lesart von Marx steht dabei in einem gewissen, von Harvey jedoch nicht thematisierten Spannungsverhältnis zur zweiten wichtigen Referenz aus *Social Justice*: den strukturalistischen Theorien des Entwicklungspsychologen Jean Piaget sowie des Althusser-Schülers und Wirtschaftsethnologen Maurice Godelier. Mittels einer Verbindung dieser Ansätze versucht Harvey, die Marxsche Methode offenzulegen und für eine abschließende Reflexion der Inhalte von *Social Justice* nutzbar zu machen – letzteres wird im Folgenden ausgeblendet.

Den Startpunkt für Harveys Vorhaben bildet dabei die Frage nach der Marxschen Ontologie, d.h. den Annahmen darüber, wie die (gesellschaftliche) Realität auf einer grundlegenden Ebene beschaffen ist bzw. welche Elemente in ihr überhaupt existieren. Harvey folgt diesbezüglich Ollman, der argumentiert: „The twin pillars of Marx's ontology are his conception of reality as a totality composed of internally related parts, and his conception of these parts as expandable relations such that each one in its fullness can represent the totality.“ (Ollman 1972: 8; zitiert nach Harvey 2009 [1973]: 288) Eine solche relationale Konzeption gesellschaftlicher Totalität unterscheidet sich nach Harvey maßgeblich von zwei anderen, unbefriedigenden Zugängen: zum einen von der – in methodischen Individualismus mündenden – Vorstellung, das gesellschaftliche Ganze wäre nicht mehr als die Summe seiner Teile und Strukturen bestünden darin lediglich als kontingente Verknüpfungen dieser Teile in Form einfacher Ursache-Wirkungs-Zusammenhänge; zum anderen von einem deterministischen Verständnis gesellschaftlicher Totalität, das dieser eine Existenz unabhängig von ihren Teilen zuspricht und letztere vollständig durch die ehernen Entwicklungsgesetze des großen Ganzen bestimmt sieht.[16] Demgegenüber lasse sich der Marxsche Ansatz im Sinne des „methodischen Strukturalismus“ [„operational structuralism“] von Piaget begreifen:

> „Over and beyond schemes of atomistic associations on the one hand and emergent totalities on the other, there is a third, that of operational structuralism. It adopts from the start a relational perspective, according to which it is neither the elements nor a whole

16 Diese Beschreibung strukturalistischer Verkürzungen liest sich in Teilen wie eine fast wörtliche Vorwegnahme jener Vorwürfe, die KritikerInnen bis heute gegen Harvey selbst vorbringen (vgl. Kapitel 3.2.3, 5.4 und 6). Dass diese zumindest dann einem Missverständnis unterliegen, wenn sie Harvey unterstellen, eine hegelianische Konzeption „expressiver Totalität“ (Tajbakhsh 2001: 93ff.) oder ein mechanistisches Kausalitätsverständnis im Sinne von Hume (Low 1990: 1095) zu vertreten, wird im Folgenden sowie in einer Reihe von Harveys späteren Texte (vgl. z.B. Harvey/Scott 1989: 223f.; Harvey 1996b: 62ff.) deutlich.

> that comes about in a manner one knows not how, but the relations among elements that count. In other words, the logical procedures or natural processes by which the whole is formed are primary, not the whole (...) or the elements." (Piaget 1970: 9, zitiert nach: Harvey 2009 [1973]: 288)

Aus einer relationalen Perspektive können somit weder die gesellschaftliche Totalität noch ihre Teile „an sich", sondern immer nur in Form der sozialen Verhältnisse im Inneren der Gesellschaft bestimmt werden. Daher verschiebt sich der Fokus auf die Frage nach den Strukturen dieser Verhältnisse und deren Veränderung. Hierfür ist entscheidend, dass in diesem Bild jede Transformation der sozialen Verhältnisse auch eine Restrukturierung des gesellschaftlichen Gesamtzusammenhangs nach sich ziehen muss – und vice versa. Infolgedessen erlaubt paradoxerweise gerade die Reproduktion einer bestimmten Form der Vergesellschaftung – wie die des Kapitalismus – Aussagen über deren konkrete Gestalt:

> „The totality seeks to shape the parts so that each part functions to preserve the existence and general structure of the whole. Capitalism (...) seeks to shape the elements and relationships within itself in such a way that capitalism is reproduced as an ongoing system. Consequently, we can interpret the relationship within the totality according to the way in which they function to preserve and reproduce it." (ebd.: 289; vgl. auch 200f.)

Insofern Harvey damit nahelegt, die Perspektive gelingender Reproduktion wäre besonders geeignet, die gesellschaftlichen Verhältnisse in ihrer Strukturiertheit zu analysieren, lässt sich ein gewisses Naheverhältnis zum Althusserismus an dieser Stelle kaum leugnen. Statt nun aber den „*Standpunkt der Reproduktion*" (Althusser 1977: 108) zu verabsolutieren und in der Folge funktionalistisch zu argumentieren, hebt Harvey – ganz im Sinne eines *dialektischen* Materialismus – zugleich die Bedeutung der Widersprüche bzw. Konflikte hervor, die den Verhältnissen inhärent sind und eine beständige Dynamik erzeugen: „Transformations occur trough the resolution of these conflicts and with each transformation the totality is restructured and this restructuring in turn alters the definition, meaning and function of the elements and relationships within the whole. New conflicts and contradictions emerge to replace the old." (Harvey 2009 [1973]: 289) Solche Veränderungen und Restrukturierungen unterliegen nach Harvey spezifischen „transformation rules" (ebd.). Ihm zufolge besteht die Intention und zugleich die besondere Qualität der Marxschen Dialektik vor allem darin, diese komplexen „Regeln" aus den gesellschaftlichen Widersprüchen und Konflikten heraus bestimmen zu können, statt sie mechanistisch oder im Sinne starrer Gesetzmäßigkeiten fehlzudeuten: „Dialektical materialism is (...) not a doctrine arbitrarily foisted on phenomena to interpret their meaning, but a *method* that seeks to identify the transformation rules through which society is restructured." (ebd.: 290)

Hierfür ist es freilich notwendig, so Harvey weiter, das gesellschaftliche Ganze näher zu bestimmen. An Marx anknüpfend geht er diesbezüglich davon aus, dass innerhalb des Gesamtzusammenhangs verschiedene, voneinander unterscheidbare Strukturen sozialer Verhältnisse existieren, die eigenständige Entwicklungsdynamiken aufweisen, sich der unmittelbaren Beobachtung aber entziehen: „Structures are not 'things' or 'actions' and we cannot therefore establish their existence through observation. To define elements relationally means to interpret them in a way external to direct observation." (ebd.) Entscheidend sei stattdessen, welchen „transformation rules" Strukturen jeweils unterliegen. Zwar komme es vor, dass sich bestimmte Strukturen aus anderen, übergeordneten, einfach ableiten ließen, allerdings formuliert Harvey gegen die vorschnelle Annahme eines solchen Verhältnisses die generelle Regel: „Structures may be regarded as seperate and differentiatable entities when no transformation exists whereby one may be derived from the another. (...) [I]t appears wise (...) to treat structures as distinct from each other until a transformation can be identified." (ebd.: 291)[17] Diese Vorsicht und die damit verbundene Unterscheidung von Widersprüchen *innerhalb* einer Struktur von solchen *zwischen* Strukturen wird schlagend, sobald das konkrete Verhältnis der von Marx als zentral erachteten gesellschaftlichen Strukturen zur Diskussion steht. Neben dem Widerspruch zwischen den Produktivkräften und den Produktionsverhältnisse innerhalb der ökonomischen Basis betont Harvey hier die Bedeutung der Überbauten:

> „(...) [T]he superstructure (...) has to be regarded as being made up of seperate structures (political, ideological, juridical, and so on) none of which can be derived either from each other or from the structures in the economic basis of society by way of a transformation. But to say that structures can be distinguished from each other is not to say that they evolve autonomously without interacting with each other. The seperate evolutions in the superstructure are thus seen as sources of contradiction, while there fequently exist fundamental conflicts between the economic basis and the structures in the superstructure." (ebd.: 292)

Wenn Harvey die Strukturen der Überbauten an dieser Stelle als zentrale, „relativ autonome" Bestimmungsfaktoren gesellschaftlicher Totalität einführt, so nicht, ohne zugleich mit Marx am Primat der ökonomischen Basis festzuhalten. Statt jedoch

---

17 Diese Regel zeugt von einer ausgeprägten Sensibilität für die Gefahren einer möglichen Verabsolutierung von Ollmans „Philosophie der immanenten Verhältnisse" im Sinne der Annahme, *alle* sozialen Strukturen würden in einem internalen und damit notwendigen Verhältnis zu allen anderen stehen und wären damit im Fall kapitalistischer Gesellschaften nur *en bloc* veränderbar. Angesichts dessen geht die diesbezügliche Kritik von Sayer (vgl. 1995: 26ff.) ein Stück weit ins Leere (vgl. auch Castree 2001: 206f.). Zugleich lässt sich jedoch mit Jessop (2006: 145) die Frage stellen, ob Harvey dort, wo er ausgehend von seinen wert- und kapitaltheoretischen Analysen allgemeinere gesellschaftliche Prozesse und Dynamiken in den Blick zu nehmen versucht, diesbezüglich immer eine ausreichende Sorgfalt walten lässt oder er hier den spezifischen Strukturen und Mechanismen – in ihrer Eigenständigkeit – nicht teilweise zu wenig Aufmerksamkeit schenkt (vgl. hierzu Kapitel 3.2.3, 5.4 und 6).

zu versuchen, diesen in hochfliegenden philosophisch-theoretischen Manövern zu begründen, begnügt sich Harvey in dieser Frage mit zwei Argumenten (vgl. Harvey 2009 [1973]: 197ff., 291ff.; 2001 [1974]-a: 52; 2001 [1978]: 77f.): *Erstens* hält er fest, dass die unterschiedlichen Strukturen innerhalb des gesellschaftlichen Gesamtzusammenhangs nach ihrem Stellenwert für und ihrem Einfluss auf diese Totalität und andere Strukturen klassifiziert werden können, ohne dass dies gleichbedeutend mit einer umfassenden Determinierung der „schwächeren" durch die „stärkeren" Strukturen wäre. Dementsprechend habe Marx die ökonomische Basis – verstanden als die Strukturen der Produktion und Reproduktion der materiellen Lebensgrundlagen einer Gesellschaft, nicht im Sinne bürgerlicher Wirtschaftswissenschaften als ökonomischer Faktor im engeren Sinne – als grundlegendste Struktur ausgemacht. Solchermaßen bestimmt als „(...) allgemeine Beleuchtung, worin alle übrigen Farben getaucht sind und [die] sie in ihrer Besonderheit modifiziert" (Marx 1971 [1857]: 637), bildet die ökonomische Basis für Harvey *zweitens* den sinnvollsten Start- und Endpunkt für die Analyse gesellschaftlicher Totalität: „From this vantage point it [is] possible to identify transformation rules through which seemingly quite seperate structures contribute[...] to the process of structuring and restructuring society as a whole." (Harvey 2009 [1973]: 292)

Insofern damit die Frage nach dem konkreten Erkenntnisprozess aufgeworfen ist, rückt an dieser Stelle die praktische Seite der Marxschen Methode in den Fokus, der sich Harvey in *Social Justice* unter dem Schlagwort der Epistemologie zu nähern versucht (vgl. ebd.: 296ff.). Ohne die zentralen Inhalte dieser Passage erneut darstellen zu müssen (vgl. Kapitel 3.1.1), lässt sich hier vor dem Hintergrund der bisherigen Ausführungen zur Marxschen Ontologie zunächst – gewissermaßen im Nachhinein – kurz die gesellschaftstheoretische Fundierung von Harveys „aktivistischem" Verständnis von Wissen(-schaft) offenlegen: Es ist demnach insbesondere die Rezeption von Marx durch die Brille der Philosophie immanenter Verhältnisse, die Harvey dazu bewegt, Wissenschaft und Gesellschaft bzw. Subjekt und Objekt von Wissensprozessen nicht – wie im Positivismus – als einander äußerlich zu begreifen, sondern davon auszugehen, dass Wissen zugleich das Produkt der Gesellschaft wie auch gesellschaftlich produktiv ist. Aus der Perspektive des „methodischen Strukturalismus", den Harvey in *Social Justice* vertritt, erscheint Wissen als eine „relativ autonome" gesellschaftliche Struktur, die zwar spezifische Entwicklungsdynamiken, Widersprüche und Konflikte aufweist, zugleich aber in einem spezifischen Wechselverhältnis zu den anderen gesellschaftlichen Bereichen steht:

> „Knowledge can (...) be viewed as a structured body of information subject to its own internal laws of transformation. Internal contradictions (anomalies) become the foundation of new theories. Insofar as knowledge becomes a material force, the restructuring which occurs on the conceptual plane can be expand throughout the totality of society and ultimately be registered in the economic basis. Movements in the economic basis are

likewise registered on the conceptual plane. But ultimately the latter has to be related to the former if it is to be understood." (Harvey 2009 [1973]: 299f.)

Demnach sind die bestehenden gesellschaftlichen Verhältnisse immer in die Wissensbestände eingeschrieben – und umgekehrt. Für Harvey besteht eine zentrale Leistung von Marx darin, von diesem Umstand dadurch Gebrauch gemacht zu haben, dass er die Werke der bürgerlichen Politökonomen des 19. Jahrhunderts als eine Art Rohmaterial für die Entwicklung seiner eigenen, revolutionären Konzepte genutzt hat. Da für ein solches Unterfangen die radikale Kritik und Reformulierung der bürgerlichen Zugänge notwendig ist, spricht Harvey hier im Anschluss an Piaget von einer „Konstruktion durch Negation" (vgl. ebd.: 298ff.). Zwar hält er im Anschluss fest, *Das Kapital* wäre in diesem Sinne „(...) simultaneously an investigation of capitalist society and the categories used to describe and analyse that society" (ebd.: 299), allerdings bleibt im Weiteren völlig ungeklärt, wie Marx darin methodisch tatsächlich vorgegangen ist. Dementsprechend fällt auch Harveys Fazit zur Marxschen Methode sehr allgemein und eher proklamatorisch aus: „(...) [T]he only method capable of uniting disciplines in such a fashion that they can grapple with issues such as urbanization, economic development and the environment, is that founded in a properly constituted version of dialectical materialism as it operates within a structured totality in the sense that Marx conceived of it." (ebd.: 302)

Alles in allem gelingt es Harvey in *Social Justice* somit nur bedingt, die Marxsche Methode zu rekonstruieren. Zwar kann er im Anschluss an die Sekundärtexte von Ollman, Piaget oder Godelier einige der zentralen gesellschafts- und wissenschaftstheoretischen Grundlagen seiner marxistischen Perspektive erarbeiten, allerdings geschieht dies auf eine sehr formalistische und abstrakte Art und Weise – was nicht zuletzt daran liegt, dass kaum auf Originaltexte von Marx oder die Inhalte von dessen Kritik der Politischen Ökonomie Bezug genommen wird. Während die Ebene gesellschaftlicher Strukturen eine ausführliche Thematisierung erfährt, enthält Harveys Darstellung zudem kaum Hinweise darauf, wie konkret beobachtbare Phänomene und gesellschaftliche Dynamiken hierzu in Beziehung gesetzt werden können bzw. wie analytisches Arbeiten überhaupt möglich ist. Obwohl sich der folgende Schlussabschnitt von *Social Justice* zum Thema Urbanisierung diesbezüglich etwas positiver bewerten lässt (vgl. ebd.: 302ff.; s. Kapitel 3.3.1, 4.1), krankt Harveys Zugang in den frühen 1970er Jahren somit an einigen der typischen Schwächen strukturalistischer Marx-Interpretationen. Demgegenüber zeugt sein Verständnis der Marxschen Methode aus den 1980er Jahren davon, dass er sich in der Folge theoretisch weiterentwickelt hat, ohne zuvor erreichte Errungenschaften deshalb aufzugeben.

3.2.2 Die Marxsche Methode zwischen Theorie und Empirie

Wie im Exkurs zu seiner intellektuellen Biographie bereits erläutert, begann Harvey im Anschluss an die Veröffentlichung von *Social Justice* damit, sein bis dahin unzulängliches Verständnis der Marxschen Kritik der Politischen Ökonomie durch eine intensive, textnahe Auseinandersetzung mit dessen Schriften zu verbessern. Im Zuge dieses Prozesses, der 1982 in der Veröffentlichung von *Limits* kulminierte, wurde er notgedrungen mit den verschiedenen Facetten des Marxschen Werkes, aber auch den ausgreifenden Debatten innerhalb der marxistischen Tradition um mögliche Lesarten desselben konfrontiert. Es erscheint daher nur folgerichtig, dass sich Harvey in den 1980er Jahren wesentlich konkreter mit der Marxschen Methode und insbesondere dem Verhältnis von Theorie und Empirie beschäftig hat, als noch in den bis hierhin diskutierten Texten aus dem Jahrzehnt zuvor. Dies wird zum einen in *Limits* selbst sichtbar: Der generelle Aufbau des Buches orientiert sich ebenso an der Darstellungsweise des *Kapitals*, wie Marx in den konkreten methodischen Anmerkungen als zentrale Referenz dient (vgl. Harvey 2006 [1982]: xxix ff., 1ff., 35ff., 100, 446ff.; s. Kapitel 5).

Zum anderen erläutert Harvey die Marxsche Methode aber auch in jenen, zum Teil bereits genannten Texten aus der zweiten Hälfte der 1980er Jahre, in denen er die marxistische „Meta-Theorie" gegen die zu diesem Zeitpunkt lauter werdende Kritik verteidigt und zugunsten ihrer fortgesetzten Zentralität für das Projekt kritischer Geographie und Stadtforschung argumentiert (vgl. Harvey 1985a: xi ff.; 1987c; 1989b: 1ff.; Harvey/Scott 1989). In diesem Zusammenhang rekurriert Harvey in der Einleitung von *The Urban Experience* zur Erklärung seiner Perspektive auf das Verhältnis zwischen dem „Gott-" bzw. „Voyeur-" artigen Blick auf eine Stadt, der sich von einer Aussichtsplattform – hier dient das damals noch existente *World Trade Center* in New York als Beispiel – eröffnet, und den ungleich verwirrenderen Eindrücken, die sich einstellen, sobald man sich ins Gewirr der Straßen und Plätze begibt:

> „Both perspectives, though different, are real enough. Nor are they independent (...). The seeing eye, when it scans the city as a whole, brings to its task a whole set of prejudices, concepts (...) and even theories built up laboriously out of street experience. (...) The eye is never neutral and many a battle is fought over the 'proper' way to see. Yet, no matter what the associations and aspirations, a special satisfaction attaches to contemplating the view from on high, for we have seen the city as a whole, taken it into our minds as a totality." (Harvey 1989b: 1)

Bei der Suche nach einem solchen „vantage point" (ebd.) erscheint Harvey, wie gesehen (vgl. Kapitel 3.1), die marxistische Metatheorie deshalb als am vielversprechendsten, weil sie aufgrund ihres transdisziplinären, holistischen Charakters die Erarbeitung einer umfassenden „cognitive map" (Harvey 1989b: 2) erlaubt, welche die einzelnen Phänomene und Prozesse in einen Gesamtzusammenhang stellt. Zudem zeichnet sie sich durch ihr spezifisches, proaktives Verhältnis zu gesellschaftlichen Veränderungsprozessen aus. In dem zuvor gezeichneten Bild beschreibt Harvey diese „dialektische Qualität“, aber auch ihre Grenzen, folgendermaßen: „The view from the commanding heights of theory, like that from the top of the World Trade Center, may be ‘God- and voyeur-like’ but it is neither uninformed by nor irrelevant to experience and action. At the same time there is bound to be a tension between the encompassing vision that meta-theory entails and the rich diversity of urban experience,“ (ebd.: 3f.) Parallel zu der bereits diskutierten Spannung zwischen gesellschaftlicher Praxis und wissenschaftlichem Anspruch tritt hier somit noch eine weitere hinzu: diejenige zwischen Theorie und Empirie.

An dieser Stelle greift Harvey nun direkt auf die Marxsche Methode zurück, wie dieser sie in der *Einleitung [zur Kritik der Politischen Ökonomie]* (Marx 1971 [1857]) ausgeführt sowie in den *Grundrissen* (Marx 1983 [1858]) und dem *Kapital* (Marx 1962 [1867]; 1963 [1885]; 1983 [1894]) weiterentwickelt bzw. – in einer von der Forschungsweise abweichenden Darstellungsweise – erfolgreich umgesetzt hat (vgl. hierzu auch Harvey 1996b: 62ff.; Harvey/Callinicos 2012; Jessop 2004; 2006; Althusser/Balibar 1972; Althusser 1983 [1978]). Diese Methode beruht demnach in einem ersten Schritt maßgeblich darauf, theoretische Begriffe nicht willkürlich zu setzen, sondern sie in einer schrittweisen Abstraktion von der Komplexität sozialer Realität zu erarbeiten. Auf diesem Weg ist es möglich, ausgehend von der Ebene konkreter Alltagserfahrungen über den Zwischenschritt alltagsnaher, „konkreter Abstraktionen“ wie Geld, Arbeit oder Ware zu theoretisch-abstrakten Konzepten wie (Mehr-)Wert, Klassenverhältnisse oder Produktivkräfte zu gelangen. Letztere erlauben es dann, Strukturen intelligibel zu machen, die sich der unmittelbaren Beobachtung entziehen. Diesem „Abstieg“ von der Oberfläche konkret-komplexer Phänomene zu tieferliegenden abstrakt-einfachen Konzepten im Prozess der Theoriekonstruktion steht in der Analyse selbst der oft zitierte Aufstieg „vom Abstrakten zum Konkreten“ (Marx 1971 [1857]: 632) gegenüber, d.h. die schrittweise Einholung neuer theoretischer Bestimmungen und damit die Komplexifizierung eines Erkenntnisobjekts:

> „The proof of this conceptual apparatus lies in the using, i.e. by showing how the underlying concepts can, when put in motion, help us understand all kinds of surface occurencies that would otherwise remain incomprehensible. (...) From this point on, the strategy of enquiry is reversed from that of *descent* from daily life and the construction of abstract underlying categories to an *ascent* through elaboration of these categories step by step to the point where they can, in Marx’s words, come to ‘reflect daily life as in a mirror.’“ (Harvey 1989b: 10)

Zusammen konstituieren beide Momente eine per definitionem unabschließbare Spiralbewegung: Diese verläuft zwischen unterschiedlichen konkret-komplexen Erfahrungen, deren begrifflicher Reflexion, der Konstruktion von Kategorien und schließlich der Erarbeitung abstrakt-einfacher Theorie einerseits – der „Abstieg“

vom Konkreten zum Abstrakten – und andererseits der schrittweisen, „aufsteigenden“ Konkretisierung, Komplexifizierung und Aktualisierung dieser Theorien, Kategorien und Begriffe im Zuge der Analyse einer sich fortwährend verändernden, widersprüchlichen und dynamischen gesellschaftlichen Realität. Am Werk ist hier demnach ein „continuous dialogue between experience, action, concept formation, and dialectical theorizing“ (ebd.: 8). Wie das Marxsche Werk selbst zeigt, kann bzw. muss dieser Dialog allerdings, je nach Ausgangspunkt und Erkenntnisinteresse, in verschiedene Richtungen verlaufen und in der Darstellung unterschiedliche Abstraktionsebenen umfassen.

Ganz in diesem Sinne verteidigt Harvey am Ende von *Limits* – seinem zweifellos am stärksten (wert-)theoretisch geprägten Werk (vgl. Kapitel 5) – das produktive Potential eines bewussten Aufbrechens der Einheit zwischen Theoriekonstruktion und historisch-konkrete Analyse gegen eine vorschnelle Kritik: „Yet the seperation within this unity, properly construed, has its place. It can be the locus of a creative tension, a point of leverage for the construction of new insights and understandings. Premature insistence upon the unity of theory and historical practice can lead to paralysis and stasis, sometimes totally erroneos formulations.“ (Harvey 2006 [1982]: 451) Als positive Referenz dient ihm dabei die menschliche Anatomie: „Running on two legs is faster than hopping along, both legs bound together.“ (ebd.) Gleichzeitig lässt Harvey jedoch keinen Zweifel daran, dass diese Trennung immer nur temporären Charakter haben kann und am Ende wieder überwunden werden muss: „But, in he final analysis, it is the unity which is important. The mutual development of theory and of historical and geographical reconstruction, all projected into the fires of political practice, forms the intellectual crucible out of which new strategies for the sane reconstruction of society can emerge.“ (ebd.; vgl. Harvey 1987c: 373f.; Harvey/Scott 1989: 226)

Mit der politischen Praxis ist an dieser Stelle das für Harvey zentrale Gültigkeitskriterium einer solchen Analyseperspektive benannt. Vor dem Hintergrund der bisherigen Darstellung lassen sich indes auch die beiden anderen Kriterien sowie die damit verknüpfte Frage nach der Wissenschaftlichkeit hier noch einmal aufgreifen. Statt bestimmte Annahmen – entsprechen eines positivistischen Wissenschaftsverständnisses – in standardisierten Verfahren anhand empirischer, vermeintlich für sich selbst sprechender „Fakten“ zu testen, muss sich ein marxistischer Zugang demnach entlang der verschiedenen Momente der oben beschriebenen Spiralbewegung messen lassen: „From the Marxian standpoint, proof is constituted in part out of the confidence that arises from the mode of concept formation and in part through explanatory power. The latter implies the capacity to interpret historical geography in coherent and compelling ways.“ (Harvey 1989b: 13f.) Wenn Harvey in diesem Zusammenhang „theoretical rigor“ einfordert und die Konstruktion einer „coherent and consistent theory“ als Ziel ausgibt (ebd.: 8), dann ist damit also weniger auf rein formale Kriterien der Wissenschaftlichkeit, als vielmehr auf einen bestimmten Modus des Theoretisierens bzw. der Abstraktion sowie eine daraus erwachsende Erklärungskraft verwiesen.

Diesbezüglich scheint eine weitere Präzisierung notwendig. So ist die der Spiralbewegung zwischen Konkret und Abstrakt zugrundeliegende Einsicht, dass „(...) alle Wissenschaft (...) überflüssig [wäre], wenn die Erscheinungsform und das Wesen der Dinge unmittelbar zusammenfielen (...)" (Marx 1983 [1894]: 825), längst keine alleinige Erkenntnis von Marx. Wie Harvey betont, ist daher auch die Konstruktion abstrakter und nicht-beobachtbarer Konzepte als Mittel zur Annäherung an konkrete empirische Sachverhalte für sich genommen noch kein Alleinstellungsmerkmal der Marxschen Methode, gehen doch z.B. die theoretische Physik oder die meisten anderen Gesellschaftstheorien ähnlich vor. Im Unterschied dazu liegt die Besonderheit des Ansatzes von Marx in Harveys Augen gerade in dessen dialektischer Theoriekonstruktion – eine Beschreibung, die den Begriff der Dialektik weiter konkretisiert und jene Verbindung zwischen ontologischen Annahmen und methodologischem Vorgehen herstellt, die in *Social Justice* noch etwas konturlos bleibt: Demnach besteht die spezifische Qualität der Marxschen Methode in der Fähigkeit, die der kapitalistischen Produktionsweise inhärenten Widersprüche und Antagonismen – ihre dialektische Funktionsweise – nicht bloß (einmalig) analytisch zugänglich zu machen, sondern sie in einer Form in die Theoriearchitektur zu integrieren, welche letztere im Wechselspiel mit gesellschaftlichen Entwicklungen zu einer beständigen Weiterentwicklung treibt:

> „What Marx does in effect, is to carry over this dialectical sense into the world of abstract theorizing and to use it there as the means to represent how capitalism is constituted as a socio-economic system. (...) The oppositions implanted within the abstract conceptual apparatus are used to spin out new lines of argument. We reach out dialectically (rather than inwardly and deductively) to probe uncharted seas from a few seemingly secure islands of known concepts. Different starting points yield different perspectives. What appears as a secure conceptual apparatus from one vintage point turns out to be partial and one-sided on further investigation. The construction of theory from opposing perspectives helps us map (...) the rich complexity of a socio-economic system like capitalism with greater accuracy." (Harvey 1989b: 11)

Das Bild einer beständigen Perspektivenerweiterung durch die Einnahme und das In-Beziehung-Setzen unterschiedlicher solcher „Fenster" (vgl. Harvey 2006 [1982]: 2) und die Erarbeitung neuer Blickwinkel entlang vorhandener Widersprüche, das Harvey hier als zentrales Merkmal der Marxschen Methode beschreibt, kennzeichnet in zumindest zweifacher Hinsicht auch seinen eigenen Zugang. So macht sich dieser erstens verschiedene Abstraktionsebenen und den Dialog zwischen ebendiesen zunutze, um den Gegenstand kapitalistischer Urbanisierung angemessen und möglichst umfassend zu durchdringen. Ohne der entsprechenden Übersicht (vgl. Kapitel 4.3) bzw. Rekonstruktion (vgl. Kapitel 6) hier vorzugreifen, ist diesbezüglich hervorzuheben, dass Harvey nicht nur regelmäßig auf konkrete Beispiele zurückgreift, um allgemeinere Thesen oder theoretische Konzepte zu illustrieren. Vielmehr bauen letztere ebenso maßgeblich auf seinen empirischen Analysen zu Baltimore und dem historischen Paris auf, wie sie diese umgekehrt geprägt haben. Dieses Wechselverhältnis ist für das Verständnis seiner urbanen Politischen Ökonomie von großer Bedeutung und macht – ganz im Sinne der oben genannten Gültigkeitskriterien – deren Potentiale und Grenzen einschätzbar. Gleichzeitig ist jedoch offenkundig, dass die Mehrheit von Harveys Texten auf einer vergleichsweise hohen Abstraktionsebene angesiedelt ist und sich sein Werk zuallererst durch die Weiterentwicklung marxistischer *Theorie* auszeichnet. Neben den Erfordernissen intellektueller Arbeitsteilung und den konkreten Herausforderungen, welche die Verknüpfung von Empirie und Theorie birgt (vgl. Harvey 2006 [1982]: xxix f.; 1989b: 4 ; s. auch Kapitel 4.3), hat diese Schwerpunktsetzung auch konkrete inhaltliche Gründe.

So beruht sie Noel Castree (2006: 254ff.) zufolge vor allem auf drei spezifischen Charakteristika und Funktionen von Theorie, die für Harvey die besondere Qualität dieser Form intellektueller Tätigkeit ausmachen und die, obwohl zum Teil bereits angedeutet, hier noch einmal expliziert werden sollen: Demnach ermöglicht es Theorie *erstens*, in der Vielfalt und Komplexität sozialer Realität Wichtiges von Unwichtigem zu unterscheiden und mittels Abstraktion zu isolieren: „(...) [T]heory allows us to see the wood for the trees (...)" bzw. „(...) to detect the signals in the noise." (ebd.: 254) *Zweitens* lässt sie das sichtbar i.S.v. intelligibel werden, was einem alltäglichen oder empirizistisch geschulten Blick auf die fetischisierten gesellschaftlichen Oberflächenphänomene verborgen bleiben muss, namentlich die darunter liegenden Strukturen sozialer Verhältnisse. Somit ist Theorie *drittens* in der Lage, über Differenzen und Trennungen hinweg strukturell bedingte Gemeinsamkeiten und Verbindungen zu identifizieren, was insbesondere im Zusammenhang mit Fragen sozialer Kämpfe und politischer Strategien relevant ist. Obwohl diese Fähigkeiten, in denen Castree (1995: 277) die eigentliche Grundlage für die Wissenschaftlichkeit von Harveys Zugang sieht, dem Arbeiten an und mit Theorie ein derartiges Gewicht verleihen, dass Harvey aus ihnen einen „theoretischen Imperativ" ableitet (Harvey/Scott 1989: 223), bedeutet dies im Umkehrschluss nicht, er würde deren Möglichkeiten überschätzen. Vielmehr verleiht gerade sein Wissen um die Spezifität von Theorie und also darum, dass es sich bei ihr um eine Abstraktion von der sozialen Realität handelt, seinen diesbezüglichen Ansprüchen eine gewisse „epistemologically modesty" (Castree 1995: 278). Nicht umsonst kommt diese gerade in *Limits* zum Ausdruck:

> „We cannot (...) hope to explain everything there is, nor even produce a full understanding of singular events. These are not the tasks which theory should address. The aim is, rather, to create frameworks for understanding, an elaborated conceptual apparatus, with which to grasp the most singnificant relationships at work within the intricate dynamics of social transformation." (Harvey 2006 [1982]: 450f.; s. auch Smith 2008: 151f.)

Der letzte Teil dieser Passage verweist auf die zweite Form, in der Harveys eigener Ansatz durch die dialektische Methode von Marx geprägt ist. Ähnlich wie bei diesem mündet der Fokus auf die inhärente Dynamik kapitalistischer Entwicklung nämlich auch hier in eine Unabschließbarkeit und Flexibilität theoretischer Arbeit: „(...) [F]or Harvey, materialist theory is inherently open-ended. Moreover, the condition of this openness is that capitalism *itself* is complex and contradictory, and constantly evolving (...). Consequently, this *dialectical view of capitalism* has as its corollary an essential 'shifting [of] concepts and findings' (...)." (Castree 1995: 278) Am unmittelbarsten sichtbar wird ein solches Theorieverständnis zweifellos in Harveys Zugang zu Marx selbst: Obwohl er sich sehr eng an dessen Originalschriften orientiert, adaptiert und erweitert Harvey die Marxsche Theorie, sobald es ihm aus analytischen oder zeitdiagnostischen Gründen notwendig erscheint, bestimmte begriffliche und konzeptionelle Leerstellen zu füllen (vgl. Kapitel 4.3, 5, 6.3). In diesem Sinn wendet er sich gegen ein Bild von Marx als „(...) the 'master thinker' whose statements bear the imprimatur of absolute truth no matter what." (Harvey 2001c: ix) Stattdessen plädiert Harvey dafür, „(...) to treat his statements as tentative suggestions and rough ideas that need to be consolidated into a more consistent theoretical form of argument that respects the dialectical spirit rather than the verbal niceties of his largely unpublished studies, notes and letters." (ebd.; vgl. auch Harvey 2006 [1982]: xiv f.)

Wenn Harveys Ansatz infolgedessen, so Derek Gregory (2006: 19; vgl. auch Hartsock 2006: 169), gerade keine „mechanical repetition of Marx" ist, sondern er dessen Schriften vielmehr als Einladung zum selbstständigen Weiterdenken nutzt, dann stellt sich die Frage, wie er dabei mit anderen theoretischen Zugängen umgeht. In einem Resümee über seine eigene Arbeitsweise hat Harvey diesbezüglich die Prämisse genannt, erst durch das Aneinanderreiben verschiedener Konzepte könne intellektuelle Energie und neues Wissen entstehen – allerdings nur, falls deren Kern dabei nicht vollständig aufgelöst würde (vgl. Harvey 2001 [2000]: 9; s. auch Harvey 1996b: 76). Die Spannung zwischen Offenheit und Geschlossenheit, die in dieser Beschreibung zum Ausdruck kommt, ist es wert, näher analysiert zu werden. Besonders geeignet sind hierfür zweifellos die in den späten 1980er Jahren sowie im Verlauf der 1990er Jahre innerhalb der kritischen Geographie und Stadtforschung geführten Debatten um den Geltungsanspruch des Marxismus in der Postmoderne sowie mögliche Ausschlüsse von Harverys Zugang. Konfrontiert mit der Forderung nach einem größeren theoretischen und politischen Pluralismus, war Harvey hier erstmals wirklich gezwungen, seine marxistische Perspektive nicht nur gegen bürgerliche, sondern auch gegen andere gesellschaftskritische Ansätze zu verteidigen (vgl. Wright 2006). Da eine vertiefende inhaltliche Auseinandersetzung mit diesen Debatten hier nicht geleistet werden kann – einige der gegen Harvey vorgebrachten Kritiken werden im Verlauf des Buches ohnehin immer wieder aufgegriffen –, steht im nächsten Abschnitt die Frage im Mittelpunkt, inwiefern sich Harveys Zugang im Verlauf der Diskussionen verändert, ob und wie er also auf die neuen Herausforderungen reagiert hat.

3.2.3 Zur (begrenzten) Offenheit von Harveys Theorie

Ihren Ursprung hat die Kontroverse, die im Folgenden schlaglichtartig nachgezeichnet werden soll, in den frühen 1980er Jahren, als mit den „großen Erzählungen" im Allgemeinen marxistische Ansätze ebenfalls mehr und mehr in die Kritik gerieten. Entsprechend dieser Tendenz gewannen im Verlauf der 1980er Jahre auch in der kritischen Geographie und Stadtforschung alternative, d.h. etwa feministische, neo-weberianische, poststrukturalistische oder vom Critical Realism beeinflusste Ansätze an Gewicht und verschoben den Fokus vor allem in Richtung lokaler und kultureller Prozesse (vgl. hierzu Kapitel 1). Mit Blick auf die Geographie formuliert etwa Neil Smith im Rückblick: „What began as sympathetic extensions of marxist and marxist inspired inquiry increasingly transformed after the mid 1980s into a search for alternatives." (Smith 2001: 11) Gemeinsam mit Smith und einigen Anderen reagierte Harvey auf diese Entwicklungen in einer ersten Phase mit einer scharfen, teilweise sehr polemischen Kritik und einer vehementen Verteidigung einer marxistischen Perspektive. In besonders zugespitzter Form kommt seine diesbezügliche Argumentation, die sich ähnlich auch in den bereits mehrfach erwähnten Vorworten (Harvey 1985a: xi ff.; 1985b: x ff.; 1989b: 1ff.) sowie einem gemeinsam mit Allen Scott verfassten Artikel (Harvey/Scott 1989) wieder findet, in Harveys Eröffnungsbeitrag zu einer Debatte zum Ausdruck, die 1987 in der Zeitschrift *Environment and Planning D* zur Frage von Gesellschaftstheorie geführt wurde (vgl. Dear et al. 1987). Sie entstand in Reaktion auf einen zuvor erschienenen Text von Peter Saunders und Peter Williams, in dem diese mit Blick auf marxistische, aber auch kritisch-realistische Ansätze vor der Entstehung einer neuen, linken „Orthodoxie" im Feld der kritischen Stadt- und Regionalforschung gewarnt und für einen stärkeren Theoriepluralismus plädiert hatten (vgl. Saunders/Williams 1986).

Bezug nehmend auf diese Intervention diagnostiziert Harvey in seinem Beitrag zunächst einen „(...) marked strategic withdrawal from Marxian theory within the field of urban analysis (...)" (Harvey 1987c: 367). Zwar ließen sich für diese Absetzbewegung, so seine Einschätzung, in Gestalt theoretischer und praktischer Mängel durchaus viele „gute" Gründe finden, doch würden die „schlechten" überwiegen, d.h. etwa politische und akademische Trends und Distinktionskämpfe oder die Anbiederung an neokonservative bzw. -liberale Positionen. Vor diesem Hintergrund spricht sich Harvey in der Folge für „more, rather then less, theoretical rigour" und „straight Marxist business" aus und greift jene „FRUMPs" (Formerly Radical Upwardly Mobile Professionals) an, die den Marxismus mit einem „terrorism of isms" bzw. der Verbreitung verschiedener „Mythen" zu diskreditieren versuchten (ebd.: 368ff.). Neben dem bereits eingangs erwähnten Irrglauben, marxistische Stadtforschung existiere lediglich in einer althusserianisch geprägten Form und weise daher alle Mängel eines strukturalistischen Zugangs auf, identifiziert Harvey als solche Mythen die Annahmen, die Abstraktionen marxistischer Theorie könnten historisch konkrete Prozesse nicht erklären bzw. der Marxismus wäre ein „totalisierender" Diskurs und deshalb abzulehnen.[18] In beiden Fällen versucht er, eine solche Sichtweise unter Rückgriff auf seine Interpretation der Marxschen Methode zu widerlegen bzw. die Notwendigkeit einer abstrakten, holistischen Theorie mit den totalisierenden Tendenzen des Kapitalismus selbst zu begründen. Zwar gesteht Harvey am Ende ein, es existierten „many empty rooms in the house of Marxian theory" (ebd.: 376) und Fragen von Raum und Ort, von Partikularität, Fragmentierung und *agency* müssten in Zukunft ebenso eine größere Rolle einnehmen, wie politische Organisierung immer in lokalen Kontexten ihren Ausgangspunkt nehmen solle. Aber gerade weil die desaströsen Auswirkungen des Kapitalismus im Weltmaßstab letztlich nach Antworten auf globaler Ebene verlangten und nur marxistische Theorie eine umfassende, gesellschaftstheoretische Einordnung empirischer Forschungsergebnisse erlaube, gebe es zum Marxismus weder politisch noch wissenschaftlich eine Alternative: „(…) [T]he claim of Marxian analysis to provide the surest guide to the construction of radical theory and radicalizing practices stil stands." (ebd.: 367)

Während diese Position in der nachfolgenden – ausschließlich von Männern geführten – Debatte (vgl. Dear et al. 1987: 377ff.) bei Neil Smith und Kevin Archer volle Zustimmung erfährt, unterstützt Michael Ball zwar Harveys Festhalten an marxistischer Theorie, plädiert jedoch zugleich für einen stärkeren Dialog mit nicht-marxistischen Zugängen. Ganz in diesem Sinne hebt auch Andrew Sayer in seiner Verteidigung des Critical Realism die Bedeutung des „common project" – Sozialwissenschaften mit einem emanzipatorischen Potential – sowie der hierfür notwendigen theoretischen Verständigungsarbeit hervor. Die folgenden Beiträge – unter anderem von Nigel Thrift und Michael Storper – argumentieren grundsätzlich in eine ähnliche Richtung, nehmen dabei jedoch eine ungleich kritischere Haltung ein. So sieht sich Harvey – und teilweise auch der Marxismus generell – hier mit dem Vorwurf konfrontiert, Fragen der Subjektivität und Handlungsmacht, der sozialen und räumlichen Differenz sowie der Zivilgesellschaft und anderer nicht-ökonomischer Bereiche der Gesellschaft zu vernachlässigen und infolge fehlender empirischer Grundlagen die neuen, post-fordistischen Realitäten nur unzureichend

18 Eines der bekanntestes und einflussreichsten Beispiele einer derartig einseitigen Kritik marxistischer Zugänge in der Geographie und Stadtforschung stellt der Text *Structural Marxism and Human Geography: A Critical Assessment* von Duncan/Ley (1982) dar. Für eine Erwiderung auf die darin geäußerten Vorwürfe sowie eine neuerliche Antwort von Duncan/Ley siehe Chouinard/Fincher (1983).

durchdringen zu können. Zudem wird argumentiert, Harveys Überschätzung der Macht des Kapitals korrespondiere mit einem überhöhten Geltungsanspruch der eigenen Theorie: „Harvey's materialist theory is the transcendental mirror of this vision of Capital. It can reach everywhere." (Thrift 1987: 405)

Einem Dialog zwischen marxistischen und liberalen Ansätzen, den Saunders und Williams in ihrem Abschlussbeitrag zu dieser Debatte einfordern, hat sich Harvey in der Folge zwar deutlich widersetzt, allerdings markiert die Veröffentlichung von *Condition* (Harvey 1989b) bzgl. seines Umgangs mit Theorie insofern eine Zäsur, als er hier erstmals über eine bloße Verteidigung des Marxismus hinausgeht. So enthält das Buch nicht nur die in der vorherigen Debatte eingeforderte Zeitdiagnose, sondern auch eine Auseinandersetzung mit neueren theoretischen Entwicklungen. Während jedoch z.B. die Arbeiten der französischen Regulationstheorie, auf die sich Harvey in seiner Beschreibung der politökonomischen Transformationsprozesse im Übergang zwischen Fordismus und einem Regime „flexibler Akkumulation" teilweise stützt (vgl. ebd.: 119ff.), in der Tradition der Marxschen Kritik der Politischen Ökonomie stehen, rezipiert Harvey vor allem in seiner Analyse (post-)moderner Kunst und Kultur gleichzeitig auch verschiedene nicht-marxistische Zugänge. Gerade der Rekurs auf postmoderne bzw. poststrukturalistische – eine von ihm weitgehend eingeebnete Differenz – Theoretiker [sic!] wie Jean Baudrillard, Gilles Deleuze, Jacques Derrida, Michel Foucault oder Jean-François Lyotard macht *Condition* daher zu seinem „(...) first response to the poststructuralist and postmodern turn in social theory and in the arts" (Wright 2006: 81). Obwohl er den entsprechenden Theorien wie auch den postmodernen Formen der Kultur und des Städtebaus aufgrund ihrer Kritik an den Ausschlüssen „moderner" Zugänge und ihrer Fokussierung auf Fragen sozialer Differenz und „Otherness" wichtige Errungenschaften zugesteht, fällt sein Urteil indes insgesamt negativ aus:

> „(...) Postmodernism (...) takes matters too far. It takes them beyond the point where any coherent politics are left, while that wing of it that seeks a shameless accomodation with the market puts it firmly in the track of an entrepreneurial culture that is the hallmark of reactionary neoconservativism. (...). Postmodernism has accepting the reifications and partitionings, actually celebrating the activity of masking and cover-up, all the fetishisms of locality, place, or social grouping, while denying that kind of meta-theory which can grasp the political-economic processes (...) that are becoming ever more universalizing in their depth, intensity, reach and power over daily life. Worst of all, while it opens up a radical prospect by acknowledging the authenticity of other voices, postmodernist thinking immediately shuts off those other voices from access to more universal sources of power by ghettoizing them within an opaque otherness, the specificity of this or that language game. It thereby disempowers those voices (...) in a world of lop-sided power relations." (Harvey 1989b: 116f.)

Wenngleich Harvey, im Gegensatz zu vielen anderen MarxistInnen, die Existenz der Postmoderne als ontologisches Faktum also durchaus anerkennt (vgl. Merrifield

2002: 151ff.; Callinicos 2006: 50f.), beharrt er gleichzeitig darauf, „(...) that the turn to postmodernism does not reflect any fundamental *change* of social condition.“ (Harvey 1989b: 111) Weil es sich mehr denn je um kapitalistisch bestimmte Gesellschaften handle, wären die Umbrüche hin zu Post-Fordismus und Postmoderne ebenfalls „(...) capable of theorization by way of the meta-narrative of capitalist development that Marx proposed.“ (ebd.: 328)[19] Zugleich nennt Harvey jedoch auch vier Herausforderungen, denen der Marxismus im Anschluss an die diesbezüglichen Vorarbeiten der Neuen Linken begegnen müsse, um den zeitgenössischen Entwicklungen theoretisch wie auch politisch gewachsen zu sein und in weiterer Folge sich selbst und das „Projekt der Aufklärung“ erneuern zu können (vgl. ebd.: 355ff.): *erstens* die Integration von *race*, *gender* und anderen nicht klassenförmigen Kategorien sozialer Differenz, „(...) not as something to be added on (...) but as something that should be omni-present from the very beginning in any attempt to grasp the dialectics of social change.“ (ebd.: 355); *zweitens* eine Einsicht in die gesellschaftliche Bedeutung von Diskursen, Bildern und kulturellen Praxen; *drittens* eine Aufwertung von „Raum“ in seiner materiellen und symbolischen Dimension als zentrales Element sozialer Prozesse; und schließlich *viertens* ein Verständnis von Marxismus als „(...) open-ended and dialectical mode of enquiry rather than a closed and fixed body of understandings. Meta-theory is not a statement of total truth but an attempt to come to terms with the historical and geographical truths that charaterize capitalism both in general as well as in its present phase.“ (ebd.)[20]

Ähnlich wie zuvor bereits bei *Limits* (vgl. Kapitel 5.4) waren es auch in der Rezeption von *Condition* einige dieser von Harvey selbst genannten Aspekte, an denen sich die – insbesondere feministische – Kritik an seinem Buch festgemacht hat. Diese knüpft dabei an dem immer wieder geäußerten Vorwurf an, Frauen, feministische Theorie sowie die soziale Kategorie Geschlecht wären innerhalb der von

---

19 Der postmoderne Kapitalismus erscheint Harvey demnach als „(...) simultaneously the same as in Marx's day but also different: business as usual, but business with a new product line, with fast turnover and with a new store manager.“ (Merrifield 2002: 152)

20 Noch deutlicher wird diese Auffassung in einer Passage aus einem etwa zeitgleich erschienenen Interview mit Harvey, in dem er auf die Frage nach seinem anhaltenden Vertrauen in den Marxismus und dessen Zukunftsaussichten antwortet: „(...) [T]he Marxian approach for me is so much part of my being now that I can't think in any other terms. People in that sense might say I'm blinkered. But the thing I like about it is in some ways how extraordinarily open it is to reformulation, rethinking. A lot of people associate Marxism with dogmatism. That's not been experience of it. My experience of it has been a constant dialoguing, dialectics if you will, of interrogation of conceptual apparatus, thinking through problems and thinking about politics and it's just extremly open and fluid in that way. For me it's a very constructive process. If the constructive aspects of it can be emphasised again I think it'll have a great role to play. A tremendous role to play, particularly in the light of a very uncertain future.“ (Harvey 1988b: 19f.)

Weißen Männern dominierten, in erster Linie auf Klassenverhältnisse und die Dynamiken des Kapitalismus fokussierten kritischen Geographie und Stadtforschung marginalisiert und stünden in diesem Sinn „outside 'the project'" (Christopherson 1989; vgl. auch McDowell 1992; Chouinard/Grant 1995; Katz 2006). Vor diesem Hintergrund macht Doreen Massey in ihrem Aufsatz *Flexible sexism* (Massey 1991) Harveys Buch – gemeinsam mit dem zeitgleich publizierten *Postmodern Geographies* von Edward Soja (1989) – als Negativbeispiel für das Fortbestehen androzentrischer und klassenreduktionistischer Argumentationsmuster aus. Ebenso wie im Fall der Kunsthistorikerin Rosalyn Deutsche (1991) findet die Kritik ihren konkreten Anlass in Harveys fehlender Rezeption feministischer Autorinnen sowie in seinem Verkennen des zutiefst vergeschlechtlichten Charakters jener Bilder, Fotografien und Filme, die ihm bei seiner Analyse der (Post-)Moderne als Anschauungsmaterial dienen. Diese Ausschlüsse und seine generelle Vernachlässigung sozialer Differenz seien, so Massey und Deutsche unisono, für Harveys Zugang insofern konstitutiv, als nur sie es ermöglichten, seine eigene Perspektive auf die Welt kontrafaktisch als universell darzustellen: „(...) [T]hat view is white, male, heterosexual, Western." (Massey 1991: 40)

Aufbauend auf diesem Vorwurf des Andro- (und Euro-)Zentrismus bemängelt Deutsche, Harveys Festhalten am Metanarrativ des Marxismus und dem damit verbundenen Anspruch, über einen „total vantage point" (Deutsche 1991: 19) zu verfügen – ein explizit auf die obige Turm-Metapher von Harvey gemünzter Vorwurf –, weise der Politischen Ökonomie eine privilegierte Erkenntnisposition zu. Dies münde in ein ökonomistisches (Un-)Verständnis von Repräsentationsprozessen bzw. von Kunst und Kultur sowie in eine Unterschätzung von deren emanzipatorischem Potential. Massey schlägt in eine ähnliche Kerbe, problematisiert darüber hinaus jedoch noch stärker den in ihren Augen vorherrschenden Klassenreduktionismus und dessen politische Folgen: Da Harvey die Existenz und Irreduzibilität unterschiedlicher Macht- und Herrschaftssysteme sowie die daraus erwachsende Pluralität von Identitäten und sozialen Kämpfen verkenne, unterschätze er die Herausforderungen, welche mit der Bildung politischer Allianzen notwendigerweise verbunden seien (vgl. Massey 1991: 65f.).

Gegen diese Kritik von Massey und Deutsche verteidigt Nancy Hartsock (2006: 171ff.) in einem kritischen Rückblick auf das, was sie als „feminist trashing of Harvey's work" bezeichnet, dessen Auseinandersetzung mit der Postmoderne nicht nur als „both wonderfully written and essentially correct" (ebd.: 171). Vielmehr wirft sie Deutsche und Massey – sowie der hier nicht besprochenen Morris (1992) – auch vor, ihr Angriff auf *Condition* weise drei inhaltliche Fehler auf: ein Missverständnis von Harveys dialektischer Epistemologie, eine vorschnelle Aufgabe des Terrains der Politischen Ökonomie, und eine unzulässige Reduzierung feministischer Perspektiven auf deren postmoderne Spielarten. „As a group they both fail to understand Harvey's project and also present a partial and one-sided image (not account) of feminist positions." (Hartsock 2006: 171) Obwohl die feministische Kritik an Harvey also selbst durchaus einige gravierende Mängel aufweist, lässt sich ihre Bedeutung kaum überschätzen. Den Grund hierfür benennt Melissa Wright, wenn sie in ihrer – im Verhältnis zu Hartsock generell positiveren – Beurteilung der Interventionen von Massey und Deutsche einen „tremendous effect" (Wright 2006: 89) ausmacht, den diese auf Harveys weitere theoretische Entwicklung gehabt hätten.

Diese Sichtweise bestätigt sich zuallererst in dem Essay *Postmodern morality plays* (Harvey 1992), in welchem Harvey den Vorwürfen von Deutsche und Massey zu begegnen versucht. Von Belang sind an dieser Stelle weniger seine mitunter äußerst polemischen Erwiderungen in Einzelfragen, als vielmehr der Umstand, dass er die zentrale Kritik an *Condition* aufgreift: „(...) [F]or the first time in his oeuvre, Harvey engages seriously with feminism (...)." (Wright 2006: 91) Harveys zentraler Bezugspunkt ist dabei das mit Namen wie Nancy Fraser, Donna Haraway, Nancy Hartsock oder Iris Marion Young verbundene und der Postmoderne ebenfalls eher kritisch gegenüberstehende „(...) social science, non-seperatist, anti-essentialist (...) and socialist end of the feminist spectrum." (Harvey 1992: 301) Ausgehend von seinem Bedauern darüber, entsprechende Arbeiten nicht bereits in *Condition* rezipiert zu haben, nutzt er insbesondere die standpunkttheoretischen Überlegungen von Haraway und Hartsock (vgl. Kapitel 3.2.3), um sich scharf von jenen „vulgar postmodern conceptions of 'situatedness' and 'contextualization'" (Harvey 1992: 302) abzugrenzen, welche diese auf die Frage nach der individuellen Biographie reduzierten. Gegen ein solchermaßen „relativistisches, essentialistisches und nicht-dialektisches" Verständnis von Situiertheit (ebd.: 304) bringt er Haraways bekannte Formulierung in Anschlag, entscheidend sei nicht Differenz „an sich", sondern „signifikante Differenz": „Some differences are playful, some are poles of world historical systems of domination. Epistemology is about knowing the difference." (Haraway 1990: 202f., zitiert nach: ebd.) Statt also Differenz zu verabsolutieren und so den Blick für Gemeinsamkeiten als mögliche Grundlage politischer Handlungsfähigkeit zu verlieren, müsse deren relative Bedeutung gesellschaftstheoretisch *erklärt* werden: „[T]here are multiple *signifikant* differences in the world (...) but the criteria of significance are always open to debate, and, even more importantly, the only way significance can be understood is in terms of what it is that binds them together. The *dialectic* of commonality and difference is at the center of my concern." (ebd.: 309)

Somit verweist *Postmodern morality plays* gegenüber *Condition*, aber auch seinen vorherigen Werken, auf einen „(...) shift in Harvey's approach both to the concept of difference and to his engagement with feminist and poststructuralist scholarship." (Wright 2006: 91) Diese Verschiebung hat sich im Verlauf der 1990er Jahre intensiviert, wovon neben einer längeren Diskussion mit Donna Haraway (Haraway/Harvey 1995) insbesondere *Justice & Nature* (Harvey 1996b) Zeugnis ablegt. Wohl nicht zuletzt als Reaktion auf die vorangegangene Kritik versucht Harvey darin – entlang einer fast unüberschaubaren Vielfalt an Themen, Begriffen, AutorInnen und Abstraktionsebenen – seine marxistische Theorie zu (post-)modernisieren, ohne deren Kern aufzugeben (vgl. auch Kapitel 3.3.3). In diesem Sinn spricht er etwa in einer Erläuterung des Konzepts der Dialektik nurmehr von „Permanenzen" anstelle von Strukturen und betont in erster Linie die Prozesshaftigkeit von Gesellschaft (vgl. Harvey 1996b: 46ff.), bevor er sich unter anderem mit der Bedeutung von Diskursen, Handlungsmacht, marginalisierten Standpunkten oder der Raum-Zeitlichkeit von Körperpolitiken auseinandersetzt (vgl. ebd.: 77ff., 248ff.).

Die Grenzen von Harveys Zugeständnissen werden demgegenüber durch sein Festhalten an einem explizit marxistischen Ansatz markiert. Dies bedeutet für Harvey insofern keinen Widerspruch zur Annäherung an andere Zugänge, als sich die besonderen Qualitäten des Marxismus als Meta-Theorie in seinen Augen gerade dort zeigen, wo es um die Adaption alternativer theoretischer Begriffe und Konzepte geht: „(...) [A] dialectical, historical-geographical and materialist theory, because it deals with totalities, particularities, motion, and fixity in a certain way, holds out the prospect of embracing many other forms of theorizing within its frame (...)" (ebd.: 9). Dass *Justice & Nature* infolgedessen trotz gewisser Neuerungen inhaltlich in einer Kontinuität zu vorangegangenen Werken Harveys steht, wird neben der generellen, kapitalismuskritisch und politökonomisch fundierten Analyseperspektive sowie regelmäßigen Bezugnahmen auf Marx vor allem anhand des Blickwinkels auf politische Kämpfe und Strategien sichtbar. So diskutiert Harvey unter anderem entlang des von Raymond Williams entliehenen Begriffs „militanter Partikularismus" die Notwendigkeit, aber auch die Schwierigkeiten einer Verallgemeinerung lokaler Kämpfe und Erfahrungen zu breiteren Bewegungen (vgl. ebd.: 19ff.). Am Beispiel eines tödlichen Brandes in einer Hühnerfabrik in Hamlet (North Carolina) argumentiert er zudem, nur „working-class politics" und nicht partikulare „Identitätspolitiken" könnten den „Postmodern Death of Justice" verhindern (vgl. ebd.: 334ff.).

Wenngleich er darunter explizit nicht ein traditionalistisches, vereinheitlichendes Parteiprojekt, sondern eine Politik verstanden wissen will, welche die Situiertheit verschiedener unterdrückter Gruppen in Relation zum Prozess der Kapitalakkumulation und die damit verbundenen Gemeinsamkeiten als Ausgangspunkt für die Bildung von Allianzen begreift (vgl. ebd.: 358ff., s. auch 430ff.), ist dies bis heute eine der umstrittensten Passagen von *Justice & Nature*. Bereits in der umfangreichen Diskussion, welche die Veröffentlichung des Buches ausgelöst hat (vgl. z.B. Brigham/Reineke/Tang 1997; Katz et al. 1998; McDowell et al. 1998), wurde die Frage der Klassenpolitik immer wieder aufgegriffen. Während etwa Andrew Jones (1999) sie zum Ausgangspunkt für eine Generalabrechnung mit Harveys „Post-Marxismus" macht, hinterfragen Nancy Hartsock (1998a), Iris Marion Young (1998) oder Linda McDowell (1998) in ihrer vergleichsweise solidarischen Kritik eher die Gewichtung von Harveys Argumente. Sie bemängeln z.B., er vernachlässige die Bedeutung subjektiver Erfahrungen, habe ein unzureichendes Bild von den Dynamiken sozialer Kämpfe und unterschätze generell das universalistische Potential nicht klassenförmiger politischer Bewegungen.

Während hier also die Ansicht dominiert, Harvey gehe in seiner Ablösung von traditionell-marxistischen Grundsätzen nicht weit genug, wird ihm umgekehrt etwa von Terry Eagleton (1997) oder Bernd Belina genau das Gegenteil zum Vorwurf gemacht, nämlich „(...) dass [er] sich (...) in *Justice & Nature* von zentralen Erkenntnissen des Marxismus weit entfernt (...)“ (Belina 2003: 66). Diese Position „zwischen den Stühlen“, in die sich Harvey mit dem Buch manövriert hat, wurde von ihm selbst in der Folge zunächst gegen beide Formen der Kritik offensiv verteidigt (vgl. Harvey 1998; 1999). Wenn er daran anschließend in *Spaces of Hope* erneut versucht hat, den eher postmodernen „body talk“ mit dem eher politökonomischen „globalization talk“ zu verknüpfen, dann zeugt das folgende Zitat aus der Einleitung des Buches jedoch bereits von einer gewissen Ermüdung hinsichtlich der vorangegangenen Debatten:

> „(...) [W]hat is now striking is the dominance of an almost fairy-tale like belief, held on all sides alike, that once upon a time there was structuralism, modernism, industrialism, Marxism or what have you and now there is post-structuralism, postmodernism, postindustrialism, post-Marxism, post-colonialism, and so forth. (...) [M]y point here is (...) to point to the damage that the fairy-tale reading of the differences between the 'then' and the 'now' is doing to our abilities to confront the changes occuring around us. Cutting ourselves off from Marx is to cut off our investigative noses to satisfy the superficial face of contemporary intellectual fashion.“ (Harvey 2000: 11f.)

Obwohl auch in der Rezeption von *Spaces of Hope* die oben angeführte Doppelbewegung sichtbar wurde, hat das Buch weit weniger Wellen geschlagen als die Werke zuvor. Lässt sich dies als Indiz für ein generelles Abklingen der Debatten um *die* Postmoderne oder *den* Marxismus interpretieren, so hat sich parallel dazu in der Folge auch Harvey selbst wieder konkreten Analysen zugewandt. Daher markiert zwar insbesondere *Der Neue Imperialismus* (Harvey 2005 [2003]) eine Annäherung an die – zuvor eher vernachlässigte – Tradition des klassischen Marxismus (vgl. Callinicos 2006: 52f.); eine explizite Auseinandersetzung mit den von Postmoderne und Poststrukturalismus aufgeworfenen Fragen bleibt darin aus. Allerdings zeugt insbesondere seine Thematisierung der Kämpfe gegen die „Akkumulation durch Enteignung“ (vgl. Harvey 2005 [2003]: 160ff.) erneut vom Versuch, die Anerkennung der Pluralität sozialer Differenzen mit dem Ziel einer kohärenten, globalen und universalistischen Politik des Antikapitalismus zu verbinden.[21]

21 Mit dem Begriff der „Akkumulation durch Enteignung“ versucht Harvey deutlich zu machen, dass die durch (staatliche) Gewalt und Raub durchgesetzten Prozesse der Kapitalakkumulation, die jenseits der „normalen“, erweiterten Reproduktion des Kapitals

Auch deshalb ist es nicht überraschend, dass der bis hierhin dargestellten Debatte in der generellen Einschätzung von Harveys Werk bis heute eine zentrale Rolle zukommt. Nimmt man die Beiträge aus dem Sammelband *David Harvey. A Critical Reader* (Castree/Gregory 2006) zum Maßstab, so scheinen diesbezüglich – je nach Standpunkt – ganz unterschiedliche Fazits möglich. Während Alex Callinicos als Vertreter eines klassischen, revolutionären Marxismus die Offenheit von Harveys Zugang – gerade auch gegenüber postmodernen AutorInnen und Themen – als eines von dessen zentralen Charakteristika positiv hervorhebt (vgl. Callinicos 2006: 50f.), bemängelt Derek Gregory (2006: 20f.), der Kreis seiner theoretischen Referenzen wäre zu eng gezogen – sowohl innerhalb des Marxismus als auch darüber hinaus. Und wo Melissa Wright trotz – oder gerade wegen – ihrer offenkundig skeptischen Haltung gegenüber einem als „doctrinaire" bzw. „self-sufficient" (Wright 2006: 82f.) bezeichnetem klassischen Marxismus eine theoretische Weiterentwicklung Harveys diagnostiziert, zeigt sich Cindy Katz (2006: 240) im Rückblick auf die feministischen Kritiken an *Condition* darüber enttäuscht, „(...) how little these critiques really altered his project." Sie kritisiert, Harvey würde bis heute vor der Auseinandersetzung mit bestimmten Formen der „Unordnung" zurückscheuen – namentlich soziale Differenz, räumliche Maßstabsebenen (vor allem des Alltagslebens) und Unbestimmtheit i.S.v. Kontingenz und Handlungsmacht –, weil diese eine stärkere Öffnung seines

---

vonstatten gehen, nicht, wie in der Marxschen Rede von der „ursprünglichen" bzw. „primitiven" Akkumulation nahegelegt (vgl. Marx 1962 [1867]: 741ff.), ein historisch einmaliger Vorgang waren, sondern selbst einen integralen Bestandteil auch und gerade des entwickelten Kapitalismus darstellen (vgl. Harvey 2005 [2003]: 136ff.). Diese Prozesse – in ihrer ganzen Bandbreite von der Kommodifzierung und Privatisierung vormals gemeinschaftlich genutzter Ressourcen über die Unterdrückung alternativer Produktions- und Reproduktionsmuster bis hin zur direkten Aneignung von Vermögenswerten oder menschlicher Arbeitskraft – sowie die gegen sie gerichteten sozialen Kämpfe werden von Harvey als globales Phänomen beschrieben. Da er in *Der Neue Imperialismus* sowie den etwa zeitgleich erschienenen Werken zur Geschichte und räumlichen Dynamik des Neoliberalismus (vgl. Harvey 2007 [2005]-a; 2007 [2005]-b) die Frage globaler Macht -und Herrschaftsverhältnisse ganz generell ins Zentrum seiner Überlegungen stellt und zudem z.B. verstärkt auf die spezifische Entwicklungsdynamik Chinas eingeht, ist Harvey hier ganz offensichtlich darum bemüht, einer zuvor auch von ihm selbst als „real limitation" seines Werkes bezeichneten Problematik zu begegnen: „For all my geographical interests, it [sein Werk; F.W.] has remained Eurocentric, focussed on metropolitan zones. I have not been exposed much to other parts of the world." (Harvey 2001 [2000]: 21) Für eine – in ihrer konkreten Gestalt teilweise freilich selbst fragwürdige – Kritik dieser in abgeschwächter Form bis heute bestehenden Tendenz, siehe z.B. Gregory (2006: 21ff.) und Gidwani (2004). Nicht zuletzt bietet Harveys eigene Theorie ungleicher Entwicklung eine geeignete Argumentationsfolie gegen eurozentristische, diffusionstheoretische oder teleologische Modelle kapitalistischer Raumproduktion (vgl. Kapitel 5.3, s. auch Harvey 2007: 1130).

Ansatzes bzw. eine stärkere Gewichtung empirisch-konkreter Prozesse erforderten und so seinen Anspruch auf theoretische Rigorosität und (all-)umfassende Erklärungskraft gefährden würde (vgl. ebd.: 234ff., 241ff.).

Angesichts solcher Vorwürfe ist Gregorys folgende Einschätzung bis zu einem gewissen Grad sicherlich zutreffend: „To meet these critics would require a different way of theorizing, a different way of working the theoretical and the empirical, that would disrupt the plenary ambitions of Harvey's project.“ (Gregory 2006: 23) Gleichzeitig lässt sich jedoch auch die These vertreten, viele der in den dargestellten Debatten aufgegriffenen Themen, insbesondere aber das Verhältnis der Macht- und Herrschaftskategorien *race, class* und *gender* – als den zentralen „poles of world historical systems of domination“ (Haraway) – ließen sich gerade im Rahmen marxistischer *Theorie* sehr viel eingehender diskutieren, als Harvey dies je getan hat. Wie Neil Smith (2008: 152ff.) argumentiert, wäre hierfür zweifellos eine – den Spielregeln des akademischen Marxismus widersprechende – stärkere Orientierung auf das Terrain politischer Strategie und Praxis hilfreich, wird hier die wechselseitige Verknüpfung dieser Kategorien doch unmittelbar anschaulich und eine organische Verbindung von Theorie und Empirie möglich. Demgegenüber wurde und wird das Verhältnis von *race, class* und *gender* auf einer theoretischen Ebene häufig insbesondere in solchen gesellschaftstheoretisch fundierten Arbeiten gewinnbringend diskutiert, die an den strukturalen Marxismus von Althusser, Balibar und Poulantzas sowie deren nicht-ökonomistische Gesellschafts-, Staats- und Ideologietheorie oder den Begriff der Überdeterminierung anknüpfen (vgl. z.B. Barret 1983; Hall 2004 [1985]; Balibar 2007; Nowak 2009; Puller 2010). Daher erscheint Harveys Distanzierung an dieser Stelle als vorschnell.

Dass es umgekehrt nicht immer komplexer theoretischer Manöver bedarf, um die von Harveys KritikerInnen diagnostizierten Ausschlüsse zu beheben und die von ihm selbst zum Teil nur unzureichend geleistete Integration in einen pluralen, aber explizit marxistischen Zugang zu leisten, lässt sich abschließend an Nancy Hartsocks Beitrag zu dem genannten *Reader* illustrieren. Zwar kritisiert auch sie, Harvey wolle den „profoundly revolutionary character of feminist, anti-racist and lesbian/gay/bisexual/transsexual work“ (Hartsock 2006: 172) nicht immer hinreichend erkennen; gleichzeitig liefert sie jedoch eine differenzierte – und meines Erachtens sehr treffende – Beschreibung seines Ansatzes: (...) [A]t its root, Harvey's project is the analysis of capitalist relations of domination – but an analysis open to the inclusion of other forms of domination. Despite his efforts to accomodate difference, which go further than many other Marxists, he does remain committed to the Marxist project of accounting for class domination.“ (ebd.: 169)[22]

22 Diese Charakterisierung deckt sich weitgehend mit einer Selbsteinschätzung Harveys aus den späten 1980er Jahren: „(...) [T]o the degree that I'm really concerned to figure

Indem Hartsock in der Folge Harveys Konzept der Akkumulation durch Enteignung aufgreift und mit ihren eigenen, auf die Rolle von Geschlechterverhältnissen fokussierten Überlegungen zur fortgesetzten Bedeutung der „ursprünglichen Akkumulation" verknüpft, illustriert sie nicht nur überzeugend das Potential einer geschlechterkritisch *und* politökonomisch fundierten Zugangsweise. Vielmehr zeigt sie auch auf, dass sich mancher Leerstelle in Harveys Werk besser durch die konkrete Auseinandersetzung mit seinen analytischen Begriffen und Konzepten als durch abstrakte Anschuldigungen begegnen lässt (vgl. auch Khosla 2005). Und schließlich lädt Hartsocks These, Harvey könne gleichzeitig als klassisch marxistischer *und* als postmoderner Denker interpretiert werden (vgl. Hartsock 2006: 168), dazu ein, Debatten um seinen Ansatz weniger aufgeregt zu führen, als dies in der Vergangenheit der Fall war. Wenn Hartsock in diesem Sinn empfiehlt, sein Werk als Einladung zum Denken zu lesen, dann verweist sie damit explizit wieder zurück auf dessen eigene, dialektische Zugangsweise zum Werk von Marx. Dass Harvey letzteren tatsächlich nicht als unfehlbaren Meister, sondern als Ausgangspunkt für weiterführende Überlegungen ansieht, wird zweifellos nirgendwo sichtbarer als in seinem kontinuierlichen Bemühen, Fragen der Räumlichkeit ins Zentrum marxistischer Theorie zu stellen.

3.3 Raum – als integraler Bestandteil marxistischer Theorie

Die Frage danach, wie sich Harveys Verständnis von Raum infolge seiner theoretischen und politischen Reorientierung zu Beginn der 1970er Jahren entwickelt hat, mag zunächst seltsam erscheinen, lässt sich hier doch – anders als im Fall von „Wissenschaft" und „Marxismus" – zumindest begrifflich kein Bruch ausmachen: Während sich seine generelle Position von positivistisch zu marxistisch änderte, ist Harvey gleichzeitig Geograph geblieben. Nicht umsonst wird bzgl. seiner Auffassung räumlicher Fragen daher mitunter eine Kontinuität zwischen beiden Phasen angenommen (vgl. z.B. Gregory 2006; Sheppard 2006; Schmid 2005: 44). Obwohl hier, wie im Folgenden sichtbar wird, tatsächlich stärkere Überschneidungen bestehen als anderswo, droht eine solche Sichtweise jedoch ein zentrales Moment seines „epistemo-

---

out what the laws of motion of capitalism are about or what the strategies of struggle are against capitalism, since that is my central focus, then the other pieces of struggle that may be very fundamental to the people engaged in them, are in my mind at least always located in relationship to that fundamental objective. To me, the question that's always on the books is to what degree does the notion of class become intertwined with notions of gender and race, and how do they all get convoluted together in such a way that it becomes hard to figure out exactly who the enemy is. For me at least, clearly always in my sights, the fundamental problem is capitalism and what to do about capitalism and what to think about capitalism." (Harvey 1988b: 19)

logischen Bruchs“ zu unterschätzen: die Distanzierung von jenem abstrakten Denken über Raum „an sich“, das diesen als außerhalb der Gesellschaft stehende, handlungsfähige Entität auffasst und ihm bestimmte ontologische Qualitäten zuschreibt, welche es dann im Zuge eigenständiger „raumtheoretischer“ bzw. „raumphilosophischer“ Reflexionen zu erkunden gelte. Gegen einen solchen „Raumfetischismus“[23] gelangt Harvey im Verlauf von *Social Justice* zu einer materialistischen Position, welche Raum nicht als Abstraktum, sondern ausgehend von den sozialen Verhältnissen bzw. deren kritischer – d.h. konkret marxistischer – Analyse denkt:

> „The problem of the proper conceptualization of space is resolved through human practice with respect to it. In other words, there are no philosophical answers to philosophical questions that arise over the nature of space – the answers lie in human practice. The question 'what is space?' is therefore replaced by the question 'how is it that different human practices create and make use of distinctive concepzualizations of space?'“ (Harvey 2009 [1973]: 13f.)

Obwohl die Perspektivenverschiebung, die hier erstmals andeutet wird, Harvey zumindest im angloamerikanischen Raum zum Vorreiter einer „Marxifizierung geographischer Analysen“ (Soja 2007 [1989]: 87) gemacht hat, war er auch diesbezüglich Teil einer breiteren Bewegung. So offenbart insbesondere der etwa zeitgleich erschienene Angriff von Castells auf seinen Mentor Lefebvre (vgl. Castells 1977 [1972]: 76ff.), dass die marxistische Kritik an einer eigenständigen Theoretisierung von Raum längst nicht nur auf bürgerliche Zugänge beschränkt blieb, sondern sich auch und besonders gegen ProtagonistInnen im eigenen Lager richtete. Nicht zuletzt als Reaktion auf die Tendenz von Castells und anderen VertreterInnen der *New*

23 Für eine detaillierte Begriffserklärung sowie eine Kritik entsprechender Ansätze siehe Belina (2006: 26ff.). Die Kernproblematik raumfetischisierender Argumentationsmuster zeigt die folgende Passage deutlich auf: „Indem eine ontologische Bestimmung von 'Raum' immer ein überhistorisches, anthropologisches, von sozialer Praxis unabhängiges und damit außerhalb der Gesellschaft stehendes *Etwas* konstruiert, dessen Bedeutung für die Gesellschaft qua Theoretisierung behauptet wird, wird notwendig von der Gesellschaft, für die der Raum ja relevant sein soll, abgesehen. Ontologische Betrachtungen zur Frage, was der Raum 'an sich' *ist*, sind mithin schlicht überflüssig, der Raum 'an sich' konstituiert, wenn es um sozial- und kulturwissenschaftliche Fragestellungen geht, 'kein mögliches Objekt' (...). Vielmehr führt jede Ontologisierung des Raums für sozialwissenschaftliche Zwecke direkt in die Ideologieproduktion.“ (ebd.: 34) Belinas Vorschlag, statt vom Abstraktum „Raum“ besser von konkreter „räumlicher Praxis“ zu sprechen, stellt vor diesem Hintergrund zweifelsohne eine notwendige und wichtige Intervention dar. Zugleich droht seine Bestimmung, derzufolge räumliche Praxis impliziere, dass „(...) Raum als Mittel zur Verfolgung bestimmter Zwecke eingesetzt [wird]“ (ebd.: 28), jedoch die Bedeutung unintendierter Effekte und struktureller, sich der unmittelbaren Wahrnehmung sozialer Akteure entziehender Prozesse zu vernachlässigen und den Begriff der räumlichen Praxis so rationalistisch zu verengen.

Urban Sociology, Räumlichkeit auf den bloßen Ausdruck grundlegender sozialer (Produktions-)Verhältnisse zu reduzieren, kam es Soja zufolge vor allem in den 1980er Jahren im Zuge einer breiten Debatte innerhalb der marxistischen Geographie und Stadtforschung um das Verhältnis von Raum und Gesellschaft (vgl. z.B. Gregory/Urry 1985) jedoch zu einer „[p]rovokative[n] Umkehrung": Es wurde die Notwendigkeit erkannt, „[d]em Westlichen Marxismus eine Geographie bei[zu]fügen" (Soja 2007 [1989]: 90). Dieses Projekt bereitete den spätestens in den 1990er Jahren in den Sozialwissenschaften breit einsetzenden „spatial turn"[24] ebenso maßgeblich mit vor, wie es auch in eine „Postmodernisierung der marxistischen Geographie" (ebd.: 99) mündete, als deren vielleicht wichtigster Protagonist Soja selbst zu sehen ist – siehe die Entwicklung von Soja (1980) über *Postmodern Geographies* (1989) bis hin zu *Thirdspace* (1996; vgl. auch Döring/Thielmann 2009a).

Wenn die hier angedeutete Einteilung in drei Phasen im Folgenden als Richtschnur für die Rekonstruktion von Harveys Zugang zu Fragen der Räumlichkeit dient, dann werden dabei zugleich gewisse Differenzen zu Sojas Erzählung sichtbar. So offenbart der Blick auf *Social Justice*, dass Harvey in den frühen 1970er Jahren zwar tatsächlich mehrheitlich die Auswirkungen sozialer Prozesse *im Raum* untersucht, er dabei allerdings von Beginn an eine intensive Wechselwirkung zwischen beiden Momenten annimmt (vgl. Kapitel 3.3.1). Von einer weiteren theoretischen Aufwertung der räumlichen Aspekte von Gesellschaft zeugt Harveys in den 1980er Jahren entwickeltes Diktum, der historische müsse zum historisch-*geographischen* Materialismus erweitert, der Marxismus also verräumlicht werden. Mit welchen Argumenten er diese Intervention begründet, welche Schwierigkeiten er hierbei ausmacht und wo er die Grenzen dieses Vorhabens verortet bzw. in seiner eigenen theoretischen Praxis zieht, ist Gegenstand des nächsten Abschnitts (Kapitel 3.3.2). Abschließend wird dargestellt, wie Harvey ab Ende der 1980er Jahre im Kontext der zeitgenössischen Debatten zunehmend explizit raumtheoretische Überlegungen angestellt und entsprechende Literatur rezipiert hat, ohne deshalb – so ein häufiger Vorwurf gegen den auf einer postmodernen Lefebvre-Interpretation aufbauenden Ansatz von Soja (vgl. z.B. Belina 2006: 33f.; Kipfer et al. 2008a: 8ff.) – eine materialistische Position aufzugeben und den „Raum" oder die „Zeit" zu reifizieren (Kapitel 3.3.3).

24 Zum *spatial turn* bzw. den verschiedenen aufeinanderfolgenden *spatial turns* in den Sozial- und Kulturwissenschaften siehe Döring/Thielmann (2009b), Warf/Arias (2009), Jessop/Brenner/Jones (2008) sowie Wissen (2011: 10ff.).

3.3.1 Soziale Prozesse und räumliche Formen

Zu Beginn der 1970er Jahre lag der *spatial turn* freilich noch in weiter Ferne. Wie bereits angedeutet, überwiegt hinsichtlich Harveys Verständnis von Raum hier daher die Frage nach einer möglichen Kontinuität zu seiner positivistischen Phase. Er selbst deutet eine solche an, wenn er in der Einleitung von *Social Justice* – dem zu diesem Zeitpunkt einzigen Ort, an dem Harvey explizit raumtheoretische Überlegungen anstellt und daher wichtigste Quelle der folgenden Darstellung – von einem „central, overwhelming and unchanging concern" spricht, das ihn schon „for several years" begleite: der Zusammenhang von sozialen Prozessen und räumlichen Formen sowie die Notwendigkeit einer gemeinsamen Analyse beider Felder (Harvey 2009 [1973]: 10). Derek Gregory (vgl. 2006: 4ff.) und Eric Sheppard (vgl. 2006: 122f.) zufolge ist dieser Selbsteinschätzung Harveys insofern zuzustimmen, als bereits in *Explanation* zugunsten einer prozess-basierten Geographie und also einer Verknüpfung der räumlichen mit der zeitlichen Dimension argumentiert wird. Demnach weist Harvey hier die mit Namen wie Descartes, Euklid oder Newton verbundene Vorstellung von Raum als bloßem Container bzw. als *absoluter* Kategorie zurück. Er wendet sich damit gegen ein Bild von Raum, in dem dieser ein den sozialen Prozessen äußeres „thing in itself" (Harvey 2009 [1973]: 13) bzw. – so die Formulierung aus dem Überblicksartikel *Raum als Schlüsselbegriff* (Harvey 2005: 127) – ein „(...) ursprünglich vorhandenes und unbewegliches Raster (...) [ist], das sich für die standardisierte Messung eignet und offen ist für Berechnungen." Stattdessen vertritt Harvey in *Explanation* ein vergleichsweise elaboriertes Verständnis von Raum, das diesen im Anschluss an eine nicht-euklidische Geometrie und Wissenschaftler wie Gauß oder Einstein als *relativ* begreift. Ein solcher Ansatz fokussiert auf das Verhältnis zwischen Objekten, denkt Raum und Zeit als Einheit und begreift den Standpunkt des Betrachters oder der Betrachterin als wichtige Einflussgröße auf die Wahrnehmung von Raum (vgl. ebd.: 128f.; 2009 [1973]: 13).

Diese relative Sichtweise dominiert auch im ersten, „liberalen" Abschnitt von *Social Justice*, welcher von Harveys Vorhaben geprägt ist, die sozialen Prozesse in der Stadt zur räumlichen Form derselben in Beziehung zu setzen (vgl. Kapitel 4.1). In konzeptioneller Hinsicht ist diesbezüglich das erste Kapitel zentral, versucht Harvey doch hier, die Möglichkeiten und Grenzen einer Integration von Geographie und Soziologie auszuloten (vgl. Harvey 2009 [1973]: 22ff.). Ausgehend von seiner eigenen Disziplin begibt er sich dabei auf die Suche nach theoretischen Bezugspunkten für eine „Philosophy of Social Space" (ebd.: 27ff.)[25] und gelangt zur Feststellung, „(...)

25 Bei dieser Suche bezieht sich Harvey unter anderem auf Ernst Cassirer, dessen Dreiteilung der Modi menschlicher Raumerfahrung – eine Differenzierung zwischen organischen, sinnlich wahrgenommenen und symbolischen Räumen – er später als möglichen Ursprung für Lefebvres Dreiteilung zwischen materiellem Raum bzw. räumlicher Praxis,

that social space is complex, non-homogeneous, perhaps discontinuous, and almost certainly different from the physical space in which the engineer and the planner typically work." (ebd.: 35) Während Harvey in diesem Zusammenhang auf die Bedeutung symbolischer und kultureller Prozesse verweist und für einen sorgfältigen Dialog und Übersetzungsarbeit zwischen Geographie und Soziologie plädiert, um methodische Probleme zu vermeiden, orientiert er sich gleichzeitig noch stark an Idealen wie Quantifizierbarkeit oder Hypothesentests (vgl. ebd.: 37ff.). Nicht zuletzt aufgrund dieses positivistischen Einschlags fungiert dieses erste Kapitel in der Einleitung von *Social Justice* als Ausgangsbeispiel dafür, wie drastisch sich das Verständnis von Raum in Verlauf des Buches wandelt – und warum letzteres also, anders als von Gregory und Sheppard teilweise nahegelegt, auch in dieser Thematik einen Bruch mit vorherigen Positionen markiert. In Harveys eigener Einschätzung zeugt das erste Kapitel nicht nur allgemein vom Interesse an der abstrakten Frage „Was ist Raum?", sondern auch von der Überzeugung, diese ließe sich durch – nicht minder abstrakte – philosophische bzw. methodologische und sprachliche Antworten lösen. Zudem dominiert die Vorstellung, die Analyse von Raum sei derjenigen von Gesellschaft bzw. Stadt vorgelagert: „The approach taken is that once we have discovered what space is and have discovered ways of representing it, then we can proceed with our analysis of urban phenomena by fitting our understanding of human behaviour into some general conception of space." (ebd.: 13)

Demgegenüber wird in den weiteren Kapiteln von *Social Justice* sichtbar, dass sich die tatsächliche Bedeutung von Raum – ganz im Sinne des eingangs angeführten Zitats – immer erst durch eine Analyse realer gesellschaftlicher Verhältnisse und Strukturen erarbeiten lässt und daher nicht abstrakt bestimmbar ist. Dementsprechend offenbart sich vor allem im zweiten, „sozialistischen" Teil des Buches, „(...) how daily social practice solves with consummate ease seemingly deep philosophical mysteries concerning the nature of space and the relationships between social processes and spatial forms." (ebd.: 14) Um zu einem entsprechenden Verständnis gelangen zu können, führt Harvey an dieser Stelle neben dem absoluten und dem relativen Raum noch einen dritten Blickwinkel ein: mit dem hauptsächlich auf Leibnitz zurückgehenden Begriff des *relationalen* Raums wird darauf verwiesen, „(...) dass es keinen Raum und keine Zeit außerhalb der Prozesse gibt, die sie definieren (...). Prozesse treten nicht *im* Raum auf, sondern definieren ihren eigenen räumlichen Rahmen. Das Konzept des Raums ist eingelagert in einen Prozess oder ist innerer Bestandteil desselben." (Harvey 2005: 130; s. auch Harvey 2009 [1973]: 13)

Besonders deutlich wird der Stellenwert dieser drei Raum-Begriffe und Harveys generell gewandelter Zugang im fünften Kapitel von *Social Justice*, das auf den Im-

---

Repräsentationen des Raums sowie Räumen der Repräsentation ausgemacht hat (vgl. Harvey 2005: 136ff.).

mobilienmarkt fokussiert und dabei zeitgenössische Landnutzungstheorien mit der Perspektive der Marxschen Rententheorie kontrastiert (vgl. Harvey 2009 [1973]: 153ff.). Während diese zentrale Thematik seines Werkes aus Gründen der Darstellbarkeit erst später und im Rückgriff auf andere Texte eingehender diskutiert wird (vgl. Kapitel 6.3), ist an dieser Stelle von Bedeutung, dass Harvey hier zunächst die absolute Dimension von Raum als wichtigste Einflussgröße identifiziert: Da jeder Punkt im Raum nur einmal eingenommen werden und ein bestimmter Ort daher nicht mehr als ein einziges Stück Land umfassen kann, sind dem Raum per definitionem monopolistische Qualitäten inhärent. Diese werden im Kapitalismus durch private Eigentumsverhältnisse institutionalisiert und abgesichert, was eine besondere Knappheit erzeugt und das Abführen einer Grundrente ermöglicht. Insofern deren Höhe jedoch von den spezifischen Eigenschaften eines Grundstücks abhängt und diese sich zumeist erst am Verhältnis eines Ortes zu anderen bemisst – z.B. in Gestalt günstiger Transportbedingungen – gewinnt hier zugleich ein relatives Raum-Verständnis an Bedeutung. Und schließlich enthält der Immobilienmarkt auch eine stark relationale Komponente, wird die Grundrente doch nicht zuletzt durch den Vergleich zum Wert anderer Grundstücke, durch die Wechselwirkung mit ebendiesem oder durch die allgemeine wirtschaftliche Entwicklung – bzw. die zukünftigen Erwartungen – bestimmt. Mit Blick auf die verschiedenen Dimensionen von Raum gelangt Harvey daher zu folgendem Schluss:

> „In the same way that rent cannot be understood without relating the payment that takes place to social circumstances, so we have to recognize that urban space is not absolute, or relative, or relational, but all three simultaneously depending upon the circumstances of the time. We ought, therefore, to take care in matching our social analyses with our conceptualization of space (and time)." (Harvey 2009 [1973]: 184ff.; s. auch Merrifield 2002: 138)[26]

---

26 Die selbe Argumentation zugunsten einer Gleichzeitigkeit aller drei Dimensionen vertritt Harvey später auch dort, wo er den absoluten, relativen und relationalen Raum (bzw. die Raum-Zeit) mit den Marxschen Kategorien von Gebrauchswert, Tauschwert und Wert identifiziert. Gerade aus politischen Gründen warnt er hier davor, infolge des *spatial turn* die „dialektische Spannung" zwischen diesen Momenten – sowie zwischen den von Lefebvre übernommenen Kategorien des erfahrenen bzw. materiellen, konzipierten und erlebten Raums – durch eine einseitige Bezugnahme auf die relationale Dimension zu zerstören: „(…I [I]n der gleichen Weise, wie sich die traditionelle und positivistische Geographie auf das Absolute und Relative und auf die materiellen und konzeptuellen Aspekte von Raum-Zeit (…) beschränkte, besteht nun die ernste Gefahr, dass man sich auf das Relationale und Gelebte konzentriert, als spielten das Materielle und Absolute keine Rolle. (…) So ist der Bezug auf relationale Konzepte wie ein Proletariat in Bewegung oder der Aufstand der Vielheit (Multitude) zwar schön und gut. Aber niemand versteht ihre Bedeutung, bis richtige Menschen zu einem bestimmten Zeitpunkt in absoluter Zeit in die absoluten Räume der Straßen von Seattle, Quebec und Genua gehen. (…) Nur wenn Relationalität

Die enge Verknüpfung räumlicher und sozialer Aspekte, die hier angedeutet wird, findet ihren Niederschlag unter anderem in der These, es könne keine *allgemeine* Theorie der Grundrente bzw. Landnutzung geben, da deren Form von der Struktur der gesellschaftlichen Verhältnissen, d.h. insbesondere der dominanten Produktionsweise, abhingen (vgl. Harvey 2009 [1973]: 192ff.). Diese Auffassung wird von Harvey im folgenden, sechsten Kapitel auf das generelle Verständnis von Urbanisierung ausgeweitet (vgl. ebd.: 195ff.). Wenn er letztere im Zuge dessen als Effekt *und* Voraussetzung der räumlichen Zirkulation des gesellschaftlichen Mehrprodukt auffasst (vgl. Kapitel 4.1), dann liegt dem ebenso ein konkreter Begriff von Raum zugrunde wie im Schlusskapitel von *Social Justice*. Dort wird im Anschluss an die bereits diskutierten ontologischen und epistemologischen Überlegungen zur Marxschen Methode (vgl. Kapitel 3.2.1) noch einmal grundlegend versucht, „the nature of urbanism" zu bestimmen (vgl. Harvey 2009 [1973]: 302ff.). Um den Zusammenhang zwischen räumlichen und sozialen Prozessen näher zu beleuchten, rekurriert Harvey hier erstmals ausführlich auf die beiden im Original fast zeitgleich zu *Social Justice* erschienenen Werke Lefebvres, *Die Revolution der Städte* (Lefebvre 1972 [1970]) sowie *Die Stadt im marxistischen Denken* (Lefebvre 1975 [1972]). Ausgehend vom Bedauern, erst nach der Fertigstellung weiter Teile seines eigenen Textes die Gelegenheit zur Lektüre der beiden Bücher gehabt zu haben, konstatiert Harvey starke inhaltliche Parallelen, äußert zugleich aber die Einschätzung, Lefebvres Arbeiten seien „(...) more general than my own but (...) also incomplete in certain important respects." (Harvey 2009 [1973]: 303)[27]

Im Sinne einer solchermaßen sympathisierenden, aber nicht unkritischen Lesart – deren Details im Zusammenhang mit seinem Verständnis von Urbanisierung dargestellt werden (vgl. Kapitel 4.1) –, bezieht sich Harvey positiv auf Lefebvres Position, wonach zwischen Raum und Gesellschaft eine intensive Wechselwirkung besteht: „Space and the political organization of space express social relationships but

---

mit den absoluten Räumen und Zeiten des sozialen und materiellen Lebens verbunden ist, wird Politik lebendig. Vernachlässigt man diese Verbindung, so riskiert man politische Bedeutungslosigkeit." (Harvey 2005: 155ff.; vgl. auch Harvey 2006 [1982]: xix ff.)

27 Mit dieser frühen und im Verhältnis zu Castells positiven Bezugnahme auf Lefebvre hat Harvey insofern Pionierarbeit geleistet, als dessen Texte in der angloamerikanischen kritischen Geographie und Stadtforschung in den 1970er Jahren zunächst kaum rezipiert wurden (vgl. Soja 1985: 111; Merrifield 2002: 193, Fn. 25). Während Harveys spezifische, politökonomisch interessierte Lesart dabei zweifellos, wie etwa Kipfer et. al. (vgl. 2008a: 7f.) kritisieren, zentrale Aspekte von Lefebvres Werk – so etwa Fragen des Alltagslebens, der Erfahrung oder der Differenz – vernachlässigt und sich dies auch negativ auf seinen eigenen Ansatz auswirkt, baut sein Zugang jedoch umgekehrt dem Abgleiten in abstrakte, raumphilosophische oder sonstwie idealistische Argumentationsmuster vor, welches in jüngeren, an Lefebvre anschließenden Arbeiten mitunter zu beobachten ist.

also react back upon them." (Lefebvre 1970: 25; zitiert nach: Harvey 2009 [1973]: 306) Obwohl er mit Lefebvre betont, Urbanisierung wäre nicht auf Fragen von Raum reduzierbar, sondern impliziere auch eine spezifische urbane Lebensweise, untersucht Harvey in der Folge insbesondere die räumliche Dimension der „urbanen Revolution", die dieser vor Augen hat. Jenseits konkreter Aspekte ist hier vor allem die Diagnose von Bedeutung, „(...) that *created space* replaces *effective space* as the overriding principle of geographical organization." (ebd.: 309) Waren die urbanen Raumökonomien zuvor noch stark von regionalen, naturräumlichen Besonderheiten und damit verbundenen lokalen Kulturen geprägt, so identifiziert Harvey nun eine Form der Produktion von Raum, die vollständig den Dynamiken des Kapitalismus unterliegt.

In diesem Zusammenhang betont er zum einen die ideologische Funktion, welche die Raumproduktion – vor allem aufgrund ihrer symbolischen Wirkung – für die Aufrechterhaltung des gesellschaftlichen Status quo hat, sowie ihre zutiefst undemokratische Form: „Neither the activity of space creation nor the final product of created space appear to be within our individual or collective control but fashioned by forces alien to us." (ebd.: 310) Damit verbunden stellt Harvey zum anderen die These auf, der ökonomische Stellenwert von Investitionen in räumlich fixiertes – d.h. in physisch-materieller Form gebundenes – Kapital würde generell steigen, weshalb der urbane Raum immer stärker durch die Verteilung ebendieser Investitionen strukturiert und differenziert werde. Die mit diesen Diagnosen angestoßene Frage nach dem konkreten Zusammenhang zwischen Kapitalismus und Urbanisierung ist zugleich jener Punkt, an dem sich Harvey kritisch von Lefebvres Argumentation absetzt, indem er gegen diesen die fortgesetzte Dominanz des ersteren über letztere postuliert. Wenn er an dieser Stelle nachzuweisen versucht, warum die Produktion städtischen Raumes auf einer grundlegenden Ebene von den Dynamiken des Kapitalismus bestimmt wird, bedeutet dies im Umkehrschluss jedoch keineswegs, Harvey würde Räumlichkeit hier als bloßen Reflex gesellschaftlicher Strukturen verhandeln. Lefebvres Modell unterschiedlicher Kapitalkreisläufe aufgreifend, deutet er stattdessen erstmals an, wie der städtische Raum in Gestalt des Immobilienmarktes ein zentrales Moment sowohl der temporären Überwindung als auch der neuerlichen Entstehung kapitalistischer Krisen ist (vgl. ebd.: 311ff.; siehe Kapitel 4.1., 5.2, 6.1).

Gerade dieses letztgenannte Beispiel zeigt somit, dass sich Harveys Verständnis von Raum bereits in *Social Justice* positiv von dem vieler anderer VertreterInnen einer strukturalistisch orientierten Geographie und Stadtforschung aus den frühen 1970er Jahren abhebt. Anders als von Soja in seinem eingangs vorgestellten Periodisierungsversuch oder im Folgenden von Mario Candeias (2009: 87) in einem Rückblick auf die Debatten der 1970er Jahre nahegelegt, vertritt Harvey im Unterschied zu Anderen eben nicht die Position, „(...) [d]ie gegenwärtige Raumstruktur [sei] (...) historische[...] Resultante kapitalistischer Entwicklung, (...) aber selbst kein notwendiges und konstitutives Element im geschichtlichen Prozess." Stattdessen wird in *Social Justice* nicht nur mit einem abstrakten Raumfetischismus gebrochen, sondern auch die Vorstellung verabschiedet, räumliche Konfigurationen würden soziale Prozessen rein passiv widerspiegeln: „Spatial forms are (...) seen not as inanimate objects within which the social process unfolds, but as things which 'contain' social processes in the same manner that social processes *are* spatial." (Harvey 2009 [1973]: 10f.) Wie die folgende Einschätzung verdeutlicht, hat Harvey mit dieser Sichtweise eine wesentliche Erkenntnis späterer Debatten vorweggenommen: „By stressig that social processes and spatial form are mutually interrelated he foreshadows what subsequent became known as a social constructionist conception of space, an enduring trope of geographic theory since the mid-1980s (...)." (Sheppard 2006: 123)

Ein solches Bewusstsein für die Verknüpfung und wechselseitige Determinierung gesellschaftlicher und räumlicher Prozesse bzw. Strukturen eröffnet zum einen die Frage danach, wie und unter welchen Bedingungen die soziale Produktion von Räumen verläuft und welche Akteure, Interessen, Auseinandersetzungen usw. damit verbunden sind. Zum anderen erlaubt sie die Analyse der Effekte, die bestimmte Raumkonfigurationen für die Aufrechterhaltung oder Transformation des kapitalistischen Status quo haben. Während beides in *Social Justice* zwar angedeutet, nicht aber systematisch ausgeführt wird, hat Harvey im Verlauf der 1970er und 1980er Jahre kontinuierlich versucht, diesbezüglich anhand von Themen wie Urbanisierung, geographisch ungleiche Entwicklung oder Geopolitik zu weiterführenden Antworten zu gelangen. Die konkreten Ergebnisse dieser Analysen werden erst zu einem späteren Zeitpunkt diskutiert (vgl. Kapitel 4.2, 5 und 6). Zuvor hat die Frage Vorrang, welchen Niederschlag Harveys neu gewonnenes Wissen um die Prozesse kapitalistischer Raumproduktion in seinem generellen Theorieverständnis gefunden hat. Zu klären ist also, wie und warum er spätestens ab Mitte der 1980er Jahre für die Erweiterung des historischen zu einem historisch-*geographischen* Materialismus plädiert und was dies für seine konkrete theoretische Praxis bedeutet.

3.3.2 Vom historischen zum historisch-*geographischen* Materialismus

Versucht man zu rekonstruieren, mit welchen Argumenten Harvey zugunsten einer Verräumlichung des Marxismus argumentiert und welche Hürden er diesbezüglich ausmacht, so sind es erneut vor allem einzelne Textpassagen und Kommentare, die hierüber Auskunft geben können. Neben einigen wenigen Seiten in *Limits* (Harvey 2006 [1982]: 373ff.) und den Texten *On the history and present condition of geography* (Harvey 2001 [1984]: 117ff.) sowie *The geopolitics of capitalism* (Harvey 2001 [1985]: 324ff.) handelt es sich dabei erneut um die bereits hinlänglich bekannten Vorworte bzw. Einleitungen (vgl. Harvey 1985a: xii ff.; 1989b: 4ff.). Zentraler Ausgangspunkt in den meisten dieser Texte ist die – nicht abstrakt getroffene, sondern analytisch begründete – Annahme, räumliche Prozesse bzw. Raum-Zeit-Verhältnisse wären, so Harveys Anleihe bei Anthony Giddens, „constitutive features of social systems" (Giddens 1981; zitiert nach Harvey 1989b: 5). Angesichts einer solchermaßen zentralen Bedeutung räumlicher Konfigurationen schlussfolgert Harvey, „(...) [that] the question of space is surely too important to be left exclusively to geographers." (ebd.)

Wenn diese Frage daher von *allen* Sozialwissenschaften ernst genommen werden sollte, dann wird eine entsprechende Annäherung in Harveys Augen jedoch dadurch erschwert, dass die meisten einflussreichen Gesellschaftstheorien Räumlichkeit traditionell stiefmütterlich behandelten: „[T]hey prioritize time and history over space and geography and, where they treat of the latter at all, tend to view them unproblematically as the stable context or site for historical action." (Harvey 2001 [1985]: 325; vgl. auch Soja 1989) Angesichts der Verwobenheit von Gesellschaft und Raum schmälere diese einseitige Gewichtung zum einen die Erklärungskraft solcher Theorien erheblich. Zum anderen entstünden dort, wo im Nachhinein eine Integration räumlicher Aspekte versucht werde, ernste konzeptionelle Probleme, welche die Gültigkeit der Theorien in Frage stellten:

> „(...) [T]he insertion of concepts of space and space relations, of place, locale, and milieu, into any social theory has the awkward habit of paralyzing that theory's central propositions. (...) Whenever social theorists actively interrogate the meaning of geographical and spatial categories either they are forced to so many ad hoc adjustments that their theory splinters into incoherency or they are forced to rework very basic propositions." (Harvey 1989b: 5; vgl. auch Harvey 2001 [1985]: 324)

Diese Diagnose wirft freilich nicht nur auf die Klassiker bürgerlicher Sozialwissenschaften wie Weber oder Durkheim ein schlechtes Licht. Vielmehr bezieht Harvey an dieser Stelle Marx explizit in seine Kritik mit ein. Dieser habe zwar sowohl in seinen politökonomischen als auch in seinen historisch konkreten Schriften durchaus an einzelnen Stellen die Bedeutung von Raum und Geographie benannt – so etwa in Hinblick auf den Gegensatz zwischen Stadt und Land, die Überwindung räumlicher Barrieren durch Innovationen in der Transport- und Kommunikationsindustrie oder die „irische Frage". Allerdings ließe das Marxsche Werk eine systematische und kohärente Theoretisierung dieser Momente vermissen: „(...) [N]one of this is really integrated into theoretical formulations that are powerful with respect to time but week with respect to space. Geographical variation is excluded as an 'unnecessary comlication'. His political vision and his theory are, I conclude, undermined by his failure to built a systematic and distinctively geographical and spatial dimension into his thought." (Harvey 2001 [1985]: 326)[28]

28 Während Katznelson (vgl. 1992: 27ff.) zu einer ähnlichen Einschätzung gelangt, wird diese vergleichsweise harsche Kritik an Marx etwa von Candeias (2009: 86) als „übertrieben"

Für Harvey hat diese Auslassung über die Marxsche Theorie hinaus auch die marxistische Tradition im Anschluss an Marx negativ geprägt: „Historical materialism appeared to license the study of historical transformations while ignoring how capitalism produces its own geography." (Harvey 1989b: 5) Infolgedessen wären Imperialismus-TheoretikerInnen wie Lenin und Luxemburg bei ihrem Versuch, diese geographische Leerstelle „aus dem Stehgreif" zu füllen, genau jene Inkonsistenzen unterlaufen, die für eine nachholende Integration räumlicher Aspekte so typisch seien. Als Hauptproblem macht Harvey hier ein unzureichendes Verständnis kapitalistischer Raumproduktion bzw. der Wechselwirkung zwischen Gesellschaft und Raum aus: „The ad hoc adjustments treated, unforunately, of capitalism in space without considering how space is produced and how the process of production of space intergrates into the capitalist dynamic and its contradictions." (ebd.: 6) Obwohl imperialismustheoretischen Arbeiten also der Verdienst zukomme, in ihrer Fokussierung auf das Verhältnis von Zentrum und Peripherie oder „erster" und „dritter" Welt den Blick für die Ausbeutung einer Region durch eine andere geöffnet zu haben, bleibe weitgehend unklar, wie genau diese Dynamik mit der Klassenausbeutung zusammenhängt, welche im Zentrum der Marxschen Theorie steht.

Wenn Harvey in diesem Zusammenhang unter Verweis auf den Marxismus-Leninismus kurz auf die politisch negativen Folgen einer fehlenden Integration beider Zugänge hinweist (vgl. ebd.; s. auch Harvey 2001 [1985]: 325f.), dann hat er diese Thematik im Text *On the history and present condition of geography* weiter ausgeführt (vgl. Harvey 2001 [1984]: 118ff.). Darin warnt er nicht nur davor, angesichts der Komplexität und Vielfalt räumlicher Verhältnisse auf die sorgfältige Konstruktion von Theorie zu verzichten: „The temptation (...) exists to abandon theory, retreat into the supposed particularities of place and moment, resort to naive empiricism, and produce as many ad hoc theories as there are instances." (ebd.: 118) Vielmehr bezeichnet er die Verbindung von Geographie und Gesellschaftstheorie auch als einen der wichtigsten „flash-points" für politische Interventionen und die Entwicklung gesellschaftlicher Alternativen. Daher versucht Harvey hier, anhand einer Gegenüberstellung eines marxistischen und eines anarchistischen Zugangs zu Geographie die politische Notwendigkeit einer stärkeren Verräumlichung marxistischer Gesellschaftstheorie aufzuzeigen.

Demnach ist letztere zwar gerade aufgrund ihrer Abstraktion von räumlichen Spezifika den anarchistischen Zugängen – wie jenen von Reclus oder Kropotkin – analytisch-theoretisch überlegen und im Gegensatz zu diesen in der Lage, die universelle Dynamik des Kapitalismus als politische Herausforderung zu erkennen.

---

oder von Krumbein (2008: 68, Fn. 39) als „unzutreffend" zurückgewiesen. Alle drei Positionen beruhen auf mehr oder minder detaillierten Rekonstruktionen des Stellenwerts von Räumlichkeit in der Marxschen Kritik der Politischen Ökonomie.

Allerdings geht dies auf Kosten des Verständnisses der konkreten historischen Geographie kapitalistischer Gesellschaften. Umgekehrt haben anarchistische Ansätze für Harvey eben hier ihre Stärken, verfolgen diese doch eine explizit geographische, dezentralisierte bzw. föderale Vision einer alternativen Gesellschaft und schreiben der Frage nach lokaler Selbstverwaltung oder individueller Selbstbestimmung einen zentralen politischen Stellenwert zu: „The sensitivity of place, ecology, milieu, and geographical particularieties still makes the anarchist vision appealing." (ebd.) Angesichts dieser konträren Potentiale von marxistischer und anarchistischer Perspektive bedient sich Harvey für einen Moment eines Gedankenspiels, um den politischen Einsatz seiner Argumentation zu verdeutlichen:

> „[W]hat would our political and intellectual world be like if Marx had been a better geographer and anarchists better social theorists? That rhetorical question underlines the contemporary political importance of a theoretical project dedicated to the unification of geographical sensitivities and understanding with the power of general social theories formulated in the tradition of historical materialism. Such a theoretical project is more than just a tough academic exercise. It is fundamental to our thinking on the prospects of the transition to socialism." (ebd.: 120)

Dem theoretischen Projekt, das hier 1984 skizziert wird, hat Harvey ein Jahr später in verschiedenen Formulierungen erstmals eine konkrete Bezeichnung verliehen: „Historical materialism has to be upgraded (...) to historical-geographical materialism. The historical geography of capitalism has to be the object of our theorizing." (Harvey 1985a: xiv) In einer Kritik an der Leninschen Verengung kapitalistischer Geopolitik auf Fragen der Staatlichkeit umreißt Harvey einige Aufgabenfelder eines solchermaßen geographisch fundierten Marxismus: „Our task is (...) to construct a general theory of space-relations and geographical development under capitalism that can, among other things, explain the significance and evolution of state functions (local, regional, national, and supranational), uneven geographical development, interregional inequalities, imperialism, the progress and forms of urbanisation and the like." (Harvey 2001 [1985]: 326) Das Ziel ist hier also gerade nicht der Entwurf einer abstrakten Raumtheorie, sondern eines Instruments zur Analyse der historischen Geographie des Kapitalismus sowie der darin enthaltenen Dynamiken, Strukturen und Widersprüche. Um die diagnostizierten Fehler der vorangegangenen, imperialismustheoretischen Arbeiten zu vermeiden, hat Harvey – im Grunde bereits seit Mitte der 1970er Jahre (vgl. z.B. Harvey 2001 [1975]) – versucht, diesen Gegenstand über eine „immanente", d.h. grundlegende und kategoriale Verräumlichung der Marxschen Theorie zu durchdringen:

> „(...) [H]is upgrading of historical materialism does not consist in a simple addition of independently formed concepts intended to specify social spatiality. Rather than pursue such an external and potentially eclectic enterprise, he forges an analysis of the uneven geographical development of capitalism *immanently*, through a close reading of Marx's

discourse, teasing out its impications, following up its hints, and exposing its limitations." (Callinicos 2006: 49)

Mit dieser direkten Anbindung an die Marxsche Theorie werden zugleich die Grenzen des Projekts eines historisch-geographischen Materialismus abgesteckt, legt dessen Kritik der Politischen Ökonomie doch offen, warum es aufgrund der spezifischen Funktionsweise der kapitalistischen Produktionsweise durchaus gerechtfertigt sein kann, bei der Analyse kapitalistischer Gesellschaftsformationen zeitlichen gegenüber räumlichen Aspekten den Vorrang zu gewähren: „Marx was not necessarily wrong to prioritize time over space. The aim and objective of those engaged in the circulation of capital must be, after all, to command surplus labor *time* and convert it into profit within the *socially-necessary turnover time*." (Harvey 2001 [1985]: 327; vgl. auch Krumbein 2008; Belina 2006: 31f.) Dass eine solche – konkret begründete, statt aus abstrakten Spekulationen über „den" Raum gewonnene – Einschränkung keineswegs eine neuerliche Geringschätzung von Räumlichkeit zur Folge haben muss, sondern im Gegenteil mit deren systematischen Integration in eine allgemeine Akkumulations- und Krisentheorie einhergehen kann, wird nicht zuletzt in *Limits* deutlich; eben jenem Werk, in dem sich Harvey zugleich am elaboriertesten und umfassendsten mit der spezifischen Rolle von Zeitlichkeit in der Politischen Ökonomie auseinandergesetzt (vgl. Kapitel 5).

Die Argumentation, mit der er hier seine Überlegungen zur kapitalistischen Raumproduktion einleitet (vgl. Harvey 2006 [1982]: 373ff.), kann denn auch als gelungene Beschreibung der tatsächlichen Vorgehensweise in seinen Arbeiten gelten. So hebt Harvey einerseits die Komplexität, Vielfalt und Relevanz historisch-*geographischer* Veränderungen im Kapitalismus hervor, welche eine Theoretisierung notwendig mache, bezeichnet es andererseits aber auch als problematisch, der räumlichen Dimension sozialer Prozesse a priori eine besondere Bedeutung zuzuschreiben: „It would be all too easy (...) to succumb to that 'spatial fetishism' that equalizes all phenomena *sub specie spatii* and treats the geometric properties of spatial patterns as fundamental. The opposite danger is to see spatial organizations as a mere reflection of the process of accumulation and class reproduction." (ebd.: 374) Statt die lange Tradition einer weitgehenden Raumvergessenheit im Marxismus fortzuführen oder Raum umgekehrt erneut als Ding „an sich" zu hypostasieren, schlägt Harvey daher vor, einen „Mittelweg" zu beschreiten: „I view location as a fundamental material attribute of human activity but recognize that location is socially produced. The production of spatial configurations can then be treated as an 'active moment' within the overall temporal dynamic of accumulation and social reproduction." (ebd.)

Entsprechend dieser Vorgabe sind *Limits* und andere Texte aus jener Phase in erster Linie von Harveys Bemühen gekennzeichnet, Raum als immanenten Bestandteil einer urbanen Politischen Ökonomie zu etablieren und die geographisch ungleiche Entwicklung des Kapitalismus analytisch zugänglich zu machen. Wenn das – zu diesem Zeitpunkt noch gar nicht betitelte – Projekt des historisch-geographischen Materialismus bis Mitte der 1980er Jahre also vor allem eine analytische, politökonomische Stoßrichtung hatte, dann wurde diese von Harvey im Anschluss insofern erweitert, als er neue Themenfelder erschlossen und räumliche Fragen umfassender sowie unter expliziterer Bezugnahme auf den Faktor „Zeit“ zu theoretisieren versucht hat. Wieso sich sein Zugang dabei trotz mancher Annäherung positiv von den Positionen postmoderner VerfechterInnen eines *spatial turn* abhebt, wird im Folgenden sichtbar.

3.3.3 Auf dem Weg zu einer materialistischen Raum(-Zeit)-Theorie?

Erste Hinweise für eine ausgreifendere Theoretisierung von Raum finden sich in Harveys Werk im Grunde bereits Mitte der 1980er Jahre. Dies gilt etwa für Titel und Inhalt des in *Consciousness and the Urban Experience* erschienenen Beitrags *Money, Time, Space, and the City* (Harvey 1985a: 1ff.) oder für die erstmalige Rezeption von Lefebvres Dreiteilung zwischen materiellem Raum bzw. räumlicher Praxis, Repräsentationen des Raums sowie Räumen der Repräsentation in einem Essay über *Flexible Akkumulation durch Urbanisierung* (vgl. Harvey 1987a: 113ff.). Eine systematische Ausarbeitung der in diesen Texten nur angestoßenen Gedanken nimmt Harvey dann in *Condition* und hier insbesondere im dritten, mit *The experience of space and time* überschriebenen Teil des Buches vor (vgl. Harvey 1989b: 199ff.). In diesem Abschnitt werden theoretische Reflexionen über den Stellenwert und die Gestalt von Raum und Zeit im Kapitalismus mit zeitdiagnostischen Überlegungen zur Veränderung räumlicher und zeitlicher Erfahrungen im Übergang zur Postmoderne bzw. zum Regime flexibler Akkumulation verknüpft. In Abgrenzung zur Alltagsvorstellung, Raum und Zeit existierten als objektive, einheitliche Rahmen menschlichen Handelns, weist Harvey hier in einem ersten Schritt auf deren soziale Produziertheit bzw. Konstruiertheit und die daraus folgende Multiplizität zeitlicher und räumlicher Konzepte, Praxen und Strukturen hin. Zugleich betont er ihre Rückgebundenheit an materielle Prozesse: „The objectivity of time and space is given (...) by the material practices of social reproduction, and to the degree that these latter vary geographi cally and historically, so we find that social time and social space are differentially constructed. Each distinctive mode of production or social formation will, in short, embody a distinctive bundle of time and space practices and concepts.“ (ebd.: 204) Bevor diese Annahme mit Blick auf die Geschichte des Kapitalismus konkretisiert wird, widmet sich Harvey zunächst der Frage nach der adäquaten theoretischen Repräsentation von Raum und Zeit.

Hierbei wiederholt er nicht nur seine Kritik an der Raumvergessenheit der meisten Gesellschaftstheorien, sondern kontrastiert deren Fokus auf Zeit, Veränderung und Fortschritt – also auf das „Werden“ – auch mit der eher raum- bzw. orts- und also

„Seins-"orientierten Perspektive ästhetischer Theorie. Im Anschluss erfolgt eine Diskussion der Äußerungen verschiedener Theoretiker [sic!] wie Hägerstrand, de Certeau, Bachelard, Bourdieu oder Foucault zum Thema Zeitlichkeit und Räumlichkeit. Wenn Harvey im Zuge dessen die Frage nach der Rolle von Zeit und Raum für die Sozialisierung von Individuen bzw. die Reproduktion und Transformation sozialer (Macht- und Herrschafts-)Verhältnisse in den Mittelpunkt seiner Überlegungen stellt, dann prägt diese Perspektive auch die beiden „Raster", die er hier entwirft. Neben einer von Georges Gurvitch entliehenen Übersicht über die „sozialen Zeiten" in unterschiedlichen Gesellschaftsformationen handelt es sich dabei um eine Typologisierung räumlicher Praxen, die an Lefebvres Dreiteilung des Raum-Begriffs sowie an Bourdieu anknüpft. Über dieses Raster, das Harvey später wieder aufgegriffen und um seine eigene, aus *Social Justice* stammende Dreiteilung zwischen absolutem, relativem und relationalen Raum erweitert hat (vgl. Harvey 2005: 137ff.), schreibt er: „The grid of spatial practices can tell us nothing important by itself. To suppose so would be to accept the idea that there is some universal spatial language independent of social practices. Spatial practices derive their efficacy in social life only through the structure of social relations within which they come into play." (Harvey 1989b: 222f.) Diesem inhaltlich wie auch stilistisch an *Social Justice* anschließenden Diktum folgt der Rest des dritten Teils von *Condition* insofern, als hier zunächst untersucht wird, wie die Kontrolle der miteinander verwobenen Elemente Raum, Zeit und Geld im Kapitalismus als wichtige Quelle von Macht fungiert und welche Widersprüche und Auseinandersetzungen dabei entstehen (vgl. ebd.: 226ff.). Anschließend fragt Harvey nach den Konsequenzen, welche die kapitalistische Dynamik und das Auftreten periodischer Krisen für die räumlichen und zeitlichen Muster einer Gesellschaft haben. Zentral ist hier das Konzept der „Raum-Zeit-Verdichtung" [„time-space compression"]:

> „I mean to signal by that terme processes that so revolutionize the objective qualities of space and time that we are forced to alter, sometimes in quite radical ways, how we represent the world to ourselves. I use the word 'compression' because a strong case can be made that the history of capitalism has been characterized by speed-up in the pace of life, while so overcoming spatial barriers that the world sometimes seems to collapse inwards upon us." (ebd.: 240)

Anknüpfend an diese Bestimmung analysiert Harvey anhand verschiedener kultureller Repräsentationen (Gemälde, Karten, Städtebau etc.), wie sich die gesellschaftliche Bedeutung von Raum und Zeit ausgehend von der Renaissance über die Aufklärung bis hin zur Moderne und schließlich zur Postmoderne gewandelt hat. Er verfolgt dabei die These, gesellschaftliche Umbrüche und Phasen intensiver Raum-Zeit-Verdichtung würden für gewöhnlich eine massive Verunsicherung der bestehenden raum-zeitlichen Erfahrungswelten und in der Folge eine Krise der kulturellen Repräsentation auslösen, in deren Verlauf eine intensive Suche nach angemessenen

Verarbeitungsformen beginne, welche schließlich veränderte Lebensweisen sowie neue Strömungen in Kunst, Kultur und Theorie hervorbringe. Als „broker between Being and Becoming“ (ebd.: 327) würden die letztgenannten Bereiche dabei zum zentralen Ort der Auseinandersetzung um die weitere gesellschaftliche Entwicklung. Das jüngste Ergebnis einer solchen Transformation, die Postmoderne, wird von Harvey in diesem Zusammenhang vor allem dafür kritisiert, dass sie der Verunsicherung, die durch den Übergang vom Fordismus zum Post-Fordismus sowie die damit verbundene Verdichtung von Raum und Zeit ausgelöst wurde, in erster Linie durch eine Überhöhung räumlicher Identität und eine Ästhetisierung des Ortes begegne (vgl. ebd.: 284ff., 327ff.). An die Stelle eines Projekts des historischen Fortschritts trete so die Affirmation des Status quo und die Gefahr des Wiederaufkommens reaktionärer, lokalistisch oder nationalistisch orientierter Bewegungen, deren historische Extremform der Nationalsozialismus war. Insofern für letzteren unter anderem Heideggers antimoderne, ortsorientierte Philosophie des „Seins“ ein intellektueller Wegbereiter war, warnt Harvey hier vor der einseitigen Bezugnahme auf Raum und räumlich Metaphern, die postmoderne bzw. poststrukturalistische TheoretikerInnen wie etwa Foucault betrieben: „It is a short step (...) from Foucault's metaphors to reinforcement of a political ideology that sees place and *Being* with all its associated qualities as a proper basis for social action. Geopolitics and the Heideggerian trap come not too far behind.“ (ebd.: 304, vgl. auch 207ff.)

Angesichts derart harter Vorwürfe erscheint es zumindest überraschend, dass Harveys Theoretisierung von Räumlichkeit und Zeitlichkeit in *Condition* in der zuvor aufgegriffenen kritischen Rezeption des Buches kaum gesondert thematisiert, sondern hauptsächlich entlang der bereits dargestellten Linien verhandelt wird (vgl. Kapitel 3.2.3). So sieht sich Harvey einerseits dem Vorwurf ausgesetzt, der kulturellen Repräsentation und sozialen Konstruktion von Raum und Zeit gegenüber ökonomischen Prozessen zu wenig Eigenlogik zuzugestehen (vgl. Deutsche 1991: 18ff.). Andererseits lautet die Kritik, er schenke dem Zusammenhang von (städtischem) Raum und Geschlecht sowie jenen Maßstabsebenen, die – wie etwa der Körper oder der Haushalt – hinsichtlich der Geschlechterverhältnisse besonders relevant sind, keine bzw. eine zu geringe Aufmerksamkeit (vgl. Massey 1991: 47ff.; Katz 2006: 243). Während *Condition* jedoch über diese Vorwürfe hinaus auch allgemeinere Reaktionen aus dem Feld der Geographie erfahren hat (vgl. z.B. Gregory 2007 [1994]; Massey 1994: 125ff.; Sayer 2000: 105ff.), war dies bei *Justice & Nature* – der nächsten Veröffentlichung, mit der Harvey seine raumtheoretische Positionen weiterzuentwickeln versucht hat – kaum mehr der Fall.

Obwohl dieses Werk nämlich, wie er selbst im Nachhinein festhält (1998: 723), über die Vielzahl der anderen darin angeschnittenen Themen hinaus ein „very traditional geographical book“ ist, nehmen seine diesbezüglichen Analysen und Überlegungen in der Rezeption im Verhältnis zu Fragen der Gesellschaftstheorie, der sozialen

Differenz usw. (vgl. Kapitel 3.2.3) eine bestenfalls untergeordnete Rolle ein. Dies trifft häufig auch und besonders auf jene KritikerInnen zu, die selbst in der Disziplin der Geographie beheimatet sind (vgl. z.B. Brigham/Reineke/Tang 1997; Hardy 1998; Corbridge 1998; Jones 1999). Eine der wenigen Ausnahmen bildet hier z.B. eine kurze Rezension von Linda McDowell (1998). Sie rühmt den dritten, auf Räumlichkeit (und Zeitlichkeit) fokussierten Teil des Buches als „most thought-provoking" bzw. „excellent" (ebd.: 4), kritisiert aber gleichzeitig, Harvey gehe zu wenig auf die disziplinären Implikationen seines Ansatzes ein. In dieser Leerstelle mag denn auch einer der Gründe für das spezifische Rezeptionsmuster von *Justice & Nature* sowie für den Umstand liegen, dass Harveys Werk – so seine eigene Beobachtung – mittlerweile infolge des *spatial turn* in den Sozial- und Kulturwissenschaften generell eher dort als in der Geographie als Referenz gilt: „I do not get many invitations from geography departments any more." (Harvey 1998: 725)[29] Wie Harvey an dieser Stelle mit einer gewissen Enttäuschung anmerkt, ist dies vor allem deshalb bedauerlich, weil er sich in *Justice & Nature* in einem weder zuvor noch danach erreichten Maß darum bemüht, seinem historisch-*geographischen* Marxismus eine systematische theoretische Basis zu verleihen und ihn um bestimmte Aspekte – wie etwa Fragen der Natur, Umwelt und Ökologie – zu erweitern. In diesem Sinne besteht das vorrangige Ziel des Buches darin, „(...) to define a set of workable foundational concepts for understanding space-time, place, and environment (nature)." (Harvey 1996b: 2)

Die Perspektive, aus der heraus Harvey dieses Vorhaben bestreitet, ist von derselben Annäherung an Inhalt und Form poststrukturalistischer Theorie geprägt wie das gesamte Buch. Dies wird gleich zu Beginn in der Sprache deutlich, in der er die bereits bekannte These einer wechselseitigen Verknüpfung sozialer und (natur-)räumlicher Prozesse zu einem grundlegenden Argument von *Justice & Nature* erklärt: „(...) [S]patial and ecological differences are not only *constituted by* but *constitutive of* what I shall call *socio-ecological and political-economic processes*." (ebd.: 6) Trotz derartiger Zugeständnisse und der Tatsache, dass die theoretische Aufwertung räumlicher Prozesse und Strukturen, die er mit seinem Projekt eines historisch-geographischen Materialismus verfolgt, der Stoßrichtung des *spatial turn* zunächst genau zu entsprechen scheint, wendet sich Harvey jedoch entschieden gegen die dominante postmoderne bzw. poststrukturalistische Interpretation desselben:

> „For while I welcome on the one hand the explosion of interest (...) in things spatial and a proliferation of texts and arguments that wrestle with what spatiality might be all about, it has never been my intention to use such a conceptual apparatus to attack meta-theory *per*

29 Neben einem weiter unten aufgegriffenen Essay von Sheppard (2006) stellt Castrees (2001) Vergleich zwischen dem Raumverständnis von Harvey und jenem von Sayer einen der seltenen Versuche dar, Harveys Werk – inklusive seiner jüngeren Arbeiten – aus einer explizit geographischen Perspektive zu rekonstruieren.

se. My concern is, rather, with trying to rebuild Marxian meta-theory in such a way as to incorporate an understanding of spatio-temporality (and socio-ecological issues) within its frame. This has me writing *against* those uses of spatiality and of spatial metaphor whose sole purpose seems to be to take unreconcilable difference, incommunicability, particularity, and irreducible individualism and fix them in stone." (ebd.: 9)

Statt also zu argumentieren, Räumlichkeit mache (Meta-)Theorie unmöglich, will Harvey weiter deren systematische Integration in einen historisch-geographischen Materialismus vorantreiben. Und auch die Art und Weise, in der er dieses Projekt verfolgen möchte, steht in direkter Kontinuität zu seinen vorangegangenen Werken: „The only way to do that is to theorize what might be meant by 'the production of space' in particular or, more generally, 'the production of nature.'" (ebd.: 9f.) Entsprechend dieser Absage an abstrakt-philosophische Manöver formuliert Harvey in *Justice & Nature* nur kurz eine Reihe allgemeiner Anforderungen eines solchermaßen zeit- und raumsensiblen Marxismus (vgl. ebd.: 110ff.), bevor er eben diese Produktionsprozesse theoretisiert.

Sowohl hinsichtlich der Umwelt bzw. Natur (vgl. ebd.: 115ff.) als auch des „triumvirate of space-time-place" (ebd.: 209, vgl. 205ff.) versucht er dabei, den immanent sozialen – und damit vermachteten – Charakter dieser Prozesse offenzulegen, ohne deshalb die spezifische Materialität ökologischer bzw. räumlicher Verhältnisse zu vernachlässigen. Infolgedessen nähert sich Harvey in seiner Diskussion verschiedener Theorien der Naturbeherrschung, der Möglichkeiten und Grenzen der kapitalistischen Verwertbarkeit von Natur sowie des Verhältnisses sozialer und ökologischer politischer Projekte den Positionen der kritischen Politischen Ökologie bzw. dem Konzept der gesellschaftlichen Naturverhältnisse an (vgl. hierzu z.B. Köhler 2008; Wissen 2011: 105ff.) Während *Justice & Nature* mit dieser ausgreifenden Analyse – abgesehen von verstreuten Überlegungen aus den frühen 1970er Jahren (vgl. Harvey 2009 [1973]: 290ff.; 2001 [1974]-a) sowie dem Begriff der „gebauten Umwelt"[30] – in Harveys Gesamtwerk eher Neuland betritt (vgl. hierzu Williams 1998; Braun

30 Obwohl Harvey diesen paradox erscheinenden Terminus bereits in *Social Justice* eingeführt hat und er für ihn spätestens ab Ende der 1970er Jahre einen zentralen Angelpunkt seiner urbanisierungstheoretischen Überlegungen darstellt (vgl. Kapitel 4.1, 5.1 sowie 6), wird in *Justice & Nature* meines Wissens erstmals erklärt, inwiefern damit auf die soziale Produziertheit physisch-materieller Räume und der Natur im Allgemeinen verwiesen ist: „(...) [T]here is increasing public acceptance of the idea that much of what we call 'natural', at least as far as the surface ecology of the globe and its atmosphere is concerned, has been significantly modified by human action (...). The distinction between built environments of cities and the humanly modified environments of rural and even remote regions then appears arbitrary except as a particular manifestation of a rather long-standing ideological distinction between the country and the city (...)." (Harvey 1996b: 119; s. auch Wissen 2011: 105ff.)

2006), knüpfen seine Überlegungen zu Raum, Zeit und Ort unmittelbar an bekannte Positionen an.

Im Gegensatz zu den Ausführungen zur sozialen Konstruktion von Raum und Zeit, die sich wie eine um die Kategorien Geschlecht und Ökologie erweiterte Version der entsprechenden Stellen aus *Condition* lesen und daher wenig Neues enthalten (vgl. Harvey 1996b: 210ff.), trägt der folgende Entwurf für eine dialektische und relationale Theorie der Raum-Zeit zweifelsohne zur Klärung bei. Harvey selbst hält die sehr abstrakte Auseinandersetzung mit Theoretikern wie Leibniz und Whitehead sowie Bachtin, Ollman und Lefebvre, die in Überlegungen zur raum-zeitlichen Dimension von Standpunkttheorien mündet, gar für die mit Abstand innovativste Passage seines Buches (vgl. Harvey 1998: 726). An der anschließenden Beschäftigung mit den verschiedenen Bedeutungsdimensionen von Örtlichkeit ist vor allem bemerkenswert, dass Harvey eine weniger negative Sichtweise auf die Theorie Heideggers vertritt, als noch in *Condition* (vgl. Harvey 1996b: 299ff., 313ff.). Ähnlich wie zuvor anhand des von Raymond Williams entliehenen Begriffs des „militanten Partikularismus" (vgl. ebd.: 19ff.) versucht er vielmehr, in der Gegenüberstellung von Marx und Heidegger zu einem besseren Verständnis des wechselseitigen Bedingungsverhältnisses zwischen dem universellen Raum des Kapitals und dem Ort der Community bzw. partikularer Kämpfe zu gelangen.

Im Anschluss daran weist Harvey im letzten Teil von *Justice & Nature* anhand einer – um den Begriff der Gerechtigkeit zentrierten – Analyse konkreter politischer Bewegungen und Kämpfe den politischen Gewinn solcher Reflexionen über Räumlichkeit und Zeitlichkeit aus. Wenn er dabei am Ende den von Leibniz geprägten Begriff der „möglichen Welten" aufgreift, um über alternative, progressive Pfade der Urbanisierung zu reflektieren (vgl. ebd.: 403ff.), dann gibt er damit die Richtung vor, die er später mit *Spaces of Hope* (Harvey 2000) weiterverfolgt hat. Neben verschiedenen Analysen der neoliberalen Globalisierung, in deren Zuge Harvey erstmals etwas umfassender die *Scale*-Debatte rezipiert (vgl. ebd.: 73ff.; s. auch Kapitel 5.3.3, Fn. 92) und einer kontinuierlichen Thematisierung von Natur, Umwelt und Ökologie fokussiert er darin unter anderem auf die räumlichen und zeitlichen Facetten gesellschaftlicher Utopien (vgl. ebd.: 131ff.). Er diagnostiziert, dass sowohl der Versuch, letztere allein mithilfe räumlicher Formen – d.h. in erster Linie städteplanerisch – zu verwirklichen, als auch die häufig raumblinde Hoffnung auf soziale Prozesse i.S.v. historischem Fortschritt erfolglos waren bzw. zu autoritären Auswüchsen geführt haben. Daher postuliert Harvey an dieser Stelle einen „dialectical utopianism" (ebd.: 182), der beide Ebenen integriert und an den konkreten raum-zeitlich Verhältnissen ansetzt.

Anknüpfend an diese und andere Passagen aus *Spaces of Hope* lässt sich mit Sheppard (vgl. 2006: 131f.) der Entwurf alternativer geographischer Vorstellungswelten zusammenfassend als einer von insgesamt vier Bereichen identifizieren, entlang derer

Harvey in den bis hierhin dargestellten Texten ab den späten 1980er Jahren eine Vertiefung bzw. Erweiterung seiner raumtheoretischen Grundlagen unternommen hat. Weitere solche Felder werden demnach (ebd.: 126ff.) zweitens durch die Einbeziehung nicht-ökonomischer Aspekte wie Wahrnehmung und Erfahrung, Kunst, Kultur und Ästhetik oder Natur und Umwelt sowie drittens durch Harveys Versuch markiert, das Verhältnis von Raum, Ort und Scale im Übergang zum Regime flexibler Akkumulation bzw. im Rahmen der neoliberalen Globalisierung näher zu bestimmen. Schließlich hat dieses Kapitel viertens gezeigt, dass Harvey Raum und Zeit nicht getrennt, sondern als „Dialectial Space-Time" (ebd.: 130) betrachtet, welche wiederum nicht als Abstraktum, d.h. jenseits sozialer Prozesse zu denken ist: „[M]aterialism of any sort demands that the triumvirate of space-time-process be considered as a unity at the ontological level." (Harvey 2006 [1982]: xix)

Gerade dieser ständige Rückbezug auf soziale Prozesse ist gleichzeitig die stärkste Kontinuität in Harveys Verständnis von Räumlichkeit (und Zeitlichkeit). Statt letztere zu reifizieren und abstrakt gegeneinander auszuspielen, orientiert sich Harvey selbst dort noch am – bereits in *Social Justice* ausgegebenen – Kriterium der gesellschaftlichen Praxis, wo er, wie vor allem in *Justice & Nature*, sehr theoretische Überlegungen zu Zeit und Raum anstellt. Dass sein historisch-geographischer Materialismus dabei immer dem Interesse an der politökonomisch fundierten Analyse und Kritik der kapitalistischen Raumproduktion folgt, unterscheidet ihn letztlich auch von jener „erneuerte[n] postmoderne[n] Humangeographie", die Soja (2007 [1989]: 107) als erstrebenswertes Ziel ausgibt. Was diese Ausrichtung konkret bedeutet, zeigen insbesondere Harveys Arbeiten zu Stadt und Urbanisierung, die für den Rest des Buches im Mittelpunkt stehen werden.

4 Annäherungen: Von der Stadt als „Ding an sich" zum Prozess kapitalistischer Urbanisierung

„So I look back and see my city
Under construction
Look back and see my city
Under construction."
Finale/Invincible – Locusts

Anders als bei manchen der bis hierhin diskutierten Aspekte von Harveys Werk gestaltet sich die Suche nach den Ursprüngen seiner Positionen zum Thema Stadt und Urbanisierung vergleichsweise einfach. Starke Kontinuitäten zu seiner positivistischen Phase können von vornherein ausgeschlossen werden, da sich Harvey erst parallel zu seiner Hinwendung zum Marxismus überhaupt für dieses Feld zu interessieren begann. Wie anhand seiner intellektuellen Biographie sichtbar wird (vgl. Kapitel 2), fielen beide Momente de facto sogar in eins: In dem Maße, in welchem ihn nicht zuletzt die Situation in seiner neuen Heimat Baltimore von der Notwendigkeit einer theoretischen und politischen Umorientierung überzeugte, wurde die Richtung, in welche letztere verlief, auch rasch für seine Analyse dieser und anderer Städte prägend. Es ist daher nur folgerichtig, dass mit *Social Justice* jenes Werk, das wie kein zweites Harveys Bruch mit seiner positivistischen Vergangenheit verkörpert, hauptsächlich um urbane Fragen kreist.

Wenn dieses Buch generell, wie im letzten Kapitel mehrfach gezeigt, „[v]erglichen mit späteren Schriften Harveys (...) eine zögerliche Annäherung an eine materialistische Position in der Geographie [war]" (Keil 1987: 132), dann gilt dies für seinen Zugang zum Themenfeld Stadt ebenfalls. Die folgende Auseinandersetzung mit *Social Justice* zeigt indes, dass sich diese Einschätzung – ähnlich wie bei seinem Verständnis von Wissenschaft, Marxismus und Raum – auch hier unterschiedlich gewichten lässt. So macht die textnahe Rekonstruktion von Harveys Ausführungen zu Urbanisierung eine anfangs durchaus noch starke Beeinflussung durch den Positivismus sichtbar und fördert zutage, wie wenig ausgereift und theoretisch fundiert seine Positionen selbst im zweiten, „sozialistischen" Teil des Buches bis dahin sind (vgl. Kapitel 4.1). Andererseits erlaubt es der etwas distanziertere Blick durch die Linse seiner späteren Veröffentlichungen, in *Social Justice* drei wichtige inhaltliche Weichenstellungen für seine urbane Politische Ökonomie zu identifizieren: die alleinige Fokussierung auf Formen genuin kapitalistischer Urbanisierung, deren Verständnis als Prozess (der Kapitalzirkulation) sowie schließlich die Frage danach, welche Bedeutung Urbanisierungsprozessen bei der krisenhaften Reproduktion des Kapitalismus bzw. dessen revolutionärer Überwindung zukommt (vgl. Kapitel 4.2). Im Anschluss an *Social Justice* hat Harvey in einer Vielzahl von Veröffentlichungen versucht, nach dieser Maßgabe zu einem ausgereiften Verständnis kapitalistischer Urbanisierung zu gelangen. Welche Struktur dieses Werk kennzeichnet und welche Darstellungsweise sich daraus für den weiteren Verlauf des Buches ableitet, ist Gegenstand des letzten Abschnitts (Kapitel 4.3).

4.1 Urbanisierung in *Social Justice and the City*

Begibt man sich in *Social Justice* auf die Suche nach Harveys Verständnis von Urbanisierung, so fällt an erster Stelle auf, dass von dieser zunächst gar nicht die Rede ist. Wie Harvey zu Beginn des Buches festhält, besteht sein Ausgangsinteresse vielmehr in einer *allgemeinen* Theorie *der Stadt*. Die Aufgabe und Herausforderung einer solchen Theorie liege darin, „(...) [to] relate the social processes in the city to the spatial form which the city assumes." (Harvey 2009 [1973]: 23) Nachdem er im ersten Kapitel die hierfür notwendigen konzeptionellen und methodologischen Vorüberlegungen leistet – ein Plädoyer für die Integration soziologischer und geographischer Zugänge bzw. für eine „Philosophie des Sozialraums" (vgl. Kapitel 3.3.1) – versuchen die beiden folgenden Kapitel von *Social Justice* dann, erste Bausteine einer solchen Theorie *der* Stadt zu entwickeln (vgl. Harvey 2009 [1973]: 50ff., 96ff.). Konkret analysiert Harvey hier aus einer linksreformistischen Perspektive die Mechanismen der Einkommens(um)verteilung in Städten sowie, daran auf einer allgemeineren Ebene anschließend, jenen Zusammenhang zwischen sozialer Gerechtigkeit und (städtischem) Raum, dem das Buch seinen Namen verdankt.

Die Auffassung von Urbanisierung, die in diesen ersten drei, noch „liberal" ausgerichteten Kapiteln vorherrscht, ist maßgeblich durch die bis hierhin dominierenden theoretischen und methodologischen Zugänge – Gleichgewichts- und Gerechtigkeitstheorien – sowie die damit korrespondierende, positivistische Wissenschaftsauffassung geprägt. Folglich ist nicht nur beständig von einem „urban system" als Erkenntnisobjekt die Rede, sondern dieses wird auch weitgehend als a priori und objektiv gegebene, kontextunabhängige Entität, d.h. als „thing in itself" (ebd.: 16) verhandelt. Es dominiert die Sichtweise, das Thema Stadt müsse in Form quantitativer Analysen zwar durchaus auch soziologisch durchdrungen werden, erfordere darüber hinaus jedoch keinen umfassenden, gesellschaftstheoretisch und politökonomisch fundierten Ansatz.

Nicht umsonst beginnt sich diese Position genau dort langsam zu ändern, wo Harvey im Verlauf des dritten Kapitels erstmals auf Marx rekurriert und mögliche

Einflüsse einer „kapitalistischen Marktstruktur" auf den städtischen Raum thematisiert (vgl. ebd.: 108ff.). In der Folge verschiebt sich mit dem Übergang zum „sozialistisch" informierten Teil von *Social Justice* das Verständnis von Urbanisierung dann endgültig in Richtung einer relationalen, auf die gesellschaftlichen Verhältnisse abstellenden Perspektive – weshalb „The nature of urbanism" in der Einleitung des Buches zurecht als eines der vier Themen aufscheint, in denen das Buch die größten Veränderungen vollzieht. Es ist daher kein Zufall, dass diese Transformation erstmals in jenem bereits diskutierten Schlüsselkapitel schlagend wird, in dem Harvey die Unterscheidung zwischen revolutionärer und konterrevolutionärer Theorie einführt (ebd.: 120ff.; vgl. Kapitel 3.2.1). Wie gesehen, findet die mit dieser Begrifflichkeit angezeigte Politisierung seiner Konzeption von Wissen(-schaft) ihre Entsprechung an dieser Stelle in einer spezifischen, vom Status quo der Geographie und Stadtforschung abweichenden Erklärung für die Entstehung von Ghettos. Diese Annäherung an einen historisch materialistischen Zugang wird dann im fünften Kapitel anhand des Immobilienmarktes bzw. einer Diskussion zeitgenössischer Landnutzungstheorien sowie der Marxschen Rententheorie weiter vertieft (vgl. Harvey 2009 [1973]: 153ff.; s. Kapitel 3.3.1 und 6.3).

Obwohl Harvey in den bis hierhin genannten Kapiteln somit bereits eine ganze Reihe von Themen aufwirft, die in seinem weiteren Werk von zentraler Bedeutung geworden sind, nimmt der Begriff Urbanisierung darin ebenso wenig eine prominente Rolle ein, wie eine systematische, ausgreifende Reflexion über das damit bezeichnete Phänomen erfolgt. Beides ist erst im sechsten Kapitel *Urbanism and the City – An Interpretive Essay* (vgl. Harvey 2009 [1973]: 195ff.) sowie in Harveys Schlussbetrachtungen am Ende des Buches (vgl. ebd.: 302ff.) der Fall, weshalb es diese Passagen verdienen, ausführlicher rekonstruiert zu werden.

Mit Blick auf das sechste Kapitel erscheint dabei zunächst bemerkenswert, dass Harvey sein zu Beginn des Buches geäußertes theoretisches Vorhaben hier zwar aufgreift, es jedoch gleichzeitig auch nachhaltig modifiziert. So unterscheidet er zwar begrifflich erneut zwischen den – nun unter dem Begriff „urbanism" gefassten – sozialen Prozessen bzw. einer urbanen „Lebensweise" auf der einen und der räumlichen Form einer Stadt, d.h. der „gebauten Umwelt"[1], auf der anderen Seite (ebd.: 196, 203). Im konkreten Argumentationsgang wird „urbanism" dann allerdings häufig mit „urbanization" gleichgesetzt und so zu einem Oberbegriff für soziale *und* physisch-materielle Prozesse der Urbanisierung gemacht, wodurch eine holistische Betrachtungsweise nahegelegt wird. Darüber hinaus verallgemeinert Harvey seine im vorherigen Kapitel geäußerte These, Grundrente bzw. Landnutzung könnten

1 Während diese Bezeichnung hier noch eher am Rande aufscheint, stellt die „gebaute Umwelt" in Harveys späterem Werk einen zentralen theoretischen Begriff dar (vgl. Kapitel 5.2).

nicht abstrakt, sondern nur mit Blick auf die konkrete Struktur der gesellschaftlichen Verhältnisse analysiert werden (vgl. ebd.: 192f.), dahingehend, dass er nun auch einer *allgemeinen* Theorie der Stadt bzw. der Urbanisierung eine Absage erteilt: „(...) [A] general theory of urbanism is probably impossible to construct." (ebd.: 195) Stattdessen möchte Harvey den Fokus nun auf den je spezifischen Zusammenhang zwischen Urbanisierungsprozessen und den Modi gesellschaftlicher (Re-)Produktion und Organisation richten, um so die Bedeutung von Städten als den „workshops of civilization" (Park 1936: 133; zitiert nach Harvey 2009 [1973]: 195) näher bestimmen zu können. Zu diesem Zweck wird vorab, anschließend an Marx und Engels, der Begriff der Produktionsweise eingeführt. Im Anschluss reflektiert Harvey in einer ersten, noch sehr unspezifischen Ausgangsthese darüber, inwiefern Städte und Urbanisierungsprozesse für die Reproduktion bzw. Transformation von Produktionsweisen relevant sein können:

> „The city and urbanism can (...) function to stabilize a particular mode of production (they both help create the conditions for the self-perpetuation of that mode). But the city may also be the locus of the accumulated contradictions and therefore the likely birthplace of a new mode of production. Historically, the city appears to have variously functioned as a pivot around which a given mode of production is organized, as a centre of revolution against the established order, and as a center of power and priviledge (to be revolted against)." (Harvey 2009 [1973]: 203f.)

Zwar lasse sich, so Harvey weiter, in diesem Sinne von einer konfliktreichen Wechselbeziehung zwischen dominanter Produktionsweise und den Formen der Urbanisierung ausgehen. Allerdings sei der Begriff der Produktionsweise zu abstrakt, um genauere Aussagen treffen zu können. Daher erweitert Harvey seinen Ansatz zunächst um die von Karl Polanyi entlehnte Typologie verschiedener Tauschsysteme bzw. Modi ökonomischer Integration (Reziprozität, Redistribution, Marktprinzip)[2] und, Bezug nehmend auf den Ethnologen Morton Fried, damit verknüpfter Formen

2 Da Harvey nirgendwo sonst in seinen Texten auf Polanyi rekurriert, erscheint es wohlfeil, sein Gesamtwerk, wie von Kian Tajbakhsh (2001: 93ff.) vorexerziert, unter Bezugnahme auf mögliche Fehlinterpretationen von Polanyis Typologie zu kritisieren. Zielführender ist demgegenüber der Hinweis auf die in *Social Justice* mitunter auftretende und überaus problematische Tendenz, die kapitalistische Produktionsweise im Anschluss an Polanyi auf ein Markt- und Tauschsystem zu reduzieren und die spezifisch kapitalistischen Klassen- bzw. Eigentumsverhältnisse sowie die damit verbundenen Prozesse der Mehrwertproduktion und -aneignung zu vernachlässigen. Nach *Social Justice* hat sich Harvey von einem solchermaßen verkürzten Verständnis der kapitalistischen Produktionsweise jedoch gelöst und es – mit Blick auf die Weltsystemtheorie von Immanuel Wallerstein – zum Gegenstand eigener Kritik gemacht (vgl. Harvey 2006 [1982]: 376, Fn 3; 1987b). Grundlegende und mittlerweile zum Klassiker avancierte Einwände gegen Markt-orientierte, neo-smithianische Erklärungsmodelle kapitalistischer Entwicklung formuliert Robert Brenner (1977).

sozialer Organisation (egalitäre, Rang- und stratifizierte Gesellschaften). In einem nächsten Schritt wird dann das zentrale Verbindungsglied zwischen den solchermaßen näher definierten (Re-)Produktionsverhältnissen und städtischer Entwicklung ausgemacht: das gesellschaftliche Mehrprodukt – in der Marxschen Bedeutung des Begriffs. Als wichtigste Voraussetzung *für* und in weiterer Folge als allgemeinste Bestimmungskategorie *von* Urbanisierung gilt demnach die „concentration of a significant quantity of the social surplus product at one point in space" (ebd.: 226). Damit eine derartige örtliche Konzentration des gesellschaftlichen Mehrprodukts in Gestalt einer Stadt überhaupt möglich ist, bedarf es nach Harvey jedoch zugleich dessen – immer umfassenderen – Zirkulation *im* Raum:

> „Urbanism (...) requires the articualtion of a sufficiently extensive space economy to facilitate the geographic concentration of the social surplus (however it is designated). (...) Expanded reproduction and changing scale in urbanism also require an expanding (geographically) or intensifying space economy. The flows of goods and services throughout this space economy are a tangible expression of that process which circulates surplus value in order to concentrate more of it." (ebd.: 237f.)

Es ist der Blick auf diese „urbanized space economy as a surplus-creating, -extracting and -concentrating device" (ebd.: 238) und also der Fokus auf die Zirkulation des gesellschaftlichen Mehrprodukts im Inneren von Städten und im Rahmen eines umfassenden Städtesystems, der Harveys Analyse in dieser Passage von *Social Justice* anleitet. Obwohl er im Zuge dessen historisch bis zu den norditalienischen Stadtstaaten ausgreift und auch den Übergang vom Feudalismus zum Kapitalismus thematisiert, liegt sein Schwerpunkt auf der zeitgenössischen, globalen und „metropolitanen" Urbanisierung (vgl. ebd.: 231ff., 261ff.). Dabei geht er, entsprechend seiner zuvor getätigten Bestimmung, von einer spezifischen, genuin kapitalistischen Prägung dieser Prozesse aus: „If surplus value is regarded as a particular manifestation of surplus labour under capitalist (market exchange) conditions, then it follows that urbanism in capitalist societies can be analysed in terms of the creation, appropriation and circulation of surplus value." (ebd.: 231)[3]

In Harveys Augen unterscheidet sich kapitalistische Urbanisierung von vorangegangenen Formen – sowie den Entwicklungen in „sozialistischen" Staaten[4] – zunächst

---

3 In *Social Justice* spricht Harvey fast durchgehend nur vom kapitalistischen Mehrwert, kaum jedoch vom Kapital als sich selbst verwertendem Wert und sozialem Verhältnis. Dies kann als Indiz für sein zu diesem Zeitpunkt noch nicht ausgereiftes Verständnis der Marxschen Kritik der Politischen Ökonomie verstanden werden.

4 Während Harvey die zeitgenössischen „realsozialistischen" bzw. staatskapitalistischen Experimente, den Antagonismus von Stadt und Land wie in Kuba oder China mittels einer geographisch gleichmäßigeren Verteilung des gesellschaftlichen Mehrprodukts zu überwinden (z.B. mit Blick auf Industriebetriebe, Gesundheitsversorgung oder staatliche Bürokratie), tendenziell positiv bewertet, sieht er die Entwicklungsstrategie der Sowje-

in erster Linie dadurch, dass der von Marx und Engels noch als zentral erachtete Gegensatz von Stadt und Land auf sehr spezifische Weise aufgehoben ist. Aufgrund eines massiv gewachsenen gesellschaftlichen Mehrprodukts und dessen räumlich, sektoral usw. immer umfassenderen Zirkulation habe im Kapitalismus nicht nur die Zahl und Größe von Städten massiv zugenommen. Vielmehr hätten auch deren räumliche Umrisse an Eindeutigkeit verloren: „In all these complex patterns of circulation, local concentrations may still arise, but the distinctiveness of the city form, once so apparent as a geographical phenomenon, disappears. „(...) [I]t no longer makes sense to think of the city as a tangible entity which expresses the processes of circulation in fixed and distinguishable form." (ebd.: 232) Wenn für Harvey angesichts der Existenz großflächiger urbanisierter Regionen die Unterscheidung zwischen Stadt und Land sowie die daraus erwachsenden Konflikte im Kapitalismus weitgehend hinfällig geworden sind, so macht er an ihrer Stelle zwei neue Widerspruchsachsen aus (vgl. ebd.: 237, 262ff.). Zum einen gebe es eine stärkere Hierarchie zwischen zentralen und peripheren Städten – innerhalb einzelner Staaten, aber vor allem im Rahmen neokolonialer Ausbeutungsverhältnisse zwischen „entwickelten" und „unterentwickelten" Weltregionen. Zum anderen entstünden neue Widersprüche in den Städten und Metropolenregionen der entwickelten kapitalistischen Gesellschaften selbst: Neben der konkreten Diagnose eines steigenden Anteils sozial notwendiger, aber im engeren Sinn unproduktiver ökonomischer Aktivitäten (z.B. Spekulationen im Finanzsystem) und der infolgedessen erhöhten Anfälligkeit für wirtschaftliche Turbulenzen und Krisen verweist Harvey hier im Anschluss an Polanyi ganz allgemein auf die (selbst-)zerstörerischen Dynamiken der kapitalistischen Marktlogik. Für ihn werden letztere im urbanen Raum jedoch hauptsächlich indirekt, d.h. in Gestalt jener Prozesse sichtbar, die zu ihrer Eindämmung bestimmt sind.

So fänden einerseits – als Gegentendenzen *innerhalb* der Marktlogik selbst – die fortwährende technologische Innovation und die Entstehung großer, monopolitischer Unternehmen, vermittelt über neue Finanz- und Regierungsinstitutionen, in den Städten auf vielfältige Art und Weise ihren Niederschlag; etwa dort, wo mittels automobil basierender Suburbanisierung, der fortwährenden Umgestaltung der gebauten Umwelt oder des wohlfahrtsstaatlich gestutzten Konsums der „urbanen Unterklasse" zugunsten dieser Unternehmen eine effektive Nachfrage sichergestellt werde (vgl. ebd.: 270ff.). Andererseits seien die Städte aber auch durch Versuche geprägt, den destruktiven kapitalistischen Dynamiken *jenseits* der Marktlogik, d.h. im Modus der Redistribution oder der Reziprozität, zu begegnen. Die Bedeutung von ersterem zeigt sich für Harvey anhand der massiven Ausweitung staatlicher Interventionen und Umverteilungsmaßnahmen – z.B. in Gestalt des sozialen Woh-

tunion in ihrer Fokussierung auf einzelne urbane Zentren kritisch (vgl. Harvey 2009 [1973]: 234ff.).

nungsbaus – sowie der Etablierung sozialer Hierarchien jenseits des Marktes im Zuge der symbolischen Auf- bzw. Abwertung spezifischer urbaner Räume. Demgegenüber komme Reziprozität dann zum Tragen, wenn städtische Communities oder einzelne Nachbarschaften sich durch ein solidarisches Miteinander vor den Zumutungen der kapitalistischen Verwertungslogik zu schützen versuchen – etwa im Kampf gegen urbane Großprojekte oder Immobilienspekulationen (vgl. ebd.: 274ff.).

Mit diesem Befund einer Ko-Präsenz der verschiedenen Modi ökonomischer Integration innerhalb kapitalistischer Städte endet das sechste Kapitel von *Social Justice*. Nicht zuletzt, weil Urbanisierungsprozesse hier erstmals systematisch und in theoretischen Begriffen mit den gesellschaftlichen Strukturen in Beziehung gesetzt werden und der relationale Zugang in diesem Sinne voll zum Tragen kommt, hebt Harvey in der Einleitung von *Social Justice* die Relevanz dieses Kapitels gesondert hervor. Er schreibt:

> „In chapter 6 urbanism appears as a vantage point from which to capture some salient features in the social processes operating in society as whole – it becomes, as it were, a mirror in which other aspects of society can be reflected. (...) An initial concern with urbanism as a 'thing in itself' thus fades into a concern with all facets of man, society, nature, thought, ideology, production, and so on, built around the concept of a relationally defined urbanism. Urbanism then provides a thread of an argument which serves to pin impotant but seemingly disparate topics together." (ebd.: 16)

Wenn sich in (kapitalistischen) Urbanisierungsprozessen demnach verschiedene Aspekte gesellschaftlicher Entwicklung verdichten und es daher einer breiten Analyseperspektive bedarf, so besteht das Verdienst dieses sechsten Kapitels von *Social Justice* zweifellos darin, hierfür erstmals eine allgemeine theoretische Rahmung vorzunehmen. Allerdings erscheint Harveys Zugriff an dieser Stelle mitunter ebenso schematisch, wie insbesondere die spezifischen Dynamiken und Widersprüche kapitalistischer Urbanisierung noch unterbestimmt bleiben. Zudem wird nicht immer ersichtlich, ob seine Ausführungen zeitdiagnostisch auf eine einzelne, „monopolistische" Phase kapitalistischer Entwicklung oder den Kapitalismus „im idealen Durchschnitt" (Marx) abzielen.

Ganz ähnliche Defizite offenbart schließlich auch das letzte Kapitel von *Social Justice*, wo Harvey, wie in Teilen bereits dargestellt (vgl. Kapitel 3.3.1), auf Lefebvres Arbeiten zurückgreift, um vor dem Hintergrund der Marxschen Methode zu einem konsistenten Verständnis der „nature of urbanism" zu gelangen (vgl. Harvey 2009 [1973]: 302ff.).[5] Aufbauend auf einem Bild von Stadt, das diese als eine „functioning

5 Während Harvey die Überlegungen von Lefebvre somit zumindest in seinen Schlussbetrachtungen noch aufgreifen konnte, blieb ihm die Gelegenheit zur Lektüre von Manuel Castells nicht minder bahnbrechendem Werk *Die kapitalistische Stadt* (Castells 1977 [1972]) zu diesem Zeitpunkt offensichtlich noch verwehrt. Anders ist es kaum zu erklären,

totality within which everything is related to everything else" (ebd.: 303) begreift, fragt Harvey hier – ganz im strukturalistischen Duktus – nach dem Gewicht bzw. der Stellung von Urbanisierung innerhalb des gesellschaftlichen Gesamtzusammenhangs: „We (...) have to consider whether urbanism is (1) a separate structure with its own laws of inner transformation and construction, or (2) the expression of a set of relationships embedded in some broader structure (such as the social relations of production)." (ebd.: 304) Gerade in dieser Frage bestehe, so Harveys Einschätzung, zwischen ihm und Lefebvre große Übereinstimmung: So würden sie beide nicht nur ein ähnliches Konzept gesellschaftlicher Totalität, sondern auch die Überzeugung vertreten, Urbanisierung müsse im Kontext gesellschaftlicher Strukturen, d.h. insbesondere mit Blick auf die dominante Produktionsweise, analysiert werden, sei von diesen jedoch nicht einfach ableitbar. Vielmehr entfalte sie – als Ideologie und Lebensweise, aber auch in ihrer physisch-materiellen Form als gebaute Umwelt – eine eigenständige Dynamik, welche auf andere Strukturen und die Gesellschaft insgesamt zurückwirke – bis hin zu deren ökonomischer Basis (vgl. ebd.: 307)

Die tatsächliche Auslegung dieser Annahme einer intensiven Wechselbeziehung zwischen Urbanisierungsprozessen und den Strukturen der gesellschaftlichen (Produktions-)Verhältnisse wird sichtbar, sobald Harvey nach einer knappen Auseinandersetzung mit Lefebvres Periodisierung städtischer Entwicklung – von der „politischen" über die „Handels-" bis hin zur „Industriestadt" – dessen Zeitdiagnose einer globalen „urbanen Revolution" diskutiert. Unter Bezugnahme auf die Ergebnisse der vorangegangenen Kapitel von *Social Justice* stimmt er Lefebvre zunächst dahingehend zu, dass mit der räumlichen Ausweitung und Intensivierung von Urbanisierungsprozessen herkömmliche Unterscheidungen wie jene zwischen Stadt und Land an Gewicht verloren hätten, weshalb eine urbane Lebensweise und die gebaute Umwelt der Stadt nicht mehr notwendigerweise deckungsgleich wären. Zudem lasse sich eine Vielzahl neuer, genuin urbaner Antagonismen und Konflikte – etwa zwischen den Metropolen im globalen Norden und jenen in „unterentwickelten" Staaten oder zwischen Stadtzentrum und suburbanen Räumen – sowie eine vermehrte kulturelle und räumliche Ausdifferenzierung innerhalb der Städte diagnostizieren. Darüber hinaus kommt Harvey wie Lefebvre zum Ergebnis, dass die ökonomische und ideologische Bedeutung der Produktion des urbanen Raums für die Aufrechterhaltung des gesellschaftlichen Status quo generell steigt, während es gleichzeitig an kritischem Wissen über diese Prozesse und an deren demokratischer Gestaltung mangelt.

Rezipiert er Lefebvres Zeitdiagnose bis hierhin ausschließlich positiv, so zieht Harvey im weiteren Verlauf deren vielleicht wichtigste Annahme in Zweifel: die

---

dass das europäische Pendant zu *Social Justice* darin überhaupt keine Erwähnung findet. Harvey rezipiert lediglich – und auch das nur am Rande – einen frühen, auf französisch veröffentlichten Aufsatz Castells (1970) (vgl. Harvey 2009 [1973]: 232, 236).

These, mit der „urbanen Revolution" würden Urbanisierungsprozesse gegenüber der – als historisch überkommen gedachten – industriell-kapitalistischen Gesellschaft und deren spezifischen Strukturen, Dynamiken und Widersprüchen zum determinierenden Element. Dass vielmehr nach wie vor das Gegenteil der Fall ist, lässt sich für ihn entlang von drei Aspekten nachweisen (vgl. ebd.: 311f.). *Erstens* zeichne für die immer umfangreichere Produktion und Restrukturierung des städtischen Raums die steigende organische Zusammensetzung des Kapitals und die damit verbundene Zunahme von Investitionen in fixes Kapitel[6] verantwortlich, welche ein direkter Effekt der internen Dynamiken des industriellen Kapitalismus sei. Urbanisierungsprozesse beruhten *zweitens* maßgeblich auf der für das Industriekapitel bestehenden Notwendigkeit, über die Erzeugung neuer Bedürfnisse und Konsummuster eine hinreichende effektive Nachfrage aufrechtzuerhalten. Und schließlich blieben diese Prozesse *drittens* auch inmitten der „urbanen Revolution" grundlegend durch die Produktion, Aneignung und Zirkulation von Mehrwert determiniert:

> „This is a critical and important issue and one which is probably the most important source of disagreement between Lefebvre and myself. I regard the channels through which surplus value circulates as the arteries through which course all of the relationships and interactions which define the totality of society. To understand the circulation of surplus value is in fact to understand the way in which society works." (ebd.: 312)

Für ein solches, in seinen Augen erst noch zu erarbeitendes Verständnis hält Harvey, trotz aller Kritik, eine von Lefebvre eher am Rande eingeführte Denkfigur für erhellend: Die Unterscheidung zwischen einem primären, die industrielle Produktion umfassenden und einem sekundären, auf Spekulation und Bau am Immobilienmarkt gerichteten Kapitalkreislauf. Letzterem kommt Lefebvre zufolge insbesondere in Krisenphasen eine besondere Relevanz zu: „Dieser sekundäre Sektor absorbiert die Erschütterungen. Sobald Wirtschaftskrisen auftreten, strömt ihm das Kapital zu. (...) Im gleichen Maß, wie der Hauptregelkreis – laufende industrielle Produktion 'beweglicher' Güter – an Schwung verliert, nehmen die Investitionen auf dem sekundären, dem Immobiliensektor zu." (Lefebvre 1972 [1970]: 169f.) Daneben unterstellt Lefebvre jedoch auch eine säkulare Tendenz zugunsten solcher Investitionsverlagerungen in den sekundären Sektor: „(...) Rolle und Funktion dieses Sektors [nehmen] unaufhörlich zu. (...) Während der Anteil des globalen Mehrwertes, der in der Industrie gebildet und realisiert wird, absinkt, nimmt der Teil des Mehrwerts zu, der durch die Spekulation und auf dem Bausektor gebildet und realisiert wird. Der zweite Kreis tritt an die Stelle des ersten." (ebd.:170) Harvey deutet das analytische Potential dieser Überlegungen von Lefebvre kurz an, indem er im Anschluss an

6 Gemeint ist hier zweifelsohne vor allem jener Teil des fixen Kapitals, der in Gestalt der gebauten Umwelt auch *räumlich* fixiert ist (vgl. Kapitel 5.2). Auch hier zeigt sich, dass Harveys marxistische Begrifflichkeit in *Social Justice* noch nicht voll entwickelt ist.

Marx spezifische Charakteristika des für den sekundären Kapitalkreislauf zentralen „fixen" Kapitals identifiziert und dessen insgesamt steigendes Gewicht als mögliche Ursache für den engen Zusammenhang zwischen Finanzspekulationen, Urbanisierungsprozessen und ökonomischen Krisen benennt. Zugleich weist er jedoch, entsprechend seiner zuvor geäußerten Einwände, die These Lefebvres, wonach der zweite Kapitalkreislauf den ersten in seiner Bedeutung ablöst, als „voreilig" zurück: „The two circuits are fundamental to each other, but that based on industrial capitalism still dominates." (Harvey 2009 [1973]: 313)

Abschließend zieht Harvey bzgl. Lefebvres Zeitdiagnose einer „urbanen Revolution" daher ein ambivalentes Fazit. Weil Urbanisierungsprozesse tatsächlich im Begriff wären, „(...) to dominate the centre stage of world history" (ebd.), beschreibe dieser zwar wichtige Trends und nehme zukünftige gesellschaftliche Entwicklungen vorweg. Um die Möglichkeiten für eine emanzipatorische Gestaltung von Urbanisierungsprozessen auch tatsächlich nutzen zu können, sei es jedoch unerlässlich, deren Determinanten zu verstehen: Anders als von Lefebvre behauptet, seien dies nach wie vor die Dynamiken und Widersprüche des industriellen, auf der Ausbeutung der menschlichen Arbeitskraft beruhenden Kapitalismus. In diesem Sinne formuliert Harvey als Schlusswort von *Social Justice*:

> „Patterns in the circulation of surplus value are changing but they have not altered the fact that cities – those 'workshops of civilization' – are founded upon the exploitation of the many by the few. An urbanism founded upon exploitation is a legacy of history. A genuinely humanizing urbanism has yet to be brought into being. It remains for revolutionary theory to chart the path from an urbanism based in exploitation to an urbanism appropriate for the human species. And it remains for revolutionary practice to accomplish such a transformation." (ebd.: 314)

Wenngleich mit diesen Sätzen – zum beinahe ersten Mal – auf die politischen Implikationen verwiesen wird, die Harveys gewandeltes Verständnisses von Urbanisierung beinhaltet, lässt auch dieses letzte Kapitel von *Social Justice* noch viele Fragen unbeantwortet. So nimmt der Versuch einer strukturtheoretischen Bestimmung des gesellschaftlichen Stellenwerts von Urbanisierungsprozessen zwar sehr viel Raum ein, mutet aber wiederum sehr formalistisch an. Insbesondere bleiben die politökonomischen Thesen, mit denen Harvey gegen Lefebvre zugunsten einer fortgesetzten Zentralität des (Industrie-)Kapitalismus argumentiert, relativ vage, zumal Lefebvres werttheoretisch unzutreffende Andeutung, durch „Spekulation" und „Bau" könne Mehrwert produziert werden und dieser übersteige jenen im primären Kreislauf, unreflektiert übernommen oder zumindest nicht explizit zurückgewiesen wird.[7]

7 Zwar wird bei der Produktion gebauter Umwelt durchaus Mehrwert produziert, aber eben auf die gleiche Art und Weise – als normale Warenproduktion –, wie im primären, industriellen Kapitalkreislauf. Demgegenüber findet die Spekulation – auf den steigen-

Insofern die Konzeption eines sekundären – sowie, über Lefebvre hinausgehend, eines tertiären – Kapitalkreislaufs im Anschluss an *Social Justice* zu einer von Harveys wichtigsten theoretischen Denkfiguren wurde (vgl. Kapitel 5.2 und 6), fällt die Bilanz an dieser Stelle ähnlich aus wie zuvor: Erneut wird ein zentrales Motiv seines späteren Werks erstmals genannt, ohne dass dessen genaue Bedeutung theoretisch schon voll entwickelt würde. Dieses wiederkehrende Muster lässt sich dahingehend verallgemeinern, dass *Social Justice* als Werk des Übergangs zwar noch keine kohärente urbane Politische Ökonomie repräsentiert, Harvey hier jedoch eine Reihe inhaltlicher Weichenstellungen vornimmt, die für die weitere Entwicklung seines Ansatzes und damit auch für dessen Verständnis essentiell sind.

4.2 Inhaltliche Weichenstellungen

Unter Rückgriff auf Arbeiten, die Harvey nach *Social Justice* veröffentlicht hat, lassen sich diese urbanisierungstheoretischen Weichenstellungen zu drei eng miteinander verflochtenen Bedeutungskomplexen verdichten. Dabei handelt es sich *erstens* um die alleinige Fokussierung auf die *kapitalistische* Stadt bzw. auf genuin *kapitalistische* Formen der Urbanisierung. In diesem Zusammenhang ist zunächst die von Harvey in *Social Justice* auf den Weg gebrachte Einsicht zentral, dass Städte und Urbanisierungsprozesse in unterschiedlichen Produktionsweisen je spezifischen Dynamiken und Widersprüchen unterliegen. Zwar erscheint, wie er später selbst einräumt, seine Darstellung der historischen Phasen der Urbanisierung in *Social Justice* aus einer geschichtswissenschaftlichen Perspektive nicht sonderlich differenziert (vgl. Harvey 2001 [1978]: 79, Fn. 3).[8] Allerdings dokumentiert sie erstmals, dass die konkrete

---

den „Wert“ eines Grundstücks und der darauf errichteten Gebäude – nicht innerhalb der Produktions-, sondern der Zirkulationssphäre statt, weshalb hier, anders als von Lefebvre behauptet, kein Mehrwert gebildet werden kann: „[I[m Zirkulationsprozeß wird kein Wert produziert, also auch kein Mehrwert. (...) Es geht in der Tat nichts vor als die Metamorphose der Waren, die als solche mit Wertschöpfung oder Wertveränderung nicht zu tun hat.“ (Marx 1983 [1894]: 290f.; vgl. auch Belina 2010b: 9f.; Smith 2003: xviii f.) Im Anschluss an Harveys spätere Arbeiten lässt sich diese Unterscheidung zwischen der Produktion von (Mehr-)Wert und dessen Zirkulation bzw. Verteilung nutzen, um das Zustandekommen, aber auch die inhärente Instabilität und Krisenhaftigkeit von Investitionsverlagerungen in den sekundären Kapitalkreislauf und also das regelmäßige Entstehen von Immobilienblasen zu erklären (vgl. Kapitel 5.2 und 6).

8 Das gleiche Urteil lässt sich auch über jene Passagen aus späteren Veröffentlichungen Harveys fällen, in denen er – im Anschluss an *Social Justice*, aber auch Bezug nehmend auf historische Untersuchungen (z.B. von Fernand Braudel) – erneut die zentrale Rolle von Städten und Urbanisierungsprozessen im Übergang vom Feudalismus zum Kapitalismus hervorhebt und die daraus resultierenden politökonomischen, sozialen und ökologischen

Untersuchung der Wechselbeziehung zwischen gesellschaftlichen (Re-)Produktionsverhältnissen und Urbanisierung eine ungleich differenziertere Analyse erlaubt als der Rekurs auf ein distinktes, vermeintlich universales, transhistorisches und -geographisches Objekt „Stadt". Dies gilt umso mehr, als – wie Harvey in einer Kritik an der *Chicago School* ausführt – die Rede von der Stadt „an sich" die sozialen Verhältnisse, von denen Urbanisierungsprozesse bestimmt werden und die sie umgekehrt maßgeblich mit beeinflussen, systematisch entnennt und somit naturalisiert:

> „We can find 'cities' at various time and places, but the category 'city' or 'urban' changes its meaning according to the context in which we find it. The self-same set of buildings will assume a different meaning under capitalism compared to feudalism or socialism. The surface appearance may be the same but the underlying essential meaning changes. To speak of the 'urban' as if it had a universal meaning is, from the Marxian perspective, to engage in a reification which can only 'mystify' (...). The 'urban problematic' from the Marxian standpoint is to uncover the changing meaning of both the word and what it represents in the context of the social dynamic of history." (ebd.: 75f.)

Wenn Städte und Urbanisierungsprozesse demnach je nach dominanter Produktionsweise einen spezifischen theoretisch-begrifflichen Zugang erfordern, dann beschränkt sich Harvey seit *Social Justice* auf deren Rolle im Kapitalismus: „(...) I confine myself to an attempt to understand the *capitalist* forms of urbanization. This emphasis is a necessary reflection to the epistemological position that the 'urban' has a specific meaning under capitalism which cannot be carried over without a radical transformation of meaning into other social contexts." (ebd.: 79; vgl. auch Harvey 1989b: 59).[9]

Im letzten Abschnitt wurde sichtbar, dass Harvey diese besondere Bedeutung in *Social Justice* unter Bezugnahme auf die charakteristische Form zu vermessen versucht, die das gesellschaftliche Mehrprodukt im Kapitalismus annimmt: jene des Mehrwerts bzw. Kapitals. Aus dieser Perspektive geht die zentrale Dynamik

---

Konsequenzen thematisiert (vgl. z.B. Harvey 1989c: 23ff.; 1996a. 44f.). Ähnlich wie im Fall von *Social Justice* kann an dieser Stelle indes ebenfalls argumentiert werden, dass der Nutzen des theoretischen Arguments gegenüber der Bedeutung historischer Feinheiten überwiegt.

9 Sayer (1995: 206ff.) kritisiert Harvey dafür, in seiner analytischen Beschränkung auf Urbanisierungsprozesse im Kapitalismus diesen Eigenschaften zuzuschreiben, die nicht genuin kapitalistisch, sondern der Effekt von Moderne und Industrialisierung und daher notwendiges Element jeder entwickelten, arbeitsteiligen Produktionsweise seien. Ohne an dieser Stelle auf die schier endlosen geschichts- und sozialwissenschaftlichen Debatten zum Verhältnis von Moderne, Industrialisierung und Kapitalismus eingehen zu können: Sayers Kritik verweist insofern auf eine auch politisch wichtige Frage, als das Verhältnis von sozialer Komplexität, Arbeitsteilung und Ressourcenallokation gerade für mögliche nicht-kapitalistische Formen der Vergesellschaftung – d.h. auch Urbanisierung – von entscheidender Bedeutung ist.

kapitalistischer Urbanisierung von der Kapitalzirkulation in Zeit und Raum sowie den damit verknüpften Widersprüchen aus. Daher lässt sich als *zweite* Weichenstellung an dieser Stelle die Hinwendung zu einem prozesshaften, auf ebendiese Kapitalzirkulation orientierten Verständnis von Urbanisierung identifizieren. Statt als isolierte, statische und quasi naturgegebene Einheiten versteht Harvey Städte in *Social Justice* erstmals als sozial produzierte und sich kontinuierlich verändernde Knotenpunkte und Koordinierungsinstanzen einer übergreifenden „Raumökonomie", die sich sowohl im Inneren einzelner Städten als auch im Kontext eines umfassenden – potentiell globalen – Städtesystems entfaltet. Sie erscheinen von nun an als „(...) a 'rational landscape' within which the accumulation of capital can proceed. Capital accumulation and the production of urbanization go hand in hand." (Harvey 1989b: 22) Die Annahme eines solchen Ineinandergreifens hat weitreichende analytische Konsequenzen:

> „By focusing on urbanization I do not intend that it should be considered a theoretically specific object of analysis seperate from the historical geography of capitalism as a whole. Capital, Marx insists, must be conceived of as a process and not reified as a thing. The study of urbanization is a study of that process as it unfolds through the production of physical and social landscapes and the production of distinctive ways of thinking and acting among people who live in towns and cities. The study of urbanization is not the study of a legal, political entity or of a physical artifact. (...) And if this appears somewhat ambiguous it is to some extent deliberately so. The ambiguity allows us to study urbanization as a process; there is no point in setting down apparently secure reifications that conceal rather than reveal the fluid processes at work. This way we can better integrate an understanding of the urban process into a broader conception of the dynamics of capitalism and understand how each is part and parcel of the other." (ebd.: 6f.; vgl. Harvey 1985a: xviii f.)

Wie Harvey hier selbst signalisiert, verunsichert ein solcher, auf soziale Prozesse ausgerichteter Ansatz nachhaltig die herkömmliche Definition dessen, was Städte sind. Dies betrifft insbesondere die Frage nach ihrer räumlichen Gestalt. So erscheint es generell fragwürdig, Urbanisierungsprozesse allein auf einer einzigen – der lokalen – räumlichen Maßstabsebene verorten zu wollen: „That process necessarily has no fixed spatial boundaries, though it is always being manifested wihtin and across a particular space. (...) The urban space (...) is fixed only to the degree that the key processes I shall identify are confined within fixed spaces. To the degree that the processes are restlessly in motion, so the urban space is itself perpetually in flux." (Harvey 1989b: 127 ; vgl. auch Kapitel 5.3.2, 6.5) Harvey nimmt also nicht eine einfache Identität von lokaler Maßstabsebene und dem Urbanen an, um letzterer dann spezifische politische, ideologische, soziale usw. Funktionen zuzuschreiben. Obwohl er durchaus von Urbanisierung als einer „manifestation of uneven geographical development at a certain scale" (Harvey 1996b: 430) spricht, streicht Harvey immer wieder die vielfältigen Ausprägungen dieses Phänomens hervor. So umfasst sein Urbanisierungsbegriff unter anderem urbane und suburbane Regionen, Städte sowie eine „hierarchy of spatialities within the city form", die vom einzelnen Körper über die Familie, die Nachbarschaft und Community sowie den Arbeitsplatz bis hin zu den administrativen Räumen des politischen Systems reicht und deren genaue Bedeutung es aus der Perspektive des Kapitals – als sozialem Verhältnis und Prozess – erst noch zu analysieren gilt (vgl. Harvey 1989b: 125ff., 248f.).[10]

Hierfür ist entscheidend, dass Harvey sein prozesshaftes Verständnis und die damit verbundene gedankliche Dezentrierung und Entgrenzung von Urbanisierung keineswegs verabsolutiert. Vielmehr findet sich bereits in *Social Justice* jene, von Harvey später als „dialektisch" (vgl. Harvey 1996a: 50) bezeichnete Wechselwirkung zwischen Urbanisierung als „Prozess" und der Stadt als „Ding" angedeutet, die vor allem in Form des Widerspruchs zwischen der Fixiertheit und Bewegung von Kapital und Arbeit bis heute ein zentrales Motiv seiner Arbeiten ausmacht (vgl. Kapitel 5 und 6.1). Erst das Verständnis für diese Beziehung erlaubt es nämlich, in Urbanisierungsprozessen mehr zu sehen als ein bloßes Abbild der Kapitalzirkulation:

> „Urbanization must (...) be understood not in terms of some socio-organizational entity called 'the city' (...) but as the production of specific and quite heterogeneous spatio-temporal forms embedded within different kinds of social action. Urbanization, understood in this manner, is necessarily constitutive of as well as constituted by social processes. It loses its passive qualities and becomes a dynamic moment in overall processes of social differentiation and social change." (ebd.: 52)

Kapitalistische Urbanisierung in diesem Sinne als aktives Element im Prozess gesellschaftlicher Reproduktion und Transformation zu begreifen, verweist schließlich auf die *dritte* inhaltliche Weichenstellung, die in *Social Justice* vorgenommen wird. Zwar ist das Buch zweifellos noch sehr stark von jener Frage geprägt, die Harvey in der Rückschau als den Ausgangspunkt seiner urbanisierungstheoretischen Arbeiten aus den frühen 1970er bezeichnet – und die de facto einer Zusammenfassung der beiden bisher genannten Weichenstellungen gleichkommt: „[C]an we derive a theoretical

10 Obwohl Harvey gerade in seinen urbanisierungstheoretischen Arbeiten die Bedeutung der skalaren Raumdimension also durchaus erkannt hat und sein Werk generell als einer der zentralen Bezugspunkte der *Scale*-Debatte gelten kann (vgl. hierzu Wissen/Röttger/Heeg 2008; Wissen 2011: 91ff.), bleiben insbesondere Prozesse der räumlichen Redimensionierung bei ihm insgesamt eher unterbelichtet (vgl. Kapitel 5.3.3, Fn. 92). Mit Blick auf das Themenfeld Stadt und Urbanisierung ist dies umso bedauerlicher, als sein prozess-orientierter Zugang neben den – in dieser Hinsicht noch fruchtbareren – raumtheoretischen Überlegungen von Lefebvre ebenfalls prädestiniert wären, die von Kipfer (2008) identifizierte Tendenz der *Scale*-Debatte zu überwinden, das Urbane auf eine lokale oder regionale Maßstabsebene zu verkürzen und seine Prozesshaftigkeit zu vernachlässigen. Für den Versuch, Städte im Anschluss an Harvey und Lefebvre als „multiscalar form of territorial organization" in ihrem sich historisch wandelnden Verhältnis zu Territorialstaaten zu theoretisieren, siehe Brenner (1998, hier: 465; 2004).

and historical understanding of the urban process under capitalism out of a study of the supposed laws of motion of a capitalist mode of production?" (Harvey 1989b: 17) Allerdings wird in *Social Justice* zumindest bereits angedeutet, was er selbst Mitte bzw. Ende der 1980er Jahre als Weiterentwicklung seines ursprünglichen Erkenntnisinteresses verstanden wissen will: (...) [H]ow does capital become urbanized, and what are the consequences of that urbanization?" (ebd.; s. auch Keil 1987: 132f.)

Die in dieser Frage zum Ausdruck kommende Überzeugung, Urbanisierungsprozesse müssten nicht nur mit Blick auf die Funktionsweise des Kapitalismus analysiert, sondern darin vielmehr auch als konstitutives Element verstanden werden, scheint in *Social Justice* zum einen dort auf, wo Harvey im sechsten Kapitel das Bild einer sich wechselseitig bedingenden Ausweitung von Urbanisierung und Kapitalzirkulation zeichnet. Städtische Landschaften sind demnach nicht alleine die Effekte kapitalistischer Dynamik, sondern zugleich auch deren – physisch-materielle und soziale – Voraussetzung. Indem Harvey am Ende des Buches Lefebvres Befund einer „urbanen Revolution" sowie dessen Model unterschiedlicher Kapitalkreisläufe aufgreift, wird dieser Gedanke zeitdiagnostisch, vor allem aber krisentheoretisch zugespitzt. Somit findet hier eine erste Annäherung an die bis heute vielleicht grundlegendste Problematik in Harveys Werk statt: Welche Rolle nehmen Urbanisierungsprozesse in der krisenhaften Reproduktion des entwickelten Kapitalismus ein und welche Bedeutung kann oder muss ihnen folglich bei dessen revolutionärer Überwindung zukommen?

Während sich Harvey diesbezüglich bereits früh von Lefebvre beeinflussen lässt, offenbart *Social Justice* jedoch zugleich auch, in welcher Hinsicht er einen anderen Weg einschlägt als dieser. Statt Spekulationen zu einer möglichen Dominanz von Urbanisierungsprozessen über den (industriellen) Kapitalismus anzustellen, bemüht er sich darum, den tatsächlichen politökonomischen Zusammenhang zwischen beiden Sphären zu ergründen. Ohne sich explizit auf diese Passage zu beziehen, versucht er also zu konkretisieren, was Lefebvre in einer bis heute vielzitierten These lediglich vage andeutet: Dass „(...) der Kapitalismus seine inneren Widersprüche während der letzten hundert Jahre wenn nicht lösen, so doch abmildern konnte (...) *[i]ndem er sich des Raums bemächtigte, indem er Raum produzierte.*" (Lefebvre 1974 [1973]: 24) Die knappen Anmerkungen und Gedanken, die sich hierzu auf den letzten Seiten von *Social Justice* finden, sind zwar noch nicht ausgereift, lassen aber bereits die Richtung erkennbar werden, in die sich Harvey im Anschluss an das Buch orientiert hat: Es ist die direkte Bezugnahme auf die Marxsche Kritik der Politischen Ökonomie, die seinen Zugang auszeichnet. Welche spezifischen Herausforderungen sich für Harvey beim Versuch ergeben haben, die Prozesse kapitalistischer Urbanisierung aus dieser Perspektive zu analysieren, zeigt ein kurzer Überblick über seine Veröffentlichungen aus den 1970er und 1980er Jahren.

4.3 Ein „definitive statement"?

„After the completion of *Social Justice and the City* (...), I determined to improve upon the tentative, and what I later saw to be erroneous, formulations therein and to write a definitive statement on the urban process under capitalism from a Marxist perspective." (Harvey 2006 [1982]: xxix). Diese Selbstbeschreibung von Harveys Motivationslage aus der Einleitung von *Limits* zeugt nicht nur von einer bemerkenswerten Verbindung aus Kritikfähigkeit und Anspruchsdenken, sondern macht auch die spezifische Struktur seines nach *Social Justice* entstandenen Werks zugänglich. Demnach bestand das Ziel seiner Arbeiten in jener, etwa eine Dekade ab Mitte der 1970er Jahre umfassenden Phase ursprünglich darin, in einem einzigen Buch eine Theorie kapitalistischer Urbanisierung mit konkreten Fallstudien zu Urbanisierungsprozessen in Großbritannien, Frankreich und den USA zu verknüpfen. Weil Harvey für dieses Projekt jedoch zunächst selbst zu einem besseren Verständnis der Marxschen Kritik der Politischen Ökonomie gelangen, sowie diese anschließend um bisher vernachlässigte Dimensionen erweitern, d.h. „empty boxes" (ebd.) füllen musste, ließ sich dieses Vorhaben jedoch nicht wie gewünscht verwirklichen. Infolgedessen ist sein Werk an dieser Stelle durch eine gewisse Polarisierung gekennzeichnet, die – zum Teil bewusst (vgl. Harvey 2004: 544) – eine ähnliche Spannung in den Schriften von Marx reflektiert und in diesem Sinne auch als Ausdruck der generellen Herausforderung interpretiert werden kann, Theorie und Empirie miteinander zu integrieren (vgl. Harvey 2006 [1982]: xxix ff., 446ff. s. auch Kapitel 3.2, 5.4).

Den einen Endpunkt bildet dabei eine grundlegende, auf der abstrakten Ebene der kapitalistischen Produktionsweise angesiedelte Auseinandersetzung mit der Marxschen Kritik der Politischen Ökonomie, wie dieser sie in seinen späten Arbeiten, d.h. vor allem den *Grundrissen* (Marx 1983 [1858]), den *Theorien über den Mehrwert* (Marx 1972 [1863]) und dem *Kapital* (Marx 1962 [1867]; 1963 [1885]; 1983 [1894]) entwickelt hat. Diese Facette von Harveys Werk stellt zweifellos das theoretische Herzstück seiner urbanen Politischen Ökonomie dar. Sie findet ihren publizistischen Niederschlag in *Limits* sowie einer Reihe von Vor- und Nacharbeiten, die mittlerweile im zweiten Teil des Sammelbandes *Spaces of Capital* wieder abgedruckt sind (vgl. Harvey 2001d: 237ff.) und von denen insbesondere der Text *The geopolitics of capitalism* (2001 [1985]) (im Folgenden *Geopolitics*) hilfreich ist, werden hier doch die in *Limits* entwickelten Argumente in pointierter Form zusammengefasst. Wie bereits angedeutet, gilt *Limits* nicht nur vielen kritischen GeographInnen und StadtforscherInnen bis heute als ein zentraler Grundlagentext – manche bezeichnen es gar als „The Background of Our Lives" (Barnes 2004). Vielmehr schreibt Harvey dem Buch auch selbst eine enorme Bedeutung zu, es wurde für ihn zu einem „(...) intellectual home from which to explore the world." (Harvey 2002: 176)

Diesen Status als „Harvey's (and perhaps Marxist geography's) *Grundrisse*" (Jones/Ward 2004: 499) verdankt *Limits* seinem Inhalt: die ausgreifende Rekonstruktion der wichtigsten Begriffe und Kategorien der Marxschen Kritik der Politischen Ökonomie sowie insbesondere die Integration zeitlicher und räumlicher Aspekte in eine allgemeine Akkumulations- und Krisentheorie. Wie Harvey in der Einleitung des Buches selbst eingesteht, forderte diese außerordentliche intellektuelle Leistung durch das fast völlige Ausbleiben einer Bezugnahme auf historische Entwicklungen, konkrete Akteure und Strategien sowie soziale Kämpfe freilich einen hohen Preis: „(...) [T]ime and space force me to write down the theory as an abstract conception, without reference to the history. In this sense the present work is, I fear, but a pale apology for a magnificent conception. And a violation of the ideal's of historical materialism to boot." (Harvey 2006 [1982]: xxx)

Jenseits der Frage, inwieweit diese Herangehensweise den Charakter von *Limits* – möglicherweise negativ – prägt (vgl. Kapitel 5.4), ist Harveys im Anschluss geäußerter, entschuldigender Hinweis von Bedeutung, Marx habe im *Kapital* ebenfalls Schwierigkeiten gehabt, Theorie und Empirie bzw. Geschichte gleichermaßen zu berücksichtigen. Dessen Lösungsversuch dient denn auch Harvey als Referenz, wenn er seine eigenen historisch-konkreten Analysen zur Entwicklung von Paris in der zweiten Hälfte des 19. Jahrhunderts (vgl. Harvey 1985a: 63ff.; 1989b: 200ff.) als Gegengewicht zur (wert-)theoretischen Grundlagenarbeit aus *Limits* in Stellung bringt: „The Paris chapter performs the same sort of function for me as Marx's chapter on 'The Working Day' performs in *Capital*." (Harvey 1987c: 373)[11] Anderswo bezeichnet er diesbezüglich zudem die ebenfalls auf einer konkreten Ebene argumentierende, klassenanalytisch geprägte Marxsche Schrift *Der achtzehnte Brumaire des Louis Bonaparte* (Marx 1975 [1852]) als wichtige Inspirationsquelle (vgl. Harvey 2004: 544; 1989b: 14). Gemeinsam mit Harveys – vor allem durch Engels' *Die Lage der arbeitenden Klasse in England* (Engels 1972 [1845]) motivierten – Untersuchungen zu seiner Wahlheimat Baltimore (vgl. z.B. Harvey/Chatterjee 1974; Harvey 1977; 2001 [1992]) konstituieren die Texte zu Paris somit den zweiten, empirisch ausgerichteten Pol seiner Arbeiten zum Thema Stadt und Urbanisierung.[12]

---

11 Sein diesbezügliches Vorgehen und das Ergebnis beschreibt Harvey wie folgt: „(...) I tried to set up a dialogue (or dialectic, if you will) between the theoretical abstractions of *Limits* and the historical geography of urbanization, concentrating in particular on Paris between 1850-1870. (...) I emphasize the 'dialectic' and 'dialogue' because the point is not to try and 'read off' from theory into the rich complexities of historical geographical change, but to put them in motion together in order to see the gaps in theory while identifying hidden meanings in the historical geography. (...) I regard the Paris essay (...) as a pretty good example of how to bring theory and materialist historical geography into contact with each other in fruitful ways." (Harvey 2002: 177f.)

12 Welches Idealbild Harvey mit diesen Texten verfolgt, macht die folgende Passage deutlich: „I find myself most deeply drawn to those works – of which I regard Engel's *Condition of*

Der vergleichsweise geringe Anteil solcher konkreten Analysen an Harveys Gesamtwerk lässt sich wohl hauptsächlich mit dem „theoretischen Imperativ" erklären, der seiner wissenschaftlichen Tätigkeit zugrunde liegt (vgl. Kapitel 3.2.2). Sein Schüler Richard Walker erinnert sich zudem an eine Äußerung Harveys, derzufolge „(...) he doesn't feel that he's very good at making the connections between high theory and the evident world, and the reason is that it's bloody difficult." (Walker 2004: 442) Obwohl Walkers in diesem Zusammenhang angedeuteter Vorwurf, Harvey fokussiere zu sehr auf die Ebene der Theorie, zweifellos nicht von der Hand zu weisen ist, unterschlägt diese Sichtweise, dass eine Verbindung von Empirie und Theorie keineswegs nur in Harveys Untersuchungen zu Baltimore oder Paris besteht. Vielmehr rekurriert er zu Illustrationszwecken auch dort regelmäßig auf konkrete Beispiele und historische Sachverhalte, wo er einzelne Aspekte kapitalistischer Urbanisierung theoretisch verhandelt oder zeitdiagnostisch motivierte Überlegungen zur Krise einer fordistischen und der Entstehung einer post-fordistischer Form der Stadtentwicklung anstellt.

Diese zwischen den beiden Polen politökonomisch-abstrakt und empirisch-konkret angesiedelten Texte, die teilweise bereits im Verlauf der 1970er Jahre erschienen sind, machen gemeinsam mit den historischen Studien zu Paris den wesentlichen Inhalt des 1985 publizierten Doppelbandes *The Urbanization of Capital* (Harvey 1985b) und *Consciousness and the Urban Experience* (Harvey 1985a) aus. Eine solche Auswahl erscheint folgerichtig, widmet sich Harvey hier doch „(...) dem am Ende von *The Limits to Capital* gestellten Problem, wie die Theorie der Urbanisierung und die (erlebte) historische Geographie dieses Prozesses konzeptionell zu verknüpfen seien." (Keil 1987: 133) Während *The Urbanization of Capital* dabei eher die politökonomisch orientierten Essays enthält, nehmen in *Consciousness and the Urban Experience* Fragen des Kulturellen, des Bewusstseins, des Alltagslebens etc. eine größere Rolle ein, sind hier doch auch die Paris-Essays enthalten. Insbesondere das letztgenannte Buch lässt sich daher auch als Erwiderung auf die Kritik an der wert- und kapitaltheoretischen Schlagseite von *Limits* interpretieren (vgl. Katznelson 1992: 127f.; Merrifield 2002: 146).

Wichtiger ist jedoch, dass die darin versammelten, empirischen und theoretischen Texte als analytischer Kern von Harveys Arbeiten zum Prozess kapitalistischer Urbanisierung gelten können. Bevor die entsprechenden Konzepte, Begriffe und Diagnosen im Rahmen eines eigenständigen Kapitels rekonstruiert und auf ihre Plausibilität hin untersucht werden (vgl. Kapitel 6), sollen jedoch im Sinne eines schrittweisen Aufsteigens vom Abstrakten zum Konkreten – und teilweise entgegen der zeitlichen Abfolge der Texte – zunächst deren politökonomische Grundlagen

---

the Working Class in England in 1844 as an outstanding example – that function both as literature and social theory, as history and contemporary commentary." (Harvey 1989c: 14)

eine Diskussion erfahren, wie sie vor allem in *Limits* enthalten sind. Auch wenn sich dabei die konkreten Bezüge zum Thema Urbanisierung möglicherweise nicht immer sofort erschließen, ist ein solcher Schritt für das weitere Verständnis nicht zuletzt deshalb notwendig, weil Harveys Argumentation auf dieser hohen Abstraktionsebene jene begriffliche Stringenz und werttheoretische Konsistenz aufweist, die seinen stärker analytisch orientierten Texten mitunter fehlen. Wie im Folgenden ersichtlich wird, verdient seine Weiterführung der Marxschen Kritik der Politischen Ökonomie zudem auch darüber hinaus eine vertiefte Auseinandersetzungen, eröffnet diese doch neben der urbanisierungstheoretischen Perspektive noch unzählige weitere Anknüpfungspunkte für eine kritische Analyse des raum-zeitlichen Dynamiken und Widersprüche des Kapitalismus.

5 Errungenschaften: Die Integration von Zeit und Raum in eine allgemeine Akkumulations- und Krisentheorie

> „In schneidenden Widersprüchen, Krisen, Krämpfen drückt sich die wachsende Unangemessenheit der produktiven Entwicklung der Gesellschaft zu ihren bisherigen Produktionsverhältnissen aus. Gewaltsame Vernichtung von Kapital, nicht durch ihm äußere Verhältnisse, sondern als Bedingung seiner Selbsterhaltung, ist die schlagendste Form, worin ihm advice gegeben wird, to be gone and to give room to a higher state of social production."
>
> *Karl Marx – Grundrisse der Kritik der politischen Ökonomie* (1983 [1858]: 642)

Aufgrund seiner direkten Bezugnahme auf die Marxsche Kritik der Politischen Ökonomie gilt Harvey zurecht als Vertreter eines „klassischen" Marxismus. Statt durch die Lesart einer bestimmten Strömung oder Schule ist sein Werk seit der zweiten Hälfte der 1970er Jahre durch die spezifische Perspektive geprägt, aus der heraus er nach der Veröffentlichung von *Social Justice* begonnen hat, die Schriften des späten Marx systematisch und textnah zu rekonstruieren: nicht ausgehend von einem allgemeinen Interesse an Politischer Ökonomie, sondern von der Notwendigkeit, für ein „definitive statement" zum Prozess kapitalistischer Urbanisierung ganz bestimmte Aspekte der krisenhaften Dynamik der kapitalistischen Produktionsweise theoretisch nachvollziehen zu konnen. Diese Stoßrichtung ist insofern tief in Harveys Werk eingeschrieben, als er im Dialog mit den politökonomischen Schriften von Marx nicht nur eine eigenständige akkumulations- und krisentheoretische Position entwickelt hat. Diese versucht, die Instabilität des Kapitalismus aus einer strukturell bedingten Tendenz zur Überakkumulation – einem Überschuss von Kapital im Verhältnis zu profitablen Anlagemöglichkeiten – zu erklären. Vielmehr besteht seine besondere Leistung gerade darin, nach Maßgabe seines Projekts eines historisch-geographischen Materialismus in kohärenter Form zeitliche und räumliche Aspekte in eine umfassende Analyse der Funktionsweise der kapitalistischen Produktionsweise integriert zu haben – ohne deshalb „die" Zeit oder „den" Raum als Abstraktum zu reifizieren. Als zentral kann diesbezüglich die These gelten, dass die Reproduktion und temporäre

Stabilisierung des Kapitalismus wesentlich auf seiner Fähigkeit beruht, die periodisch notwendigerweise auftretenden Kapitalüberschüsse zeitlich und räumlich zu verschieben und die Entstehung von (Überakkumulations-)Krisen auf diesem Weg wenn nicht zu verhindern, so doch zumindest hinauszuzögern.

Da diese – für Harveys Verständnis kapitalistischer Urbanisierung konstitutive – Grundannahme nirgendwo sonst derart systematisch und elaboriert entfaltet ist wie in seinem theoretischen Hauptwerk, fungiert *Limits* als zentrale Referenz der folgenden Darstellung und Diskussion – ergänzt um die zum Teil anschaulicheren Ausführungen in *Geopolitics* sowie einzelne Passagen aus anderen politökonomisch orientierten Texten. Der Zugang über *Limits* birgt freilich auch besondere Herausforderungen, gilt dieses Werk doch nicht umsonst als „(...) one of the most cited but least understood texts in radical geography." (Jones/Ward 2004: 499)[1] Angesichts des Umfangs und der inhaltlichen Dichte des Buches, der Komplexität der dort verhandelten Themen sowie einer in Teilen höchst inkonsistenten Rezeption kann das folgende Kapitel keine vollständige Rekonstruktion bzw. Diskussion leisten. In diesem Sinne bleibt Harveys Argumentationsgang zwar in seinem grundlegenden, entlang dreier krisentheoretischer „cuts" organisierten Aufbau erhalten; zugleich wird er aber massiv verdichtet und an einigen Stellen dem spezifisch urbanisierungstheoretischen Interesse dieses Buches angepasst.

So wird in einem ersten Schritt untersucht, wie Harvey auf der Basis der Marxschen Argumentation die strukturellen Grenzen des Kapitals bestimmt und wie er diese akkumulations- und krisentheoretisch fasst (Kapitel 5.1). Ausgehend von diesem „first-cut" erfolgt dann eine kritische Rekonstruktion der beiden von Harvey (2006 [1982]: xxiv) in der Rückschau als „[t]he „two grand innovations of *Limits*" bezeichneten Modelle einer zeitlichen und räumlichen Verschiebung überakkumulierten Kapitals – dem „second-" bzw. „third-cut".[2] Dabei werden gegenüber

1 Weitere Einschätzungen zum Stellenwert des Buches sowie solidarische Kritik an verschiedenen Aspekten von Harveys Argumentation enthält das Symposium *David Harvey's* The Limits to Capital*: Two Decades On*, das die Zeitschrift *Antipode* anlässlich des 20-jährigen Jubiläums der Erstveröffentlichung veranstaltet hat (vgl. Castree/Essletzbichler/Brenner 2004b). Einen kurzen, sehr zugänglichen und trotzdem inhaltlich präzisen Einführungstext zu *Limits* hat Noel Castree (2008) verfasst.

2 Im Unterschied dazu nennt Harvey anderswo als „(...) the most singular contribution of that work (...) the integration of the production of space and spatial configurations as an active element within the core of Marxian theorizing." (Harvey 1989c: 4) Gerade aufgrund der mitunter zu beobachtenden Tendenz, *Limits* auf ein geographisches Werk zu reduzieren und Fragen der Zeitlichkeit dabei zu vernachlässigen, erscheint es notwendig, beide Dimensionen – entsprechend des Aufbaus des Buches – als eigenständige Momente zu diskutieren. Wie im Verlauf der Argumentation (Kapitel 5.2 und 5.3), in der kritischen Reflexion am Ende (Kapitel 5.4) sowie insbesondere anhand Harveys Analysen der Prozesse kapitalistischer Urbanisierung (Kapitel 6) deutlich wird, fallen zeitliche

der Struktur von *Limits* zwei wichtige Modifikationen vorgenommen. Zum einen fokussiert das Kapitel zur Möglichkeit einer zeitlichen Verschiebung – in Einklang mit Harveys ursprünglichem, urbanisierungstheoretischen Erkenntnisinteresse (vgl. ebd.; 2001 [1985]: 320ff.; 2001 [2000]: 10) – auf langfristige Investitionen in physische und soziale Infrastrukturen (Kapitel 5.2). Während die Dynamiken und Widersprüche des Kredit- und Finanzsystems im Zuge dessen nur insoweit thematisiert werden, wie ihnen hier eine vermittelnde Funktion zukommt, analysiert Harvey sie in *Limits* demgegenüber im Rahmen zweier eigenständiger Kapitel, sie machen dort den eigentlichen Kern seines krisentheoretischen „second cut" aus (vgl. Harvey 2006 [1982]: 239ff.; 324ff.).

Die zweite Abweichung von der vorgegebenen Struktur betrifft Harveys intensive Auseinandersetzung mit der Marxschen Rententheorie, die in dieser Arbeit aufgrund ihres direkten Bezugs zur konkreten Analyse kapitalistischer Urbanisierung eben dort (vgl. Kapitel 6.3) und nicht, wie in *Limits* (vgl. Harvey 2006 [1982]: 330ff.), an der Schnittstelle zwischen „second-" und „third- cut" angesiedelt ist. Daher wird die Frage, was für eine Rolle Harvey Prozessen geographischer Ausdehnung und Restrukturierung bei der temporären Stabilisierung des Kapitalismus zuschreibt und welche Bedeutung der Begriff des „spatial fix" in diesem Zusammenhang hat, direkt im Anschluss an den „second-cut" diskutiert (Kapitel 5.3). Die kritische Reflexion am Ende dieses Kapitels versucht dann, – zum Teil im Lichte jüngerer Arbeiten Harveys – das Verhältnis der zeitlichen und räumlichen Aspekte seiner Akkumulations- und Krisentheorie näher zu bestimmen sowie einige der zentralen Einwände aufzugreifen, die gegen *Limits* vorgebracht wurden (Kapitel 5.4).

5.1 Die Grenzen des Kapitals

Dass Harvey mit seiner urbanen Politischen Ökonomie unmittelbar an die politökonomischen Schriften von Marx anknüpft, hat für die generelle Zugänglichkeit seines Ansatzes ebenso wie für das Vorhaben einer kritischen Rekonstruktion desselben ambivalente Folgen: Einerseits werden diese dahingehend erschwert, als es zweifelsohne eines Mindestmaßes an Kenntnis der Marxschen Theorie sowie der politökonomischen Debatten innerhalb der Marxistischen Tradition bedarf, um Harveys Argumentation folgen zu können.[3] Besteht ein entsprechendes Vorwissen,

und räumliche Aspekte demgegenüber im Konkreten – vor allem im Zusammenhang mit physischen und sozialen Infrastrukturen bzw. der Produktion gebauter Umwelt – de facto zusammen.

3 Ein grundlegendes Verständnis zentraler Begriffe und Konzepte wird im Folgenden vorausgesetzt. Eine gute Einführung in die Marxsche Kritik der Politischen Ökonomie sowie

kann sein Zugang umgekehrt jedoch als niederschwellig, ja beinahe pädagogisch gelten: Ähnlich wie Harvey viele seiner kürzeren Texte mit einer knappen Erklärung zentraler wert-, akkumulations- sowie krisentheoretischer Zusammenhänge beginnen lässt (vgl. z.B. Harvey 1989b: 17ff.; 59ff.; 2001 [1975]; 2001 [1985]), hat auch der erste Teil von *Limits* einführenden Charakter. Er besteht in einer umfangreichen und detaillierten Rekonstruktion wesentlicher Grundlagen der Marxschen Kritik der Politischen Ökonomie, welche im siebten Kapitel in eine „'First-cut' Theory of Crisis" mündet (vgl. Harvey 2006 [1982]: 190ff.).

Statt den Weg dorthin nun en détail wiederzugeben oder sich über eine Auseinandersetzung mit der – auf dieser im engsten Sinn werttheoretischen Ebene meines Wissens ohnehin seltenen[4] – Kritik an Harveys Positionen in potentiell marxologischen Debatten zu verlieren, liegt der Schwerpunkt im Folgenden auf jenen Aspekten, die für sein urbanisierungstheoretisches Werk von besonderer Relevanz sind und denen *Limits* seinen Namen verdankt: den Widersprüchen und Krisendynamiken der kapitalistischen Produktionsweise, mithin also den strukturellen Grenzen des Kapitals. Hierfür wird zunächst untersucht, wie Harvey seine Aufarbeitung der Marxschen Theorie organisiert, worin die zentralen Widersprüche und Antagonismen der kapitalistischen Produktionsweise bestehen, und was es bedeutet, die drei Bände des *Kapitals* als Einheit zu denken (Kapitel 5.1.1). Daran anknüpfend erfolgt eine Darstellung von Harveys Interpretation des „Gesetzes des tendenziellen Falls der Profitrate" (Kapitel 5.1.2), bevor deren krisentheoretische Implikationen, d.h. die Diagnose einer Tendenz zur periodischen Entstehung von Überakkumulation und darauf folgender Kapitalentwertung, nachgezeichnet werden (Kapitel 5.1.3).

5.1.1 Die drei Bände des *Kapitals*

Die Form, in der Harvey in *Limits* das Marxsche Denken zu rekonstruieren und die Frage nach den grundlegenden Dynamiken, Bewegungsgesetzen und Widersprüchen der kapitalistischen Produktionsweise zu beantworten sucht, ist so nahe liegend

in nachfolgende Debatten bieten z.B. die Arbeiten von Fine/Saad-Filho (2010 [2004]), Heinrich (2004) und Weeks (1981) sowie nicht zuletzt der unter http://davidharvey.org in einer Vielzahl von Videos verfügbare und mittlerweile zum Teil auch in Buchform (Harvey 2011) erschienene *Kapital*-Lektürekurs von Harvey selbst. Auf die Differenzen zwischen Harveys Verständnis der Marxschen Theorie und manchen Interpretationen der genannten AutorInnen kann hier leider nicht weiter eingegangen werden.

4 Einzelne, zum Teil überaus wertvolle, mitunter jedoch auch fragwürdige Ergänzungen und Kritikpunkte finden sich z.B. bei Castree (1995: 279ff.), Gough (2004: 515ff.), Henderson (2004), Rigby (2004: 425), Sheppard (2004: 475f.; 2006: 135ff.) oder Fine (2006). Die ungleich häufiger geäußerte Kritik an der generellen Theoriearchitektur von *Limits* wird in Kapitel 5.4 aufgegriffen.

wie effektiv: Er folgt der Marxschen Darstellungsweise, einem wichtigen Element von dessen Methode (vgl. Kapitel 3.2.2). Dementsprechend vollzieht Harvey seine Auseinandersetzung mit der Marxschen Kritik der Politischen Ökonomie auf die selbe Weise als Bewegung vom abstrakt Einfachen zum konkret Komplexen, in der jener den ersten Band des *Kapitals* und die drei Bände in ihrer Gesamtheit konzipiert hat: „I beginn (…) with the simplest abstractions that Marx proposed and then seek to expand their meaning through consideration of them in different contexts. The view of the whole should evolve as more and more phenomena are integrated into the vast composite picture of what capitalism, as a mode of production, looks like." (Harvey 2006 [1982]: xxxi)[5]

Ganz in diesem Sinne lässt Harvey den ersten Teil von *Limits* genau dort beginnen, wo auch *Das Kapital* seinen Ausgangspunkt nimmt: bei Ware und Wert. Im weiteren Verlauf führt er dann Schritt für Schritt neue Kategorien ein und setzt diese mit den bereits vorhandenen in Beziehung, wodurch deren Bedeutung erweitert bzw. modifiziert wird und die theoretische Architektur an Komplexität gewinnt. Dieses Einholen neuer Bestimmungen umfasst dabei zunächst so elementare Kategorien wie Gebrauchswert, Tauschwert und Mehrwert oder den wichtigen Unterschied zwischen variablem und konstantem Kapital sowie relativem und absoluten Mehrwert. Darauf aufbauend untersucht Harvey dann unter anderem, wie Marx das Verhältnis von Produktion und Konsumtion oder den Zusammenhang von technologischem Wandel und der technischen, organischen und Wert-Zusammensetzung des Kapitals konzeptualisiert. Schließlich werden – in verhältnismäßig ausführlicher Bezugnahme auf jüngere marxistische Debatten sowie die Rolle des Staates – unterschiedliche Formen der Produktionsorganisation thematisiert. Im Zuge dieser Auseinandersetzung mit zentralen Inhalten der Marxschen Kritik der Politischen Ökonomie werden nicht nur schrittweise deren Umrisse klarer und das Bild der kapitalistischen Produktionsweise umfassender, sondern mehr und mehr auch deren verschiedene Widersprüche sichtbar (vgl. ebd.: xxxii).

Als fundamentalen Widerspruch des Kapitalismus macht Harvey dabei mit Marx das antagonistische Ausbeutungs- und Klassenverhältnis zwischen Kapital und Arbeit aus, das auf der elementarsten Ebene durch die Produktionsverhältnisse

---

5 Mit diesem Zugang wendet sich Harvey explizit gegen solche Marx-Interpretationen, die einzelne Begriffe und Kategorien aus verschiedenen Passagen des *Kapitals* isoliert, d.h. nicht-relational, betrachten und sie als fixierte Definitionen (miss-)verstehen. Nicht selten werden diese dann gegeneinander ausgespielt, um schließlich die vermeintliche Unzulässigkeit der Marxschen Theorie demonstrieren zu können (vgl. Harvey 2006 [1982]: 2ff.). Wenngleich sie diesen zweiten Schritt nicht nachvollziehen, können Ansätze der so genannten „Wertkritik" als Paradebeispiel für eine derartige Fehlinterpretation gelten, wollen sie doch glauben machen, die Marxsche Theorie ließe sich auf den Inhalt der Anfangskapitel des ersten *Kapital*-Bandes reduzieren.

und also die ungleiche Verteilung von Eigentum, Besitz und Verfügungsgewalt an bzw. über die Produktionsmittel bestimmt ist. Zu dieser vertikalen Achse tritt auf horizontaler Ebene die innerkapitalistische Konkurrenz hinzu. Diese zwingt die einzelnen KapitalistInnen – unabhängig von deren individuellem Willen – nicht nur zur beständigen Reinvestition ihrer Profite und zur Ausweitung der Akkumulation, wodurch der für die kapitalistische Produktionsweise charakteristische Imperativ „Akkumulation um der Akkumulation, Produktion um der Produktion willen (...)" (Marx 1962 [1867]: 621) ins Werk gesetzt wird. Damit verbunden treibt sie die KapitalistInnen vielmehr auch dazu, auf der Suche nach Extraprofiten über eine Steigerung des absoluten und relativen Mehrwerts die Ausbeutung der ArbeiterInnen kontinuierlich zu erhöhen. Da die Steigerung des absoluten Mehrwerts an natürliche und gesellschaftliche Grenzen stößt, sind Produktivitätsgewinne durch organisatorische sowie insbesondere technologische Neuerungen im Produktionsprozess, d.h. die Erhöhung des relativen Mehrwerts, langfristig von größerer Bedeutung – nicht zuletzt auch, weil die daraus resultierende Freisetzung von Arbeitskräften und die engere Kontrolle der Arbeitsabläufe zur Disziplinierung der ArbeiterInnen beitragen und also eine Waffe im Klassenkampf darstellen.

Zwar zeichnet Harvey für die genannten, basalen Kategorien der Marxschen Theorie sehr detailliert nach, an welchen Stellen diese vertikale und horizontale Dimension miteinander verknüpft sind. Wie daraus die tatsächlichen Ursachen für die krisenhafte Dynamik der kapitalistischen Produktionsweise erwachsen, lässt sich, so Harvey, auf dieser Ebene allerdings noch nicht ausmachen. Entsprechend der Marxschen Methode sei es hierfür stattdessen notwendig, den gesamten Prozess der Kapitalakkumulation in den Blick zu nehmen, um so die grundlegenden Bewegungsgesetze der kapitalistischen Produktionsweise identifizieren zu können (vgl. Harvey 2006 [1982]: 156ff.). Für Harvey bedeutet dies nichts anderes, als alle drei Bände des *Kapitals* gleichermaßen in die Betrachtungen mit einzubeziehen. Ihm zufolge repräsentiert jeder dieser Bände nach der Form, in der Marx darin theoretische Begriffe einführt und in bestimmten Bedingungskonstellationen anordnet, ein eigenständiges, abstraktes Modell der Dynamik der Kapitalakkumulation mit einem spezifischem Erkenntnisinteresse und analytischem Potential, aber auch gewissen Erklärungsgrenzen: „Each 'model' forms a particular 'window' or vantage point from which to view an extraordinary complex process." (ebd.: 156)

Wenn diese Modelle einander nun, wie vielfach nachgewiesen, in zentralen Punkten widersprechen, so ist dies Harvey zufolge nicht Marxschen Unzulänglichkeiten geschuldet, sondern repräsentiert die inhärente Krisendynamik der kapitalistischen Produktionsweise. Demnach eröffnen der erste *Kapital*-Band mit seinem Fokus auf die Mehrwert*produktion* und der zweite, auf Fragen der Kapital*zirkulation* abstellende Band mehr als nur verschiedene Perspektiven auf ein und denselben Prozess. Sie legen insofern auch von den tiefen Widersprüchen der kapitalistischen Produktionsweise Zeugnis ab, als die unterschiedlichen Modelle der Kapitalakkumulation – hier *Das allgemeine Gesetz der kapitalistischen Akkumulation* aus dem ersten Band (Marx 1962 [1867]: 640ff.) und dort das Schema der *erweiterten Reproduktion* aus Band zwei (Marx 1963 [1885]: 485ff.) – beide spezifische Grundannahmen bzw. Vereinfachungen erfordern, welche die Gültigkeit des jeweils anderen Models zunichte machen.

> „Put simply, the conditions that permit equilibrium to be achieved in the realm of production contradict the conditions that permit equilibrium to be achieved in the realm of exchange. Capitalism cannot possibly be in such a stage that it can satisfy these conflicting requirements simultaneously. The stage is set for building a third model of accumulation – one that exposes the internal contradictions of capitalism and demonstrates how these contradictions are the fount of all forms of capitalist crisis." (ebd.: 176; vgl. auch Harvey 1989b: 62)

Wenn also in der Zusammenschau der beiden ersten, auf Produktion bzw. Zirkulation fokussierten *Kapital*-Bände bereits die Instabilität der kapitalistischen Produktionsweise sichtbar wird, so vermag nach Harvey erst der dritte, nicht umsonst mit *Der Gesamtprozeß der kapitalistischen Produktion* untertitelte Band die realen Ursachen für Krisen zu erklären. Mit der These, es handele sich bei diesem dritten Band um eine Synthese und zugleich Konkretisierung der beiden ersten, kann sich Harvey direkt auf Marx selbst berufen:

> „(...) [D]er kapitalistische Produktionsprozeß [ist], im ganzen betrachtet, Einheit von Produktions- und Zirkulationsprozeß (...). Worum es sich in diesem dritten Buch handelt, kann nicht sein, allgemeine Reflexionen über diese Einheit anzustellen. Es gilt vielmehr, die konkreten Formen aufzufinden und darzustellen, welche aus dem *Bewegungsprozeß des Kapitals, als Ganzes betrachtet*, hervorwachsen. (...) Die Gestaltungen des Kapitals, wie wir sie in diesem Buch entwickeln, nähern sich also schrittweise der Form, worin sie auf der Oberfläche der Gesellschaft (...) auftreten." (Marx 1983 [1894]: 33)

Insbesondere, weil dieser letzte *Kapital*-Band von Marx nicht mehr zu Lebzeiten fertiggestellt werden konnte – weshalb die vorliegende Fassung de facto die Summe unterschiedlicher, von Engels zusammengetragener Fragmente ist –, wird dieses Versprechen indes nur bedingt eingelöst. Für Harvey liegt trotz mancher Unbestimmtheit jedoch auf der Hand, dass das hier entwickelte Modell des Akkumulationsprozesses als Ganzes – und somit auch die Erklärung der inhärenten Krisendynamik der kapitalistischen Produktionsweise – sich um das „Gesetz des tendenziellen Falls der Profitrate" zentriert (vgl. ebd.: 221ff.). Da Harveys Krisentheorie wesentlich auf diesem von Marx in den *Grundrissen* zum „In jeder Beziehung (...) wichtigste[n] Gesetz der modernen politischen Ökonomie" (Marx 1983 [1858]: 641) apostrophierten Theorem aufbaut, lohnt an dieser Stelle ein genauerer Blick.

5.1.2 Das „Gesetz des tendenziellen Falls der Profitrate"

Das „Gesetz des tendenziellen Falls der Profitrate", wenn auch in aller Kürze, hier zu verhandeln, ist überhaupt nur deshalb möglich und sinnvoll, weil Harvey eine außergewöhnlich pragmatische und doch schlüssige Interpretation desselben gelingt (vgl. Harvey 2006 [1982]: 176ff.; 2001 [1985]: 315ff.). Dies ist insofern bemerkenswert, als es um dieses „Gesetz" und seine mögliche (Un-)Gültigkeit in der Marxistischen Tradition bis heute eine schier endlose, mitunter stark mathematisierte und entpolitisierte Kontroverse gibt.[6] Ohne diese deshalb gänzlich zu ignorieren, entwickelt Harvey demgegenüber einen, wie Callinicos (2006: 48f.) zu Recht betont, sehr eigenständigen – und überdies ungleich nachvollziehbareren – Zugriff. Für dessen Verständnis ist zunächst die Feststellung wichtig, dass es bei den Marxschen Überlegungen zum tendenziellen Fall der Profitrate erst einmal nicht – im Sinne eines physikalischen Gesetzes – um die empirische Vorhersage real fallender Unternehmensprofite oder gar eines vermeintlich notwendigen Zusammenbruchs des Kapitalismus geht, sondern um die Darstellung abstrakter Widersprüche des Akkumulationsprozesses und daraus resultierender Krisendynamiken: „(...) [T]he law cannot be used to describe the 'surface appearance' of capitalist dynamics. (...) We have to be particularly wary, therefore, of treating the law as a direct historical or empirical proposition. (...) The most that the law can bear as an historical proposition is the not-insubstantial weight of explanation for long-run secular stagnation and violent periodic crises." (Harvey 2006 [1982]: 180f.)

Das theoretische Argument, das eine derartige Erklärung ermöglichen soll, lässt sich in Wertbegriffen wie folgt zusammenfassen: Angelpunkt ist die Profitrate (p) als das Verhältnis von Mehrwert (m) zu den Investitionen in Produktionsmittel (Rohstoffe, Maschinen etc.)/konstantes Kapital (c) und Löhne/variables Kapital (v): $p=m/(c+v)$. Mit Hilfe einer einfachen mathematischen Umformung – alles durch v dividieren – erscheint diese Profitrate als Verhältnis zwischen der Mehrwertrate (m/v) und der Wertzusammensetzung des Kapitals (c/v): $p=(m/v)/[(c/v)+1]$. Nach dieser Formel bestimmt sich die Profitrate durch die Mehrwert- oder Ausbeutungsrate (Zähler) sowie die Wertzusammensetzung des Kapitals (Nenner). Das abstrakte „Gesetz" besagt auf einer allgemeinen Ebene nichts anderes, als dass die Strategien zur Steigerung des relativen Mehrwerts, die von den KapitalistInnen infolge innerkapitalistischer Konkurrenz und Klassenkampf angewandt werden müssen, zu einem zunehmenden Einsatz technologischer Neuerungen im Produktionsprozess führen (vor allem neue Maschinen), welche

6 Ein gutes Verständnis des „Gesetzes" und einen Überblick über die darum entbrannten Debatten vermitteln z.B. Fine/Saad-Filho (2010 [2004]: 93ff.) und Shaikh (1978: 25ff.). Im Gegensatz zu diesen sympathisierenden Interpretationen stehen etwa Heinrich (2004: 140ff.) und Sablowski (2003: 439ff.) der Marxschen Argumentation eines „tendenziellen Falls der Profitrate" skeptisch gegenüber.

die Produktivität erhöhen sollen. Infolge der dadurch angestoßenen Veränderung in der technischen Zusammensetzung des Kapitals, d.h. des Verhältnisses zwischen Produktionsmitteln und Arbeitskräften, nimmt der Anteil des konstanten gegenüber dem variablen Kapital – die Wertzusammensetzung des Kapitals – notwendigerweise zu, weshalb entsprechend der Formel die Profitrate fällt. Gleichzeitig antizipiert Marx jedoch auch die Möglichkeit der Existenz zahlreicher „entgegenwirkender Ursachen" (Marx 1983 [1894]: 242ff.), welche die Wirkung des „Gesetzes" nachhaltig modifizieren. Dieses sollte aufgrund der dynamischen Interaktion beider Momente daher eigentlich besser als „Gesetz des tendenziellen Falls der Profitrate und seiner gegenwirkenden Tendenzen" bezeichnet werden (Fine/Harris 1979: 64).

Harveys Zugang zu dieser komplexen Problematik zeichnet sich nun dadurch aus, dass er die verschiedenen Aspekte der Tendenz und möglicher Gegentendenzen zwar durchaus eingehend diskutiert, gleichzeitig jedoch eine immanente Kritik des „Gesetzes" entwickelt, welche dessen spezifischen Entstehungskontext berücksichtigt und über die Diskussion werttheoretischer Feinheiten hinausweist. Ansatzpunkt hierfür ist das Marxsche Bemühen, mit seinen Ausführungen im dritten Band des *Kapitals* gegen bürgerliche politische Ökonomen wie Adam Smith, David Ricardo oder John Stuart Mill, die für das 18. und 19. Jahrhundert ebenfalls eine Tendenz zum Fall der Profitrate ausgemacht hatten, den Ursprung dieser Tendenz „(...) aus dem Wesen der kapitalistischen Produktionsweise als eine selbstverständliche Notwendigkeit (...)" zu beweisen (Marx 1983 [1894]: 223). Für Harvey hat sich Marx infolge dieses Vorhabens bei der Formulierung des „Gesetzes" so sehr am Status quo der Politischen Ökonomie seiner Zeit orientiert, dass das Ergebnis dem eigentlichen Ziel seiner Argumentation de facto zuwider läuft:

> „(...) [B]y taking over the problem of the inevitability of a falling rate of profit from the political economists of the time and treating it as a question, Marx diverts from the logic of his own argument to such a degree that what should have been a tangential proposition appears fundamental while the fundamental proposition gets interred in a mass of tangential argument. As a result, Marx does not successfully synthesize the first two models of accumulation. Nor does he properly represent the 'concrete forms' which the internal contradictions of capitalism assume 'on the surface' of society." (Harvey 2006 [1982]: 180)

Konkret kritisiert Harvey, das „Gesetz" beruhe auf derart vielen Voraussetzungen, Vereinfachungen und Restriktionen, dass die Ebene, auf der es tatsächlich als gültig erklärt werden könne, in ihrer Abstraktheit weit hinter die von Marx zuvor gewonnenen Erkenntnisse zurückfalle und also nicht dessen eigener Methode eines Aufstiegs „vom Abstrakten zum Konkreten" entspreche. Insbesondere würden die Einsichten aus dem – zeitlich wohl ohnehin erst *nach* dem dritten Band fertiggestellten – zweiten *Kapital*-Band nicht integriert und also etwa das dort entwickelte Verständnis unterschiedlicher Umschlagzeiten des Kapitals und hier vor allem des „fixen Kapitals" vernachlässigt.[7] Durch das Ausblenden solcher Fragen der Kapital*zirkulation* bleibe, so Harvey weiter, unberücksichtigt, dass es der Institutionen des Kreditsystems bzw. konkret des Zinssatzes bedarf, damit die unterschiedlichen Kapital-Umschlagzeiten innerhalb und zwischen einzelnen Unternehmen sowie über verschiedene Sektoren hinweg zu einer „gesellschaftlich notwendigen Umschlagzeit" vereinheitlicht und infolgedessen die Profitraten überhaupt erst miteinander verglichen werden können (vgl. Harvey 2006 [1982]: 181ff., 186f.).

Mit diesem Verweis auf die Zeitlichkeit der Kapitalzirkulation sowie auf den möglichen Einfluss, den etwa die (De-)Zentralisierung und -Konzentration von Kapital auf die Entwicklung der Profitrate haben kann (vgl. ebd.: 183ff., s. auch 196ff.), benennt Harvey einige der zentralen Aspekte, entlang derer auch andere AutorInnen versucht haben, über das Einholen neuer Bestimmungen das sehr abstrakt formulierte „Gesetz" zu konkretisieren, um es tatsächlich analytisch nutzbar zu machen (vgl. z.B. Fine/Saad-Filho 2010 [2004]: 93ff.; Probst 2010; Harman 2007; Weeks 1981: 187ff.). Im Unterschied zu diesen verfolgt Harvey ein solches Vorhaben an dieser Stelle jedoch (leider) nicht weiter. Stattdessen fordert er dazu auf, die Aufmerksamkeit auf jene grundlegenden Prozesse zu richten, die bei Marx eigentlich am Ausgangspunkt des „Gesetzes" stehen, von dessen Details aber beständig überlagert zu werden drohen:

> „What Marx in effect shows us is that individual capitalists – coerced by competition, trapped by the necessities of class struggle and responding to the hidden dictates of the law of value – make technological adjustments which drive the economy as a whole away from 'a 'sound', 'normal' development of the process of capitalist production'. (...) Individual capitalists, acting in their own self-interest under the social relations of capitalist production and exchange, generate a technological mix that threatens further accumulation, destroys the potentiality for balanced growth and puts the reproduction of the capitalist class as a whole in jeopardy. Individual capitalists, in short, necessarily act in such a way as to de-stabilize capitalism." (Harvey 2006 [1982]: 188)

Das „Gesetz" verweist demnach nicht nur auf die Verknüpfung der vertikalen mit der horizontalen Achse der Klassenverhältnisse, sondern auch auf den Widerspruch zwischen der Entwicklung der Produktivkräfte und den kapitalistischen Produktionsverhältnissen als „*the* fundamental source of capitalist crisis" (ebd.: 180; vgl. auch Harvey 2001 [1985]: 315): Durch die sozialen Verhältnisse – Konkurrenz und Klassenkampf – zur beständigen Erhöhung der Produktivität gezwungen, untergraben die KapitalistInnen gleichzeitig die Basis ihres eigenen Profits, weil die von ihnen immer

7 Die Umschlagzeit des Kapitals bezeichnet die Summe aus jenen Zeiten, die das investierte Kapital in der Produktion (Produktionszeit) sowie der Zirkulation (Zirkulations- oder Umlaufzeit) verbringt, bis es, vergrößert um den Mehrwert, in Geldform wieder an den Kapitalisten/die Kapitalistin zurückfließt. Sie nimmt hinsichtlich der zeitlichen *und* der räumlichen Dimension von Harveys urbaner politischer Ökonomie eine wichtige Rolle ein (vgl. Kapitel 5.2.1 und 5.3.1).

wieder aufs Neue angestoßene technologische und organisatorische Weiterentwicklung der Produktion fortwährend menschliche Arbeitskraft – die einzige Quelle des Mehrwerts – freisetzt und jede langfristige Stabilisierung des Akkumulationsprozesses verhindert. Da eine Unterbrechung dieser destruktiven Dynamik aus der Perspektive des „Gesetzes“ bestenfalls temporär und partiell möglich ist, muss es periodisch zu einem Aufbrechen dieser Widersprüche kommen. Die strukturelle Instabilität der kapitalistischen Produktionsweise nimmt dabei eine charakteristische Form an: die Überakkumulation von Kapital und dessen krisenhafte Entwertung.

5.1.3 Überakkumulation und Krise

Die Suche nach einem adäquaten Verständnis der regelmäßig auftretenden kapitalistischer Krisen ist seit jeher einer der Schwerpunkte marxistischer Theorie. Die Notwendigkeit einer Einsicht in deren Ursachen, Erscheinungsformen und Folgen sowie letztlich auch die ideologische Umkämpftheit marxistischer Krisentheorie[8] ergibt sich dabei aus der politischen Bedeutung von Krisen als Möglichkeitsfenster für emanzipatorische – aber auch reaktionäre – gesellschaftliche Veränderungen: „It is (...) open to human ingenuity and political action to convert crises into catalytic, though traumatic, moments in human progress, rather than letting them dissolve into barbarism (...). To seize the moment of crisis as the opportunity for creative revolutionary change, however, requires deep understanding of how crisis form and unfold.“ (Harvey 2001 [1985]: 316) Obwohl ihrer Form nach abstrakt, sind krisentheoretische Debatten für Harvey daher vor allem wegen ihrer strategischen Implikationen von Interesse: „If the primary contradictions are revealed, as Marx held, in the course of crisis, then it is to crisis theory that we must turn to get a political handle on what long-term strategies to pursue.“ (Harvey 2006 [1982]: xxiii)[9]

Bei der Umsetzung dieser Direktive folgt Harvey der Annahme, das soeben diskutierte „Gesetz“ des tendenziellen Falls der Profitrate müsse als „first-cut“ der Marxschen Krisentheorie verstanden werden und daher auch die Basis für alle weiterführenden Überlegungen bilden: „(...) Marx clearly regards the contradictions inherent in commodity production and exchange as basic to understanding crisis formation under capitalism. In this sense, the ‘first-cut’ theory of crisis is more than just a first ap-

8 Einen guten Überblick über die Geschichte (nicht nur) marxistischer Krisentheorien vermitteln z.B. Sablowski (2003), Clarke (1994) und Shaikh (1978).

9 Trotz dieser generellen Orientierung Harveys an politisch-strategischen Fragen bleiben die folgenden Ausführungen zu einem krisentheoretischen „first-cut“ – entsprechend der Abstraktionsebene seiner Argumentation – auf ökonomische Krisenprozesse beschränkt. Allerdings verweist er mehrmals auf die möglichen Folgen, welche letztere auf die Reproduktion der Klassenverhältnisse – zwischen Kapital und Arbeit sowie zwischen einzelnen Kapitalfraktionen – haben können (vgl. Harvey 2006 [1982]: 192, 201f.)

proximation. It reveals, rather, the underlying rationale for the evident instability of capitalism as a mode of economic and social organization." (ebd.: 192) Angesichts der im letzten Abschnitt ausgeführten Defizite des „Gesetzes" sowie des Umstands, dass Marx in seinen keineswegs immer konsistenten Ausführungen zum Thema Krise selbst eine Vielzahl unterschiedlicher Erklärungsansätze verfolgt, verweist die Bezeichnung „first-cut" jedoch gleichzeitig auch auf das Erfordernis, über diese erste, sehr abstrakte Ebene hinauszugehen und konkretere Krisendynamiken auszumachen – nicht zuletzt unter der Einbeziehung zeitlicher und räumlicher Aspekte.

Zunächst ist freilich die erstgenannte Dimension des „first-cut" von Bedeutung. So übernimmt Harvey in seinen krisentheoretischen Überlegungen von Marx und dessen „Gesetz" die theoretische Orientierung auf die Profitrate als dem zentralen Ziel kapitalistischer Produktion. Innerhalb des weiten Feldes der Krisentheorie positioniert er sich damit auf der Seite „produktionsseitiger" Ansätze. Diese versuchen kapitalistische Krisen ausgehend von den Verwertungsbedingungen, d.h. der Rentabilität des produktiven Kapitals zu erklären, statt sie, wie unterkonsumtionstheoretische Ansätze, zuallererst als Problem der Mehrwertrealisierung zu begreifen. Aus dieser Perspektive nimmt die im „Gesetz" zum Ausdruck kommende Spannung zwischen der Notwendigkeit zur Erhöhung der Produktivität und der Bedeutung menschlicher Arbeitskraft als der einzigen Quelle von Mehrwert realiter eine ganz bestimmte Gestalt an: den Überschuss von Kapital im Verhältnis zu profitablen Anlagemöglichkeiten, d.h. dessen Überakkumulation (vgl. Harvey 2006 [1982]: 192f.; Harvey 2001 [1985]: 315f.; s. auch Harvey 2006: 162, 164)

Diese Tendenz kann, so Harvey, nur unterbrochen und die Profitrate stabilisiert werden, indem ein Teil des überakkumulierten Kapitals entwertet wird, wodurch für das produktive Kapital neue Investitionsmöglichkeiten entstehen. Zwar haben Marx und nach ihm andere TheoretikerInnen eine Reihe von Möglichkeiten erkannt, wie dieser Prozess temporär auch ohne die Entstehung von Krisen vonstatten gehen kann – z.B. über steigende Arbeitsproduktivität, zunehmende Kapitalkonzentration oder eine Verstaatlichung spezifischer Sektoren (vgl. Harvey 2006 [1982]: 196ff.). Nichtsdestotrotz vollzieht sich die periodisch notwendige Entwertung früher oder später in Gestalt von Krisen, sind diese doch „(...) momentane gewaltsame Lösungen der vorhandenen Widersprüche, gewaltsame Erruptionen, die das gestörte Gleichgewicht für den Augenblick wiederherstellen." (Marx 1983 [1894]: 259) Als „(...) 'irrational rationalizers' within the capitalist mode of production" (Harvey 1989b: 70) stellen Überakkumulationskrisen somit nicht nur die konkrete Form dar, in welcher der grundlegende kapitalistische Widerspruch zwischen der Entwicklung der Produktivkräfte und den Produktionsverhältnissen zu Tage tritt.[10] Vielmehr

10 Nicht umsonst bezeichnet Harvey das Auftreten genuin kapitalistischer Überakkumulationskrisen als das zentrale Merkmal für die gesellschaftliche Durchsetzung der kapitali-

kommt ihnen auch eine zentrale Funktion für die Reproduktion des kapitalistischen Systems als Ganzes zu:

> „(...) [T]he general requirement for returning the system to some kind of equilibrium point is the destruction of the value of a certain portion of the capital in circulation so as to equilibrate the total circulating capital with the potential capacity to produce and realize surplus value under capitalist relations of production. Once the necessary devaluation has been accomplished, overaccumulation is eliminated and accumulation can renew its course, often upon a new social and technological basis. And so the cycle will run its course anew." (Harvey 2006 [1982]: 202)

Wenngleich das periodische Entstehen solcher Krisen demnach eine Notwendigkeit darstellt, kann ihre konkrete Gestalt Harvey zufolge beträchtlich variieren, je nachdem, welchen Charakter die Überakkumulation des Kapitals im Allgemeinen annimmt bzw. welcher Moment der Kapitalzirkulation betroffen ist. Diesbezüglich lassen sich schematisch vier Ausprägungen unterscheiden (Harvey 1989b: 62f.; vgl. leicht abweichend: 2006 [1982]: 195): *erstens* eine Überproduktion von Waren und also ein Überangebot am Markt; *zweitens* fallende Profitraten (als Unternehmensprofite in konkreten Preisgrößen und nicht im Sinne der abstrakten Konstruktion des „Gesetzes"); *drittens* überschüssiges Kapital in Form brach liegender Produktionskapazitäten oder Geldkapital ohne profitable Anlagemöglichkeiten; und schließlich *viertens* überschüssige Arbeit, d.h. Arbeitslosigkeit, eine wachsende industrielle Reservearmee oder steigende Ausbeutungsraten. Jeder dieser Möglichkeiten von Überakkumulation steht eine bestimmte Form der krisenhaften Entwertung gegenüber: Waren können unter Preis oder gar nicht verkauft werden, Unternehmen bankrott gehen, Geldkapital durch Inflation oder Kreditausfall vernichtet werden, das Einkommen und der Lebensstandard von ArbeiterInnen sinken usw. usf. (vgl. Harvey 2006 [1982]: 196; 2001 [1985]: 316).

Da diese unterschiedlichen Krisenphänomene im Konkreten ohnehin nur in vielfältigen Kombinationen auftreten[11], spricht Harvey häufig von einem gleichzei-

---

stischen als dominanter Produktionsweise. Dieser Zeitpunkt tritt demnach ein, „(...) when overaccumulation begins to grab hold of immediate production and consumption – when, in short, crises become clear manifestations of the internal contradictions of capitalism rather than being reasonably attributable to external circumstances of natural calamity (such as harvest failures) or social breakdown (wars of aggrandizement or internal civil and political strife)." (Harvey 1989c: 28) Als historische Referenz dient Harvey in diesem Zusammenhang die 1846/47 von Großbritannien ausgehende und sich anschließend auf fast ganz Europa erstreckende Finanz- und Wirtschaftskrise, die in den politischen Umbrüchen von 1848 ihre Ausläufer fand (vgl. ebd.: 80f.; 1989b: 260ff.).

11 Für eine weiterführende Differenzierung in „partielle" und „globale" sowie so genannte – sektorale oder geographische – „switching crisis", siehe Harvey (1989c: 70f.). Die Bedeutung solcher „switching crisis" für die zeitliche und räumliche Verlagerung überakkumulierten Kapitals wird in den Kapiteln 5.2.3 und 5.3.3 weiter ausgeführt.

tigen Überschuss von Kapital und Arbeit als der allgemeinsten Erscheinungsform von Überakkumulation. Zudem wendet er sich explizit gegen all jene Zugänge, die eines der genannten Phänomene zum Ausgangspunkt für eine allgemeine Krisentheorie machen. Derartige Versuche – die in der marxistischen Tradition am weitesten verbreiteten Zugänge fokussieren auf Unterkonsumtion, *profit-squeeze* oder eine empirisch gewendete Version des „Gesetzes" – würden zwar wichtige Aspekte erhellen. Gleichzeitig verblieben sie aber zu sehr auf der Ebene der Erscheinungen, um die Zusammenhänge zwischen den strukturellen Widersprüchen der kapitalistischen Produktionsweise und der Entstehung von Krisen hinreichend durchdringen zu können (vgl. Harvey 2006 [1982]: xxii ff.; 195f.).

Dass letzteres auf der Grundlage von Harveys Interpretation des Marxschen „Gesetzes" und seinen Überlegungen zu den Ursachen und Formen von Überakkumulationskrisen möglich scheint, ist ein zentraler Verdienst seiner Krisentheorie. Würde diese sich allerdings darin erschöpfen, hätte Harvey zwar gezeigt, wie und warum in der vom Imperativ der Kapitalakkumulation bestimmten kapitalistischen Produktionsweise periodisch Krisen entstehen müssen. Den konventionellen Rahmen marxistischer Krisentheorie hätte er damit indes ebenso wenig verlassen, wie erkennbar wäre, worin der Nutzen seiner Ausführungen für eine urbane Politische Ökonomie bestehen sollte. Demgegenüber zeichnet sich Harveys Zugang gerade dadurch aus, dass der bis hierhin rekonstruierte Teil lediglich der erste von insgesamt drei Momenten seiner Krisentheorie ist. Im Folgenden gilt es daher zu untersuchen, wie Harvey in Gestalt eines „second-" und „third-cut" nacheinander die Frage diskutiert, inwieweit Prozesse der zeitlichen und räumlichen Verschiebung überakkumulierten Kapitals dazu beitragen, den Kapitalismus trotz seiner inhärenten Krisentendenzen am Leben zu erhalten.

5.2 Zeitliche Verschiebung durch langfristige Investitionen

Die Idee, kapitalistische Krisentendenzen könnten durch eine Verschiebung von Überakkumulation *in der Zeit* abgeschwächt werden, ist zweifellos eine der bemerkenswertesten Innovationen von Harveys Werk. Diese Qualität verdankt sich indes weder einer systematischen Rekonstruktion der zeitlichen Aspekte in den Marxschen Schriften noch abstrakter Reflexionen darüber, wie „die" Zeit am besten in eine allgemeine Akkumulations- und Krisentheorie integrieren ließe. Vielmehr ist dieser krisentheoretische „second-cut" *ein* Ergebnis des Versuchs, den Zusammenhang zwischen den Dynamiken des Kapitalismus und jenen der Urbanisierung – einem *räumlichen* Phänomen – theoretisch und empirisch näher zu bestimmen. Als zentral erweist sich diesbezüglich das Modell unterschiedlicher Kapitalkreisläufe. Wie gezeigt (vgl. Kapitel 3.3.1, 4), findet die von Lefebvre stammende Typologie eines primären industriellen sowie eines sekundären, den Immobilienmarkt umfassenden Kapitalkreislaufs erstmals in *Social Justice* Erwähnung. In der Folge hat Harvey diese Idee adaptiert, um einen „tertiären" Kreislauf erweitert und an prominenter Stelle in seine krisen- und urbanisierungstheoretischen Überlegungen integriert. Hierbei lautet die grundlegende These, dass der Überschuss von Kapital und Arbeit, der aufgrund der Tendenz zur Überakkumulation im primären Kapitalkreislauf periodisch entsteht, durch Investitionen in langfristige Projekte im sekundären und tertiären Kapitalkreislauf (vor allem physische und soziale Infrastrukturen) temporär absorbiert und die Entstehung von Überakkumulationskrisen so verzögert werden kann (vgl. Harvey 2006 [1982]: 235ff., 398ff.; 1989b: 59ff.; 2001 [1985]).[12]

Angesichts der Gewichtung in Harveys konkreteren Arbeiten zum Thema Stadt und Urbanisierung sowie der dort bestehenden Verbindung zu Fragen der Rententheorie (vgl. Kapitel 6) wird dieses Modell in der Rezeption seines Werkes durchaus zurecht häufig auf den sekundären Kapitalkreislauf und hier insbesondere auf den Begriff der „gebauten Umwelt" reduziert. Unter dieser Bezeichnung subsumiert Harvey alle sozial produzierten, physisch-materiellen Elemente im Raum, also z.B. Fabriken, Bürogebäude, Wohnhäuser, Straßen, Eisenbahnlinien, Häfen, Einrichtungen der Energie- und Wasserversorgung, Schulen, Parks, Kirchen usw. usf., d.h. „(...) a vast, humanly created resource system, comprising use values embedded in the phyiscal landscape, which can be utilized for production, exchange and consumption." (Harvey 2006 [1982]: 233) Insofern all diese Elemente immobil sind, werden hier getätigte Investitionen nicht nur, wie bei allen anderen Komponenten des sekundären Kapitalkreislaufs, für einen langen Zeitraum, sondern auch räumlich gebunden. Dieses spezifische Charakteristikum wird indes erst hinsichtlich der geographischen Aspekte der kapitalistischen Akkumulations- und Krisendynamik tatsächlich schlagend (vgl. Kapitel 5.3). Da demgegenüber die Frage einer zeitlichen Verschiebung überakkumulierten Kapitals eine eigenständige, in der vorschnellen Gleichsetzung von sekundärem Kapitalkreislauf und gebauter Umwelt häufig übersehene bzw.

12 Jessop (2004; 2006) spricht bzgl. dieser Möglichkeit einer temporären Überwindung der kapitalistischen Krisendynamik von einem „temporal fix" (von engl. „to fix": „reparieren", „in Ordnung bringen"). Da Harvey selbst diesen Begriff wenn überhaupt, dann nur sehr sporadisch in seinen jüngeren Veröffentlichungen verwendet (vgl. z.B. Harvey 2003a: 183) und der von ihm stattdessen – in Hinblick auf räumliche Verschiebungen – geprägte Terminus des „spatial fix" ob einer verworrenen Rezeption ohnehin schon eine gesonderte Begriffsklärung notwendig macht (vgl. hierzu die Einleitung von Kapitel 5.3), bleibt Jessops Anregung im Folgenden zunächst unberücksichtigt. Welches Verhältnis zwischen der zeitlichen und räumlichen Dimension solcher Verschiebungen besteht und ob hierfür der von Harvey mittlerweile eingeführte Begriff des *spatio-temporal fix* trägt, wird in Kapitel 5.4 gesondert diskutiert.

missverstandene Problematik konstituiert, werden beide Aspekte im Folgenden getrennt voneinander diskutiert.

Daher beschränkt sich dieses Kapitel darauf, entlang von Harveys Argumentation aus *Limits* – die sich vor allem auf das achte Kapitel des Buches konzentriert (vgl. Harvey 2006 [1982]: 206ff.) – die (wert-)theoretische Basis seiner Idee einer zeitlichen Verschiebung überakkumulierten Kapitals offenzulegen und kritisch zu hinterfragen. Dies betrifft zuallererst die Darstellung der Zirkulation des fixen Kapitals als der theoretischen Grundlage, auf dem das Modell der Kapitalkreisläufe gründet (Kapitel 5.2.1). Daran anschließend wird unter Bezugnahme auf die sympathisierende Kritik von Bernd Belina entlang der einzelnen Komponenten des Modells nach dessen werttheoretischer Plausibilität gefragt, wobei zunächst das „fixe Kapital der selbstständigen Form" bzw. die so genannten „allgemeinen Produktionsbedingungen" im Zentrum der Betrachtung stehen (Kapitel 5.2.2). Im Anschluss erfährt mit dem „Konsumtionsfonds" eine weitere Komponente des sekundären sowie in Gestalt der „sozialen Infrastrukturen" der Kern des tertiären Kapitalkreislaufes eine genauere Analyse (Kapitel 5.2.3). Abschließend wird die Schaffung von „fiktivem" Kapital im Kredit- und Finanzsystem, die zuvor als wichtiges Element von Harveys Modell identifiziert wurde, näher beleuchtet und gezeigt, warum auch dieser Mechanismus Prozesse der krisenhaften Entwertung langfristig nicht verhindern kann (Kapitel 5.2.4).

5.2.1 Die Zirkulation des fixen Kapitals

Ihren werttheoretischen Ausgangspunkt haben Harveys Überlegungen zu einer „second cut"-Krisentheorie genau dort, wo – gemäß dem „first cut" – die strukturellen Ursachen für die kapitalistische Tendenz zur Überakkumulation liegen: in dem von Konkurrenz und Klassenkampf befeuerten Drang der KapitalistInnen zur Erhöhung der Arbeitsproduktivität mittels technologischer Neuerungen, d.h. der Ersetzung menschlicher Arbeitskraft durch den verstärkten Einsatz von Produktionsmitteln. Von zentraler Bedeutung sind hierbei die so genannten „Arbeitsmittel" wie Maschinen, aber auch Fabrikgebäude, Fahrzeuge oder Container. Aufgrund der „(...) eigentümlichen Weise, worin (...) [ihr] Wert zirkuliert" (Marx 1963 [1885]: 161), bezeichnet Marx diese Elemente des konstanten Kapitals als „fixes Kapital", welches er von „zirkulierendem" Kapital unterscheidet. Während der Wert bei letzterem – d.h. konkret der Arbeitskraft (variables Kapital) sowie Rohstoffen und Hilfsmitteln (dem anderen Teil des konstanten Kapitals) – im Produktionsprozess auf einmal vollständig auf das Produkt übertragen wird, geschieht dies bei fixem Kapital „(...) allmählich, bruchweis, im Maß, wie er von ihm auf das Produkt übergeht, das als Ware zirkuliert. Während seiner ganzen Funktionsdauer bleibt ein Teil seines Werts stets in ihm fixiert, selbstständig gegenüber den Waren, die es produzieren hilft." (ebd.: 159; vgl. Harvey 2006 [1982]: 204ff.; Heinrich 2004: 135f.; Belina 2010: 11ff.)

Obwohl ein großer Teil des fixen Kapitals – etwa Fabrikgebäude oder Hafen- und Eisenbahnanlagen – als gebaute Umwelt zugleich auch räumlich fixiert ist, wird mit dem Adjektiv „fix" hier also zunächst nicht die physische Immobilität eines Arbeitsmittels beschrieben. Statt solchermaßen über die stofflichen Eigenschaften erfolgt die Bestimmung über den konkreten Gebrauch im Produktionsprozess, weshalb ein Objekt je nach Verwendung in diese Kategorie fallen kann oder nicht. Als fixes Kapital werden demnach jene für die kapitalistische Mehrwertproduktion eingesetzten Arbeitsmittel bezeichnet, die, bis sie ausgedient haben, ihren Wert schrittweise, im Laufe mehrerer Kapitalumschläge, auf die von ihnen produzierten Waren übertragen. Da Investitionen in fixes Kapital infolgedessen nur in Etappen zurückfließen, sind diese lange gebunden und haben eine umfangreiche Amortisationszeit.[13]

Aufgrund der spezifischen Funktion fixen Kapitals im Produktionsprozess nimmt dessen Zirkulation zudem eine besondere Form an: „[F]ixed capital continues to circulate as value while remaining materially locked within the confines of the production process as a use value." (Harvey 2006 [1982]: 209) Daher hat die Lebenszeit eines Arbeitsmittels sowohl eine physische als auch eine ökonomische Komponente. Dies macht ihre Anschaffung, Nutzung, Instandhaltung und schließlich Ersetzung zu einem überaus komplexen und voraussetzungsvollen Prozess und lässt die Zirkulation fixen Kapitals zu einer analytischen Herausforderungen werden. Harvey zufolge ist hier insbesondere das Verhältnis von zirkulierendem zu fixem Kapital von Bedeutung, bedarf es für die Investitionen in neue Arbeitsmittel doch eines Überschusses an (Geld-)Kapital und Arbeit, d.h. zirkulierenden Kapitals. Ein derartiger Überschuss kann nicht nur durch Formen „ursprünglicher Akkumulation" entstehen, sondern auch und besonders durch Überakkumulation in der erweiterten, d.h. „regulären" Reproduktion des Kapitals – dem primären Kapitalkreislauf. Insofern diese zweite Möglichkeit – wie gezeigt – aufgrund des Widerspruchs zwischen der Entwicklung

13 Durch eine Beschleunigung der Produktion sowie – etwa im Fall von Transport- und Kommunikationsinfrastrukturen – des Kapitalumlaufs können solche Investitionen in Arbeitsmittel trotz ihrer eigenen Trägheit die Umschlagzeit des Kapitals insgesamt senken und so die Dynamik der Kapitalakkumulation erhöhen. Dies lässt eine widersprüchliche Konstellation entstehen: „A part of the circulation of capital slows down in order to promote accelerating turnover times of the remainder." (Harvey 2001 [1985]: 319) Angesichts der insgesamt jedoch keineswegs eindeutigen Effekte und der Gefahr einer begrifflichen Verwirrung erscheint es freilich wenig zielführend, die Zirkulation des fixen Kapitals, wie Harvey dies in *Geopolitics* (ebd.: 319ff.) oder manch anderem Text (vgl. Harvey 1989c: 82f., 189ff.) teilweise tut, *generell* ausgehend von der Tendenz zur Beschleunigung der Umschlagzeit – anstatt von der Notwendigkeit zur Erhöhung der Produktivität in der Produktion – zu denken. Insofern diese Beschleunigung maßgeblich auf der Überwindung räumlicher Barrieren durch Transport- und Kommunikationsinfrastrukturen beruht, wird dieser Aspekt – entsprechend der Argumentation in *Limits* – daher erst im nächsten Kapitel (5.3) diskutiert.

der Produktivkräfte und den kapitalistischen Produktionsverhältnissen regelmäßig auftritt, entsteht nach Harvey die paradoxe Situation, „(...) that the contradictions of accumulation produce the necessary preconditions for fixed capital formation on a periodic basis." (ebd.: 219)

Wenngleich die Transformation überakkumulierten Kapitals – zumal in seinen verschiedenen Erscheinungsformen als Waren- oder Geldkapital, Produktionskapazitäten oder Arbeit – in fixes Kapital de facto überaus voraussetzungsvoll ist und daher häufig krisenhaft verläuft (vgl. Kapitel 5.2.3 und Kapitel 6.1), wird an dieser Stelle sichtbar, worin die Grundidee von Harveys krisentheoretischem „second-cut" liegt (vgl. Harvey 2006 [1982]: 219ff.; 2001 [1985]: 316ff.): In dem Maße, in welchem Investitionen in fixes Kapital selbst einen Überschuss an Kapital und Arbeit zur Voraussetzung haben, bietet sie aufgrund der spezifischen, trägen Form, in welcher der Wert hier zirkuliert – und ihres infolgedessen langsamen Rückflusses –, umgekehrt auch die Möglichkeit, Überakkumulation temporär zu absorbieren und so die Entstehung von Krisen zu verzögern. Dieser Mechanismus einer zeitlichen Verschiebung – des „Parkens" überakkumulierten Kapitals – erzeugt indes neue Widersprüche: Langfristig wird durch die Investitionen in fixes Kapital die Produktivität weiter erhöht, wodurch sich die Überakkumulation verschärft und die Wahrscheinlichkeit für eine krisenhafte Entwertung erst recht zunimmt:

> „Since the employment of fixed capital means an increase in the productivity of labour, the switch from circulating to fixed capital can only exacerbate the problem of overaccumulation in the long run. A part of the fixed capital will be condemned to forced idleness through overaccumulation, and the fixed capital itself will undergo a devaluation. A short-run solution to problems of overaccumulation exacerbates the difficulties in the long run and puts part of general burden of periodical devaluations upon fixed capital." (Harvey 2006 [1982]: 219)

Die Investitionen in fixes Kapital sind nach Harvey also nicht nur außer Stande, die strukturellen Widersprüche der kapitalistischen Produktionsweise langfristig zu lösen. Vielmehr wird parallel zur Gefahr einer Verschärfung von Überakkumulationstendenzen gerade jenes Charakteristikum, welches das fixe Kapital als temporäre Senke für überakkumuliertes Kapital prädestiniert, selbst zur Quelle neuer Krisentendenzen: seine lange Amortisationszeit. Weil diese den Produktionsprozess an das zum Zeitpunkt der Investitionen herrschende technologische und organisatorische Niveau bindet, schränkt sie die für den Kapitalismus lebensnotwendige Flexibilität ein und behindert so weitere Innovationen: „Fixed capital, which apperars from the standpoint of production as the pinnacle of capital's success, becomes, from the standpoint of the circulation of capital, a mere barrier to further accumulation." (ebd.: 238) Dafür, dass die Barriere immer wieder aufs Neue überwunden wird, sorgen innerkapitalistische Konkurrenz und Klassenkampf, welche die einzelnen KapitalistInnen dazu zwingen, periodisch neue, produktivere Technologien einzuführen. Dies hat jedoch den Preis, dass Elemente des fixen Kapitals vor Ablauf ihrer – langen – Amortisationszeit ersetzt werden müssen, was eine Entwertung der zuvor getätigten Investitionen bedeutet. In diesem Sinne impliziert die widersprüchliche Art und Weise, in der fixes Kapital zirkuliert, Harvey zufolge notwendigerweise Prozesse, die sich im Anschluss an Marx und Joseph Schumpeter als „schöpferische Zerstörung" bezeichnen lassen (vgl. Harvey 1989b: 191ff.).

Wo das Verhältnis von Innovation und Stabilität nicht einer rationalen Planung – etwa durch staatliche Regulierungen, Patent- und Lizenzrechte oder Monopolbildung –, sondern dem freien Spiel der Marktkräfte unterliegt, kommt es daher regelmäßig zu schweren Krisenprozessen. Die unkontrollierte Entwertung von Elementen des fixen Kapitals, die dabei auftritt, sowie die daraus für einzelne KapitalistInnen erwachsende Möglichkeit, Arbeitsmittel unter ihrem eigentlichen Wert aufzukaufen und bis zum Ende ihrer physischen Lebenszeit weiter zu nutzen, formen für Harvey zwar eine wichtige Gegenbewegung zum tendenziellen Fall der Profitrate (vgl. Harvey 2006 [1982]: 222ff.). Einen Ausweg aus der Instabilität und Krisenhaftigkeit kapitalistischer Akkumulation weisen sie indes nicht. Stattdessen werden diese auf einer neuen Stufenleiter reproduziert.

5.2.2 Das Modell der Kapitalkreisläufe – werttheoretisch plausibel?

Bis hierhin verbleibt die These einer zeitlichen Verschiebung überakkumulierten Kapitals durch langfristige Investitionen auf einer äußerst abstrakten, im engeren Sinne werttheoretischen Ebene und ohne konkreten Bezug zur politischen Ökonomie kapitalistischer Urbanisierung. Dies ändert sich, sobald Harvey in *Limits* die unterschiedlichen Komponenten des fixen Kapitals Schritt für Schritt genauer untersucht, um daraus den Begriff des sekundären Kapitalkreislaufs zu entwickeln. Letzterer wird dabei bestimmt als „(…) the totality of processes whereby capital circulates through fixed capital and consumption fund formation and use (…)" (Harvey 2006 [1982]: 236).

Mit Blick auf diese Prozesse stellt sich die Frage, ob das von Harvey anhand der Zirkulation des fixen Kapitals im Prozess der Mehrwertproduktion entwickelte Modell einer zeitlichen Verschiebung überakkumulierten Kapitals für die einzelnen Komponenten dieses sekundären – sowie in weiterer Folge auch des tertiären – Kapitalkreislaufs überhaupt vollständig trägt. Dies zieht insbesondere Belina, der Harveys Theorie ansonsten überaus positiv rezipiert, in Zweifel. In seinen Augen besteht die zentrale theoretische Schwäche von Harveys Modell der Kapitalkreisläufe darin, jenseits von Elementen, die in den Verwertungsprozess eingehen und somit tatsächlich als Kapital zirkulieren, auch Phänomene miteinzubeziehen, „(…) die keine Momente des Kapitalkreislaufs sind, sondern Abzüge vom Mehrwert darstellen." (Belina 2010: 16; vgl. 2006: 281, Fn. 6) Im Folgenden gilt es daher zu klären, inwieweit diese Kritik plausibel ist – ob Harvey den Begriff des Kapital*kreislaufes* also tatsächlich überstrapaziert – bzw. in welchem Maß es das Modell erlaubt, mögliche Schwächen immanent, d.h. im Rahmen Harveys eigener Argumentationslogik, zu überwinden.

Hinsichtlich der ersten Variante des fixen Kapitals, die Harvey in *Limits* näher beleuchtet, ist die Frage nach der Adaptierbarkeit des Modells zeitlicher Verschiebung dabei vergleichsweise einfach zu beantworten. Wie Belina (2010: 13f.) selbst konstatiert, wird bei fixem Kapital „von großem Umfang und langer Lebensdauer" – also z.B. spezielle Maschinen oder Fabrik- und Bürogebäude – der generelle Funktionsmechanismus fixen Kapitals lediglich in besonderem Maße wirksam (vgl. Harvey 2006 [1982]: 224ff.). Demnach unterliegt diese Form fixen Kapitals häufig einem langwierigen, überaus kapitalintensiven Produktionsprozess und bindet in der Folge ob seines trägen Umschlags große Mengen überakkumulierten Kapitals über lange Zeiträume. Daher ist es mehr noch als andere Formen fixen Kapitals als Senke geeignet. Gleichzeitig unterliegen Investitionen in diesen Typ fixen Kapitals jedoch auch umfangreicheren Voraussetzungen und Unsicherheiten: Die Notwendigkeit, im Zuge der Produktion über eine längere Phase große Mengen Kapitals vorzuschießen und das aufgrund der langen Amortisierungszeit hohe Risiko einer Entwertung machen Harvey zufolge den Rückgriff auf das Kredit- und Finanzsystem erforderlich und lassen die Auslagerung mancher dieser Investitionen auf den (lokalen) Staat opportun erscheinen.

Nicht zuletzt wegen der beiden letztgenannten Aspekte weist das fixe Kapital „von großem Umfang und langer Lebensdauer" gewisse Überschneidungen mit dem zweiten von Harvey thematisieren Typ fixen Kapitals auf: dem „der selbstständigen Form" (vgl. Harvey 2006 [1982]: 226ff.; s. auch Belina 2010: 14ff.; Harvey 2003a: 209, Fn. 4; Wissen 2011: 52; Läpple 1973: 97ff.). So nennt Harvey im Anschluss an eine Passage in den *Grundrissen* jenen Teil des fixen Kapitals, welcher nicht unmittelbar als Produktionsinstrument fungiert, sondern „(...) als allgemeine Bedingung für die Produktionsprozesse, wie Baulichkeiten, Eisenbahnen etc." (Marx 1983 [1858]: 633) Zwar werden manche dieser Produktionsbedingungen – z.B. ein Fabrikgebäude – von KapitalistInnen allein für den Eigengebrauch produziert oder gekauft, womit diese innerhalb eines spezifischen Produktionsprozesses eingeschlossen sind und im herkömmlichen Sinne als fixes Kapital gelten können. In Gestalt von Industrieparks, Transport- und Kommunikationssystemen oder (Ab-)Wassersystemen wird das Gros dieser Bedingungen als „(...) verbindende Ader einer Masse solcher Produktionsprozesse besondrer Kapitalien (...)" (ebd.: 620) von diesen jedoch kollektiv sowie zum Teil nur zeitweilig oder partiell genutzt, weshalb die Bereitstellung dieser „allgemeinen Produktionsbedingungen" im Regelfall durch jemand anderen als die kapitalistischen ProduzentInnen selbst erfolgt. Diesen Sachverhalt nimmt Harvey (vgl. 2006 [1982]: 226f.) zum Ausgangspunkt, um den spezifischen Modus zu erläutern, in dem das „fixe Kapital der selbstständigen Form" zirkuliert. Hierfür sei entscheidend, dass das produzierende Kapital den Gebrauchswert dieser allgemeinen Produktionsbedingungen für einen bestimmten Zeitraum erwerbe und im Gegenzug eine Miete bzw. Nutzungsgebühr entrichte. Das so entstehende Leihgeschäft weise das „fixe Kapital der selbstständigen Form“ als materielles Äquivalent von zinstragendem Geldkapital aus. Mit dieser Argumentation stützt sich Harvey vor allem auf eine Textpassage aus dem dritten Band des *Kapitals*, in der es heißt:

> „Gewisse Waren können der Natur ihres Gebrauchswerts nach immer nur als fixes Kapital verliehen werden, wie Häuser, Schiffe, Maschinen usw. Aber alles verliehene Kapital, welches immer seine Form und wie die Rückzahlung durch die Natur seines Gebrauchswerts modifiziert sein mag, ist immer nur eine bestimmte Geldsumme, und auf diese Summe wird denn auch der Zins berechnet. Ist das, was ausgeliehen wird, weder Geld noch zirkulierendes Kapital, so wird es auch zurückgezahlt in der Weise, wie fixes Kapital zurückfließt. Der Verleiher erhält periodisch Zins und einen Teil des verbrauchten Werts des fixen Kapitals selbst, ein Äquivalent für den periodischen Verschleiß.“ (Marx 1983 [1894]: 356)

Da der Abzug durch den Zins – als Profit für den Verleiher – kleiner ist als der mit Hilfe dieses fixen Kapitals generierte Mehrwert und eine solche Leihe gleichzeitig auch den relativen Kapitaleinsatz für die einzelnen KapitalistInnen verringert, kann der Einsatz „fixen Kapitals der selbstständigen Form“ Harvey zufolge dem Fall der Profitrate entgegenwirken – sowohl in der allgemeinen Tendenz des „Gesetzes“ als auch konkret für einzelne KapitalistInnen. Während Investitionen in diesen Typ des fixen Kapitals demnach also über eine bloße zeitliche Verschiebung hinaus noch ein zusätzliches Potential zur Stabilisierung des Akkumulationsprozesses entfalten (vgl. auch Harvey 2006 [1982]: 198f., 271), sind sie, so Harvey weiter, umgekehrt auch in besonderem Maß auf ein funktionierendes Kreditsystem und adäquate Organisationsformen – vor allem Aktiengesellschaften – angewiesen. Zudem berge aufgrund der spezifischen Nutzungsstruktur die Wertrealisierung hier besondere Risiken (vgl. ebd.: 227ff.).

Wenn Harvey diese Erläuterung zum „fixen Kapital der selbstständigen Form“ mit dem entschuldigenden Hinweis beendet, Marx’ Ausführungen zu dieser Thematik seien nicht weit genug entwickelt, dann ist dies freilich nur die halbe Wahrheit. Gerade weil er selbst die – mit der (weiter-)entwickelten Begrifflichkeit aus dem *Kapital* keineswegs immer konsistenten (vgl. Belina 2010: 14f.; Läpple 1973: 121ff.), aber eben doch vorhandenen – Überlegungen von Marx aus den *Grundrissen* an dieser Stelle nur sehr selektiv rezipiert, lässt sich dieses Urteil vielmehr auch über Harveys eigene Betrachtungen fällen. Deren unbefriedigende Ausarbeitung macht denn auch Belina (vgl. 2010: 14f.), der sich dabei stark auf Dieter Läpples detaillierte Studie zum *Begriff der allgemeinen materiellen Produktionsbedingungen* stützt (vgl. Läpple 1973: 144ff.), zum Ausgangspunkt seiner oben bereits angedeuteten Kritik. Er bemängelt, es bleibe „(...) immer wieder unklar, ob Harvey jede Form der ‘allgemeine[n] Bedingung[en] für die Produktionsprozesse’ (...) als ‘fixes Kapital des selbstständigen

Typs' [= 'der selbstständigen Form'; F.W.] versteht, oder ob er diese Formulierung auf tatsächlich kapitalistisch erstellte und betriebene allgemeine Produktionsbedingungen beschränkt." (ebd.: 14) Da diese Differenzierung für Belinas Einschätzung der (Un-)Gültigkeit von Harveys Modell der Kapitalkreisläufe von entscheidender Bedeutung ist, bedarf es hier eines detaillierteren Blicks.

Zu diesem Zweck erscheint es produktiv, sich zunächst noch einmal den Modus zu vergegenwärtigen, in dem das „fixe Kapital der selbstständigen Form" Harvey zufolge generell zirkuliert – als materielles Äquivalent zinstragenden Geldkapitals. Diese Bestimmung korrespondiert ganz offensichtlich genau mit den von Marx in den *Grundrissen* anhand des Wegebaubeispiels angeführten Bedingungen dafür, dass die allgemeinen Produktionsbedingungen im Sinne der „höchste[n] Entwicklung des Kapitals" privatwirtschaftlich, d.h. „aus dem Kapital als Kapital" (Marx 1983 [1858]: 438) hergestellt und betrieben werden. Neben einer entsprechenden Nachfrage nennt Marx hier eine im Zuge von Konzentrations- und Zentralisationsprozessen zustande kommende Mindestgröße des investierenden Kapitals sowie die Erwartung, dass dieses „(...) *Zinsen*, nicht daß es *Profit* bringt (...)", bzw. es „(...) mit Zins vorliebnimmt." (ebd.: 436) Dies hat zum einen die Existenz von Aktienkapital – in dessen Gestalt „(...) das Kapital sich durchgearbeitet hat zu seiner letzten Form (...)" (ebd.) – und zum anderen eine Situation niedriger Profitraten zur Voraussetzung. Dass damit eben jene Parameter benannt sind, die nach Harvey eine Verlagerung in den sekundären Kapitalkreislauf anstoßen, verdeutlicht implizit Läpple (1973: 187), der argumentiert, die allgemeinen Produktionsbedingungen würden

> „(...) erst dann zu Anlagesphären des Kapitals, wenn dieses im Bereich der besonderen Produktionsbedingungen keine profitablen Anlagesphären mehr findet. Dies setzt voraus, daß die mit der Steigerung der Produktivkraft der Arbeit gewachsene organische Zusammensetzung des Kapitals die industrielle Profitrate soweit gedrückt hat, daß nun das Kapital in der Form des Aktienkapitals auch mit der niedrigen Verwertung im Bereich der allgemeinen Produktionsbedingung vorlieb nimmt."

Jenseits der von Marx in den *Grundrissen* ebenfalls ungenügend beantworteten bzw. ausgeklammerten Frage, wie dieser Verwertungsprozess beim privatwirtschaftlichen Betrieb der allgemeinen Produktionsbedingungen ganz konkret organisiert ist und welche Bedeutung dabei z.B. den anfallenden (Betriebs-)Kosten zukommt (vgl. ebd.: 124ff.; Belina 2010: 15), entspricht Harveys Analyse bisher hierhin offenkundig ziemlich genau der Marxschen Vorstellung von einer voll entwickelten kapitalistischen Produktionsweise. Dass das „fixe Kapital der selbstständigen Form" sich analog zu zinstragendem Geldkapital verwertet und, vermittelt über das Kredit- und Finanzsystem, mit dessen Zirkulation aufs engste verknüpft ist – und eben nicht aus ihr herausfällt –, lässt, wie Belina (2010: 15f.) zugesteht, die Rede von einem Kapital*kreislauf* im Fall der Bereitstellung der allgemeinen Produktionsmittel durch das Privatkapital also sehr wohl plausibel erscheinen.

Dem steht freilich der Umstand gegenüber, dass die Produktion und der Betrieb der allgemeinen Produktionsbedingungen auch im entwickelten Kapitalismus häufig nicht privatwirtschaftlich, sondern durch den Staat bzw. im staatlichen Auftrag erfolgt. Während Harvey auf diese Möglichkeit in seiner Diskussion des „fixen Kapitals der selbstständigen Form" in der dargestellten Passage tatsächlich überhaupt nicht eingeht, nennt er sie an anderen Stellen von *Limits* (vgl. z.B. Harvey 2006 [1982]: 150f., 198f., 264ff., 395ff.) sowie in weiteren Texten (vgl. z.B. Harvey 2001 [1985]: 321ff.; 1989b: 64ff.) im selben Atemzug mit der Bereitstellung „aus dem Kapital als Kapital". Dies erscheint zunächst insofern nachvollziehbar, als, wie Läpple (1973: 153ff.) betont, die staatliche Erstellung der allgemeinen Produktionsbedingungen umfassende Geldmittel sowie, im Sinne eines Arbeitsbeschaffungsprogramms, eine große Zahl von (überschüssigen) ArbeiterInnen über lange Zeiträume bindet und auf diesem Weg zugleich die Produktivität der Arbeit erhöht wird – womit zentrale Annahmen Harveys zur Wirkung der Kapitalkreisläufe erfüllt sind. Allerdings werden die entsprechenden staatlichen Ausgaben in Form von Steuern, Abgaben etc. aus der gesellschaftlichen Revenue bezahlt. Infolgedessen gelten sie Läpple als Abzug aus dem Profit des Gesamtkapitals bzw. als „unproduktiv", weil der in den allgemeinen Produktionsbedingungen vergegenständlichte Wert bei ihrem Betrieb durch den Staat entweder ganz aus der Zirkulation herausfällt oder zumindest kein neuer Mehrwert produziert wird, je nachdem, ob diese Bedingungen unentgeltlich oder gegen eine Nutzungsgebühr bereitgestellt werden (vgl. ebd.: 144ff.).

Diese Diagnose wird nun von Belina aufgegriffen und zur These verdichtet, im Fall einer staatlichen Bereitstellung der allgemeinen Produktionsbedingungen finde kein Verwertungsprozess statt, weshalb entsprechende öffentliche Investitionen nicht Teil eines sekundären Kapital*kreislaufs* sein und folglich auch nicht als „Wertparkplatz" für überakkumuliertes Kapital fungieren könnten (vgl. Belina 2010: 15). Um diesen Einwand hinreichend bewerten zu können, wäre ein Rückgriff auf die vor allem in den 1970er und 1980er Jahren kontroversiell geführten – und meines Wissen bisher leider noch kaum rekonstruierten – Debatten um die werttheoretischen Implikationen staatlicher Ausgaben notwendig, was den Rahmen der Darstellung zweifellos sprengen würde.[14] Eine Diskussion wird zudem dadurch erschwert, dass Harvey diese Implikationen selbst nur an sehr wenigen Stellen andeutet. Dort scheint er jedoch davon auszugehen, dass im Zuge der staatlichen Bereitstellung der allgemeinen Produktionsbedingungen sehr wohl Mehrwert erzeugt werde (vgl. z.B. Harvey 2006 [1982]: 199) bzw. öffentliche Investitionen generell über die effektive Nachfrage, die sie anstoßen, in den Kapitalkreislauf eingebunden bleiben (vgl. ebd.: 400f.).

---

14 Einen kurzen Überblick über unterschiedliche Positionen in dieser Debatte vermitteln z.B. Clarke (1991: 21ff.) und Folin (1981).

Jenseits solcher Spezialdiskussionen oder der von Harvey in der letztgenannten Passage sowie in seinen historisch konkreteren, insbesondere auch jüngeren Texten genutzten Möglichkeit, die werttheoretische Ebene zugunsten eines allgemeineren Begriffs „produktiver“ Investitionen weitgehend zu verlassen (vgl. Kapitel 5.2.3), eröffnet Harveys Theorie freilich noch eine weitere Option, öffentliche Investitionen als Teil von Kapitalkreisläufen zu konzipieren. Diese wird von Belina selbst angedeutet, wenn er gegen Ende seiner Kritik an Harvey argumentiert, Investitionen in die gebaute Umwelt im „Konsumtionsfonds“, in „soziale Infrastrukturen“ sowie den „tertiären Kapitalkreislauf“ bedeuteten „(...) [i]m Kapitalkreislauf i.e.S. (...) Abzüge vom sich verwertenden Wert, die keine Momente eines Kapitalkreislaufs konstituieren, sondern verschiedene Ausgänge aus ihm – *außer* sie stiften, etwa über Staatsverschuldung, eine neue, abgeleitete Zirkulationssphäre für diese Abzüge.“ (ebd.: 17; Herv. F.W.) Der Zusammenhang zwischen dem Kredit- und Finanzsystem – als konkreter Form dieser abgeleiteten Zirkulationssphäre – und langfristigen Investitionen in physische und soziale Infrastrukturen, die bei Belina an dieser Stelle als erst noch zu analysierender Sonderfall erscheint, hat Harvey immer wieder in Zentrum seiner urbanen Politischen Ökonomie gerückt (vgl. z.B. Harvey 2006 [1982]: 237f., 264ff., 395ff.; 2001 [1985]: 319ff.). Angesichts des Gewichts, das Harvey dieser Thematik beimisst, liegt es auf der Hand, in diesem Zusammenhang einen zentralen Schlüssel für das Verständnis des Modell der Kapitalkreisläufe zu suchen. Deren Gültigkeit bemisst sich daher, so die hier vertretene These, auf einer werttheoretischen Ebene nicht in erster Linie, wie von Belina suggeriert, an der Frage, ob bestimmte Komponenten tatsächlich Mehrwert produzieren, sondern daran, ob die im sekundären und tertiären Kapitalkreislauf getätigten Investitionen vermittelt über das Kredit- und Finanzsystem in diese eingebunden bleiben.[15]

Diese Deutung soll nun anhand von Harveys Analyse des Konsumtionsfonds – das neben den verschiedenen Komponenten des fixen Kapitals zweite wichtige Element des sekundären Kapitalkreislaufs – sowie der sozialen Infrastrukturen, die ihm zufolge einen tertiären Kapitalkreislauf bilden, veranschaulicht werden. Da letztere mehrheitlich durch den Staat bereitgestellt werden und Harvey dessen Rolle hier eingehender thematisiert als zuvor, erlaubt es die folgende Diskussion zudem, einige der im Zusammenhang mit den allgemeinen Produktionsbedingungen bereits angeschnittenen Fragen noch einmal aufzugreifen und zu präzisieren.

15 Davon zu unterscheiden ist die Frage, aufgrund welcher Anreize sich individuelle Kapitale entscheiden, in Elemente dieser Kreisläufe zu investieren. Ob Harveys Argumentation diesbezüglich plausibel ist, wird in den Kapiteln 6.2 und 6.3 im Zusammenhang mit seiner Analyse spekulativer Stadtentwicklung diskutiert.

5.2.3 Konsumtionsfonds und tertiärer Kapitalkreislauf

Indem Harvey den Konsumtionsfonds als Bestandteil des sekundären Kapitalkreislaufs fasst, erweitert er sein Modell über die Sphäre der Produktion hinaus. Letzterer bleibt dabei allerdings der theoretische Orientierungspunkt. Analog zur Bestimmung der Arbeitsmittel als fixes Kapital bezeichnet der Konsumtionsfonds daher die Summe jener Waren, die nicht direkt konsumiert werden, sondern als langlebige „Konsumtionsmittel“ fungieren: „They include items as diverse as cutlery and kitchen utensils, refrigerators, television sets and washing maschines, houses, and the various means of collective consumption such as parks and walkways.“ (Harvey 2006 [1982]: 229) Weil auch hier der konkrete Gebrauch und nicht die stoffliche Eigenschaft über die Zuordnung entscheidet, können Objekte sowohl zwischen den Kategorien fixes Kapital und Konsumtionsfonds hin und her wechseln (etwa im Fall von Loftwohnungen in alten Industriegebäuden), als auch, wie z.B. Straßen, beiden zugleich angehören. Dennoch besteht zwischen beiden Kategorien ein immenser Unterschied: Da fixes Kapital im Zuge seiner Nutzung Wert überträgt, bleibt es Teil der Kapitalzirkulation. Demgegenüber fallen Waren aus dieser heraus, sobald sie dem Endverbrauch zugeführt werden: „Als Arbeitsvieh ist ein Ochse fixes Kapital. Wird er gegessen, so fungiert er nicht als Arbeitsmittel, also auch nicht als fixes Kapital.“ (Marx 1963 [1885]: 160) Diese Differenz wird nun von Belina gegen Harveys These in Anschlag gebracht, der Konsumtionsfonds wäre Teil des sekundären Kapitalkreislaufs und könne daher eine Senke für überakkumuliertes Kapital darstellen:

> „Der Konsumtionsfonds garantiert als zahlungskräftige Nachfrage zwar aus der Sicht des Kapitals Teile der Metamorphose W' – G' und ist insofern ein Moment des Geldkapitalkreislaufes. Jedoch wird der Gebrauchswert der erworbenen Ware in der Konsumtion nicht produktiv, sondern einfach nur konsumiert. (...) Die von Privaten gekauften und vernutzten Waren inkl. der gebauten Umwelt und langlebiger Konsumgüter (...) sind kein zirkulierender Wert.“ (Belina 2010: 17)

Mit dieser Argumentation kann sich Belina direkt auf Marx berufen, der im zweiten Band des *Kapitals* betont, aus seinen Ausführungen zu räumlich gebundenem fixen Kapital folge keineswegs „(...) daß unbewegliche Dinge als solche ohne weiteres fixes Kapital sind; sie können als Wohnhauser etc. dem Konsumtionsfonds angehören und also überhaupt nicht zum gesellschaftlichen Kapital gehören (...)“ (Marx 1963 [1885]: 212). Angesichts einer derartig unmissverständlichen Position von Marx überrascht es nicht, dass Harvey – und dies wird in Belinas Kritik unterschlagen – mit dessen Einschätzung zunächst vollkommen d'accord geht, indem er ebenfalls den zentralen Unterschied zwischen fixem Kapital und Konsumtionsfonds hervorhebt: „A commodity (...) disappears from circulation when it is sold to the final consumer and the value equivalent of the commodity is returned to the capitalist in money form. (...) [It] no longer function[s] as capital in motion. In this regard, there is a crucial difference between the continued use of fixed capital (which keeps value circulating as capital) and the continued use of consumption fund items." (Harvey 2006 [1982]: 230) Folgerichtig gesteht er ein: „If this was all there were to the matter, then we could cheerfully leave the question of the consumption fund to one side." (ebd.)

Dass es demgegenüber gerade nicht sinnvoll ist, den Konsumtionsfonds im Zusammenhang mit dem sekundären Kapitalkreislauf außer Acht zu lassen, liegt nach Harvey an der spezifischen Form, in der dieser im Kapitalismus realiter verfasst ist: Da eine Vielzahl der Mittel für den privaten Konsum – z.B. Autos und Häuser, aber auch teure Elektrogeräte – bei ihrem Erwerb eine derart umfangreiche Investition erfordern, dass ein direkter Kauf aus den Mitteln des Lohns kaum möglich ist, beruht der Konsumtionsfonds zu großen Teilen auf Kreditfinanzierung und Miete – d.h. de facto auf einem ausdifferenzierten System von KonsumentInnenkrediten, Hypothekenbanken, staatlichen Institutionen usw. Infolgedessen ist dieser in den Zirkulationsprozess des zins- (und renten-) tragenden Kapitals integriert, weshalb viele Objekte auch dann ihre Warenform behalten, wenn sie eigentlich für den Endkonsum bestimmt sind:

> „Money is lent out against the future revenues of those who use the consumption fund item. The item acts as a security for the loan, which means that it must retain its commodity character as a potentially marketable material use. If the borrower defaults on the payments, then the lender must be able to re-posses the commodity and offer it for sale upon the market. The formation of a second hand market in many consumption fund items (houses, automobiles, etc.) is a necessary corollary to debt financing of their purchase." (ebd.: 230f.)

Unter den Bedingungen einer weitgehenden Ökonomisierung bzw. Finanzialisierung wichtiger Elemente des Konsumtionsfonds – und der an dieser Stelle noch gar nicht thematisierten Verwandlung von Grundeigentum bzw. Immobilien in eine „reine Finanzanlage" (vgl. Kapitel 6.3) – markiert dieser Fonds somit, anders als Belina argumentiert, keinen Ausgang aus der Kapitalzirkulation, sondern bleibt in diese eingebunden: „Capital can and does circulate within and through the consumption fund. To the degree that money capital penetrates, so the instruments of consumption take on the form of stored commodity capital. The rules of circulation of capital within the consumption fund become an important aspect to the circulation of capital in general." (ebd.: 231) Trotz der spezifischen Muster, welche die Kapitalzirkulation hier annimmt – Harvey nennt als Alleinstellungsmerkmale unter anderem den großen Einfluss von Moden, Prestige und Statusdenken auf die Lebenszeit eines Objekts –, ist der Konsumtionsfonds daher den gleichen ökonomischen (Krisen-)Dynamiken unterworfen wie fixes Kapital. Weil die Kredit- und Hypothekenfinanzierung vieler privater Konsumtionsmittel deren Verfügbarkeit davon abhängig macht, ob es für das Geldkapital attraktiv scheint, in entsprechende Angebote zu investieren, wird die Frage nach überschüssigem Kapital auch hier zur entscheidenden Determinante:

„The cyclical impulses that derive from the tendency towards overaccumulation are therefore as active in consumption fund formation as they are with respect to investment in fixed capital." (ebd.) Wenn der Konsumtionsfonds somit, vermittelt über das Kredit- und Finanzsystem, überakkumuliertes Kapital temporär absorbieren kann, dann weist ihn dies, wie von Harvey angenommen, als Teil des sekundären Kapitalkreislaufs aus.

Diese Einschätzung beruht bis hierhin auf der Annahme, der Konsumtionsfonds würde privatwirtschaftlich bereitgestellt. Allerdings betont Harvey, dass dieser aufgrund der zentralen Bedeutung des Konsums für die Reproduktion der Ware Arbeitskraft häufig direkter staatlicher Einflussnahme ausgesetzt ist. Obwohl er folgerichtig die – größtenteils staatlich bereitgestellten – Mittel der kollektiven Konsumtion (wie Parks, Schwimmbäder oder Straßen) explizit als Teil des Konsumtionsfonds fasst, wird dieser wichtige Aspekt von ihm an dieser Stelle jedoch leider nicht weiter ausgeführt. Die entsprechende Diskussion erfolgt in *Limits* erst im Zusammenhang mit jenen „sozialen Infrastrukturen", „(...) which support life and work under capitalism (...)" (ebd.: 398) Unter diesem sehr allgemeinen Begriff fasst Harvey so unterschiedliche Bereiche wie Wissenschaft, Technologie, Forschung, Verwaltung, Gesundheit, Bildung, soziale Sicherungssysteme, Kultur oder auch Polizei und Militär – also genau jene Elemente, die er anderswo ob des langen Zeithorizonts entsprechender Investitionen als „tertiären Kapitalkreislauf" bezeichnet (vgl. Harvey 1989b: 65ff.). In *Limits* werden sie demgegenüber nicht unmittelbar in Hinblick auf die Möglichkeit einer *zeitlichen* Verschiebung überakkumulierten Kapitals verhandelt, sondern unter der Überschrift „Territorialität" erst im Kontext der Produktion *räumlicher* Konfigurationen (vgl. Harvey 2006 [1982]: 398ff.; siehe auch Kapitel 5.3.1).

Nichtsdestotrotz lassen sich an dieser Stelle noch einmal weiterführende Einsichten in Harveys Modell der Kapitalkreisläufe gewinnen. Dass dieses hinsichtlich der sozialen Infrastrukturen überhaupt trägt, wird von Belina entlang der bereits bekannten Argumente in Zweifel gezogen: Zwar würde bei den zumeist staatlichen Investitionen in solche Infrastrukturen Geld veräußert, allerdings nicht als Kapital, d.h. mit dem Ziel der Verwertung, „(...) weshalb sie, gegen Harvey, nicht Teil eines Kapitalkreislaufes sind." (Belina 2010: 17) Demgegenüber unterstreicht Harvey zwar die starke, historisch vermittelte Eigengesetzlichkeit sozialer Infrastrukturen gegenüber dem Kapitalverhältnis und seinen Anforderungen. Zugleich lässt er jedoch keinen Zweifel daran, dass diese Infrastrukturen aus seiner Perspektive doch im Kontext der Kapitalzirkulation betrachten werden müssen: „The circulation of values through social infrastructur is (...) a moment in this total process." (Harvey 2006 [1982]: 400) Zur Begründung dieser These führt Harvey neben der bereits angedeuteten, werttheoretisch aber zumindest diskussionswürdigen Annahme, die Erhebung staatlicher Steuern zur Finanzierung sozialer Infrastrukturen entziehe dem

Kapital zwar Wert, dies würde durch eine steigende effektive Nachfrage allerdings wieder ausgeglichen, noch ein weiteres Argument an. Demnach sind Investitionen in soziale Infrastrukturen deshalb ein wichtiger Moment innerhalb des Prozesses der Kapitalzirkulation, weil sie potentiell „produktiv" sind. Statt wie zuvor bei Läpple oder auch Belina bezieht sich dieser Begriff, darauf weist Harvey explizit hin (vgl. ebd.: 401), hier nicht auf die Frage direkter Mehrwertproduktion – eine solche findet ihm zufolge im Fall der sozialen Infrastrukturen tatsächlich nicht statt. Vielmehr soll die Bezeichnung, ganz im Sinne des wirtschaftswissenschaftlichen Theorems der „produktiven Staatsausgaben", deutlich machen, dass solche Investitionen langfristig die Produktivität der Arbeit erhöhen und die Bedingungen für die Akkumulation im primären Kapitalkreislauf insgesamt verbessern können – etwa durch eine steigende Qualifikation der ArbeiterInnen oder wissenschaftlichen Fortschritt.

Da die Entfaltung einer solchermaßen produktiven Wirkung, so Harvey weiter, jedoch keineswegs gesichert ist, scheuen die einzelnen KapitalistInnen entsprechende Investitionen und versuchen stattdessen, sich über den Staat als Klasse zu konstituieren, um ihre Interessen durchzusetzen. Dies macht die Bereitstellung sozialer Infrastrukturen zu einer politisch hochgradig umkämpften Frage: „Since the state is a general field of class struggle, it becomes impossible to discern directly which flows of value under its aegis represent the immediate needs of capital and which results from pressures exerted by other classes." (ebd.: 401) Obwohl es aus der Perspektive also immer von den realen gesellschaftlichen Kräfteverhältnissen abhängig ist, in welcher Form die zumeist staatlichen Investitionen in soziale Infrastrukturen erfolgen und ob diese vom Kapital tatsächlich „produktiv" gemacht werden können, steht für Harvey deren generelle Funktionalität als „Wertparkplatz" für überakkumuliertes Kapital außer Frage:

> „Improvement in social conditions are often a long time in the making. They absorb value over a period of time and generate benefits often much later and for extended periods (it takes many years to socialize and educate a labourer, for example). This makes investment in social infrastructures an ideal field for absorbtion of surplus, overaccumulated capital, thereby staving off devaluation since, during the period of investment, there is no diminution of effective demand." (ebd.: 402)

Demnach können Investitionen in soziale Infrastrukturen aufgrund ihrer spezifischen Temporalität überakkumuliertes Kapital absorbieren und Prozesse der krisenhaften Entwertung auf diesem Weg hinauszögern. Während es angesichts dessen grundsätzlich einleuchtet, diese als tertiären Kapitalkreislauf zu fassen, sind der Rückgriff auf die Kategorie der effektiven Nachfrage bzw. die „Produktivität" solcher Investitionen kaum geeignet, Belinas Kritik zu entkräften, legen sie doch ein sehr weit gefasstes Verständnis von Kapital*kreisläufen* nahe. Dies gilt umso mehr für einzelne historisch konkrete Texte (vgl. z.B. Harvey 1989b: 68f.) sowie insbesondere die jüngeren Veröffentlichungen von Harvey, in denen er sich über den Verweis auf die potentielle „Produktivität" von Kapitalverlagerungen in den sekundären und tertiären Kreislauf einer notwendigen Diskussion werttheoretischer Fragen zu entziehen versucht (vgl. z.B. Harvey 2005 [2003]: 112ff.; 2003a: 184ff.)[16]

Wie bereits ausgeführt, bietet der Rekurs auf Harveys Analyse des Kredit- und Finanzsystems eine alternative, theoretische stringentere Möglichkeit, staatliche Investitionen als Teil der Kapitalkreisläufe zu konzipieren, welche zudem nachvollziehbar macht, warum und wann solche Verlagerungen – anders als infolge direkter politischer Intervention – stattfinden. Im konkreten Fall des tertiären Kapitalkreislaufs wird eine Weiterführung dieser Deutung möglich, sobald Harvey die konkrete Form beschreibt, in welcher der Staat seiner Rolle für die Bereitstellung sozialer Infrastrukturen nachkommt: „The state provides the single most important channel for flows of value into social infrastructures. (...) And in so far as state debt is the vehicle for investment in social infrastructures, the co-ordinating and monitoring powers of capital markets and the rate of interest are brought to bear." (ebd.: 404) Dieser Verweis lässt sich dahingehend interpretieren, dass staatliche Investitionen in sozialen Infrastrukturen über die Staatsverschuldung bzw. den Handel mit derselben auf den Finanzmärkten (z.B. über Anleihen oder staatliche Fonds) in den Zirkulationsprozess des zinstragenden Kapitals integriert bleiben und auf diese Weise dem zeitlichen Rhythmus von Überakkumulation und Krise folgen. In eine ähnliche Richtung argumentiert Harvey auch an anderer Stelle, wo er den Zusammenhang zwischen Staatsverschuldung und der Produktivität staatlicher Ausgaben folgendermaßen bestimmt:

> „The money invested in state debt does not automatically cease to circulate as capital simply because it enters into the framework of public finance. Interest-bearing capital can continue to circulate if the increase in surplus value production achieved through productive state investments generates the increasing tax revenues that form, in turn, the basis for interest payments to those who invested in state debt in the first place." (Harvey 2006 [1982]: 278)

Angesichts der neoliberalen Privatisierungspolitik der letzten Jahrzehnte sowie aktueller Krisenbearbeitungsstrategien in Ländern wie Griechenland oder Portugal

16 Als exemplarisch für die letztgenannte Entwicklung kann die folgende Passage aus *Der neue Imperialismus* gelten: „Heute erzeugte Überschüsse können im sekundären und tertiären Kapitalkreislauf absorbiert werden und werden dort absorbiert. Diese Investitionen können langfristig produktiv sein, wenn sie zur künftigen Produktivität des Kapitals beitragen. (...) Ist dies der Fall, fließt das überakkumulierte Kapital letztlich in den primären Kapitalkreislauf zurück, aber das kann viele Jahre dauern und bis dahin ist vielleicht eine neue Runde der Investitionen in physische und soziale Infrastrukturen erforderlich." (Harvey 2005 [2003]: 112) Für eine an diese Passage anschließende Rezeption Harveys, in der staatliche Investitionen in den sekundären und tertiären Kapitalkreislauf als theoretisch-konzeptionell unproblematisch interpretiert werden, siehe Wissen (2011: 51ff.).

ergibt sich hier eine interessante Analogie zu Harveys Verständnis des Konsumtionsfonds: So wie kredit- und hypothekenfinanzierte Konsumtionsmittel wie Autos und Häuser den Status von Warenkapital behalten, um gegebenenfalls als Sicherheit fungieren zu können, sind aus der Perspektive der Gläubiger auch staatliche Schulden sowie insbesondere die Kredite von IWF und Weltbank durch den potentiellen Warenwert physischer und sozialer Infrastrukturen gedeckt. Die Möglichkeit zu deren – politisch vermittelter – Privatisierung und damit Kommodifizierung ist eines der letzten Faustpfände, über den die betreffenden Regierungen am Kapitalmarkt noch verfügen.

Wie schon die vorausgegangenen Überlegungen zur werttheoretischen Plausibilität von Harveys Modell der Kapitalkreisläufe zeigen derartige Gedankenspiele somit vor allem eines: Dass, wie Belina (2010: 17) es in seinem Fazit formuliert, die Arbeiten von Harvey eine „hervorragende Basis" bieten, um die Idee einer zeitlichen Verschiebung überakkumulierten Kapitals theoretisch weiter zu vertiefen, es hierfür jedoch „(...) insbesondere seine Diskussion des Staates (...) zu verfeinern [gälte]." Da dies hier nicht geleistet werden kann, soll stattdessen abschließend noch ein genauerer Blick auf Harveys Analyse des Kredit- und Finanzsystems geworfen werden. Dies erscheint sinnvoll, um dem möglichen Missverständnis entgegenzutreten, die Entkoppelung der Frage nach der Gültigkeit des Modells der Kapitalkreisläufe vom Kriterium der unmittelbaren Mehrwertproduktion bedeute eine generelle Aufgabe letzterer als zentralem theoretischen Bezugspunkt einer an Harvey anschließenden Krisentheorie. Wie im Folgenden sichtbar wird, ist es demgegenüber gerade die notwendige Rückgebundenheit des Kredit- und Finanzsystems an die tatsächliche Produktion von Mehrwert durch menschliche Arbeitskraft, welche der kreditvermittelten Absorbierung überakkumulierten Kapitals im sekundären und tertiären Kapitalkreislauf Grenzen setzt. Erst diese erklärt demnach, warum krisenhafte Entwertungen auch auf diesem Weg letztlich nicht verhindert werden können.

5.2.4 Vom Kredit- und Finanzsystem zur Notwendigkeit krisenhafter Entwertung

Da aus Harveys Perspektive das Kredit- und Finanzsystem in den Prozessen der zeitlichen – wie auch der räumlichen – Verschiebung von Überakkumulation eine zentrale Rolle einnimmt, ist es folgerichtig, dass er dieses in *Limits* eingehend untersucht. So umfasst seine detaillierte theoretische Auseinandersetzung mit den Kategorien Geld, Kredit und Finanzkapital sowie den darin enthaltenen Widersprüchen das gesamte neunte und zehnte Kapitel des Buches und kulminiert in dem eigentlichen „second-cut" seiner Krisentheorie (vgl. Harvey 2006 [1982]: 239ff., 283ff.). Obwohl zweifellos einer der wichtigsten und innovativsten Aspekte von *Limits*, nimmt diese Thematik in der Rezeption des Werkes bisher jedoch eine eher untergeordnete Rolle ein (vgl. Walker 2004: 435f.).[17] Leider kann Harveys umfangreiche Darstellung auch im Folgenden nur soweit Berücksichtigung finden, wie sie für das Modell der Kapitalkreisläufe von Bedeutung ist.

Als zentral erscheint diesbezüglich zunächst vor allem seine Analyse der Zirkulation des zinstragenden Kapitals bzw. der Funktionsweise des Kreditsystems als „(…) a kind of central nervous system regulating the movement of capital (…)" (Harvey 2006 [1982]: 272, vgl. ebd.: 260ff.). Diese Funktion, die das Kreditsystem – sowie nicht zuletzt auch die Existenz einer eigenständigen Klassenfraktion der GeldkapitalistInnen – zu einem *notwendigen* Bestandteil der kapitalistischen Produktionsweise macht, beruht in erster Linie auf seiner Fähigkeit, die verschiedenen Ungleichzeitigkeiten innerhalb des Prozesses der Kapitalzirkulation zu überbrücken und diesen so insgesamt zu vereinheitlichen: „(…) [T]he credit system permits continuity in money circulation while embracing discontinuity in production, circulation and consumption of commodities. By way of the credit system, all turnover times are reduced to 'socially necessary turnover time'." (ebd.: 264)

Damit verbunden macht das Kreditsystem über den Zinssatz nicht nur die Profitraten innerhalb und zwischen verschiedenen Sektoren vergleichbar, sondern ermöglicht auch erst den Kapitalfluss, der für das Angleichen der Profitraten notwendig ist. Und schließlich ist das Kreditsystem Ausgangspunkt für die Schaffung so genannten „fiktiven Kapitals". Im Anschluss an Marx bezeichnet dieser Begriff jene Titel, die – wie z.B. Aktien oder andere Anteilsscheine – keinen selbstständigen Wert, sondern einen Anspruch auf *zukünftige* Profite – bzw., wie im Fall von Hypotheken oder Staatsanleihen, Einnahmen aus der Bodenrente oder Steuern – darstellen und entsprechend Zinsen bzw. Dividenden generieren, d.h. „a flow of money capital not backed by any commodity transaction." (ebd.: 265) Insofern diese Eigentumstitel am Finanzmarkt selbst zu einem bestimmten Preis gehandelt werden können und dieser sich wiederum maßgeblich aus den Erwartungen der *zukünftigen* Entwicklungen speist – weshalb er notwendig spekulativ ist –, wird es möglich „(…) to co-ordinate the co-ordinating force in capitalist society." (ebd.: 278) Gleichzeitig entsteht infolge der auf diesem Weg erzielbaren (hohen) Renditen jedoch auch der falsche Eindruck, fiktives Kapital würde selbst Wert produzieren.

Wie genau die bis hierhin angedeutete Funktionsweise des Kreditsystems die langfristigen Investitionen in physische und soziale Infrastrukturen ermöglicht, welche Institutionen hierfür notwendig sind und wo Widersprüche entstehen mussen, wird von Harvey sowohl in *Limits* (vgl. ebd.: 264ff., 272ff.) als auch in *Geopolitics* (vgl. Harvey 2001 [1985]: 319ff.) detailliert ausgeführt. Für Zitate wird im Folgenden deshalb vornehmlich auf letztgenannten Text zurückgegriffen, weil

17 Neben der kurzen Passage im Text von Walker (2004: 435f.) findet sich eine gesonderte Auseinandersetzung etwa bei Leyshon (2004) sowie Leyshon/Thrift (1997: 42ff.).

Harvey sich hier direkter als in *Limits* auf die Idee einer zeitlichen Verschiebung überakkumulierten Kapitals bezieht. Dabei hebt er in einem ersten Schritt nicht nur die Bedeutung des Kreditsystems im Allgemeinen hervor, sondern macht auch deutlich, worin die spezifische Rolle fiktiven Kapitals besteht: „What fictitious capital does is to convert a long-drawn-out circulation process (the capital embedded in a railroad, for example) into an annualized rate of return. It does this by facilitating the daily buying and selling of rights and claims to a share in the product of future labour. (...) [The rate] is measured in terms exactly comparable to the rate of profit over socially-necessary turnover time in current production." (ebd.: 320) Wenn auf diesem Weg die Renditeerwartungen zwischen und innerhalb der verschiedenen Kapitalkreisläufe verglichen und Investitionen entsprechend gestaltet werden können, dann macht dies das Kredit- und Finanzsystem zu jener Institution, die den zeitlichen Rhythmus der Überakkumulationstendenzen dorthin vermittelt: Sind die Profiterwartungen im primären Kreislauf niedrig, fließt das überschüssige Kapital über die Schaffung fiktiven Kapitals in den sekundären oder tertiären Kreislauf. Zugleich wird die Funktionsfähigkeit dieses Systems zu einem der entscheidenden Einflussfaktoren dafür, ob solche Kapitalverlagerungen vergleichsweise sanft und gleichmäßig verlaufen, oder ob sie im Zuge einer so genannten „switching crisis" von tiefgreifenden ökonomischen, sozialen und institutionellen Verwerfungen und Restrukturierungen begleitet werden (vgl. ebd.: 321; 2006 [1982]: 265f.; 1989b: 71).[18]

Dass es früher oder später zu solchen Krisenprozessen kommen muss, hat indes noch grundlegendere Ursachen. So erscheint es zunächst zwar theoretisch möglich, die zeitliche Verschiebung überakkumulierten Kapitals in den sekundären und tertiären Kreislauf über die Schaffung immer größerer Mengen fiktiven Kapitals – die Aufnahme neuer Kredite, das Auflegen zusätzlicher Anleihen oder die Ausgabe frischer Aktien – endlos fortzusetzen und eine krisenhafte Entwertung auf diesem Weg gänzlich zu vermeiden. Harvey zufolge muss diese Hoffnung – und damit auch das investierte Kapital – allerdings früher oder später zerstört werden, da fiktives Kapital als Anspruch auf zukünftige Profite und Einnahmen letztlich doch immer auf die Ebene der Mehrwertproduktion durch menschliche Arbeitskraft rückgebunden bleibt:[19]

> „Fictitious capital, however, is a claim on future labor. If its value is to be realised, then future labor must be deployed in such a way as to ensure a rate of return on the initial investment. What happens, in effect, is that present problems are absorbed through contracting future obligations. To the degree that the problem is absorbed rather that

18 Zur räumlichen Dimension solcher „switching crisis" siehe Kapitel 5.3.3.

19 Wie im letzten Abschnitt im Zusammenhang mit Harveys Interpretation des Theorem der produktiven Staatsverschuldung deutlich wurde (vgl. Kapitel 5.2.3), ist dies in vermittelter Form auch bei Staatsanleihen der Fall.

> eliminated, dynamic equilibrium means continuous temporal displacement through accelerating fictitious capital formation. The value of indebtness increases and future labor is increasingly imprisoned within a framework of contractual obligations (...) At some point the debt must be paid.“ (Harvey 2001 [1985]: 322)

Wann genau dieser Zeitpunkt erreicht ist, hängt von einer Vielzahl von Faktoren ab und lässt sich daher nicht abstrakt voraussagen. Weil das fiktive Kapital den Anspruch auf einen Teil des *zukünftig* produzierten Mehrwerts bedeutet, haben auch Investitionen in physische und soziale Infrastrukturen zwingend ein hochgradig spekulatives Moment. In Verbindung mit den komplexen und potentiell krisenhaften Eigendynamiken des Kredit- und Finanzsystems sowie der Existenz des Finanzkapitals – als spezifischer Klassenfraktion mit eigenen Interessen (vgl. Harvey 2006 [1982]: 283ff.) – muss es im sekundären und tertiären Kapitalkreislauf daher beständig zu spekulativen Blasenbildungen und Formen der Überproduktion kommen. Letztere können somit zwar durchaus spezifische Ursachen haben. Allerdings ist ebenso zutreffend, was Harvey im Rahmen seines krisentheoretischen „second-cut“ über Spekulationsblasen im Allgemeinen festhält, nämlich „(...) that overaccumulation creates conditions ripe for such speculative fevers so that a concatenation of the latter almost invariably signals the existence of the former.“ (vgl. ebd.: 325; s. auch Harvey 1989b: 69ff.) In den Krisenprozessen, die infolge solcher Blasenbildungen entstehen, werden die Widersprüche, welche die zeitliche Verlagerung überakkumulierten Kapitals hervorruft und die im Kontext der Zirkulation des fixen Kapitals auf einer sehr abstrakten Ebene bereits genannt wurden (vgl. Kapitel 5.2.1), in konkreter Form sichtbar. Harvey nennt dabei zwei Möglichkeiten, wie aus der vermeintlichen Lösung für die strukturellen Probleme der kapitalistischen Produktionsweise neue Verwerfungen entstehen können:

> „Under the first, overaccumulated capital stored in physical and social infrastructures is realised through an active growth in current production (facilitated in part through improved infrastructures). But then overaccumulated capital flows back from storage to combine with excess capital in current production to create ever-greater pools of surplus capital. The capacity for further fictitious capital formation is blocked either by labor or resource constraints or by the circulation of capital in the existing infrastrastructures which cannot be disturbed before their life is out without devaluation. A general crisis ensues with surpluses everywhere subject to devaluation. Under the second, the capital stored in physical and social infrastructures is not realized and is devalued. The crisis now appears to be provoked through the lag of productivity (...) in current production relative to the volume of debts contracted. Devaluation then focuses on the debts. These can be devalued socially through monetization (inflation) or individually through default on privately-contracted obligations.“ (Harvey 2001 [1985]: 322f.)

Welche dieser beiden Verlaufsformen der Krise eintritt bzw. inwieweit beide sich überschneiden, hängt ebenso wie der Zeitpunkt ihres Ausbruchs und ihre Folgen von den realen historischen Bedingungen und Kämpfen ab und muss daher Gegenstand einer konkreten Analyse sein. Gleiches gilt für die Frage, ob staatliche Interventionen, denen Harvey im Zusammenhang mit seinem krisentheoretischen „second-cut" eine wichtige Rolle zuschreibt (vgl. Harvey 2006 [1982]: 324ff.), zur Eindämmung einer solchen ökonomischen Krise beitragen können oder sich letztere zu einer allgemeinen politischen und gesellschaftlichen Krise zuspitzt. Dass Verwerfungen innerhalb der Kapitalkreisläufe bzw. des Kredit- und Finanzsystems früher oder später zumeist den Ausgangspunkt für eine interne Weiterentwicklung des Kapitalismus sowie den Start eines neues Akkumulationszyklus darstellen, beruht aus der Perspektive von Harveys Theorie maßgeblich darauf, dass überakkumuliertes Kapital längst nicht nur zeitlich, sondern auch räumlich verschoben werden kann. Wie derartige Prozesse zu verstehen sind und inwiefern physischen und sozialen Infrastrukturen darin erneut eine zentrale Bedeutung zukommt, gilt es im Folgenden zu rekonstruieren.

5.3 Räumliche Verschiebung durch geographische Ausdehnung und Restrukturierung

Sowohl die Rezeption von Harvey als marxistischem Stadtforscher als auch die im Zuge der Veröffentlichung von *Der Neue Imperialismus* (Harvey 2005 [2003]) zu beobachtende Tendenz, ihn auf einen Theoretiker des (neuen) Imperialismus zu reduzieren, droht zu überdecken, dass sich seine Arbeiten seit jeher auf einer sehr grundlegenden Ebene mit den vielfältigen Dynamiken kapitalistischer Raumproduktion auseinandersetzen. Er hat dabei die Tendenz des Kapitalismus, beständig Prozesse geographischer Angleichung und Differenzierung anzustoßen und auf diese Weise eine sozialräumlich ungleiche – und kombinierte[20] – Entwicklung zu prägen, ins Zentrum seiner Betrachtungen gestellt und vor allem theoretisch begründet. Von anderen zentralen VertreterInnen eines solches *Uneven-Development*-Konzepts in der Tradition der *Radical Geography* wie etwa Doreen Massey (vgl. z.B. 1995 [1984]; 1994) unterscheidet sich Harveys Herangehensweise – wie die seines Schülers Neil Smith[21] – dadurch, dass sie nicht, wie diese, den „(...) konkreten Ort und seine Be-

20 Obwohl Harvey meines Wissens nirgendwo explizit auf das ursprünglich von Leo Trotzki stammende Konzept der „ungleichen *und* kombinierten Entwicklung" rekurriert (vgl. hierzu Dunn/Radice 2006), lässt sich seine Analyse durchaus im Sinne dieser theoretischen Tradition verstehen, betont sie doch ebenfalls, dass zwischen den ungleichen Entwicklungspfaden und -niveaus verschiedener (urbaner) Regionen und Staaten im Weltsystem ein *notwendiger* Zusammenhang besteht (s. Kapitel 5.3.3, vgl. auch Wissen 2011: 49f.; ten Brink 2008a: 81ff.).

21 Smith hat mit seinen bahnbrechenden Arbeiten zu Gentrifzierung (vgl. z.B. Smith 1979; 1996) sowie, auf einer allgemeineren Ebene, räumlich ungleicher Entwicklung und der sozialen Produktion verschiedener Maßstabsebenen (vgl. Smith 2008 [1984]) eng an

sonderheiten (soziale Kräfteverhältnisse, Geschlechterverhältnisse, Institutionen, Traditionen, Kultur) (...) hervorhebt (...), [sondern] die abstrakten, von der Wertform bestimmten Gesetzmäßigkeiten kapitalistischer Vergesellschaftung (...)" (Wissen 2011: 50; vgl. auch ten Brink 2008a: 81ff.; Wissen/Naumann 2008).

Wie im Folgenden sichtbar wird, bedeutet diese Orientierung zwar keineswegs, dass die erstgenannten Aspekte gänzlich außen vor bleiben. Allerdings setzt Harvey mit seinem Anspruch, die Dynamiken ungleicher Entwicklung im Rahmen eines „third-cut" in eine allgemeine Akkumulations- und Krisentheorie zu integrieren, zunächst zweifellos auf einer sehr abstrakten Ebene an. Im Anschluss an ähnlich lautende Überlegungen von Marx, Luxemburg, Lenin und anderen geht es ihm um nicht weniger als die Frage, „(...) whether the interior dilemmas of capitalism can be resolved through geographical expansion or restructuring." (Harvey 2001 [1985]: 324) Analog zur zeitlichen Dimension möchte er also untersuchen, ob bzw. wie überakkumuliertes Kapital räumlich verschoben und seine krisenhafte Entwertung so verhindert oder zumindest verzögert werden kann. Der zentrale Terminus, den Harvey in diesem Zusammenhang seit den frühen 1980er Jahren in Stellung bringt, ist der des *spatial fix* (vgl. u.a. Harvey 2001 [1981]; 2006 [1982]: 413ff.; 2001 [1985]: 324ff.). Da dies, wie Belina treffend formuliert, „(...) *Harveys* vermutlich sowohl erfolgreichster als auch am meisten missverstandener Begriff [ist]" (Belina 2011: 242), scheint an dieser Stelle zunächst eine kurze Begriffsklärung nötig.[22] Mit Belina (ebd.: 243; 2006: 58ff.; 2008: 79ff.), Christian Zeller (Harvey 2003a: 207ff., Fn. 1) sowie Harvey selbst (2001b: 24ff.) lässt sich die Existenz zum Teil erheblich voneinander abweichender Interpretationen zunächst vor allem auf die Doppeldeutigkeit des englischen Verbs „to fix" zurückführen. Dieses kann zugleich „fixieren", „befestigen" und „verankern" wie auch „reparieren" und „in Ordnung bringen" heißen. In der Rezeption von Harvey wird häufig auf die erste Wortbedeutung rekurriert und der *spatial fix* daher mit Formen räumlicher Fixiertheit identifiziert: z.B. mit dem Auffangen der „(...) Limitationen der kapitalistischen Akkumulation (...), wenn überschüssiges Kapital in die bauliche Umwelt investiert wird" (Keil 1987: 135), der „Produktion relativ kohärenter und stabiler sozialräumlicher Konfigurationen"

Harvey angeknüpft und ist zugleich weit über dessen Ansatz hinausgegangen. Da das Verhältnis beider Theoretiker und ihrer Zugänge eine gesonderte Diskussion erfordern würde, wird im Folgenden darauf verzichtet, mögliche Querverweise herzustellen oder Harveys Ausführungen durch die Linse von Smith zu rekonstruieren.

22 Dass diese Diagnose Belinas tatsächlich zutrifft, verdeutlicht exemplarisch der Blick auf das bereits erwähnte *Antipode*-Symposium zum 20-jährigen Jubiläum von *Limits* (vgl. Castree/Essletzbichler/Brenner 2004): Der *spatial fix* nimmt dort nicht nur in beinahe jedem der zwölf Beiträge eine prominente Stellung ein, sondern wird auch beinahe durchgehend unterschiedlich interpretiert – sogar von jenen, welche die Vieldeutigkeit des Begriffs kritisch reflektieren (vgl. z.B. Schoenberger 2004; Walker 2004).

(Schmid 2005: 42), oder auch einer „(...) provisionally stabilized, geographically fixed configurations of territorial organization that emerge through this dynamic of continual de- and reterritorialization (...)" (Brenner 1998: 462).

Solche „gängige[...] Fehlinterpretationen" (Belina 2006: 59) explizit kritisierend, insistiert Belina demgegenüber darauf, Harvey benutze beim *spatial fix* die zweite Wortbedeutung, weshalb der Begriff allein auf Strategien geographischer Ausdehnung, d.h. der Überwindung von Raum zum Zweck der Behebung von Überakkumulation bezogen werden dürfe. In diesem Sinne hält er unter Rekurs auf Smith fest: „Es geht beim *spatial fix* also gerade nicht um etwas im Raum Fixiertes, sondern um das glatte Gegenteil, um 'komplette Mobilität als *spatial fix*'. Wenn der Begriff trotzdem im Sinne von Fixierung und mit Verweis auf Harvey benutzt wird, dann wird damit das Gegenteil seiner Urspungsbedeutung behauptet." (ebd.; vgl. auch 2008: 79ff.) Wie eine aufmerksame Lektüre von Harveys Schriften offenbart, trifft diese Einschätzung zunächst generell zu. Entsprechend seiner ursprünglichen Verwendungsweise (vgl. auch Harvey 2001b) bezeichnet der Begriff *spatial fix* daher im weiteren Verlauf des Kapitels die „(...) kriseninduzierte Schaffung neuer Raumkonfigurationen durch die räumliche Neuverteilung von Kapital und Arbeitsplätzen." (Wissen/Naumann 2008: 103)

Gleichzeitig ist jedoch eine zu starke Dichotomisierung zwischen den zwei unterschiedlichen Bedeutungen von „to fix" nicht nur deshalb wenig zielführend, weil Harvey Momente der Bewegung und solche der Fixiertheit in seinen jüngeren Veröffentlichungen im Terminus des „spatio-temporal fix" explizit miteinander zu verknüpfen versucht (vgl. z.B. Harvey 2005 [2003]: 115ff.; 2001b) – eine begriffliche Weiterentwicklung, die am Ende dieses Kapitels im Rahmen der kritischen Reflexion noch einmal aufgegriffen wird (vgl. Kapitel 5.4). Vielmehr stehen beide Dynamiken bereits in Harveys früheren Texten in einem engen Wechselverhältnis. Um zu rekonstruieren, wie er diesen Gesamtzusammenhang in den beiden hierfür zentralen, letzten Kapitel von *Limits* (vgl. Harvey 2006 [1982]: 373ff, 413ff.) sowie anderen relevanten Texten (vgl. Harvey 2001 [1975]; 2001 [1981]; 2001 [1985]) konzeptualisiert, wird im Folgenden anhand seiner Untersuchung der einzelnen Momente der Kapitalzirkulation zunächst nachgewiesen, dass und warum dem Kapitalismus überhaupt eine generelle Spannung zwischen räumlicher Fixiertheit und Bewegung inhärent ist (Kapitel 5.3.1). Daran anschließend erfolgt eine genauere Analyse der Dynamiken geographisch ungleicher Entwicklung. Zu diesem Zweck wird, ausgehend von den Prozessen der Fixierung bzw. Territorialisierung, die ihren Niederschlag nach Harvey in der Ausbildung von (urbanen) Regionen als Formen „strukturierter Kohärenz" finden (Kapitel 5.3.2), nachgezeichnet, wie er die bis hierhin gewonnenen Einsichten mit seiner Krisentheorie in Beziehung setzt (Kapitel 5.3.3). Abschließend werden dann die von Harvey identifizierten vier konkreten Strategien des *spatial fix* auf ihr Potential hin untersucht, die Entstehung von Überakkumulationskrisen durch räumliche Verschiebung zu verzögern oder gar zu verhindern (Kapitel 5.3.4).

5.3.1 Die Kapitalzirkulation zwischen Fixiertheit und Bewegung

Angesichts seines übergreifenden Projektes eines historisch-*geographischen* Materialismus überrascht es nicht, dass Harvey mit seinen Überlegungen zur ungleichen Entwicklung des Kapitalismus und den Möglichkeiten einer räumlichen Verschiebung überakkumulierten Kapitals auf einer mindestens ebenso grundlegenden Ebene ansetzt wie zuvor in Hinblick auf zeitliche Aspekte. Dabei folgt er zunächst der von Marx und Engels im *Kommunistischen Manifest* prominent formulierten Einsicht, dass das Kapital per definitionem eine geographisch expansive Kraft ist: „Das Bedürfnis nach einem stets ausgedehnteren Absatz für ihre Produkte jagt die Bourgeoisie über die ganze Erdkugel. Überall muß sie sich einnisten, überall anbauen, überall Verbindungen herstellen.“ (Marx/Engels 1972 [1848]: 465) Insofern demnach „[d]ie Tendenz, den *Weltmarkt* zu schaffen, (...) unmittelbar im Begriff des Kapitals selbst gegeben [ist]“ (Marx 1983 [1858]: 321), lassen sich – auf abstrakter Ebene – die stete Zunahme räumlicher Integration und das Entstehen immer neuer Wellen der Globalisierung als generelle Merkmale des Kapitalismus ausmachen. Derartige Prozesse geographischer Expansion stehen jedoch in einem Spannungsverhältnis zur Zeitlichkeit des Akkumulationsprozesses: Da die Überwindung räumlicher Distanzen die Umlauf- und damit auch die Zirkulationszeit des Kapitals erhöht und sich damit potentiell negativ auf die Profitrate auswirkt, zwingt die Konkurrenz die einzelnen KapitalistInnen dazu, Kapitalbewegungen im Raum zu beschleunigen:

> „Während das Kapital (...) einerseits dahin streben muß, jede örtliche Schranke des Verkehrs, i.e. des Austauschs niederzureißen, die ganze Erde als seinen Markt zu erobern, strebt es andrerseits danach, den Raum zu vernichten durch die Zeit; d.h. die Zeit, die die Bewegung von einem Ort zum andren kostet, auf ein Minimum zu reduzieren. Je entwickelter das Kapital, je ausgedehnter daher der Markt, auf dem es zirkuliert, der die räumliche Bahn seiner Zirkulation bildet, desto mehr strebt es zugleich nach größrer räumlicher Ausdehnung des Markts und nach größrer Vernichtung des Raums durch die Zeit.“ (ebd.: 445)

Wenn Raum daher in doppelter, räumlicher *und* zeitlicher Hinsicht als Schranke erscheint, über die „[d]as Kapital (...) seiner Natur nach (...) hinaus[treibt]“ (ebd.: 430), so macht es sich Harvey zur Aufgabe, diesen Prozess samt seiner Voraussetzungen und Effekte näher zu analysieren. Hierzu untersucht er im zwölften Kapitel von *Limits* (vgl. Harvey 2006 [1982]: 376ff.) sowie teilweise auch in anderen Texten (vgl. 2001 [1975]: 242ff.; 2001 [1985]: 327ff.; 1989b: 18ff.) die einzelnen Momente der Kapitalzirkulation auf ihr je spezifisches Verhältnis zu räumlicher Mobilität. Wie im Folgenden sichtbar wird, weisen diese dabei trotz mancher Differenzen –

vor allem in Hinblick auf Geschwindigkeit und Form der Bewegung – auch eine zentrale Gemeinsamkeit auf. Diese macht es notwendig, anstelle der Vorstellung einer grenzenlosen Kapitalmobilität oder einer weltweiten Homogenisierung von einer „Spannung zwischen Fixiertheit und Bewegung" (Harvey 2006 [1982]: 422) sowie einer geographisch ungleichen Entwicklung auszugehen.

Im Anschluss an eine ähnliche Schwerpunktsetzung bei Marx bildet der tatsächliche Tauschprozess, d.h. die physische Bewegung von *Warenkapital* vom Produktions- zum Konsumtionsort, den Ausgangspunkt für Harveys Untersuchung der einzelnen Momente der Kapitalzirkulation (vgl. Harvey 2006 [1982]: 376ff.; 2001 [1985]: 327f., 330f.; 2001 [1975]: 242ff.). Für diese Bewegung zeichnen in erster Linie die Transport- und Kommunikationsindustrie verantwortlich, wobei Harvey zunächst mehrheitlich auf erstere fokussiert. Da die Bewegung von Waren zum Markt bei Marx als Teil des Produktionsprozesses firmiert, kann die Transportindustrie als direkt produktiv und somit als wichtige Einflussgröße auf Warenwert und Profit gelten. Infolgedessen führt der Imperativ zur räumlichen Ausweitung und Beschleunigung kapitalistischer Akkumulation zum beständigen Ausbau und zur Revolutionierung der Transportindustrie, d.h. zur Reduzierung der Zeit und Kosten des Warentransports sowie zur Erhöhung seiner Zuverlässigkeit – Prozesse, die Marx nicht umsonst als Teil der Entwicklung der Produktivkräfte fasst (vgl. Marx 1983 [1858]: 440).

Die verstärkte Investition in die Transportindustrie und die Erhöhung ihrer Produktivität, die für die fortgesetzte „Vernichtung des Raums durch die Zeit" notwendig sind, fördert nach Harvey jedoch eine spezifische Ambivalenz zutage: Aufgrund ihrer Struktur zeichnet sich diese Industrie nicht nur generell durch einen hohen und im Zuge ihres Ausbaus weiter steigenden Anteil von fixem Kapital aus; vielmehr kommt insbesondere auch *räumlich* fixiertem Kapital eine zentrale Bedeutung zu: neben Schiffen oder LKWs basiert der Warentransport in erster Linie auf gebauter Umwelt wie Straßen, Schienen oder Flughäfen. Da solche physischen Infrastrukturen nicht bewegt werden können, ohne den darin vergegenständlichten Wert zu zerstören (vgl. Harvey 2006 [1982]: 232ff.), sind die entsprechenden Investitionen neben ihrer langen Amortisierungszeit auch aufgrund ihrer Immobilität einem hohen, räumlich sehr spezifischem Entwertungsrisiko ausgesetzt. Zwar lässt sich, wie gesehen, diese Gefahr für einzelne KapitalistInnen durch eine Auslagerung auf fixes Kapital „der selbstständigen Form" sowie mithilfe der Institutionen des Kredit- und Finanzsystems oder staatlicher Regulierung verringern. Die grundlegende Spannung, welche der Mobilität von Warenkapital innewohnt, kann indes auch so nicht gelöst werden:

> „(...) [W]e see that capitalism seeks to overcome spatial barriers through the creation of phsyical infrastructures that are immobile in space and highly vulnerable to place-specific devaluations. (...) Value has to be immobilized in the land to an increasing degree (...) in order to achieve spatial integration and to eliminate spatial barriers to the circulation of capital. At some point or other, the value embodied in the produced space of the transport

> system becomes a barrier to be overcome. The preservation of particular values within the transport network means constraints to the further expansion of value in general. Strong devaluations and re-structurings within the transport system (...) then become inevitable.“ (Harvey 2006 [1982]: 379f.)

Die Diagnose, die Harvey an dieser Stelle bzgl. des Warenkapitals anstellt, lässt sich mit lediglich geringfügigen Anpassungen auch auf das *Geldkapital* übertragen. Damit es seine Funktion als allgemeines Äquivalent erfüllen und der gesamte Zirkulationsprozess des Kapitals möglichst reibungslos ablaufen kann, muss dieses zwar generell beweglicher sein, als es reguläre Waren je sein könnten. Selbst in seiner heute dominanten Form als Kreditgeld ist es hierfür jedoch ebenfalls auf bestimmte, räumlich fixierte Bedingungen – in diesem Fall zuallererst die Kommunikationsindustrie – angewiesen: „(...) [C]redit moneys (...) can move around the world as quickly as information and instructions concerning their use will allow. The only physical barrier lies in the communications systems through which messages can be transmitted. Improvements in techniques of information transfer are therefore as fundamental to accumulation as the revolution in transportation that enhance the mobility of commodities.“ (ebd.: 386) Wie nicht zuletzt in Krisen sichtbar wird, beruht die Mobilität des Kreditgeldes zudem auf spezifischen institutionellen Arrangements, d.h. auf (national-)staatlichen Währungsregimen, Zentralbanken usw.. Damit besteht über die Notwendigkeit einer physischen Transport- bzw. Kommunikationsinfrastruktur hinaus noch eine weitere Parallele zum Warenkapital: „Social barriers arise to money movement because of the different legal, institutional and political arrangements that back the money system. The drive to create a credit system as free as possible from material spatial constraints therefore rest, paradoxially, upon territorial differentiations, which can prevent the movement of money under certain conditions.“ (ebd.)

In einem nächsten Schritt untersucht Harvey das *Kapital in der Warenproduktion* selbst. Aus einem raum-sensiblen Blickwinkel ist hier zunächst augenscheinlich, dass mit bestimmten Produktionsstandorten spezifische Vorteile verbunden sind (z.B. große Nachfrage, gut ausgebildete Arbeitskräfte oder die Verfügbarkeit natürlicher Ressourcen). Da diese, wie im Fall technologischer Neuerungen, die Möglichkeit zur Realisierung eines Extraprofits versprechen, beinhaltet die kapitalistische Konkurrenz Harvey zufolge eine spezifisch räumliche Komponente, d.h. den Wettbewerb um bevorzugte Produktionsstandorte. In dem Maße, in welchen einzelne KapitalistInnen auf der Suche nach diesem individuellen Extraprofit ihren Standort wechseln bzw. diese Profite als (Differential-)Rente abgeführt werden (vgl. Kapitel 6.1.3), verschwindet nach Harveys „spatial version of Marx's falling rate of profit thesis“ (Harvey 2006 [1982]: 390) jedoch auch die Grundlage dieser Form des relativen Mehrwerts, die Profitraten werden egalisiert. Das räumliche Gleichgewicht, das auf diesem Weg entsteht, kann freilich immer nur von kurzer Dauer sein: Dem Extraprofit durch den Produktionsstandort beraubt, sind die einzelnen KapitalistInnen aufgrund der Konkurrenz gezwungen, technologische Neuerungen einzuführen, wodurch eine neue Runde räumlichen Wettbewerbs eingeläutet wird. Daher lässt sich konstatieren:

> „Competition (...) simultaneously promotes shifts in spatial configurations of production, changes in technological mixes, the re-structuring of value relations and temporal shifts in the overall dynamic of accumulation. The spatial aspect to competition is an active ingredient in this volatile mix of forces. In the absence of any restraining of countervailing forces, the individual search for excess profits would keep the space economy of capitalist production in a state that resembles an incoherent and frenetic game of musical chairs." (ebd.: 393; vgl. auch Harvey 1989b: 136ff.)

Die zentrale Gegentendenz zu dieser beständigen Umwälzung der Geographien der Produktion liegt in den unterschiedlichen Kapitalumschlagzeiten der einzelnen Elemente des Produktionsprozesses. Da das Kapital in der Warenproduktion während des Arbeitsprozesses mehrheitlich an einem spezifischen Ort räumlich gebunden ist, kommt jede Verlagerung des Produktionsstandortes einer Kapitalentwertung gleich, solange sich die zuvor getätigten Investitionen nicht amortisiert haben. Daher bremsen Elemente mit langer Umschlagzeit, d.h. insbesondere fixes Kapital, die Tendenz zur geographischen Restrukturierung: „The longer the turnover times the greater the geographical and temporal inertia within the space economy of production. The effect is to stabilize the landscape of production." (Harvey 2006 [1982]: 394) Dieser Effekt ist indes nicht frei von Ambivalenzen, sind technologische und räumliche Restrukturierungen doch periodisch notwendig, um die Expansion des Kapitalismus voranzutreiben, die Dynamik des Akkumulationsprozesses aufrechtzuerhalten und Stagnationstendenzen zu vermeiden. Somit liegt auch hier eine widersprüchliche Situation vor:

> „Capitalism increasingly relies upon fixed capital (including that embedded in a specific landscape of production) to revolutionize the value productivity of labour, only to find that its fixity (the specific geographical distribution) becomes the barrier to be overcome. The tension between the instability generated by newly forming capital and the stagnation associated with past investments, is ever-present within the geography of production." (ebd.)

Im Fall der *Arbeitskraft* existiert der Drang des Kapitals zur geographischen Mobilität ebenfalls keineswegs voraussetzungslos und ohne spannungsvolle Gegentendenzen. So ist die Bewegungsfreiheit und räumliche Flexibilität von ArbeiterInnen, also ihre – staatlich vermittelte bzw. erzwungene – Loslösung von traditionellen, lokalen Bindungen und ihre Unterwerfung unter das Diktat von Angebot und Nachfrage zwar eine notwendige Voraussetzung der Kapitalakkumulation: „The more mobile the labourer, the more easily capital can adopt new labour processes and take advantage of superior locations. The free geographical mobility of labour power appears a necessary condition for the accumulation of capital." (ebd.: 381) Umgekehrt erscheint jedoch, so Harvey, eine vollständige Bewegungsfreiheit der ArbeiterInnen insbesondere aus Sicht einzelner, räumlich gebundener KapitalistInnen und Kapitalfraktionen keineswegs wünschenswert, würde sie doch die positiven Effekte einer industriellen Reservearmee vor Ort ebenso zunichte machen wie langfristige Investitionen in die physischen und sozialen Infrastrukturen zur (Re-)Produktion der Arbeitskraft. Auch wäre durch eine solche Bewegungsfreiheit die herrschaftsstabilisierende Wirkung einer (räumlichen) Ausdifferenzierung sozialer Reproduktion entlang von Kriterien wie Familie, Community oder Ethnie gefährdet. Wenn aus dieser Perspektive daher ein Interesse besteht, die Mobilität der Arbeitskraft – erneut mit Hilfe des Staates – einzuschränken, so tritt hier ein grundlegender Widerspruch zutage: „Individual capitalists or factions of capital can, in pursuing their own self-interest, curb the aggregate mobility of labour power in ways that may be inimical to the reproduction of the capitalist system as a whole. For these reasons, the 'free' mobility of labour dissolves into a mess of contradictory requirements even when viewed purely from the standpoint of capital.“ (ebd.: 382)

Insofern Harvey diese Frage nicht nur vom Standpunkt des Kapitals, sondern auch von dem der ArbeiterInnen beleuchtet – was seine diesbezügliche Analyse selbst für manche seiner schärfsten KritikerInnen zur positiven Referenz werden lässt (vgl. Katz 1986) –, wird sichtbar, dass letztere an dieser Stelle einer ganz ähnlichen Ambivalenz gegenüberstehen wie die KapitalistInnen: Einerseits impliziert Bewegungsfreiheit für die ArbeiterInnen nämlich die Möglichkeit, mit einem Ortswechsel höhere Löhne und bessere Arbeitsbedingungen zu erlangen und so individuell den Wunsch nach einem besseren Leben zu verwirklichen. Andererseits verursacht (erzwungene) Mobilität für die ArbeiterInnen hohe soziale Kosten, weshalb es für sie zielführender sein kann, sich vor Ort zu organisieren, selbst physische und soziale Infrastrukturen zu errichten (z.B. in Form der Gemeindebauten des Roten Wien) und auf diesem Weg „Islands of strength and privilege within a sea of class struggle“ (Harvey 2006 [1982]: 384) zu schaffen. Angesichts dieser beiden Optionen – „(...) flee and seek the better life elsewhere, or (...) stay in place and fight (...)“ (ebd.: 385) – lässt sich somit auch der geographischen Mobilität der Arbeitskraft ein widersprüchlicher Charakter attestieren – für die ArbeiterInnen selbst ebenso wie für die KapitalistInnen:

> „The tension between free geographical mobility and organized reproduction processes within a confined territory exists for both capitalists and laborers alike. And how this tension is resolved for either depens crucially on the state of class struggle between them. (...) [N]one of this can occur oblivious of the immobile social and physical infrastructures necessary to ensure the reproduction of labor power of a certain quantity and quality.“ (Harvey 2001 [1985]: 331f.)

Daran anknüpfend lässt sich schließlich noch das Verhältnis zwischen räumlicher Mobilität und *sozialen Infrastrukturen* betrachten. Obwohl z.B. Technologietransfers oder das Phänomen des *Braindrain* zeigen, dass das „Produkt“ solcher Infrastrukturen – in diesem Fall Wissen bzw. gut ausgebildete Arbeitskräfte – z.T hochgradig mobil ist, sind diese selbst es keineswegs. Wie gesehen (vgl. Kapitel 5.2.3), ist es mehrheitlich der Staat, der Investitionen in soziale Infrastrukturen tätigt, weshalb „(...) the territorial organization of state powers forms the fixed geographical environment within which investment processes operate." (Harvey 2006 [1982]: 405) Werden darüber hinaus noch die bereits erläuterte Langfristigkeit solcher Investitionen sowie die starke Eigenlogik – und also „soziale Trägheit" – dieses Feldes berücksichtig, lässt sich hier ebenfalls eine strukturelle Spannung diagnostizieren:

> „The social geography shaped to capital's needs at one moment in history is not necessarily consistent with later requirements. Since that geography is hard to change and often the focus of heavy long-term investments, it then becomes the barrier to be overcome. New social geographies have to be produced, often at great cost to capital and usually accompanied by no little human suffering. The periodic re-structuring of the geography of social infrastructure is, for this reason, usually accomplished in the course of a crisis. Place-specific devaluation of the capital embodied in social infrastructures, to say nothing of the destruction of traditional ways of life and all forms of localism built around social and human institutions, then becomes one of the central elements of crisis formation and resolution under capitalsm." (Harvey 2006 [1982]: 403)

Aus der Perspektive des gesamten Zirkulationsprozesses des Kapitals kann die Summe der bis hierher dargestellten Einzeluntersuchungen nun zu einem systematischen Argument entwickelt werden – ein Unterfangen, das Harvey im Text *Geopolitics* (vgl. Harvey 2001 [1985]: 330ff.) in besonders pointierter Form gelungen ist, weshalb im Folgenden vor allem auf die dortige Argumentation rekurriert wird. Demnach hat die dargestellte Analyse zunächst sichtbar gemacht, dass die verschiedenen Momente der Kapitalzirkulation über alle Differenzen hinaus eine zentrale Gemeinsamkeit aufweisen: „Each form of the geographical mobility of capital requires fixed and secure spatial infrastructures if it is to function effectively." (Harvey 2001 [1985]: 330) Somit erzeugt die Art und Weise, in der sich Kapital im Raum bewegt, eine zutiefst widersprüchliche Situation: „The ability to overcome space is predicated on the production of space. But the required infrastructures absorb capital and labor power in their production and maintenance. We here approach the heart of the paradox. A portion of the total capital and labor power has to be immobilized in space, frozen in place, in order to facilitate greater liberty of movement for the remainder." (ebd.: 332)

Derart räumlich und – aufgrund des langsamen Umschlags – zeitlich fixiert, ist der in physischen und sozialen Infrastrukturen gebundene Teil des Gesamtkapital jedoch zugleich in besonderem Maße von jener geographischen Mobilität betroffen, die er selbst erst ermöglicht, beschleunigt und intensiviert. Die Gefahr einer Entwertung dieses Kapitals ist dabei deshalb allgegenwärtig, weil der auf innerkapitalistischer Konkurrenz und Klassenkampf beruhende Imperativ kapitalistischer Akkumulation die geographische Ausdehnung und die beständige „Vernichtung des Raums durch die Zeit" zwingend notwendig macht. Somit wird offenbar, wie sich die strukturellen Widersprüche des Kapitalismus in räumlicher Form niederschlagen:

> „The result can only be a chronic instability to regional and spatial configurations, a tension within the geography of accumulation between fixity and motion, between the rising power to overcome space and the immobile spatial structures required for such a purpose. (...) Capitalist development must negotiate a knife-edge between preserving the value of past commitments made at a particular place and time, or devaluing them to open up fresh room for accumulation. Capitalism perpetually strives, therefore, to create a social and physical landscape in its own image and requisite to its own needs at a particular point in time, only just as certainly to undermine, disrupt and even destroy that landscape at a later point in time. The inner contradictions of capitalism are expressed through the restless formation and re-formation of geographical landscapes. This is the tune to which the historical geography of capitalism must dance without cease." (ebd.: 332f.; s. auch Harvey 1989b: 82f.)

Die Untersuchung der einzelnen Momente der Kapitalzirkulation kann demnach erklären, dass und warum dem Kapitalismus auch mit Blick auf räumliche Konfiguration eine Tendenz zur „schöpferischen Zerstörung" – und eben nicht zur harmonischen Angleichung und Homogenisierung – inhärent ist. Damit ist die theoretische Grundlage für ein Verständnis ungleicher Entwicklung geschaffen: „The geographical organization of capitalism internalizes the contradictions within the value form. This is what is meant by the concept of the inevitable uneven development of capitalism." (Harvey 2006 [1982]: 417) Allerdings bleibt auf dieser abstrakten Ebene noch weitgehend unklar, wie sich die strukturelle Spannung zwischen Fixiertheit und Bewegung tatsächlich in konkrete geographische Landschaften übersetzt. Diese Lücke schließt sich dort, wo Harvey – ausgehend von Prozessen der Fixierung bzw. Territorialisierung – (urbane) Regionen als Formen „strukturierter Kohärenz" näher bestimmen versucht.

5.3.2 (Urbane) Regionen als strukturierte Kohärenz

Liest man die Betrachtungen Harveys bis hierhin als einen Beitrag zu der in den 1980er Jahren aufgekommenen Globalisierungsdebatte, so findet er sich damit zweifellos auf der Seite jener wieder, welche die Rede von grenzenloser Kapitalmobilität, der Nivellierung geographischer Differenzen oder einer generellen Enträumlichung des globalen Kapitalismus als voreilig zurückweisen. Stattdessen betonen VertreterInnen einer solchermaßen skeptischen Position die fortgesetzte oder sogar gestiegene Bedeutung der lokalen Verankerung des Kapitals und versuchen, deren konkrete Gestalt als Region – im Sinne einer territorial umschriebenen, temporär stabilen, sozial-räumlichen Formation – zu theoretisieren. Dies geschieht indes auf sehr unterschiedliche Art und Weise. So schreiben etwa VerfechterInnen des (wissenschaftlichen) *new regionalism* wie die *L.A. School of Urbanism* (vgl. z.B. Scott

1988; Scott/Soja 1996; Soja 2000; Dear 2003) Regionen a priori eine Eigenlogik zu und heben den positiven Einfluss hervor, den räumliche Nähe auf wirtschaftliche Entwicklung haben kann – wodurch sie potentiell zum „Steigbügelhalter für einen neoliberalen Wettbewerbsregionalismus" werden (Kröcher 2008: 207; s. auch Kröcher 2007). Demgegenüber gehen Harvey, aber auch seine Schüler Neil Smith und Erik Swyngedouw entsprechend ihrer Interpretation ungleicher Entwicklung einen anderen, kritischeren Weg. Diese Theoretiker zeichnet aus, dass sie „(...) die Relevanz lokaler und regionaler 'Fixierungen' aus dem Akkumulationsprozess des Kapitals ableiten und damit die *materielle Grundlage* der Produktion von 'Regionen' in den Blick nehmen." (Belina 2008: 83)

Um die Argumentationsschritte zu rekonstruieren, entlang derer Harvey diese Produktion ausgehend von seinen bisherigen Überlegungen analysiert, muss zunächst geklärt werden, wie er Regionen begrifflich zu fassen versucht und auf welcher Abstraktionsebene er sich dabei bewegt. Harvey greift diesbezüglich auf den vom französischen Ökonomen Phlippe Aydalot geprägten Terminus der „strukturierten Kohärenz"[23] zurück: „There are processes at work (...) that define *regional spaces* within which production and consumption, supply and demand (for commodities and labor power), production and realization, class struggle and accumulation, culture and lifestyle, hang together as some kind of structured coherence within a totality of productive forces and social relations." (Harvey 2001 [1985]: 329) Kontrastiert man diese Bestimmung, die Harvey in *Limits* fast wortwörtlich wiederholt (vgl. Harvey 2006 [1982]: 416f.), sowie die sie umgebenden Textstellen mit den übrigen Passagen von *Limits* und *Geopolitics*, so wird ein maßgeblicher Unterschied sichtbar: Während seine sonstigen akkumulations- und krisentheoretischen Reflexionen auf der sehr abstrakten Ebene der kapitalistischen Produktionsweise angesiedelt sind, haben Harveys Analysen von Regionen als Formen strukturierter Kohärenz einen konkreteren Charakter, nehmen in ihnen Fragen des Politischen und Kulturellen, der Reproduktion der Ware Arbeitskraft, des Klassenkampfs usw. doch eine vergleichsweise prominente Stellung ein.

Wenngleich die entsprechenden Abschnitte aus *Limits* (Harvey 2006 [1982]: 416ff.) und *Geopolitics* (Harvey 2001 [1985]: 328ff.) Harvey zufolge nicht in erster Linie *urbane* Regionen, sondern „larger-scale regions and nation states" (Harvey 1989b: 162) zum Gegenstand haben, überschneidet sich ihr Inhalt daher sehr viel stärker als sonst mit den im engeren Sinn urbanisierungstheoretischen Ausführungen, insbesondere mit dem Text *The Place of Urban Politics in the Geography of Uneven Capitalist Development* (Harvey 1989b: 125ff.). Infolgedessen lässt sich nicht nur die

23 In Abweichung von den Übersetzungen anderer Texte ist in der deutschen Version von *Der neue Imperialismus* irrtümlich von „strukturierter Geschlossenheit" die Rede (vgl. Harvey 2005 [2003]: 103ff.).

von Schmid bzgl. dieses Essays getroffene Einschätzung verallgemeinern, das Konzept der strukturierten Kohärenz weise „(…) verblüffende Parallelen zum Regulationsansatz auf" (Schmid 1996: 245; vgl. auch Schmid 2005: 43; Keil 1987: 140). Um Redundanzen zu vermeiden und zu einem möglichst umfassenden Bild von Harveys Argumentation zu gelangen, scheint es vielmehr auch sinnvoll, die drei genannten Texte an dieser Stelle als einander ergänzend zu rezipieren.[24] Dies lässt zunächst erkennbar werden, dass Harvey, obwohl er sich in seiner Analyse der Produktion von (urbanen) Regionen auf einer konkreteren Ebene bewegt als sonst, nichtsdestotrotz von den grundlegenden Dynamiken der kapitalistischen Produktionsweise ausgeht. Dieser Zugriff ist gerade im Zusammenhang mit Regionalität ein bewusster Einsatz, da sich besonders hier die Tendenz des Kapitalismus offenbart, überkommene, vorkapitalistische soziale Formen und Strukturen nicht einfach zu zerstören, sondern sie zu adaptieren und von innen heraus zu transformieren, wodurch ein adäquates Verständnis erschwert wird (vgl. Harvey 2006 [1982]: 416).

Diese Argumentation knüpft direkt an eine der zentralen Erkenntnisse an, die sich aus der Untersuchung der verschiedenen Momente der Kapitalzirkulation gewinnen lässt: Der kapitalistische Imperativ zur Ausweitung und Beschleunigung der Akkumulation macht nicht nur beständig eine geographische Expansion und die „Vernichtung des Raums durch die Zeit" notwendig; vielmehr müssen die Voraussetzungen, die hierfür erforderlich sind, immer auch an einem konkreten Ort räumlich fixiert sein: „The coherence (…) arises out of the conversion of temporal into spatial restraints to accumulation. Surplus value must be produced and realized wihtin a certain timespan. If time is needed to overcome space, surplus value must also be produced and realized within a certain geographical domain." (ebd.) Mit dieser grundlegenden, wert- bzw. akkumulationstheoretischen Einsicht ist zugleich der Ausgangspunkt für eine genauere Analyse von (urbanen) Regionen als strukturierter Kohärenz benannt. Da Harvey diese in *Geopolitics* am stringentesten vollzieht, dient die dort getroffene Differenzierung in insgesamt vier Dimensionen im Folgenden als Richtschnur (vgl. Harvey 2001 [1985]: 329; s. auch Jessop 2006: 153ff.).

Demnach kann strukturierte Kohärenz *erstens* ganz allgemein bestimmt werden als „(…) that space within which capital can circulate without the limits of profit within socially-necessary turnover time being exceeded by the cost and time of movement." (Harvey 2001 [1985]: 329) Aus dieser Perspektive übersetzt sich die Notwendigkeit billiger und schneller Kapitalzirkulation in die Formierung von (urbanen) Regionen, weil Kapital und Arbeit an einem Ort zusammenkommen müssen, damit der Akkumulationsprozess möglichst reibungslos verlaufen kann: „The factory is such an assembly point while the industrial form of urbanization can be seen as a

24 Die Bedeutung des Konzepts der strukturierten Kohärenz für die Analyse von Urbanisierungsprozessen wird in Kapitel 6.5. gesondert diskutiert.

specific capitalist response to the need to minimize the cost and time of movement under conditions of inter-industry linkage, a social division of labor, and the need for access to both labor supplies and final consumer markets." (ebd.: 328) Ein ganz ähnliches Bild zeichnet Harvey auch in *Limits*, wo er mit Marx auf die räumliche Ballung der Produktionskapazitäten sowie, damit einhergehend, des Proletariats und seines Elends, in den urbanen Zentren verweist (vgl. Harvey 2006 [1982]: 417f.).

An dieser Darstellung der ersten Dimension ist zumindest zweierlei bemerkenswert: Zum einen beziehen sich Harveys Beispiele auf Urbanisierungsprozesse, obwohl er nach eigener Aussage in *Limits* und *Geopolitics* eigentlich die strukturierte Kohärenz großräumigerer sozialer Formationen im Blick hat. Und zum anderen schreibt er der geographischen Fixierung des produktiven Kapitals sowie der für die Zirkulation notwendigen Transport- und Kommunikationsinfrastrukturen für die Herausbildung (urbaner) Regionen zwar offensichtlich eine zentrale Rolle zu, vermeidet es aber zugleich, darüber die Bedeutung der räumlichen Konzentration des Faktors Arbeit zu übersehen. Diese Sichtweise deckt sich mit dem Befund von Brenner, wonach Harvey im Zusammenhang mit dem Konzept der strukturierten Kohärenz Argumente vorbringe, „(...) that transcend (...) [the] rather physicalist conception of geographical fixity and highlight its specifically *sociospatial* aspects (....)" (Brenner 1998: 463). Ganz in diesem Sinn entsteht strukturierte Kohärenz Harvey zufolge *zweitens* aus dem Umstand, dass sowohl der Produktionsprozess als auch der Absatz von Waren die Vor-Ort-Verfügbarkeit von ArbeiterInnen in einer bestimmten Quantität und Qualität zur Voraussetzung haben. Nicht zuletzt, weil sich Mobilitätsanforderungen auch im Wert der Ware Arbeitskraft niederschlagen, ist deren geographische Verteilung ein zentraler Faktor regionaler Integration. Aus diesem Grund sind die Umrisse der strukturierten Kohärenz für Harvey weitgehend identisch mit dem Raum des lokalen Arbeitsmarktes und der konsum-vermittelten Reproduktion der Ware Arbeitskraft, wie er von der Reichweite des täglichen Pendelverkehrs definiert wird (vgl. Harvey 2001 [1985]: 329; 1989b: 127ff.).

Zur Herausbildung eines solchen Raumes trägt darüber hinaus auch das *dritte* in *Geopolitics* genannte Definitionsmerkmal strukturierter Kohärenz bei: „The territorial coherence becomes even more marked when formally represented by the state." (Harvey 2001 [1985]: 329) Dass Harvey diesbezüglich mehr vor Augen hat, als bloß die formale Reichweite staatlicher Politiken – also z.B. den Geltungsbereich wohlfahrtsstaatlicher Leistungen – wird dort sichtbar, wo er den Begriff der regionalen bzw. lokalen „Klassenallianzen" einführt (vgl. ebd.: 333ff.; 2006 [1982]: 419ff.; 1989b: 148ff.). Mit diesem Terminus, dessen Inhalt im Kontext städtischer Politik noch genauer diskutiert wird (vgl. Kapitel 6.5), versucht Harvey dem Umstand Rechnung zu tragen, dass die räumliche Fixierung physischer und sozialer Infrastrukturen – und die damit verbundene Gefahr einer Entwertung, des Verlustes an Lebensqualität usw. – bei einer Vielzahl unterschiedlicher und zum Teil eigentlich antagonistischer Akteure vor

Ort ein gemeinsames Interesse am (ökonomischen) Erfolg ihrer jeweiligen Region entstehen lässt. Diese Dynamik übersetzt sich demnach in die Herausbildung regionaler Allianzen und Wachstumskoalitionen, die aufgrund des Fortbestehens grundlegender Widersprüche – z.B. zwischen Kapital und Arbeit – zwar nie dauerhaft stabil sein können, dafür aber vielfältige Formen von Konflikten und Konkurrenzverhältnissen zwischen verschiedenen Räumen befeuern und in diesem Sinne die ungleiche Entwicklung des Kapitalismus lokal vermitteln. Weil die Prozesse der Bildung und Auflösung solcher Allianzen in den Augen von Harvey ebenso entscheidend die Entwicklung staatlicher Strukturen und Apparate prägen, wie sie umgekehrt maßgeblich durch das Wirken staatlicher Akteure, Bürokratien, Institutionen, Gesetze usw. beeinflusst werden, erhält die Ebene des Staates hier eine besondere Bedeutung: „(...) [T]he state becomes the key to the expression of the tendency to form regional class alliances and adds its own specific rationale to this fundamental underlying process." (Harvey 2001 [1985]: 334; vgl. auch Keil 1987: 143)

Über diese Dimension formaler staatlicher Politiken hinaus trägt Harvey zufolge schließlich *viertens* die Ebene der Kultur, Lebensweise, Bedeutungsproduktion und Identität zur Konstitution strukturierter Kohärenz bei: „The coherence is reinforced informally, through no less powerfully, through the persistence or creation of national, regional or local cultures and consciousness (including traditions of class struggle) that give deeper psychic meaning to territorial perspectives." (Harvey 2001 [1985]: 329) Die wenigen Beispiele, die diesbezüglich angeführt werden, beziehen sich insbesondere auf den Kontext regionaler Klassenallianzen und also auf Versuche, lokale Besonderheiten gezielt für Standortmarketing und Formen des *Boosterism* einzusetzen bzw. durch den Appell an räumlich bestimmte Arten der Solidarität – z.B. Lokalpatriotismus – Interessengegensätze innerhalb der Region zugunsten einer gemeinsamen Politik im „Interesse der Region" ideologisch-diskursiv zurückzudrängen (vgl. ebd.: 334f.; Harvey 2006 [1982]: 429ff.; vgl. auch Belina 2008: 84f.).

Nimmt man die vier genannten Faktoren zusammen, so erscheinen die Kräfte, die zugunsten regionaler Integration und der Herausbildung strukturierter Kohärenz am Werk sind, als überaus wirkmächtig. Dieser Eindruck relativiert sich jedoch, sobald wieder der Blickwinkel der Kapitalzirkulation eingenommen und die darin angelegte Spannung von Fixiertheit *und* Bewegung mitreflektiert wird. Von hier aus gesehen steht die Produktion (urbaner) Regionen nämlich insofern ständig zur Disposition, als das genaue Ineinandergreifen der einzelnen Momente der Kapitalzirkulation bzw. der damit verknüpften sozialen Verhältnisse, das die Entstehung strukturierter Kohärenz erst ermöglicht, ein ungemein voraussetzungsvoller Prozess ist:

> „If surplus value has to be produced and realized within a 'closed' region, then the technology of production, structures of distribution, modes and forms of consumption, the value, quantities and qualitites of labour power, as well as all necessary physical and social infrastructures must all be consistent with each other within that region. Each

change in the labour process would have to be matched by changes in distribution, consumption, etc., if a stable basis for accumulation is to be maintained. Each region would tend to evolve a law of value unto itself, associated with particular material living standards, forms of the labour process, institutional and infrastructural arrangements, etc." (Harvey 2006 [1982]: 416f.)

Obwohl die räumlich ungleiche Entwicklung des Kapitalismus die Herausbildung solcher Formen der Kohärenz aktiv befördert, deutet Harvey mit der Verwendung des Konjunktivs zugleich an, dass dieses Bild hypothetische Züge trägt, ist die tatsächliche Existenz einer solchermaßen „geschlossenen" Region doch „(...) totally inconsistent with the universalism towards which capitalism always strives." (ebd.: 417) Folgerichtig spricht er an anderer Stelle auch lediglich von einer „Tendenz" zur strukturierten Kohärenz, „(...) because it exists in the midst of a maelstrom of forces that tend to undermine and disrupt it." (Harvey 1989b: 143) Insofern es sich bei diesen zentrifugalen Kräften um genau jene handelt, die zugleich auch für die Prozesse der räumlichen Fixierung verantwortlich sind, nimmt die im vorigen Kapitel benannte Paradoxie hier nun eine konkrete Gestalt an. So führen z.B. technologische Neuerungen im Transport- und Kommunikationswesen zu einer räumlichen Ausweitung und Beschleunigung der Waren- und Geldströme; damit werden inter-regionale und globale Austauschbeziehungen befördert, wodurch geographische Grenzen an Durchlässigkeit gewinnen; dies können wiederum KapitalistInnen, denen ihr Standort wegen zu geringer Profite, fehlender Arbeitskräfte oder einer zu wenig wachstumsorientierten regionalen Klassenallianz nicht mehr attraktiv erscheint, ebenso zur Produktionsverlagerung nutzen, wie umgekehrt ArbeiterInnen auf der Suche nach höheren Löhnen und besseren Arbeits- und Lebensbedingungen zu einem Ortswechsel angeregt werden, usw., usf. (vgl. ebd.; 2001 [1985]: 329, 335; 2006 [1982]: 417ff.).

Aus dieser Perspektive ist die strukturierte Kohärenz von (urbanen) Regionen somit nicht nur der Effekt von Prozessen räumlicher Fixierung und Territorialisierung, sondern umgekehrt auch beständig Tendenzen der Deterritorialisierung ausgesetzt. Im Folgenden gilt es nun zu klären, wie sich für Harvey diese gegenläufigen Bewegungen aus einer allgemeineren Perspektive darstellen, d.h. welche Berührungspunkte zwischen der ungleichen Entwicklung des Kapitalismus und seiner krisenhaften Reproduktion bestehen.

5.3.3 Territorialisierung und Deterritorialisierung in der krisenhaften Reproduktion des Kapitalismus

Um nachvollziehen zu können, wie Harvey räumliche Aspekte in seine allgemeine Krisentheorie integriert, ist es zunächst notwendig, die in Hinblick auf einzelne (urbane) Regionen gewonnene Einschätzung zu verallgemeinern. Demnach äußert sich die der Kapitalzirkulation inhärente Spannung zwischen Fixiertheit und Bewegung konkret in einem widersprüchlichen Nebeneinander von simultan verlaufenden Prozessen der Territorialisierung und Deterritorialisierung, der räumlichen Konzentration und zugleich Verlagerung von Kapital. Dies lässt die Entwicklung des Kapitalismus nicht nur geographisch ungleich werden, sondern impliziert auch ein hohes Maß an Dynamik: „Opposed tendencies towards geographical concentration and dispersal run up against each other. (...) [T]here is no guarantee of a stable equilibrium between them. The forces making for agglomeration can easily build cumulatively upon each other and produce an excessive concentration inimical to further accumulation. The forces making for dispersal can likewise easily get out of hand." (Harvey 2006 [1982]: 418) Dass sich diese Dynamik nicht in eine völlige Instabilität sozialräumlicher Konfigurationen übersetzt, schreibt Harvey vor allem dem Wirken koordinierender und regulierender Organisationen zu. Diese nehmen demnach eine vermittelnde Funktion ein und fungieren als institutioneller „Transmissionsriemen" (ebd.: 424):

> „The tension between fixity and motion in the circulation of capital, between concentration and dispersal, between local commitment and global concerns, put immense strains upon the organizational capacities of capitalism. The history of capitalism, has, as a consequence, been marked by continuous exploration and modification of organizational arrangements that can assuage and contain such tensions. The result has been the creation of nested hierarchical structures of organization which can link the local and particular with the achievement of abstract labour on the world stage. Crises are articulated, and class and factional struggles unfold within such organizational forms while the forms themselves often require dramatic transformation in the face of crises of accumulation." (ebd.: 422)

Beispielhaft nennt Harvey Geldregime, multinationale Unternehmen sowie staatliche Institutionen als Felder, in denen solche organisatorischen Arrangements existieren. Dort, wo diese sich institutionell verdichten, werden Harvey zufolge distinkte räumliche Maßstabsebenen mit eigenständigen Akteuren und Handlungslogiken konstituiert:

> „These various hierarchically organized structures (...) mesh awkwardly with each other to definde a variety of scales – local, regional, national and international (...). Territorially alliances can form at any of these scales. But the nature and politics of the alliance tend to alter, sometimes quite dramatically, from one scale to another. (...) Issues that appear fundamental at one scale disappear entirely from view to another; factions that are active participants at one scale can fade from the scene or even change at another." (ebd.: 423f.)

Obwohl eine solchermaßen multiskalare Vermittlung[25] die strukturelle Spannung zwischen Fixiertheit und Bewegung bzw. Territorialisierung und Deterritorialisie-

25 Wie ten Brink (2008: 91) und Wissen (2011: 59) zurecht kritisieren, bleibt Harvey jenseits dieser knappen Andeutung – sowie kürzerer Passagen in *Justice & Nature* (vgl. z.B. Harvey 1996: 41f., 203f., 352ff.) oder *Spaces of Hope* (vgl. z.B. Harvey 2000: 75ff.) – eine umfas-

rung bearbeitbar macht und reguliert, können institutionelle Arrangements diese nicht aufheben und daher nicht verhindern, dass sie sich periodisch krisenhaft Bahn bricht. Diesbezüglich macht Harvey zunächst ein generelles Risiko aus: Damit die Entwertung des an einem spezifischen Ort investierten und somit räumlich und zeitlich gebundenen Teils des Gesamtkapitals vermieden wird, muss das übrige Kapital genau dem durch die Investitionen vorgegebenen Pfad folgen und einen identischen Rhythmus, d.h. eine entsprechende Umschlagzeit aufweisen. Beides erscheint vor dem Hintergrund von Harveys Analyse der einzelnen Momente der Kapitalzirkulation höchst unwahrscheinlich. Zwar erfahren Investitionsentscheidungen durch den Zinssatz bzw. dessen Verhältnis zur Profitrate eine gewisse Vereinheitlichung (vgl. Kapitel 5.2.4), weshalb dem Kredit- und Finanzsystem auch in Hinblick auf Prozesse der (De-)Territorialisierung eine wichtige koordinierende Funktion zukommt: „In so far as all forms of capital are sensitive to the rate of interest, they tend to operate under a common discipline. This goes far to explain the pulsating rhythms of capitalism's development in space." (Harvey 2006 [1982]: 410)

Da sich fiktives Kapital jedoch niemals gänzlich vom Prozess der Mehrwertproduktion lösen kann, bleibt indes auch die potentielle Vereinheitlichung der unterschiedlichen Momente der Kapitalzirkulation letztlich an den Akkumulationsprozess in seiner Gesamtheit rückgebunden: „(...) [R]eal value creation, as opposed to fictitious value movements, depends upon the continuity of all flows in relation to actual production. (...) [T]he underlying unity of production and realization must be preserved, forcibly by crisis if necessary. It is (...) this unity which, in the final analysis, subjects the divergent geographical mobilities within such a temporally disjointed system of flows to a common discipline." (ebd.: 407) Wenn in diesem Sinne der Rhythmus von Territorialisierung und Deterritorialisierung auf einer grundlegenden Ebene den Dynamiken des Akkumulationsprozesses folgt, dann ist er damit zugleich auch den darin angelegten Widersprüchen unterworfen.

Genau an dieser Stelle setzt Harvey mit seinem krisentheoretischen „third-cut" und den Überlegungen zum *spatial fix* an (vgl. ebd.: 424ff.; 2001 [1975]; 2001 [1981];

---

sendere Auseinandersetzung mit der skalaren Raumdimension schuldig. Das weitgehend ungeklärte Verhältnis der verschiedenen räumlichen Maßstabsebenen zueinander wird dabei insbesondere in seinem ungenügenden Verständnis der Räumlichkeit des Staates schlagend: Während Harvey hier einerseits angibt, der Nationalstaat nehme innerhalb der hierarchischen Strukturen eine „Schlüsselrolle" ein, betont er im selben Satz zugleich die Bedeutung nachbarschaftlicher, städtischer, regionaler sowie supra-nationaler Formen politischer Organisation – ohne dass deren Verhältnis geklärt würde (vgl. Harvey 2006 [1982]: 423). Für einen produktiven Versuch, im Anschluss an obige Passage den Begriff des *spatial fix* auf die skalare Raumdimension auszuweiten und für eine Analyse von Veränderungen im Verhältnis von Staatlichkeit und Stadt fruchtbar zu machen, siehe Brenner (1998).

2001 [1985]: 335ff.). Aus einer für die Bedeutung geographischer Konfigurationen sensibilisierten Perspektive transformiert sich zunächst das abstrakte und allgemeine Risiko der Entstehung von Überakkumulation in die Gefahr konkreter, räumlich – wie zeitlich – spezifischer Entwertungsprozesse. Obwohl im Zuge dessen vielfältige Partikularismen möglich sind, nehmen solche Entwertungsprozesse ein bestimmtes geographisches Muster an. Für deren Gestalt zeichnen, so Harvey, die generellen Bestimmungsfaktoren kapitalistischer Akkumulation verantwortlich: „The devaluations are systematized into a certain spatial configuration through the rationalizing power of class conflict and competition over absolute and relative forms of surplus value. The continuous re-structuring of spatial configurations through revolutions in value must again be seen (...) as a normal feature of capitalist development.“ (Harvey 2006 [1982]: 426)

Die Ebene, die Harvey diesbezüglich vor Augen hat, ist zunächst die der einzelnen (urbanen) Region, finden hier aufgrund der räumlichen Fixiertheit von Kapital doch sowohl die Tendenz zur Überakkumulation als auch die krisenhaften Entwertung ihren konkreten Ort. Im Anschluss an eine Formulierung bei Hegel sowie ähnlich lautende Überlegungen bei von Thünen und Marx spricht Harvey daher von einer „*inneren* Dialektik“, welche für die Instabilität des Kapitalismus verantwortlich zeichnet. Ausgehend davon fragt er – von den Optionen einer „inneren Transformation“, etwa durch die zeitliche Verschiebung überakkumulierten Kapitals, an dieser Stelle zunächst absehend – in einem nächsten Schritt nach den Möglichkeiten für regionale Klassenallianzen, die Gefahr einer krisenhaften Entwertung vor Ort mithilfe so genannter „äußerer Transformationen“, d.h. Strategien der Deterritorialisierung und Verlagerung, zu überwinden: „In the face of an ‘inner dialectic’ that tends towards disequilibrium, can a regional alliance (...) stave off overaccumulation and devaluation through geographical expansion and restructuring? Can the surpluses of capital and labor power be disposed of and remunerated by entering into external relations with other regions?“ (Harvey 2001 [1985]: 335f.) Harvey versucht hierauf Antworten zu finden, indem er eine Reihe konkreter Strategien eines solchen *spatial fix* identifiziert und diese auf ihre Erfolgsaussichten hin untersucht. Wie im nächsten Abschnitt sichtbar wird, bewegt sich seine Analyse dabei mehrheitlich auf der Ebene der Geopolitik, d.h. großräumiger und potentiell globaler Verschiebungsprozesse bis hin zu kriegerischen Auseinandersetzungen.

Insbesondere in *Limits* stellt Harvey diesen Ausführungen jedoch noch eine Reihe von generellen Reflexionen zu den Effekten, aber auch den Bedingungen geographischer Ausdehnung und Restrukturierung voran, die es deshalb wert sind, rezipiert zu werden, weil hier die Komplexität und Widersprüchlichkeit solcher Prozesse offenbar wird. So betont er hier insbesondere die vielfältigen Rück- und Wechselwirkungen, welche dadurch entstehen, dass realiter nicht eine einzelne, sondern eine Vielzahl unterschiedlicher Regionen existiert, in denen die dort herrschenden Klassenallianzen zumindest potentiell ebenfalls Strategien des *spatial fix* verfolgen. Wenn auf diesem Weg die inter-regionale Konkurrenz befördert wird und zugleich das Ausmaß räumlicher Integration insgesamt zunimmt, hat dies nachhaltige Konsequenzen. So werden die einzelnen Regionen verstärkt in die geographischen Bewegungen von Kapital und Arbeit eingebunden, was dazu führt, „(...) [that] [t]he distinction between 'inner' and 'outer transformations' becomes hard to isolate." (Harvey 2006 [1982]: 427) Gleichzeitig bilden sich komplexe und großflächige Muster des sozioökonomischen Auf- und Abstiegs bestimmter (urbaner) Regionen heraus. Obwohl solche Formen ungleicher Entwicklung aufgrund der Überschneidung von Prozessen der Desinvestition und Investition, der De- und Reterritorialisierung entstehen und also grundsätzlich kriseninduziert sind, können sie in Harveys Augen durchaus auf eine Art und Weise aggregieren, welche die Entstehung großer, umfassender Krisen temporär verhindert: „The very real possibility exists that the global pace of accumulation can be sustained through compensating oscillations within the parts. The geography of uneven development helps convert the crisis tendencies of capitalism into compensating regional configurations of rapid accumulation and devaluation." (ebd.: 428)

Eine solche Pendelbewegung und die damit verbundene Reduzierung der strukturellen Krisentendenzen auf räumlich und zeitlich eng umschriebene Krisen- und Entwertungsprozesse ist indes vom Grad der geographischen Mobilität des Kapitals abhängig. Insofern diese im Zuge der kapitalistischen Entwicklung mit wachsenden Produktivkräften und der Vertiefung räumlicher Integration – vor allem durch neue Transport- und Kommunikationstechnologien – grundsätzlich steigt, nehmen Harvey zufolge theoretisch zwar auch die Möglichkeiten zu einem kontinuierlichen und gleichmäßigen Prozess geographischer Restrukturierung und damit der Vermeidung großer Krisen zu. Aufgrund der spezifischen Voraussetzungen, denen die Mobilität des Kapitals unterliegt, treten jedoch zugleich auch neue Barrieren und Widersprüche hervor:

> „(...) [T]he more capitalism develops, the more it tends to succumb to forces making geographical inertia. (...) The circulation of capital is increasingly imprisoned withim [sic!] immobile physical and social infrastructures (...). Increasing quantities of fixed capital and longer turnover times on production check uninhibited mobility. The growth of productive forces, in short, acts as a barrier to rapid geographical re-structuring in exactly the same way as it hinders the dynamic of future accumulation by the imposition of the dead weight of past investments." (ebd.)

Wenn die räumliche Fixiertheit von Investitionen in Verbindung mit den daraus entspringenden regionalen Allianzen die notwendigen Restrukturierungsprozesse hinauszögert, verschärfen sich jedoch die Krisentendenzen, wodurch der Bedarf nach umso einschneidenderen und damit auch ökonomisch und sozial kostspieligeren Veränderungen entsteht. Somit steigt die Wahrscheinlichkeit, dass letztere, wenn sie stattfinden, die Form einer tiefen „switching crisis" annehmen. Mit diesem Begriff bezeichnet Harvey neben krisenhaften Prozessen der Kapitalverlagerung von einem Kreislauf bzw. Sektor zu einem anderen (vgl. Kapitel 5.2.3) demnach auch jene „(...) cataclysmic moments that reshape the whole geography of capital accumulation, break down rigid spatial structures and regional class alliances, even undermine the power of state formations and reconstitute them all in a new geographic configuration that can better acomodate the powerful expansionary, conflictual and technological dynamic of a restless, shifting, capital flow." (Harvey 2001 [1985]: 338)

Wie hier bereits angedeutet, betreffen solche Krisen in Harveys Augen auch die institutionellen Arrangements, welche die ungleiche Entwicklung des Kapitalismus koordinieren und regulieren. Obwohl diese sich, um ihre Funktionen weiter erfüllen zu können, entsprechend den Veränderungen in den Geographien der Kapitalzirkulation kontinuierlich transformieren und also z.B. in Gestalt internationaler Organisationen neue Institutionen auf neuen Maßstabsebenen ausbilden, halten sie keineswegs immer mit der Geschwindigkeit von Restrukturierungsprozessen Schritt. Harvey zufolge ist diese – potentiell dysfunktionale – Trägheit längst nicht nur Partikularinteressen, Konkurrenzverhältnissen, wechselseitigen Interdependenzen und Machtkämpfen geschuldet, sondern hat die selben strukturellen Gründe wie im Fall räumlich fixierter Investitionen: „(...) [E]ven if the abuses were not there, the underlying tension between fixity and mobility – which spawned the hierarchical arrangements in the first place – would remain unresolved. The stability of co-ordinating arrangements is, after all, a vital attribute in the face of perpetual and incoherent dynamism. At some point the tension between the two is bound to snap." (Harvey 2006 [1982]: 431) Dies ist der Moment, in dem diese Arrangements in die Krise geraten. Obwohl es sich dabei häufig um die Geburtsstunde neuer Institutionen und Organisationen handelt, beinhalten solche Momente nach Harvey immer auch die Möglichkeit einer politisch vermittelten Entstehung globaler Krisen. Ohne dass er seine Gedanken an dieser Stelle weiter ausführen würde, erscheinen die institutionellen Arrangements somit als zentrale Schnittstelle und Klammer zwischen regionalen Prozessen geographischer Restrukturierung und deren Ausweitung und Intensivierung im Weltmaßstab. Welche Folgen letzteres hat und bis zu welchem Grad sich Überakkumulation und drohende Entwertung tatsächlich mit Hilfe geographischer Ausdehnung und Restrukturierung räumlich verschieben lassen, offenbart ein genauerer Blick auf die konkreten Strategien des *spatial fix*.

5.3.4 Strategien des *spatial fix*

Wie einleitend bereits angedeutet, knüpft Harvey mit seiner theoretischen Figur des *spatial fix* an eine lange Tradition marxistischer Debatten zu Geopolitik und global ungleicher Entwicklung im Kapitalismus an. Insbesondere seine frühen Texte zu dieser Thematik enthalten daher nicht nur eine Vielzahl von Kommentaren und Überlegungen zu jenen Passagen in den Schriften von Marx, in denen dieser sich zu Kolonialismus, Außenhandel usw. äußert. Vielmehr setzt sich Harvey hier auch mit den VertreterInnen klassischer Imperialismustheorie wie Bukharin, Lenin oder Luxemburg sowie den zeitgenössischen, von TheoretikerInnen wie Frantz Fanon, Samir Amin oder Andre Gunder Frank geprägten Diskussionen um „Unterentwicklung" und Neo-Kolonialismus auseinander (vgl. z.B. Harvey 2001 [1975]; 2001 [1981]: 295ff.). Angesichts ihrer inhaltlichen Vielfalt und der teilweise noch nicht voll entwickelten theoretischen Begrifflichkeit bedürften diese Texte einer intensiven Aufarbeitung und kritischen Reflexion – gerade im Zusammenhang mit Harveys Arbeiten zum „Neuen Imperialismus" bzw. der „Akkumulation durch Enteignung" aus den 2000er Jahre (vgl. u.a. Harvey 2003a; 2005 [2003]; 2007 [2005]-b).[26]

Da eine solchermaßen umfassende Auseinandersetzung an dieser Stelle nicht geleistet werden kann, beschränkt sich der folgende Abschnitt weitgehend auf eine Darstellung von Harveys Argumentation aus *Limits,* wo er eine vergleichsweise eindeutige Differenzierung in vier Strategien des *spatial fix* vornimmt (vgl. Harvey 2006 [1982]: 431ff.).[27] Bei der Rekonstruktion dieser vier Strategien – deren deutschsprachige Bezeichnung weitgehend bei Belina (2008: 81; 2011: 243) entliehen ist – gilt es zu beachten, dass diese in *Limits* trotz der zuvor getätigten Bestimmungen noch immer auf einem sehr hohen Abstraktionsniveau angesiedelt sind. In diesem Sinne beruhen die folgenden Ausführungen auf einer Reihe von „drastic simplifying assumptions" (Harvey 2006 [1982]: 432):

> „Assume that the globe is divided into regional economies 'operating independently yet correlated'. The regions are connected by flows of capital and labour power under the aegis of hierarchically structured organzational arrangements which are neutral as to their effects. Rhythms of accumulation vary from one region to another. The tendency towards overaccumulation and devalution is, however, universal to all regions. Each region is therefore periodically forced to seek some transformation in its external relations which will alleviate the discomfort of crisis of devaluation within itself." (ebd.)

---

26 Einen Überblick über Harveys zentrale Argumente sowie deren umfangreiche Rezeption innerhalb der breiteren Debatte um einen „neuen" Imperialismus vermitteln unter anderem die Texte eines Symposiums zum Buch *Der neue Imperialismus* in der Zeitschrift *Historical Materialism* (Ashman et al. 2006) sowie die entsprechenden Passagen in den Einführungsbänden von Deppe et. al (2004: 108ff.) und ten Brink (2008b: 231ff.). Für aktuelle Debatten zum Thema Imperialismus, Geopolitik und internationale Politische Ökonomie siehe auch Zeller (2004), Callinicos (2009) sowie Anievas (2010).

27 Dass dies etwa Jessop (2006: 149) und Sheppard (2006: 125f.) nicht davon abhält, selbst Deutungen vorzulegen, die zwar ebenfalls vier Momente umfassen, dabei jedoch sowohl von der Typologie in *Limits* als auch voneinander zum Teil beträchtlich abweichen, unterstreicht die Notwendigkeit einer sorgfältigen Rekonstruktion.

Unter diesen Bedingungen lassen sich Harvey zufolge vier räumliche Strategien des *spatial fix* ausmachen, die je spezifische Möglichkeiten und Grenzen zur Absorbierung des Überschusses an Kapital und Arbeit beinhalten. *Erstens* kann der periodisch auftretenden Überakkumulation in einer Region durch die Erschließung neuer externer Märkte, d.h. den Export von Warenkapital begegnet werden. Anknüpfend an Marx und seine eigenen krisentheoretischen Überlegungen schätzt Harvey die Erfolgsaussichten dieser Strategie jedoch gering ein. Da ein Mangel an effektiver Nachfrage aus seiner Perspektive – anders als für VertreterInnen von Unterkonsumtionstheorien – immer nur eine Erscheinungsform von Überakkumulation ist, bleibt das zugrundeliegende Problem hier nämlich unangetastet: Durch den Rückfluss der Warenwerte tritt in der exportierenden Region an die Stelle überschüssigen Warenkapitals lediglich nicht minder überschüssiges Geldkapital. Zwar kann dieses zusätzlich auch noch zeitlich verschoben werden, indem die warenexportierende Region die Nachfrage auf fremden Märkten über die Vergabe von Krediten mitfinanziert. In diesem Fall übersetzt sich die Überakkumulation jedoch in ungleichmäßige Handels- und Zahlungsbilanzen zwischen Regionen und Staaten, wodurch sich, vermittelt über das ohnehin instabile Kredit- und Finanzsystem, langfristig das Risiko einer krisenhaften Entwertung weiter erhöht: „No prospect here, evidently, of a 'spatial fix' to capitalism's contradictions." (ebd.: 433; vgl. Harvey 2001 [1985]: 336)

Wie Harvey zeigt, behält diese Einschätzung auch mit Blick auf den Warenexport in nicht-kapitalistische Regionen ihre Gültigkeit. Auf Grundlage des *Kapitals* und der Analyse der britischen Kolonialherrschaft in Indien durch Marx und Engels geht er davon aus, dass solche Regionen dann – und nur dann – als potentielle Senken für überschüssiges Kapital fungieren können, wenn in ihnen der Aufbau eigener Produktionskapazitäten vorangetrieben wird. Vor diesem Hintergrund macht Harvey als *zweite* Strategie des *spatial fix* den Export produktiven Kapitals, d.h. die räumliche Verlagerung der Produktion aus (vgl. Harvey 2006 [1982]: 433ff.; 2001 [1985]: 337f.; 2001 [1975]: 251ff.). Diese Option erscheint zunächst vielversprechend, da Mehrwert hier nicht nur realisiert, sondern tatsächlich neu produziert wird. Gleichzeitig lassen die höheren Profitraten, die in neuen Regionen erzielt werden können – sonst fände die Verlagerung nicht statt – sowie die aufgrund verbilligter Importe sinkenden Kosten für Lohngüter und Elemente des konstanten Kapitals die Durchschnittsprofitrate mittelfristig steigen. Und schließlich erfordert der Aufbau neuer Produktionsstandorte vor Ort auch umfangreiche Investitionen in physische und soziale Infrastrukturen, weshalb überakkumuliertes Kapital hier nicht nur räumlich, sondern auch zeitlich verschoben wird.

Angesichts dieser stabilisierenden Effekte – welchen, darauf insistiert Harvey, in den Zielregionen die Zerstörung nicht-kapitalistischer Produktions- und Lebensweise und also eine völlige Umwälzung der sozialen Verhältnisse gegenübersteht – erweist sich für ihn die Entstehung einer tatsächlichen Weltökonomie bzw. die beständige

Restrukturierung der internationalen Arbeitsteilung letztlich als *condicio sine qua non* kapitalistischer Entwicklung: „The unconstrained growth of capitalism within new regions – the United States and Japan immediately spring to mind – is, therefore, an absolute necessity for the survival of capitalism. These are the fields in which excess overaccumulated capitals can most easily be absorbed in ways that create further market openings and further opportunities for profitable investment." (ebd.: 435)

Gleichzeitig ruft diese Form der räumlichen Verschiebung überschüssigen Kapitals nach Harvey jedoch auch neue Widersprüche hervor. Für den Fall, dass die Investitionen in neue Regionen erfolgreich sind und diese sich zu aufsteigenden Wachstumszentren entwickeln, wiederholen sich dort nämlich die gleichen Prozesse wie zuvor in der Ausgangsregion: die räumliche Fixierung bestimmter Momente des Kapitalkreislaufs, die Ausbildung strukturierter Kohärenz, die Entstehung von Überakkumulation sowie schließlich die Suche nach einem *spatial fix*. Die aus dieser Entwicklung resultierende Verschärfung internationaler Konkurrenz lässt sich nur verhindern, wenn aufsteigende Regionen in ein Modell abhängiger Entwicklung gezwungen werden, wodurch sich dort jedoch das Wachstum verlangsamt und daher die Möglichkeit zur Absorbierung überakkumulierten Kapitals beschränkt bleibt. Somit konfrontiert der Export produktiven Kapitals die Ausgangsregion mit einem letztlich unauflöslichen Dilemma: „The unconstrained development of capitalism in new regions sparked by capital exports brings devaluation at home through international competition. Constrained development abroad limits international competition but blocks the dynamism which creates opportunities for profitable capital export: overaccumulated capital cannot escape and is devalued internally." (Harvey 2001 [1985]: 303) Obwohl, so betont Harvey, zwischen diesen beiden Extremen de facto eine Vielzahl von Entwicklungsoptionen und Ungleichzeitigkeiten existiert, kann demnach auch diese zweite Strategie des *spatial fix* die krisenhafte Bereinigung der strukturellen Überakkumulation immer nur verzögern, nicht jedoch verhindern: „Devaluation is the end result, no matter what." (Harvey 2006 [1982]: 435)

Wie erfolgreich diese Strategie bis dahin ist und wie sich die Aussichten für eine fortgesetzte Akkumulation generell gestalten, hängt Harvey zufolge maßgeblich davon ab, ob der Kapitalismus Zugang zu frischen Arbeitskräften hat. Anschließend an die Marxsche Feststellung, dass die „Akkumulation des Kapitals (...) Vermehrung des Proletariats [ist]" (Marx 1962 [1867]: 642), beschreibt er daher die Ausweitung der Zahl „doppelt freier" LohnarbeiterInnen als *dritte* Strategie des *spatial fix*. Wie Harveys Argumentation in *Limits* offenbart (vgl. Harvey 2006 [1982]: 436), hat diese Strategie sowohl eine externe als auch eine interne Dimension. Erstere bezieht sich demnach auf die von Marx im letzten Kapitel des ersten *Kapital*-Bandes (vgl. Marx 1962 [1867]: 792ff.) analysierten Prozesse einer so genannten „primitiven" bzw. „ursprünglichen" Akkumulation in den Kolonien, d.h. der – umkämpften, zumeist gewaltsamen – Durchsetzung von genuin kapitalistischen Produktions- und damit auch (Lohn-)Arbeitsverhältnissen in neuen Regionen.[28] Demgegenüber wird die Proletarisierung von Teilen der Bourgeoisie als Möglichkeit angeführt, wie sich die Zahl der LohnarbeiterInnen aufgrund von gesellschaftsinternen Entwicklungen erhöhen kann.

Während Harveys Ausführungen an dieser Stelle vergleichsweise oberflächlich bleiben und er keine Auskunft darüber gibt, wo die Grenzen dieses *spatial fix* liegen, erscheint sein Blick auf diese dritte Strategie anderswo differenzierter (vgl. Harvey 2001 [1981]: 304ff.). So nennt Harvey hier zum einen, ausgehend von den verschiedenen Schattierungen des Marxschen Begriffs der „relativen Überbevölkerung", weitere Optionen zur Vergrößerung des Proletariats – etwa den gezielten Import von Arbeitskräften aus anderen Regionen, welcher bei einem entsprechenden Überschuss umgekehrt auch die Möglichkeit von deren Export eröffnet, oder aber, im Inneren, die Rationalisierung der Produktion sowie die Integration von Frauen und Kindern in den Arbeitsprozess. Zum anderen betont er, dass diese Strategie aufgrund der höheren Ausbeutungsraten neu-proletarisierter ArbeiterInnen bzw. der generellen Ausweitung der Produktion das Problem der Überakkumulation langfristig nur weiter verschärft, statt es zu beheben: „Although rapid expansion in the wage labor force (...) can moderate the tendencies to crisis formation in the short run, the social relations which propel capitalism's inner dialectic are merely recreated on a wider geographical scale. There is, under such circumstances, no long-run 'spatial fix' to capitalism's internal contradictions." (ebd.: 306f.; vgl. auch Harvey 2001 [1985]: 336f.)

Insofern keine der drei bisherigen Strategien die Aussicht auf einen endgültigen *spatial fix* eröffnet und es daher früher oder später notwendigerweise zu Formen der Kapitalentwertung kommen muss, stellt deren Export in andere Regionen schließlich die *vierte* und letzte mögliche Strategie dar. Solche Bemühungen, die Entwertung anderswo stattfinden zu lassen, beruhen dabei auf der „aggressive manipulation of some aspect of economic, financial or state power" (Harvey 2006 [1982]: 438). Sie reichen von einer restriktiven Migrationspolitik über Formen von Handels- oder Devisenkriegen bis hin zu (neo-)kolonialen Bestrebungen und offenen militärischen Auseinandersetzungen. Insbesondere im Angesicht einer Krise drohen sich die negativen Effekte der Überakkumulation demnach in regionale bzw. geopolitische Konflikte zu übersetzen, von denen paradoxerweise vor allem im Fall einer kriegerischen Zuspitzung gleichzeitig eine stabilisierende Wirkung ausgehen kann: „(...)

28 Es ist bemerkenswert, dass Harvey die Marxsche Analyse der „ursprünglichen Akkumulation" hier lediglich unter dem Aspekt der zahlenmäßigen Ausweitung des Proletariats mittels der kapitalistischen Expansion in neue Regionen betrachtet, und nicht, wie in seinen jüngeren Veröffentlichungen unter Begriff der „Akkumulation durch Enteignung", als dauerhafte Möglichkeit zur Erschließung alternativer Profitquellen jenseits der erweiterten Reproduktion des Kapitals – auch und besondere in den kapitalistischen Zentren selbst (vgl. z.B. Harvey 2003a; 2005 [2003]: 136ff.).

[T]he degeneration of economic into political struggles plays its part in the long-run stabilization of capitalism, provided enough capital is destroyed *en route*." (ebd.)[29] Die Frage, wie genau sich dieser Zusammenhang zwischen einer im engeren Sinn ökonomischen und einer (geo-)politischen Dynamik im Rahmen einer konsistenten Imperialismustheorie denken lässt, wird von Harvey hier und anderswo lediglich angedeutet (vgl. ebd.: 439ff.; 2001 [1981]: 307ff.; 2001 [1985]: 339ff.). Während er diese Thematik später mit der Veröffentlichung von *Der neue Imperialismus* (Harvey 2005 [2003]) wieder aufgegriffen hat, ist an dieser Stelle die Diagnose entscheidend, dass auch die vierte Strategie des *spatial fix* Entwertungsprozesse letztlich nicht verhindern kann – vielmehr fallen diese hier besonders destruktiv aus.

Folglich gelangt Harvey in Hinblick auf die Möglichkeiten und Grenzen der räumlichen Verschiebung überakkumulierten Kapitals durch geographische Ausdehnung und Restrukturierung zu einem ähnlich ambivalenten Fazit wie bei seiner Diskussion zeitlicher Aspekte. So ist einerseits evident, dass keine der vier Strategien eines *spatial fix* die Möglichkeit einer dauerhaften Überwindung der strukturellen Widersprüche des Kapitalismus verspricht: „There is, in short, no 'spatial fix' that can contain the contradictions of capitalism in the long run." (Harvey 2006 [1982]: 442) Andererseits gilt es sich jedoch auch hier bewusst zu machen, „(...) that the long run might be very long" (Harvey 2001 [1985]: 338). Weit davon entfernt, einer Zusammenbruchsthese das Wort zu reden, insistiert Harvey vielmehr darauf, dass die vier genannten Strategien erhebliche Möglichkeiten eröffnen, Krisenprozesse hinauszuzögern oder sie zumindest anderswo stattfinden zu lassen: „(...) [C]apitalism can open up considerable breathing-space for its own survival through pursuit of the 'spatial fix', particularly when combined with temporal displacements (...) It

---

29 Ausgehend von dieser Diagnose macht Harvey in *Limits* (2006 [1982]: 444) sowie *Geopolitics* (2001 [1985]: 339ff.) die Ursachen für das „Goldene Zeitalter" des Kapitalismus – in den USA im Anschluss an die *Great Depression* der 1930er Jahre, in Europa nach 1945 – nicht, wie viele regulationstheoretisch beeinflusste Deutungen, in erster Linie an einer nachfrageorientierten, keynesianischen Wirtschaftspolitik bzw. einer tayloristischen Organisation des Arbeitsprozesses, sondern an den Auswirkungen des zweiten Weltkriegs fest: „It was in fact the Second World War that brought full employment and reinvestment, but it did so under conditions where vast amounts of capital stood to be physically destroyed and many idle workers consumed as cannon fodder. And it was precisely the geographical unevenness of that destruction that opened up new spaces in the postwar period for the absorption of surplus US capital under the aegis of that benevolent 'spatial fix' known as the Marshall Plan." (ebd.: 342) Wenngleich Harvey demgegenüber in anderen Texten – vor allem im Kontext seiner Analyse von (Sub-)Urbanisierungsprozessen – nachfrageorientierten Politiken durchaus eine zentrale Bedeutung zuschreibt (vgl. Kapitel 6.3.3, 6.4.2), stellt dieser Hinweis auf die spezifische Bedingungskonstellation der fordistischen Wachstumsperiode doch ein wichtiges Korrektiv gegenüber die Vorstellung dar, der Kapitalismus könne dauerhaft auf friedlichem Wege prosperieren.

is rather as if, having sought to annihilate space with time, capitalism buys time for itself out of the space it conquers." (ebd.)

Wenn der Kapitalismus sich im Zuge dessen räumlich immer weiter ausdehnt, nehmen freilich auch die Krisen, die aufgrund seiner immanenten Widersprüche notwendigerweise periodisch entstehen, einen immer umfassenderen Charakter an und entfalten ihre zerstörerische Wirkung auf immer mehr Menschen. Umso dringlicher erscheint der Appell, den Harvey am Ende des Nachworts von *Limits* formuliert und der die politische Quintessenz seiner Überlegungen zur (Un-)Möglichkeit einer zeitlichen und räumlicher Verschiebung kapitalistischer Krisentendenzen gebündelt zum Ausdruck bringt: „If capitalism has reached such limits, then it is for us to find ways to transcend the limits to capital itself." (Harvey 2006 [1982]: 451)

5.4 Kritische Reflexion

Die Rekonstruktion zentraler Argumente und Begriffe aus *Limits* hat gezeigt, warum das Grundlagenwerk von Harveys urbaner politischer Ökonomie heute als „major contribution to Marxist theory" gilt (Castree/Essletzbichler/Brenner 2004b: 402): Ausgehend von einer intensiven Auseinandersetzung mit der Marxschen Kritik der Politischen Ökonomie legt Harvey nicht nur systematisch die fundamentalen Strukturen und Widersprüche sowie die daraus erwachsenden Dynamiken und Krisenprozesse der kapitalistischen Produktionsweise offen. Vielmehr gelingt es ihm auch zu zeigen, wie die zeitliche und räumliche Verschiebung überakkumulierten Kapitals die Entstehung von Krisen hinauszögern kann, welche Bedeutung dabei physische und soziale Infrastrukturen sowie das Kredit- und Finanzsystem einnehmen und warum es letztlich dennoch immer wieder zu Formen krisenhafter Entwertung kommen muss. Angesichts dieser bahnbrechenden Einsichten in die Funktionsweise des Kapitalismus eröffnet *Limits* auf einer sehr grundlegenden Ebene eine Vielzahl verschiedener Anknüpfungsmöglichkeiten. Dies verleiht dem Text den Status eines „genuin classic": „(...) [T]he book's importance lies in its capacity to continue, many years after its initial publication, to inspire critical and creative scholarship." (ebd.: 404)

Dass *Limits* 30 Jahre nach seiner Veröffentlichung eine ungebrochene Aktualität besitzt, verdankt das Werk freilich auch der Tatsache, dass es – obwohl relativ zu Beginn des Siegeszuges des neoliberalen Herrschaftsprojekts verfasst – bereits zentrale Entwicklungs- und Krisentendenzen benannt hat, die in der Folge global bestimmend werden sollten. Gerade angesichts der aktuellen Wirtschafts- und Finanzkrise ist Harvey daher zuzustimmen, wenn er im Vorwort zur 2006 erschienenen Neuauflage – ähnlich wie zuvor schon Hudson (2004: 416) oder Walker (2004: 434f.) – seiner Überzeugung Ausdruck verleiht, verglichen mit dem Zeitpunkt der

Erstveröffentlichung 1982 wäre das Buch „(...) even more relevant now because it charts a theoretical way to come to grips with the contradictions inherent in how a neoliberalizing capitalism works." (Harvey 2006 [1982]: ix) Als konkrete Felder, in denen *Limits* gegenwärtig besonders hilfreich sei, nennt Harvey hier *erstens* die Kritik der (neo-)liberalen Wirtschaftsdoktrin, *zweitens* ein theoriegeleitetes Verständnis der finanzmarktdominierten Globalisierung in ihrer zeitlichen und räumlichen Logik sowie *drittens* die Analyse der ökonomischen und politischen Ursachen – und Effekte – des neoliberalen Klassenkampfs „von oben". Zusätzlich führt er an dieser Stelle auch einige zeitgenössische Phänomene an, die Adaptionen, Erweiterungen und Rekonzeptualisierungen des Ursprungstexten notwendig machten – so etwa Innovationen am Kredit- und Finanzmarkt, ausgeweitete Möglichkeiten zur Gewinnung von Monopolrenten, Prozesse der „Akkumulation durch Enteignung" sowie signifikante Veränderungen der Form und Funktion kapitalistischer Staatlichkeit (vgl. ebd.: ix ff., xv ff.; s. auch Harvey 2004).

Diese und viele weitere Aspekte wurden von Harvey in seinen Analysen des Neoliberalismus sowie des „neuen" Imperialismus, die er im Verlauf der 2000er Jahre veröffentlicht hat, eingehender untersucht (vgl. z.B. Harvey 2000: 19ff.; 2005 [2003]; 2007 [2005]-a; 2007 [2005]-b; 2009).[30] Obwohl größtenteils auf einer konkreteren Ebene angesiedelt als *Limits*, orientiert sich die Mehrheit dieser Texte theoretisch ebenso sehr eng an diesem Werk, wie Harveys Reflexionen über den Übergang vom Fordismus zum „Regime flexibler Akkumulation" aus den späten 1980er Jahren (vgl. z.B. Harvey 1988a; 1989b: 140ff.). Gleiches gilt schließlich auch für Harveys zahlreiche Analysen der aktuellen Wirtschafts- und Finanzkrise – *The Enigma of Capital* (Harvey 2010) erscheint gar als eine popularisierte Version seines politökonomischen Hauptwerkes. Jenseits der Frage, wie überzeugend diese Versuche, ausgehend von seiner grundlegenden Akkumulations- und Krisentheorie eine Zeitdiagnose zu formulieren, im Einzelnen ausfallen, kann an der fortgesetzten Relevanz von *Limits* somit kaum ein Zweifel bestehen. Statt also diesbezüglich weitere Argumente zu sammeln, erscheint es an dieser Stelle sinnvoller, zwei Fragen aufzugreifen, die weniger auf einer zeitdiagnostischen als vielmehr auf einer konzeptionellen Ebene angesiedelt sind und daher sowohl den Charakter von *Limits* als auch von Harveys Werk generell sehr grundlegend betreffen.

---

30 Im genannten Vorwort der Neuauflage von *Limits* fasst Harvey die krisentheoretische Deutung neoliberaler Entwicklung, die er in diesen Texten entwickelt hat, kurz zusammen (vgl. Harvey 2006 [1982]: xxiv ff.).

5.4.1 Zeit, Raum und der *spatio-temporal fix*

Die erste Problematik betrifft das Verhältnis von Zeitlichkeit und Räumlichkeit in seiner Akkumulations- und Krisentheorie bzw., genauer, die Beziehung zwischen Prozessen der zeitlichen und solchen der räumlichen Verschiebung überakkumulierten Kapitals. Entsprechend der Gliederung in drei krisentheoretische „cuts" und der generellen Bewegung vom abstrakt Einfachen zum konkret Komplexen werden beide Dimensionen in *Limits* im Anschluss an Harveys allgemeine, um das „Gesetz des tendenziellen Falls der Profitrate" zentrierte Krisentheorie eingeführt. Dass die Frage einer zeitlichen Verschiebung überakkumulierten Kapitals dabei zuerst diskutiert wird, lässt sich mit der zentralen Bedeutung des fixen Kapitals für die innere Dynamik der kapitalistischen Produktionsweise erklären und sollte nicht im Sinne einer tatsächlichen Vorgängigkeit gegenüber Fragen der Räumlichkeit interpretiert werden. So warnt Harvey in der Einleitung der Originalausgabe davor, die Reihung der verschiedenen Kategorien und Dimensionen in *Limits* als Hinweis auf eine zeitliche Abfolge misszuverstehen: „I do not (...) want the argument to be construed as a linear argument, in spite of the apparent linearity in the flow." (Harvey 2006 [1982]: xxxi)

Für Jessop (2004; 2006) liegt das Problem indes ohnehin weniger in der linearen Darstellungsweise als vielmehr in der Tatsache, dass Harvey die Prozesse zeitlicher und räumlicher Verschiebung, einmal eingeführt, nicht mehr *systematisch* aufeinander beziehe: „(...) [W]hile noting that they operate at the same time, for many years he treated temporal and spatial fixes as distinct or else combined them in an additive rather than interactive manner. This is especially clear in *Limits* and involves more than the order of presentation." (Jessop 2006: 160) Wie die Vergangenheitsform anzeigt, scheint Jessop diese Problematik mittlerweile jedoch für überwunden zu halten. Der Hintergrund hierfür ist die Tatsache, dass sich Harvey spätestens seit Ende der 1980er Jahre verstärkt darum bemüht hat, die spezifische Zeitlichkeit und Räumlichkeit des Kapitalismus auch theoretisch zu reflektieren und miteinander zu verschränken (vgl. Kapitel 3.3.3).

Harveys im Zuge dessen zwar nicht völlig neu gewonnene, aber doch deutlicher als zuvor akzentuierte Positionen werden gerade im Vorwort der Neuauflage von *Limits* sichtbar, wo er noch einmal versucht, das Verhältnis der drei krisentheoretischen „cuts" zueinander zu klären. Ausgehend von der Einsicht, das „triumvirate of space-time-process" müsse ontologisch als Einheit gedacht werden (vgl. Harvey 2006 [1982]: xix), illustriert Harvey hier zunächst ganz allgemein den Gewinn einer Lektüre von Marx durch eine raum-zeitliche Linse. Daran anschließend macht er deutlich, „(...) that crises have no existence outside of the spatio-temporalities that capitalism creates." (ebd.: xxi) Konsequent zu Ende gedacht, verweist diese Sichtweise nicht nur auf die Defizite all jener Krisentheorien, die Fragen von Zeit und Raum weitgehend ausblenden. Vielmehr macht sie auch Harveys Insistieren nachvollziehbar, die Darstellungsweise in *Limits* dürfe nicht mit einem realhistorischen Verlauf verwechselt werden:

> „The linearity of the narrative in *Limits* makes it seem as though capital has some spectral existence all to itself before it tangibly comes to earth in space and time. It seems as if the crisis tendencies of capitalism can be set up sequentially, moving from the general (...) to the temporal (...) to the spatial (...). It is wrong, however, to see the three cuts at crisis theory set out in *Limits* as sequential. They should be understood as simultaneous aspects of crisis formation and resolution within the organic unity of capitalism." (ebd.: xix)

In diesem Sinne möchte Harvey die drei krisentheoretischen „cuts" hier als „distinguishable but simultaneously co-present moments within the internal contradictions of capitalism" (ebd.: xxii) verstanden wissen. Der Gleichzeitigkeit zeitlicher und räumlicher Dynamiken, die hier betont wird, hat er nach der Einführung des Konzepts der „Raum-Zeit-Verdichtung" Ende der 1980er Jahre (vgl. Harvey 1989b: 199ff. s. auch Kapitel 3.3.3) in jüngeren Veröffentlichungen in erster Linie durch die begriffliche Erweiterung des *spatial fix* zum *spatio-temporal fix* Rechnung getragen. Mit diesem Terminus beschreibt Harvey in *Der neue Imperialismus*, wo er ihn meines Wissens erstmals verwendet, die Absorbierung von Überschüssen an Kapital und Arbeit „(...) durch (a) zeitliche Verschiebung (...), (b) räumliche Verschiebung (...) oder (c) eine Kombination von (a) und (b)." (Harvey 2005 [2003]: 111)[31] Zwar

31 Neben dieser Erweiterung um eine zeitliche Dimension hat Harvey hier und anderswo auch versucht, den Begriff des *spatial* bzw. *spatio-temporal fix* stärker als bisher auf die Ebene der Klassenkämpfe zu beziehen. So spricht er zum einen im Anschluss an Hegel und Lenin davon, raum-zeitliche Fixierungen könnten – im Sinne der Sozialimperialismus-These – insofern von Klassenkämpfen im Inneren eines Territoriums angestoßen werden, als sie potentiell ein Mittel zu deren Befriedung darstellten (vgl. Harvey 2003a: 189f.; 2005 [2003]: 124ff.) Zum anderen wird die Möglichkeit angedeutet, dass die ArbeiterInnenklasse – z.B. durch Emigration – für die Probleme ihrer Reproduktion selbst einen eigenen *spatial fix* entwickeln kann (vgl. z.B. Harvey 2000: 30). In der Auseinandersetzung mit der als einseitig kritisierten Fokussierung von Harvey und vielen anderen VertreterInnen der *Radical Geography* auf die Raumproduktion im Interesse des Kapitals hat Andrew Herold als wichtiger Vertreter einer so genannten „Arbeitsgeographie" [„Labour Geography"] die letztgenannte Option zu einem systematischen Argument entwickelt und also die Frage nach einem „spatial fix der Arbeit" ins Zentrum der Betrachtungen gerückt (vgl. z.B. Herod 2007 [1999]). Die Dynamik sozialer Kämpfe dient auch Beverly Silver (vgl. 2005 [2003]: 60ff.) als Richtschnur, die mit ihrer an Harvey anknüpfenden Unterscheidung zwischen „räumlichem", „technologischem", „Produkt-" sowie „finanziellem" Fix ebenso zur Erweiterung des Begriffs *spatial fix* beigetragen hat, wie z.B. Smith (1995b) und Brenner (1998) durch die Einführung eines „scalar fix". Im Unterschied dazu wird Harveys Terminologie von Markus Wissen (2010) als Orientierungspunkt genutzt, um solche Bearbeitungsformen der ökologischen Widersprüche des Kapitalismus in den Blick zu nehmen, welche im Sinne eines „spatio-ecological fix" auf der räumlich ungleichen

führen weder diese Bestimmung noch die folgenden Ausführungen eine gänzlich neue Form des „fixes“ ein, die mehr als die Summe ihrer Teile wäre (vgl. Jessop 2006: 152). Indem Harvey die Möglichkeit einer Kombination zeitlicher und räumlicher Verschiebungsprozesse als den „interessanteste[n] Fall“ (Harvey 2005 [2003]: 111) hier gesondert thematisiert und dabei erstmals die Doppeldeutigkeit von „to fix“ in Anschlag bringt (vgl. auch Harvey 2001b), expliziert er jedoch einen Sachverhalt, der bereits in *Limits* an vielen Stellen angedeutet wurde und ebenfalls erheblich zur begrifflichen Verwirrung rund um den Begriff *spatial fix* beigetragen haben dürfte (vgl. Belina 2011: 244): Dass nämlich räumlich gebundenes fixes Kapital bzw., allgemeiner, physische und soziale Infrastrukturen *sowohl* für Prozesse zeitlicher als auch für solche räumlicher Verschiebung von zentraler Bedeutung sind und sich beide Dimensionen daher zumeist derart überschneiden, dass eine analytische Trennung eher kontraproduktiv wirkt.

Am einleuchtendsten lässt sich dieser Sachverhalt zweifellos anhand gegenwärtiger Globalisierungsprozesse illustrieren: Die räumliche Mobilisierung von Kapital und Arbeit setzt zum einen – geographisch gebundene – physische und soziale Infrastrukturen (vor allem Transport- und Kommunikationssysteme) voraus, die aufgrund ihrer langen Amortisierungszeit – und daraus resultierender Kreditfinanzierung – gleichzeitig Optionen für eine zeitliche Verschiebung überakkumulierten Kapitals eröffnen. Zum anderen sind Strategien des *spatial fix* dort besonders erfolgreich, wo sie mit dem Aufbau neuer Produktionsstandorte und Märkte einhergehen. Dieser, erneut über das Kredit- und Finanzsystem vermittelte Prozess, impliziert ebenfalls langfristige Investitionen in physische und soziale Infrastrukturen und somit letztlich – wie gegenwärtig im Fall von China mustergültig zu beobachten (vgl. Harvey 2005 [2003]: 122ff.; 2007 [2005]-b: 35ff.; 2012b: 57ff.) – die Produktion neuer (urbaner) Regionen als Formen strukturierter Kohärenz. Letztere fungieren in diesem Sinn zunächst als „Anker“ für die Strategien des *spatial fix* (Schmid 2005: 42; Brenner 1998: 463; vgl. auch Jessop 2006: 153ff.), werden später jedoch selbst zum Ausgangspunkt für die Suche nach neuen Strategien einer raum-zeitlichen Verschiebung überakkumulierten Kapitals.

Da (urbane) Regionen somit am Anfang wie auch am Ende jedes *spatial fix* stehen und sich Prozesse der Fixierung und Mobilisierung, der Territorialisierung und Deterritorialisierung, der Investition und Desinvestition oder der zeitlichen und räumlichen Verschiebung verschränken und simultan verlaufen, greifen einfache Dichotomien mit Blick auf die raum-zeitlich ungleiche Entwicklung des Kapitalismus

Entwicklung im Weltmaßstab beruhen. Und schließlich kommt Jason Hackworth (2007: 79ff.) das Verdienst zu, den „neoliberal spatial fix“ konkret untersucht zu haben. Alle diese Adaptionen zeugen ebenso vom analytischen Potential des Ursprungsbegriffs wie von der Originalität der genannten AutorInnen.

zweifelsohne zu kurz. Wie im Verlauf dieses Kapitels gesehen, hat Harvey diesen Zusammenhang in seinen Texten aus den 1970er und 1980er Jahren zwar bereits deutlich gemacht. Gleichzeitig wirkt es indes vorschnell, so wie Jessop (2006: 146ff.) zu argumentieren, der *spatial fix* habe hier schon immer sowohl eine innere, auf Prozesse räumlicher Fixierung, als auch eine äußere, auf geographische Expansion gerichtete Form der Transformation bezeichnet. Stattdessen nimmt Harvey diese Ausweitung in Richtung einer umfassenden Konzeption raum-zeitlicher Krisenbearbeitung meines Erachtens erst mit der Einführung des Begriffs *spatio-temporal fix* und also in seinen jüngeren Veröffentlichungen vor. Angesichts dieser Weiterentwicklung sowie der zuvor bestehenden Unklarheiten und Überschneidungen ist es daher plausibel, als *spatio-temporal fix* je nach Analyseperspektive sowohl die Strategien als auch die Effekte kriseninduzierter raumzeitlicher Restrukturierungen zu bezeichnen. Weil dabei „(...) die Trennschärfe des Begriffs gegenüber dem der gebauten Umwelt verloren zu gehen [droht]" (Wissen/Naumann 2008: 103, Fn. 13), scheint es jedoch sinnvoll, im Anschluss an Zeller (vgl. Harvey 2003a: 207ff., Fn. 1) zwischen einer prozessualen und einer strukturellen – oder besser fixierenden – Dimension des Begriffs zu unterscheiden. Auf diese Weise wird dem Umstand Rechnung getragen, dass „[d]ie Produktion von Raum und räumlichen Unterschieden (...) gleichzeitig Voraussetzung, Medium und Resultat der Bemühungen [ist], Überakkumulationskrisen zu überwinden." (Wissen/Naumann 2008: 103)

Mit Blick auf das Verhältnis von Zeitlichkeit und Räumlichkeit lässt sich somit abschließend konstatieren, dass Harveys Erweiterung des *spatial fix* um eine explizit zeitliche Dimension zwar tatsächlich, wie Belina (2011: 245) kritisch anmerkt, „(...) keine neuen Argumente [liefert], sondern (...) den Versuch dar[stellt], Aspekte, die er unter Verwendung anderer Begriffe entwickelt hat, in die Terminologie des 'fix' zu integrieren." Dem folgenden Urteil, Harvey habe mit seiner Wortneuschöpfung „(...) vermutlich mehr Verwirrung gestiftet als begriffliche Klarheit geschaffen" (ebd.), muss indes widersprochen werden. Da der Terminus *spatio-temporal fix* die reale Funktionsweise von Prozessen der Verschiebung überakkumulierten Kapitals einfängt und expliziert, was in Harveys theoretischen Ausführungen lange Zeit nur im Subtext mitgeschwungen ist, erleichtert er insbesondere konkrete Analysen. So zeigen gerade Belinas generell überzeugende Ausführungen zur „Krise des Fordismus als Abfolge scheiternder *spatial fixes*", mit denen er das zeitdiagnostische Potential von Harveys Ansatz illustrieren möchte (vgl. ebd.: 245ff.), dass die begriffliche Trennung zwischen einer zeitlichen und einer räumlichen Dimension kapitalistischer Krisenbearbeitung vorhandene Zusammenhänge eher verdeckt, als dass diese zugänglich gemacht würden. Wie eng beide Momente miteinander verknüpft sind, wird im folgenden Kapitel anhand von Harveys Arbeiten zur kapitalistischen Urbanisierung sichtbar. Obwohl das Konzept des *spatial fix* darin bis Ende der 1980er Jahre kaum Erwähnung findet, während umgekehrt das Modell der Kapitalkreisläufe sowie der Begriff der gebauten

Umwelt zentrale theoretische Bezugspunkt darstellen, werden Zeit und Raum hier konsequent als Einheit gedacht (vgl. Kapitel 6.1, 6.3).

5.4.2 Zur Theoriearchitektur von *Limits to Capital*

Mit der Frage danach, wie abstrakte Begriffe beschaffen sein müss(t)en, um einen organischen Übergang von der Theorie zu konkreten Analysen – und zurück – zu gewährleisten und ein möglichst adäquates Bild der Komplexität gesellschaftlicher Dynamiken und Widersprüche zeichnen zu können, ist auf den zweiten Problemkomplex verwiesen, der an dieser Stelle (an-)diskutiert werden soll: der Grad und die konkrete Form der Abstraktion, die *Limits* charakterisiert, mithin also dessen Theoriearchitektur. Der Grund dafür, diese Materie über die bereits diskutierten, Harveys Verständnis der Marxschen Methode betreffenden Aspekte hinaus (vgl. Kapitel 3.2.2) erneut aufzugreifen, liegt zunächst in der überaus prominenten Rolle, die diese Thematik in der Rezeption seiner Arbeiten im Allgemeinen und der von *Limits* im Speziellen bis heute einnimmt. Hierbei handelt es sich zum Teil um einen Nachhall der Debatten über die Postmoderne bzw. das Verhältnis von Marxismus und Poststrukturalismus, in denen Harvey ab den späten 1980er Jahren prominent vertreten war (vgl. Kapitel 3.2.3). Darin erwies sich *Limits* für die KritikerInnen marxistischer Theorie insofern als ein „easy target" (Rigby 2004: 421), als der abstrakte Charakter des Buches und Harveys Argumentationsstil zur Deutung verleiteten, er proklamiere eine allumfassende und daher pauschal als totalisierend, universalistisch, eurozentristisch, androzentristisch usw. zu kritisierende (Gesellschafts-)Theorie. In diesem Sinne wurde *Limits* in diesen Debatten nicht selten zu einem „(...) symbol of some kind of Althusserian Stalinism (never mind the oxymoron) that is supposed to explain anything and everything, which it can't." (Walker 2004: 439)

Eine solche Rezeption erscheint zunächst deshalb fehlgeleitet, weil Harvey im Vorwort von *Limits* seinen begrenzten Anspruch sehr genau umreißt (vgl. Harvey 2006 [1982]: xxix ff.). Wie bereits dargestellt (vgl. Kapitel 4.3), besteht dieser darin, im Zuge einer allgemeinen Rekonstruktion der Marxschen Politischen Ökonomie einige ihrer – für die Analyse kapitalistischer Urbanisierung zentralen – „empty boxes" zu füllen. Dass sich dieses auf der Abstraktionsebene der kapitalistischen Produktionsweise angesiedelte Vorhaben nur um den Preis des Absehens von historisch konkreten Analysen durchführen ließ, wird von Harvey im Vorwort nicht nur bedauert, sondern mit Verweis auf die grundsätzliche, bereits bei Marx angelegte Problematik der Darstellungsweise auch zu erklären versucht. Noch einen Schritt weiter geht das Nachwort von *Limits* – sowie später auch eine Rückschau auf das Buch (vgl. Harvey 2004) –, in dem Harvey über die immanenten, durch die selbstgewählte Theoriearchitektur gesetzten Grenzen von *Limits* reflektiert und nach den Bedingungen für deren Überwindung fragt (vgl. Harvey 2006 [1982]: 446ff.). Letztere identifiziert er dabei in seiner von Marx inspirierten Zugangsweise, welche sich durch eine generelle Offenheit und Unabschließbarkeit des Denkens auszeichne:

> „A work of this sort admits no conclusion. The dialectical mode of thinking, at least as I construe it, precludes closure of the argument at any particular point. The intriguing configurations of internal and external contradictions (...) force the argument to spin onwards and outwards to all manner of new terrain. The opening of new questions to be answered, new paths of enquiry to take, provokes simultaneously the re-evaluation of basic concepts – such as value – and the perpetual re-casting of the conceptual apparatus used to describe the world." (ebd.: 446)

Vor diesem Hintergrund sollte jedes Ende eines Werkes, so Harvey weiter, zugleich als neuer Anfang gesehen werden. Er selbst versucht diesem Anspruch gerecht zu werden, indem er knapp auf drei Themen bzw. Dimensionen Bezug nimmt, die in *Limits* nicht hinreichend analysiert worden wären, die aber nötig seien, „(...) to reconstruct the actual historical geographies of capitalist social formations in all their rich complexity." (ebd.: 450)

Dabei handelt es sich *erstens* um die Frage der Reproduktion der Ware Arbeitskraft. Obwohl Quelle des Mehrwerts und somit für die gesamte Funktionsweise der kapitalistischen Produktionsweise von entscheidender Bedeutung, unterscheidet sich diese Ware demnach dadurch signifikant von anderen, dass sie in sozialen Verhältnissen (re-)produziert wird, die sich der direkten Kontrolle des Kapitals entziehen und in denen der Eigensinn konkreter Subjekte und Fragen des Kulturellen besonders wirkmächtig werden. Harvey hält die Synthese von Analysen dieser Reproduktionssphäre, wie sie unter anderem die feministische Kritik hervorgebracht hat, für „(...) perhaps the most urgent task Marxian theory faces." (ebd.: 447) Dabei gelte es jedoch, sich die spezifische Eigenlogik einer solchen Perspektive bewusst zu machen: „It is not a mere addendum to what we already know, but constitutes a fundamental different point of departure to that upon which the theory of *Capital* is based. The starting point is not the commodity, but a simple event – the birth of a working-class child." (ebd.) Die besondere Herausforderung bestehe in diesem Zusammenhang darin, beide Sphären in ihrer Eigenständigkeit und zugleich als widersprüchliche Einheit zu denken und also z.B. das Verhältnis sozialer Kämpfe am Arbeitsplatz und solcher im Stadtteil näher zu bestimmen (vgl. auch Kapitel 6).

In der Vermittlung, Koordinierung und wechselseitigen Beeinflussung und Beschränkung von Produktions- und Reproduktionssphäre kommt Harvey zufolge staatlichen Institutionen die zentrale Rolle zu. Daher hält er deren eingehende Analyse und Theoretisierung für ein *zweites* wichtiges Feld, in dem über *Limits* hinausgegangen werden müsse. So wäre der Staat darin zwar „omnipresent" und es würde sichtbar, „[that] [t]he state (...) plays a vital role in almost every aspect of the reproduction of capital." (Harvey 2006 [1982]: 448, 449) Dies sei aber keine hinreichende Grundlage für eine allgemeine Staatstheorie. Um zu einer solchen zu gelangen, bedürfe es neben einer vertiefenden Auseinandersetzung mit Fragen der Reproduktion der Arbeitskraft, des Wissens oder der Ideologie insbesondere eines besseren Verständnisses der spezifischen Dynamiken des Politischen: „Above all, our attention must (...) focus upon the political struggle for control over the state apparatus and the powers that reside therein. Class struggle is displaced from the point of production into the political arena." (ebd.)

Hier sieht sich Harvey schließlich mit einer *dritten* Thematik konfrontiert, die eine genauere Untersuchung notwendig mache: jene der Klassenverhältnisse. So ginge die in *Limits* entwickelte – und in der vorliegenden Rekonstruktion weitgehend ausgeklammerte – Differenzierung zwischen verschiedenen Klassenfraktionen oder regionalen Allianzen nicht weit genug, wären Klassenverhältnisse, z.B. aufgrund einer hochentwickelten Arbeitsteilung, realiter doch derart komplex, „[that] it often becomes almost impossible to discern the single capital-labour relation underneath." (ebd.: 450) Statt ausgehend von dieser Feststellung – wie viele andere TheoretikerInnen – für eine Abkehr von marxistischer Klassentheorie und -analyse zu argumentieren, wirbt Harvey hier im Anschluss an Marx für ein differenziertes Verständnis derselben. Ein solches müsse sowohl die Ebene der Klassenstruktur als auch jene der Klassenformierung, d.h. Fragen von Identität, Bewusstsein und politischen Allianzen, berücksichtigen: „Class configurations cannot (...) be assumed *a priori*. They are actively produced. The class relation between capital and labour (...) is merely a starting point from which to analyse the production of far more complicated class configurations unique to capitalism." (ebd.)

Wendet man sich von hier aus den Einwänden zu, die in der Rezeption gegen *Limits* und vor allem dessen Theoriearchitektur vorgebracht wurden und bis heute werden, offenbaren sich – ganz ähnlich wie im Fall von *Condition* (vgl. Kapitel 3.2.3) – mehr als nur Parallelen: De facto kreist die Kritik dort, wo sie einzelne Themen herausgreift, weitgehend um genau die gleichen drei Dimensionen, die Harvey auch im Nachwort des Buches nennt. So wird ihm *erstens* vorgeworfen, in *Limits* jene gesellschaftlichen Bereiche, Räume und Verhältnisse zu vernachlässigen, die sich dem direkten Zugriff des Kapitals bzw. dem Klassenantagonismus zwischen Kapital und Arbeit entziehen. Der Fokus liegt hier hauptsächlich auf der fehlenden Berücksichtigung der (vergeschlechtlichten) Reproduktion der Ware Arbeitskraft (vgl. z.B. Topalov 1983; Hayford 1984; Gidwani 2004; Jessop 2004). Ein *zweiter* wichtiger Einwand betrifft das Fehlen einer kohärenten Theorie kapitalistischer Staatlichkeit. Diesbezüglich wird vor allem bemängelt, seine stark auf die *Funktionen* des Staates ausgerichtete Perspektive vernachlässige die Eigenlogik des Politischen und unterschätze, in welchem Ausmaß die spezifische, „relativ autonome" *Form* des Staates die Erfüllung dieser Funktionen beeinträchtige und spezifische Widersprüche und Konflikte hervorrufe (vgl. z.B. Jessop 2004; Jones/Ward 2004; Hudson

2004; Katznelson 1992: 130ff.).[32] Ein *dritter* Kritikpunkt umfasst schließlich die ungenügende Auseinandersetzung mit Klassenverhältnissen und -kämpfen. Während dabei mitunter auf eine fehlende Ausdifferenzierung der Klassenkategorien verwiesen wird (vgl. z.B. Castree 2006: 262f.), basiert dieser Vorwurf anderswo auf der Wahrnehmung, Harvey räume in seiner Akkumulations- und Krisentheorie dem Antagonismus zwischen Kapital und Arbeit im Verhältnis zur inner-kapitalistischen Konkurrenz einen zu geringen Stellenwert ein und verkenne daher den wahren Motor der Geschichte (vgl. z.B. Topalov 1983; Katz 1986; O'Keefe 1984; Gough 2004).

Insofern alle drei Themen von Harvey selbst im Nachwort aufgegriffen werden und ihnen auch zuvor innerhalb von *Limits* durchaus eine gewisse Bedeutung zukommt, wäre es unsinnig, ihm zu unterstellen, er würde sie grundsätzlich für irrelevant halten. Ebenso lassen sich viele Auslassungen zweifelsohne mit dem hohen Abstraktionsgrad des Buches rechtfertigen. Diesbezüglich formuliert Jessop, der sich generell sehr differenziert mit der Methodik von Harvey auseinandersetzt, einen wichtigen Hinweis: „The coherence and explanatory power of concepts and arguments are (...) always relative to a given stage in the spiral movement from abstract-simple to concrete-complex. Thus we should not criticize a theoretical approach just because that movement is incomplete (...). But we may properly critique it in so far as later productive development is blocked by the way in which earlier concepts are presented." (Jessop 2006: 144; vgl. auch Jessop 2004: 481f.)

Obwohl diese Unterscheidung zwischen legitimer und illegitimer Kritik im Fall vieler der Stellungnahmen zu *Limits* sehr schwer fällt, erscheint vor dem Hintergrund von Jessops Empfehlung vor allem die häufig wiederkehrende These bemerkenswert, die drei genannten Thematiken dürften in einem solchen Werk nicht erst am Ende eingeführt werden, sondern müssten von Beginn an konstitutiver Bestandteil jeglicher Überlegungen sein. Insofern damit die Frage nach der Theoriearchitektur des Buches aufgeworfen ist, zieht sich deren Kritik wie ein roter Faden durch weite Teile der Rezeption. Den größten Widerspruch erntet Harvey hier, implizit oder explizit,

32 Wie Jessop (2004) zeigt, gilt diese Kritik in abgeschwächter Form auch für den frühen – und einzig explizit staatstheoretischen – Text Harveys, *The Marxian theory of the state* (Harvey 2001 [1976]). Darin entwickelt dieser in der Auseinandersetzung mit zeitgenössischen staatstheoretischen Debatten einen prozesshaften Zugriff, der zwischen den grundsätzlichen Funktionen des kapitalistischen Staates und seiner in konkreten Gesellschaftsformationen dominanten, bürgerlich-demokratischen, relativ autonomen und auf der Ausübung von Hegemonie basierenden Form unterscheidet. Diese generell wertvolle Differenzierung und die ungenügenden Konsequenzen, die Harvey aus ihr zieht, werden im Kontext seiner Analyse spekulativer Stadtentwicklung erneut aufgegriffen (vgl. Kapitel 6.4.2). Wissen (2011: 17, Fn. 8) weist zudem zurecht auf den sonderbaren Umstand hin, dass in diesem Text die räumliche Dimension kapitalistischer Staatlichkeit kaum thematisiert wird.

für zwei aufs engste miteinander verknüpfte Merkmale von *Limits*: zum einen die wert- bzw. kapitaltheoretische Zugangsweise und zum anderen die Entscheidung, seine Theorie ohne Bezugnahme auf Geschichte, d.h. konkrete Subjekte, Akteure und soziale Auseinandersetzungen zu entwickeln. Infolge dieser Ausrichtung, so eine häufig vorgebrachte These, neige Harvey zu einer kapitallogischen Argumentation und wäre nicht hinreichend in der Lage, die Komplexität sozialer Macht- und Herschaftsverhältnisse zu berücksichtigen oder den Ausgang von Krisen anders denn als Rückkehr zum kapitalistischen Normalzustand zu denken (vgl. z.B. Topalov 1983; Kearns 1984; Jessop 2004; Hudson 2004; Walker 2004).

Da sich Harvey in Fragen der Theoriearchitektur direkt auf die Marxsche Methode aus dem *Kapital* beruft, geht es bei solch einer Kritik um mehr als bloß *Limits* oder das Werk von Harvey im Allgemeinen. Zur Diskussion steht vielmehr die generelle Plausibilität wert- bzw. kapitaltheoretischer Analysen im Anschluss an Marx, mithin also die Frage nach den Möglichkeiten und Grenzen sowie der tatsächlichen Gestalt einer abstrakten Theoretisierung der kapitalistischen Produktionsweise. Am stärksten expliziert diesen Subtext der Rezeption von *Limits* erneut Jessop (2004), wenn er die Leerstellen des Buches direkt auf jene des *Kapitals*, d.h. konkret auf die von Marx zwar geplanten, aber nie vollendeten Bücher zu Lohnarbeit, Staat und Weltmarkt zurückführt und festhält: „(...) [I]ts most basic limitations derive from Harvey's retention of *Capital's* essentially value-theoretical analysis and its one-sided adoption of the viewpoint of capital at the expense of considering the working class as an active subject with its own interests.“ (ebd.: 495)

Obwohl der zweite Kritikpunkt an dieser Stelle meines Erachtens zu hart formuliert ist, lässt sich ausgehend von dieser Diagnose doch die Frage stellen, ob einander beide Aspekte – der werttheoretische, auf der höchsten Abstraktionsebene der kapitalistischen Produktionsweise angesiedelte Zugang und die Perspektive des Kapitals – nicht wechselseitig bedingen bzw. wie eine Theorie beschaffen sein müsste, für die dies nicht zuträfe. Wie schwierig es ist, hierauf eine befriedigende Antwort zu finden und welch große Hürden zu überwinden sind, um in einem wert- bzw. kapitaltheoretischen Zugang über die Kämpfe der ArbeiterInnenklasse hinaus auch andere gesellschaftliche Bereiche und Verhältnisse – z.B. den Staat oder Geschlechter- und Naturverhältnisse – als konstitutive Elemente zu verankern, davon legen unzählige lange Debatten innerhalb der marxistischen Tradition ein eindrückliches Zeugnis ab. Angesichts dieser Problematik kann es nicht überraschen, dass auch in der Rezeption von *Limits* die Versuche, ausgehend von einer Kritik an dessen kapitallogischer Schlagseite bzw. gesellschaftstheoretisch unterkomplexen Analyse auf einer allgemeinen, abstrakten Ebene fehlende theoretische Bausteine zu integrieren oder gar eine systematische Rekonzeptualisierung zu leisten, bisher fast gänzlich ausgeblieben sind. Neben verstreuten Hinweisen bzgl. der Werttheorie im engeren Sinne (vgl. Henderson 2004; Jessop 2004; Sheppard 2004; 2006: 135ff.)

sowie der Adaption einzelner Begriffe und Konzepte – vor allem in Gestalt des *spatial fix* – wurden die umfassendsten und vielversprechendsten Versuche bisher im Anschluss an die Regulationstheorie sowie die materialistische Staatstheorie geleistet. Während sich die diesbezüglichen Ausführungen von Martin Jones und Kevin Ward auf einzelne Passagen in Zeitschriftenartikeln beschränken (vgl. z.B. Jones/Ward 2002; 2004), hat Jessop die Begriffe der strukturierten Kohärenz sowie des *spatio-temporal fix* mittlerweile an vergleichsweise prominenter Stelle – und in der für ihn typisch eklektizistischen Art und Weise – in sein Theoriegebäude integriert (vgl. z.B. Jessop 2002; 2004; 2006; 2007: 178ff.).

Ebenfalls den Staat als Angelpunkt haben schließlich auch Harveys eigene Bemühungen, im Kontext seiner Untersuchungen der neoliberalen Globalisierung und des „neuen" Imperialismus seinen wert- und kapitaltheoretischen Blick auszuweiten und neben der „kapitalistischen" zugleich eine genuin politische, „territoriale" „Logik der Macht" in die Analyse miteinzubeziehen (vgl. Harvey 2005 [2003]: 89ff.; 2007 [2005]-b: 111ff.). Gerade angesichts der von Harvey selbst wie auch seinen KritikerInnen ausgemachten staatstheoretischen Leerstelle von *Limits* handelt es sich hierbei um eine wichtige Intervention. Ohne an dieser Stelle den theoretischen und empirischen Gehalt dieser Weiterentwicklung näher beleuchten zu können, scheint indes Skepsis angebracht, ob die Unterscheidung zwischen kapitalistischer und territorialer Macht tatsächlich geeignet ist, die bestehenden Mängel seines Ansatzes zu überwinden (vgl. kritisch Jessop 2006: 155ff.; Gerstenberger 2007; s. auch Ashman et al. 2006). Vor diesem Hintergrund lässt sich somit Jessop zustimmen, der bzgl. Harveys Gesamtwerk zum Fazit gelangt: „(...) [H]e has not explored capitalism's extra-economic dimensions at the same high levels of abstraction and to the same extent as its economic dimensions nor shown convincingly how they belong to the essential 'internal relations' of capitalist societies." (Jessop 2006: 163)

Abschließend kann somit festgehalten werden, dass *Limits* zwar eine Vielzahl zentraler, insbesondere raum-zeitliche Zusammenhänge der kapitalistischen Produktionsweise offenlegt und wichtige Begriffe einführt – weshalb das Werk eine unverzichtbare Grundlage für die Analyse kapitalistischer Urbanisierung darstellt. Aufgrund seiner Abstraktheit, aber auch wegen der spezifischen theoretischen Herangehensweise von Harvey ist der darin entfaltete Ansatz jedoch bei weitem noch nicht hinreichend, um konkrete gesellschaftliche Realitäten analysieren zu können. Wie Ray Hudson (2004: 417) bezugnehmend auf das Nachwort von *Limits* noch einmal festhält, entspricht dies im Grunde genau Harveys eigenem Verständnis seines Werkes: „The spare elegance of the value-theoretical analysis of *TLTC* [= *Limits*; F.W.] is (...) revealed to be a necessary pre-condition for the analysis of the complexities of 'actually existing capitalisms' rather than an end in itself. The point of re-defining Marx's historical materialism was to put it to work, not to sit back and admire it." Ganz in diesem Sinne hat Harvey in unzähligen Texten vor und nach der Veröffentlichung von *Limits* versucht, auf einer konkreteren Ebene Prozesse kapitalistischer Urbanisierung aus einer genuin marxistischen Perspektive zu untersuchen. Ob dabei im notwendigen Maß auf zusätzliche Analysekategorien und theoretische Bestimmungen zurückgegriffen oder die abstrakten Begriffe der Marxschen Kritik der Politischen Ökonomie vorschnell und ohne entsprechende Modifikationen und Komplexifizierungen in die Sphäre der Stadt transferiert werden, ist Gegenstand unterschiedlicher Einschätzungen und bildet die implizite Leitfrage für das folgende Kapitel.

6 Analysen: Kapitalistische Urbanisierung zwischen Akkumulation und Klassenkampf

Lester: „From the looks of things, Stringer Bell's worse than a drug dealer."
Prez: „He's a developer."
The Wire – Season 3, Episode 4: Hamsterdam

Stadtforschung zu betreiben und dabei, wie Harvey seit der Veröffentlichung von *Social Justice*, nicht von der Stadt als „Ding an sich", sondern vom Prozess kapitalistischer Urbanisierung auszugehen, erscheint ebenso vielversprechend wie gewagt. Ersteres, weil ein politökonomisch fundiertes Verständnis von „cities as expressions of capital" (Zukin 2006: 104) den Blick dafür öffnet, dass Städte in ihrer Entwicklung ebenso maßgeblich von den raum-zeitlichen Dynamiken des Kapitalismus geprägt werden, wie sie umgekehrt entscheidend an dessen konkreter Funktionsweise und – immanent krisenhafter – Reproduktion teilhaben. Gleichzeitig birgt ein solcher Zugriff jedoch auch ein gewisses Risiko, droht das eigentliche Objekt der Analyse mitsamt seiner spezifischen Eigenlogik doch beständig gegenüber allgemeinen Tendenzen ins Hintertreffen zu geraten. Harvey selbst macht auf dieses Spannungsverhältnis aufmerksam, wenn er schreibt: „Capitalism has to urbanize in order to reproduce itself. But the urbanization of capital creates contradicitons. The social and physical landscape of an urbanized capitalism is far more, therefore, than a mute testimony to the transforming powers of capitalist growth and technological change. Capitalist urbanization has its own distinctive logic and its own distinctive forms of contradictions." (Harvey 1989c: 54)

Harvey versucht der analytischen Herausforderung, die hier angedeutet wird, hauptsächlich in dem Doppelband *The Urbanization of Capital* (Harvey 1985b) und *Consciousness and the Urban Experience* (Harvey 1985a) zu begegnen. Obwohl keineswegs in allen Texten gleichermaßen präsent, kreisen seine Analysen kapitalistischer Urbanisierung dabei zumeist auf die ein oder andere Art und Weise um die „(...) twin themes of *accumulation* and *class struggle*. The two themes are integral to each other and have to be regarded as different sides of the same coin – different windows from which to view the totality of capitalist activity." (Harvey 1989c: 59; vgl. auch z.B. Harvey 2001 [1978]: 79)[1] Diese analytische – nicht ontologische

1 Harvey lässt diese Unterscheidung später in seinen Analysen des Neoliberalismus wieder anklingen, wenn er diesen als politische Antwort auf die „double crisis of capital accu-

– Differenzierung korrespondiert mit einem zweiten, stärker auf spezifisch städtische Dynamiken ausgerichteten Ordnungsmuster: „Starting with the physical artifact that is the city, we can reach out, step by step, into the myriad of social relations (...) and into the extraordinary complexity of interactions, conflicts, coalitions within a framework of institutional arrangements, all of which lead to the creation of this physical landscape." (Harvey 2001 [1978]: 83f.)

Ein derartiger Übergang in der Darstellung von Fragen der Akkumulation und gebauten Umwelt hin zum Thema Klassenkampf und urbane soziale Verhältnisse organisiert – zumeist implizit und keineswegs linear – sowohl einzelne Beiträge in *The Urbanization of Capital* und *Consciousness and the Urban Experience*, als auch, wie die Titel andeuten, das Verhältnis beider Bände zueinander. Zudem folgt auch die Anordnung der hieraus ausgewählten Texte, die in *The Urban Experience* (Harvey 1989c) wiederveröffentlicht wurden, weitgehend dieser Struktur. Und schließlich geht Harvey in seiner beeindruckenden, auf einer historisch-konkreten Ebene angesiedelten Studie *Paris, 1850–1870* (Harvey 1985a: 63ff.) ähnlich vor: Um die vielfältigen Transformationen offenzulegen, die Paris im Zweiten Kaiserreich unter Napoleon III. durchlief und die den Nährboden für die Pariser Kommune bildeten, begibt sich Harvey hier, ausgehend von der räumlichen Reorganisierung der Stadt durch den Präfekten Haussmann sowie den damit aufs engste verknüpften Entwicklungen des Kredit- und Finanzsystems, des Immobilienmarktes und des Staates, immer tiefer in die urbane Realität. So werden im weiteren Verlauf des langen Essays unter anderem die industrielle Struktur der Stadt sowie die – vergeschlechtlichten – Arbeits-, Reproduktions- und Klassenverhältnisse nachgezeichnet, bevor Harvey schließlich nach dem Selbstverständnis der BewohnerInnen, dem wissenschaftlichen und kulturellen Status quo oder den dominanten Repräsentationspolitiken fragt.

Zusammen mit der Analyse der klassenpolitischen Dimension der Erbauung der Basilika Sacré-Cœur – als reaktionärer Nachhall der Paris Kommune – (vgl. ebd.: 221ff.) sowie den anderen in *Paris, Capital of Modernity* (vgl. Harvey 2003) erschienenen Essays bewegt sich *Paris, 1850–1870* daher weiter in Richtung der Komplexität urbaner sozialer Verhältnisse und insbesondere auch deren symbolisch-kultureller Dimension, als jede andere Publikation Harveys. Infolgedessen zählen die Paris-Essays zweifellos zu seinen lesenswertesten Texten und können aufgrund der anschaulichen Art, wie theoretische Konzepte hier ins Werk gesetzt werden, als ein Musterbeispiel für das analytische Potential seines Ansatzes gelten. Sie werden daher in diesem Kapitel – ebenso wie Harveys Studien zum Häuser- und Wohnungsmarkt in Baltimore – immer wieder aufgegriffen, ohne dass dabei freilich das

mulation and class power" (Harvey 2005: 44) interpretiert. Insofern er dabei der zuletzt genannten Dimension den zentralen Stellenwert zuschreibt, versteht er Neoliberalismus zuallererst als „Klassenkampf von oben".

in der Essay-Form gegebene Narrativ gewahrt bleiben kann oder die historischen Zusammenhänge systematisch eingeführt würden.

Um Harveys Analysen zur kapitalistischen Urbanisierung aus den 1970er und 1980er Jahren strukturiert zu rekonstruieren, dient als Ausgangspunkt der – erstmals 1978 erschienene – Text *The Urban Process under Capitalism: A Framework for Analysis* (Harvey 1989c: 59ff.) (im Folgenden *Framework*). In diesem Essay versucht Harvey, dem Titel folgend, die Konturen eines umfassenden, um das Modell der Kapitalkreisläufe und den Begriff „verlagerter Klassenkampf" zentrierten Zugangs zu entwerfen. Daher kommt *Framework* unter allen urbanisierungstheoretischen Publikationen Harveys aus dieser Periode zweifelsohne „(...) closest to a complete statement of his perspective (...)" (Gottdiener 1994 [1985]: 87). Nachdem mittels einer Darstellung der zentralen Inhalte dieses Textes das thematische Feld geöffnet wird (Kapitel 6.1), erfolgt im nächsten Schritt eine Auseinandersetzung mit der kritischen Rezeption des dort von Harvey entwickelten Ansatzes. Analog zur Differenzierung zwischen „Akkumulation" und „Klassenkampf" in *Framework* wird dabei zwischen politökonomischen und gesellschaftstheoretischen Einwänden unterschieden sowie exemplarisch der alternative Zugang des US-Amerikanischen Stadtsoziologen Mark Gottdiener thematisiert (Kapitel 6.2). Die beiden hier identifizierten Kritikstränge bilden im Anschluss die Leitlinien, um tiefer in Harveys umfangreiches Werk vorzudringen und, jeweils am Ende der folgenden drei Unterkapitel, auch seine jüngeren Veröffentlichungen zum Thema Stadt und Urbanisierung in die Diskussion miteinzubeziehen.

Dies betrifft zunächst das Feld marxistischer Rententheorie, das, so die hier vertretene These, den „missing link" darstellt, damit das Modell der Kapitelkreisläufe sein Potential zur Erklärung der krisenhaften Dynamiken spekulativer Stadtentwicklung voll entfalten kann (Kapitel 6.3). In einem nächsten Schritt wird dann untersucht, ob Harvey, wie in der kritischen Rezeption häufig beanstandet, den Akteuren, Institutionen und Konflikten kapitalistischer Urbanisierung in seinen Analysen tatsächlich nur eine untergeordnete Bedeutung beimisst (Kapitel 6.4). Abschließend steht die Frage zur Debatte, inwieweit es Harvey in seinen Veröffentlichungen ab Mitte der 1980er Jahre gelungen ist, die „relative Autonomie" städtischer Politik – als „(...) a major means of bringing together the logic of capital accumulation with the history of class struggle" (Harvey 1989c: 126) – zu bestimmen, und worin die politisch-strategischen Konsequenzen seiner Position liegen (Kapitel 6.5).

6.1 „A Framework for Analysis"

In einem vergleichsweise kurzen Text von 30 Seiten Umfang einen, wie es im Titel von *Framework* (Harvey 1989c: 59ff.) heißt, „Analyserahmen für Urbanisierungsprozesse im Kapitalismus" entwickeln zu wollen, ist ohne Zweifel ein ambitioniertes Vorhaben. Harvey versucht dem selbstformulierten Anspruch gerecht zu werden, indem er die bereits genannte Differenzierung zwischen den Themen „Akkumulation" und „Klassenkampf" vornimmt und seinen Text entsprechend strukturiert. Während der Teil zu Akkumulation dabei einen ungleich größeren Raum einnimmt als jener zu Klassenkampf, werden beide im Folgenden gleichrangig eingeführt: Zunächst erfolgt eine Rekonstruktion von Harveys Position, wonach sich mit Hilfe des Modells der Kapitalkreisläufe Urbanisierungsprozesse und deren zyklischer Verlauf erklären lassen (Kapitel 6.1.1); anschließend wird nachgezeichnet, was er unter dem Begriff „verlagerter Klassenkampf" versteht und welche Beispiele er diesbezüglich nennt (Kapitel 6.1.2). Da Harveys Argumentation später anhand der kritischen Rezeption seines Ansatzes ohnehin noch einmal aufgegriffen wird, hat dieses Kapitel im Wesentlichen darstellenden Charakter.

6.1.1 Kapitalkreisläufe, Urbanisierung und Bauinvestitionszyklen

Ähnlich wie in anderen analytischen Texten von Harvey steht auch am Anfang von *Framework* eine kurze Erläuterung der wesentlichen Inhalte seiner Interpretation der Marxschen Kritik der Politischen Ökonomie (vgl. Harvey 1989c: 60ff.). Ohne diese hier noch einmal ausführlich wiederholen zu müssen (vgl. Kapitel 5), sei an einige Eckpunkte erinnert: Ausgehend von den elementaren Widersprüchen des Kapitalismus, wie sie entlang einer horizontalen, innerkapitalistischen und einer vertikalen, den Antagonismus zwischen Kapital und Arbeit betreffenden Konfliktachse verlaufen, identifiziert Harvey anhand der Marxschen Argumentation aus dem *Kapital* und dessen „Gesetz des tendenziellen Falls der Profitrate" die kapitalistische Tendenz zur Überakkumulation im ersten, industriellen Kapitalkreislauf. Dieser periodisch entstehende Überschuss von Kapital und Arbeit kann, so seine zentrale These, durch Investitionen in einen sekundären und tertiären Kapitalkreislauf absorbiert werden, ohne dass dies die Entstehung von Krisen dauerhaft verhindert würde.

Neben einer gegenüber *Limits* insgesamt verkürzten Erklärung seiner allgemeinen Akkumulations- und Krisentheorie – deren Darstellung anhand einzelner Diagramme Harvey selbst als stark vereinfachend und „struktur-funktionalistisch" bezeichnet (ebd.: 61, 66) – weichen seine Ausführungen noch an einigen anderen Punkten ein wenig von seinem theoretischen Hauptwerk ab. So fokussiert er in *Framework* hinsichtlich des sekundären Kapitalkreislaufs ausschließlich auf jene Elemente des fixen Kapitals, welche die Form gebauter Umwelt annehmen. Zudem rekurriert er von Beginn an – und nicht erst im Zusammenhang mit dem tertiären Kapitalkreislauf (vgl. Kapitel 5.2.3) – auf das Konzept der „Produktivität", um die Motivation hinter Investitionen in den sekundären und tertiären Kapitalkreislauf zu erklären (vgl. Harvey 1989c: 68f.). Diese sind für die KapitalistInnen als Klasse demnach deshalb attraktiv, weil es sich bei einem derartigen Investment *potentiell* um ein *produktives* handelt, d.h. „(...) one that directly or indirectly expands the basis for the production of surplus value." (ebd.: 68) Mit dieser Bestimmung wendet sich Harvey explizit gegen Versuche, solche Verlagerungen mit höheren Profitraten – in den Wertbegriffen des „Gesetzes des tendenziellen Falls der Profitrate" – erklären zu wollen. Hierfür sei die Marxsche Argumentation auf einer zu hohen Abstraktionsebene angesiedelt und beruhe auf zu vielen Einschränkungen und Voraussetzungen. Eine letzte Differenz gegenüber *Limits* besteht schließlich darin, dass die Option einer räumlichen Verschiebung des Überschusses von Kapital und Arbeit, der *spatial fix*, hier nicht gesondert thematisiert, dafür aber in weiterer Folge – ganz im Sinne seiner späteren begrifflichen Verschiebung zum *spatio-temporal fix* – wie selbstverständlich mitreflektiert wird (vgl. Kapitel 5.3, 5.4).

Dies zeigt sich, sobald Harvey, vermittelt über das Modell der Kapitalkreisläufe, seine allgemeine Akkumulations- und Krisentheorie mit der Frage von Urbanisierungsprozessen in Verbindung bringt. Demnach kann durch den sekundären Kreislauf dem Umstand analytisch Rechnung getragen werden, „(...) [that] the urban process implies the creation of a material physical infrastructure for production, circulation, exchange, and consumption." (Harvey 1989c: 71f.), während die notwendigen – und im urbanen Raum konzentrierten – Sozialausgaben für die Reproduktion der Arbeitskraft als tertiärer Kreislauf ins Blickfeld geraten. Die Gleichrangigkeit beider Kreisläufe, die hier angedeutet wird, verfolgt Harvey im weiteren Verlauf des Textes indes nicht weiter. Stattdessen fokussiert er anfangs aus der Perspektive der Akkumulation allein auf Investitionen in die gebaute Umwelt (für Produktion und Konsumtion), bevor anschließend die Reproduktion der Arbeitskraft zwar den zentralen Gegenstand des „Fensters" Klassenkampf ausmacht, dort aber vom tertiären Kapitalkreislauf keine Rede mehr ist.

Seine Analyse des Zusammenhangs von sekundärem Kapitalkreislauf und kapitalistischer Urbanisierung beginnt Harvey mit einer näheren Betrachtung des Begriffs der gebauten Umwelt. Angesichts der Vielfalt der Elemente, die unter diesem subsumiert werden – von Abwasserkanälen über Schul- oder Fabrikgebäude bis hin zu Dockanlagen und Häfen – betont er, die Bezeichnung gebaute Umwelt wäre „(...) a gross simplification, a concept that requires disaggregation as soon as we probe deeply into the processes of its production and use." (ebd.: 74) Obwohl sich unter der Oberfläche des Begriffs demnach unterschiedlichste Produktionsbedingungen und Nutzungsformen verbergen, müssen die Elemente der gebauten Umwelt jedoch auch über eine Reihe von Gemeinsamkeiten verfügen, um einen einheitlichen Terminus überhaupt zu rechtfertigen. Wie bereits ausgeführt (vgl. Kapitel 5.2.2), handelt es sich dabei allen voran um ihre physische Unbeweglichkeit, die dazu führt, dass die getätigten Investitionen hier – anders als bei mobilen Produktions- und Konsumtionsmitteln wie Containern, Schiffen oder Autos – geographisch fixiert sind. Da sie zudem einem zumeist kapital- und arbeitsintensiven, häufig auch langsamen Produktionsprozess unterliegen und das Kapital danach über große Zeiträume gebunden ist, stellen Elemente der gebauten Umwelt und in weiterer Folge Urbanisierungsprozesse eine ideale Senke für den periodisch entstehenden Überschuss von Kapital und Arbeit dar.

Gleichzeitig sind diese Merkmale jedoch, so Harvey in *Framework*, ebenso mit dafür verantwortlich, dass realiter keineswegs gesichert ist, ob bzw. zu welchen Kosten dieses Potential realisiert werden kann, ob also eine kriseninduzierte Verlagerung aus dem primären in den sekundären Kapitalkreislauf tatsächlich stattfindet. Wegen des großen Umfangs, der langen Dauer und der Unbeweglichkeit von Investitionen in die gebaute Umwelt sowie der häufig kollektiven Nutzung ihrer Elemente und starker externer Effekte (z.B. die Beeinflussung von Immobilienwerten durch die Nachbarschaft), sind solche Investitionen mit einem erheblichen Risiko verbunden. Infolgedessen tendieren individuelle KapitalistInnen nach Harvey generell zur Überakkumulation im primären und zur Unterinvestition im sekundären Kapitalkreislauf (vgl. Harvey 1989c: 65). Damit die Kapitalzirkulation zwischen beiden Kreisläufen überhaupt möglich ist und in Phasen der Überakkumulation überschüssiges Kapital in gebaute Umwelt investiert werden kann, bedarf es daher gewisser Voraussetzungen. Diese macht Harvey – ganz ähnlich wie in *Limits* und *Geopolitics* (vgl. Kapitel 5.2.2 und 5.2.3) – vor allem in einem funktionierenden Kredit- und Finanzsystem zur Schaffung fiktiven Kapitals sowie in staatlichen Unterstützungsleistungen wie etwa steuerlichen Anreizen, Garantien oder direkten Interventionen aus: „Since the production of money and credit is a relatively autonomous process, we have to conceive of the financial and state institutions controlling the process as a kind of collective nerve center governing and *mediating* the relations between the primary and secondary circuits of capital." (Harvey 1989c: 65)

Aufgrund der zentralen Stellung dieser Instanzen ist es in den Augen von Harvey neben allgemeineren Faktoren wie den ökonomischen Rahmenbedingungen oder dem Stand der Klassenkämpfe vor allem von deren konkreter institutioneller Ausgestaltung und den dort verfolgten Politiken abhängig, ob, wann, in welchem Umfang und mit welchen spezifischen Zielen Kapital in den sekundären Kreislauf strömt. Je nach Effizienz dieser Instanzen und dem Verlauf gesellschaftlicher Auseinandersetzungen kann dieser Prozess der Verlagerung nach Harvey daher entweder relativ sanft und gleichmäßig vonstatten gehen, oder aber im Zuge einer „switching crisis" – d.h einer krisenhaften Restrukturierung der sektoralen und geographischen Muster der Kapitalallokation – von tiefgreifenden ökonomischen, sozialen und institutionellen Verwerfungen begleitet werden (ebd.: 68ff.).

Ist das Kapital auf die ein oder andere Art und Weise in der Lage, in den sekundären Kreislauf zu fließen, wird die zugrundeliegende Überakkumulation indes nur raum-zeitlich verschoben, nicht generell verhindert. Daher muss sie sich nach Harvey früher oder später in Überinvestitionen im sekundären Kreislauf übersetzen. Eine solche Situation bemisst sich ihm zufolge daran, dass das dorthin strömende Kapital nicht mehr „produktiv“ veranlagt werden kann, d.h. die Grundlage für die Mehrwertproduktion keine Erweiterung mehr erfährt. Die Entwertung, die in der Folge einsetzt und von der zunächst vor allem einzelne KapitalistInnen betroffen sind, strahlt im weiteren Verlauf auch auf die vermittelnden Instanzen des Kredit- und Finanzsystems sowie den Staat aus: „The fictitious capital contained within the credit system is seen to be just that, and financial and state institutions may find themselves in serious financial difficulty.“ (ebd.: 74) Weil die Elemente der gebauten Umwelt im Rahmen einer solchen Entwertung nicht notwendigerweise physisch zerstört werden und ihr Gebrauchswert daher häufig bestehen bleibt, können sie in der Folge billig erworben werden und so als Grundlage für eine neue Phase der Akkumulation dienen (vgl. ebd.: 74f., 81f.; Kapitel 5.2.1).[2]

Das Wechselspiel von Über- und Unterinvestitionen, zu dem es infolgedessen kommt und das sich konkret in Gestalt eines „(...) temporal and geographical ebb and flow of investment in the built environment (...)“ (Harvey 1989c: 83) manifestiert, folgt nach Harvey einem spezifischen Rhythmus. Diesen sieht er generell durch den Verlauf der Kapitalakkumulation sowie die – vergleichsweise lange – ökonomische, vor allem aber auch physische Lebenszeit der gebauten Umwelt bestimmt: „[I]nstant throwaway cities are hardly feasible, no matter how hard the folk in Los Angeles try.“ (ebd.: 77) Im Anschluss an die empirischen Arbeiten von Manuel Gottlieb (1976), der für einen Zeitraum seit 1800 die Bautätigkeit in nicht weniger als 30 urbanen Regionen in acht Ländern untersucht hat, geht Harvey im Sinne einer „first-shot generalization“ (Harvey 1989c: 77) davon aus, Investitionen in gebaute Umwelt wiesen eine charakteristische Periodizität von ca. 15–25 Jahren auf und verliefen also in Wellen „mittlerer“ Länge – so genannte Kuznets-Zyklen, denen „lange“ Kontratieff- sowie „kurze“, konjunkturelle Juglar-Zyklen gegenüber stehen.[3]

2 Obwohl in Gentrifzierungsprozessen gerade auch unbebaute bzw. durch Abriss erst künstlich geschaffene Brachen eine wichtige Rolle einnehmen, ist das physische Fortbestehen ökonomisch entwerteter Gebäude (z.B. im Fall von Altbauten oder Industrielofts) in solchen Prozessen ein äußerst wichtiger Faktor (vgl. z.B. Zukin 1989 [1982]; Smith 1996).

3 Ohne dass Harvey dies explizieren würde, folgt seine anderswo (vgl. Harvey 1989d: 23ff., 53f.) vorsichtig getroffene Periodisierung der Entwicklung von Urbanisierungsprozessen in Europa bzw. den USA de facto einer Theorie „langer Wellen“. Er zeichnet hier den Verlauf von einer „merkantilen“ bzw. „früh-kapitalistischen“ (vor 1850) über eine „industrielle“ (ab den 1850er Jahren bis in die ersten Jahrzehnte des 20. Jahrhunderts) und

Anhand des Beispiels der „Atlantischen Ökonomie“ des 19. Jahrhunderts macht Harvey hier auf die spezifisch räumliche bzw. geopolitische Dimension solcher Zyklen aufmerksam: Über die transatlantische Bewegung des Überschusses von Kapital und Arbeit miteinander verknüpft, wären die Investitionen in die gebaute Umwelt in Großbritannien und den USA zueinander in einem genau spiegelbildlichen Verhältnis gestanden, wodurch die Entstehung großer Krisen vermieden worden sei: „Uneven spatial development of the built environment was a crucial element in the achievment of relative global stability under the aegis of the *Pax Britannica* of the nineteenth century.“ (ebd.: 77f.) Umgekehrt lassen sich aus dieser Perspektive die beiden großen globalen Krisen des Kapitalismus – in den 1930er und 1970er Jahren – zum Teil mit dem Wegfall der Möglichkeiten für solche vergleichsweise reibungslosen, raum-zeitlichen Investitionsverlagerungen erklären. In solchen Situationen wird Harvey zufolge die Funktion des sekundären Kapitalkreislaufs als Senke für überakkumuliertes Kapital, aber auch die damit verbundene, krisenhafte Eigendynamik besonders sichtbar: „Each of the global crises of capitalism was in fact preceded by the massive movement of capital into long-term investment in the built environment as a kind of last-ditch hope for finding productive uses for rapidly overaccumulated capital.“ (ebd.: 78)[4]

Zwar illustriert Harvey all diese Schlaglichter anhand von Diagrammen und Statistiken, welche mehrheitlich den zyklischen Verlauf von Investitionen in die gebaute Umwelt bzw. den Immobilienmarkt in den USA und Großbritannien zeigen. Allerdings betont er zugleich mit Nachdruck, seine Überlegungen würden nicht den Anspruch erheben, einen hinreichenden empirischen Nachweis angetreten zu sein: „Bringing the theory to bear on history is in fact an extraordinarily difficult task far beyond the scope of a short chapter.“ (ebd.: 80) Ganz im Sinne dieser Einschätzung belässt es Harvey in der Folge bei einem sehr knappen Blick auf die erstmalige Entstehung einer genuin kapitalistischen Tendenz zur Überakkumulation Mitte des 19. Jahrhunderts sowie auf die Formen, welche das Wechselspiel von ökonomischer Entwertung und neuerlicher Inwertsetzung gebauter Umwelt historisch angenommen hat, bevor er anhand des Transportsystems noch auf einige Spezifika von letzterer eingeht. Dabei nimmt er fast wortwörtlich die Diagnose vorweg, die er, wie gesehen

„keynesianische“ bzw. „fordistische“ (ab den 1940er Jahren bis Ende der 1960er Jahre) bis hin zur jüngsten, „post keynesianischen“ bzw. „unternehmerischen“ Stadt nach (vgl. hierzu auch Soja 2000: 109ff.). Zu Theorien einer wellenförmigen Entwicklung des Kapitalismus im Allgemeinen und der Zyklizität von Bauinvestitionen und Raumentwicklung sowie damit verbundener Probleme im Speziellen siehe Läpple (1987) und Krätke (1991a: 9ff.).

4 Über die „großen“ Krisen des Kapitalismus hinaus (vgl. hierzu Kapitel 6.3.3) hat Harvey diesen Zusammenhang in seinen jüngsten Texten auch anhand verschiedener nationaler oder regionaler Krisen illustriert (z.B. der Sparkassenkrise in den USA zwischen 1987 und 1990, dem Ende des japanischen Booms in den 1990er Jahren sowie der Asienkrise 1997/98) (vgl. z.B. Harvey 2012a: 4ff., 19ff.).

(vgl. Kapitel 5.2.1 und 5.3.1), später in *Limits* und *Geopolitics* im Zusammenhang mit der zeitlichen bzw. räumlichen Verschiebung überakkumulierten Kapitals weiterentwickelt und vor allem um eine stärkere Berücksichtigung sozialer Infrastrukturen ergänzt hat. Da es sich bei der Erkenntnis einer in der Kapitalzirkulation angelegten Tendenz zur „schöpferischen Zerstörung" um eine der zentralen Bausteine der Harveyschen Theorie und einen für das Verständnis von Transformationsprozessen im städtischen Raum überaus produktiven Gedanken handelt, scheint es abschließend sinnvoll, den entsprechenden Sachverhalt anhand der Textstelle aus *Framework* noch einmal ins Gedächtnis zu rufen:

> „Capital represents itself in the form of a physical landscape created in its own image, created as use value to enhance the progressive accumulation of capital. The geographical landscape that results is the crowning glory of past capitalist development. But at the same time it expresses the power of dead labor over living labor, and as such it imprisons and inhibits the accumulation process within a set of specific physical constraints. And these can be removed only slowly unless there is a substantial devaluation of the exchange value locked up in the creation of these physical assets. Capitalist development has therefore to negotiate a knife edge path between preserving the exchange values of past capital investments in the built environment and destroying the value of these investments in order to open up fresh room for accumulation. Under capitalism there is, then, a perpetual struggle in which capital builds a physical landscape appropriate to its own condition at a particular moment in time, only to have to destroy it, usually in the course of a crisis, at a subsequent point in time. The temporal and geographical ebb and flow of investment in the built environment can be understood only in terms of such a process." (Harvey 1989c: 83)

6.1.2 „Verlagerter Klassenkampf"

In welchem Verhältnis steht nun die kontinuierliche Veränderung der urbanen Landschaften, die aus dieser raum-zeitlichen Widerspruchskonstellation resultiert, zur Ebene sozialer Auseinandersetzungen? Um diese Frage zu beantworten, wechselt Harvey am Ende von *Framework* aus der Perspektive der Akkumulation zu jener des Klassenkampfs (vgl. ebd.: 83ff.) Statt solche Kämpfe en détail wiederzugeben, richtet er seinen Fokus hier auf den Kontext, in dem diese stattfinden, und die Reaktionen, welche die Bourgeoisie unter dem Imperativ fortgesetzter Akkumulation auf den Widerstand der ArbeiterInnenklasse zeigt. Dabei geht Harvey von der Annahme aus, der zentrale Ort von Konflikten zwischen Kapital und Arbeit läge am Arbeitsplatz bzw. im Betrieb, d.h. in den Auseinandersetzungen um die Arbeitsbedingungen und die Lohnhöhe. Weil die Gestalt und das Ergebnis solcher Kämpfe sowie, damit verknüpft, der generelle Verlauf der kapitalistischen Akkumulation jedoch von Bedingungen außerhalb dieser Sphäre abhängig sei, übten etwa der Staat oder das Rechtssystem hier einen entscheidenden Einfluss aus. Gleiches gelte auch – und darauf fokussiert Harvey an dieser Stelle – für den Prozess der Reproduktion der Arbeitskraft.

Diesen hält er zum einen in quantitativer Hinsicht für überaus wichtig, ist doch etwa das Kräfteverhältnis zwischen Kapital und Arbeit maßgeblich von der (Nicht-) Existenz einer industriellen Reservearmee bzw. einer relativen Überbevölkerung abhängig. Zudem führt Harvey hier die Kosten der Reproduktion der Arbeitskraft an. Diese beruhen vor allem auf dem historisch variablen Lebensstandard der ArbeiterInnen, der sich aus der Perspektive der Bourgeoisie zugleich negativ – in Form höherer Lohnforderungen – und positiv – als effektive Nachfrage nach Konsumgütern – niederschlagen kann: „Consequently, the consumption habits of the workers are of considerable direct and indirect interest to the capitalist class." (ebd.: 84) Ebenso verhält es sich in den Augen von Harvey auch mit den qualitativen Aspekten der Reproduktion der Arbeitskraft, d.h. mit den Fähigkeiten und Qualifikationen der ArbeiterInnen, ihrer Motivation, Arbeitsethik, dem Grad ihrer Konformität usw. In diesem Zusammenhang wäre insbesondere die Existenz von Differenzen innerhalb der ArbeiterInnenklasse – aufgrund der Arbeitsteilung bzw. tradierter, ethnischer, religiöser usw. Grenzen – von Bedeutung, welche gemeinsame Kämpfe erschwerten und daher von den KapitalistInnen mittels Teile-und-Herrsche-Strategien strategisch genutzt würden.

Wenn aus diesem Blickwinkel sowohl die quantitative als auch die qualitative Dimension der Reproduktion der Arbeitskraft eine wichtige Einflussgröße auf den Klassenkampf und den kapitalistischen Akkumulationsprozess darstellen, dann hat dies für die Herrschaft der Bourgeoisie elementare Folgen: „The socialization and training of labor – the management of human capital – cannot be left to chance. Capital therefore reaches out to dominate the living process – the reproduction of labor power – and it does so because it must." (ebd.) Insofern eine derartige Diagnose umgekehrt auch die Bedeutung des Widerstands und der Initiativen der ArbeiterInnenklasse in diesem Bereich aufwertet, können aus dieser Perspektive Kämpfe in der Reproduktionssphäre von solchen im Betrieb nicht mehr vollkommen getrennt werden. Harvey spricht daher von „verlagertem Klassenkampf" [„displaced class struggle"] als jener Form sozialer Auseinandersetzung, „(...) that has its origin in the work process but that ramifies and reverberates throughout all aspects of the system of relations which capitalism establishes. We can trace these reverberations to every corner of the social totality and certainly see them at work in the flows of capital between the different circuits." (ebd.)

Für ein solches Auftreten verlagerter Klassenkämpfe im urbanen Kontext werden in *Framework* drei Beispiele genannt und kurz diskutiert (vgl. ebd.: 86ff.). Harvey zeigt *erstens*, dass die so genannte „Wohnungsfrage" nicht nur deshalb eng mit dem Arbeitsprozesses verknüpft ist, weil die räumliche Konzentration der Produktion eine ebensolche der ArbeiterInnen notwendig macht und sich die Kosten der Wohnungsversorgung in das Niveau der Lohnforderungen übersetzen. Vielmehr eröffnet die Tatsache, dass die gesamte Lebens- und Konsumweise einer Gesellschaft stark von der Art und Weise des Wohnens geprägt wird, die Möglichkeit, über Veränderungen an dieser Stelle grundlegendere soziale, politische und ökonomische Weichenstellungen vorzunehmen. Als Beispiel nennt Harvey hier unter anderem den Suburbanisierungsprozess in den USA, dessen starke Zunahme und die damit einhergehende Schaffung eines gänzlich neuen Lebensstils ab den 1930er Jahren er als das Ergebnis der – letztlich erfolgreichen – Strategie der Bourgeoisie deutet, mit Hilfe der Förderung individuellen Wohneigentums für soziale Stabilität zu sorgen und das Entstehen innerer Unruhen so zu verhindern. Zugleich sei auf diesem Weg der nach 1945 bestehenden Gefahr einer Überakkumulation entgegengewirkt worden: „This solution had the added advantage of opening up the housing sector as a means for rapid accumulation through commodity production. So successful was this solution that the housing sector became a Keynesian 'contra-cyclical' regulator of the accumulation process as a whole, at least until the *débâcle* of 1973." (ebd.: 86; vgl. auch Kapitel 6.3.3, 6.4.2)

Während Harvey auf diese im engeren Sinn ökonomischen Zusammenhänge im Folgenden nicht mehr eingeht, führt er als *zweites* Beispiel für verlagerte Klassenkämpfe die Verbindung zwischen Suburbanisierung und sozialer Stabilität näher aus. Weil innere Unruhen und Aufstände – wie z.B. die Revolution von 1848, die Pariser Kommune 1871 oder der große Eisenbahnerstreik in den USA 1877 – historisch zumeist das Ergebnis einer räumlichen Konzentration der ArbeiterInnen und anderer „gefährlicher" Klassen waren bzw. zumindest als solches interpretiert wurden, verfolgte die Bourgeoisie nach Harvey bereits im 19. Jahrhundert eine Politik der räumlichen Verteilung [„policy of dispersal"]. Ausgehend von der Vorstellung bürgerlicher Reformer, die Suburbanisierung entfalte einen „moralischen Einfluss" und wäre daher eine Maßnahme gegen den Klassenkampf, wurde sie ihm zufolge über die Bereitstellung von billigem Land, entsprechender Transportsysteme usw. aktiv befördert. Dies hat die Gestalt britischer und US-Amerikanischer Städte nachhaltig geprägt. Dass diese Vorgehensweise zudem noch immer aktuell ist, beweist für Harvey die Reaktion der Herrschenden auf die Aufstände, die in den 1960er Jahren in den Schwarzen Ghettos vieler US-Amerikanischer Städte ausbrachen: „Open up the suburbs, promote low-income and black homeownership, improve access via the transport system... the parallels are remarkable." (ebd.: 87; vgl. auch Kapitel 6.4.2)

Die Alternative zu dieser Strategie besteht in Harveys Augen in der Doktrin einer „Stärkung der (städtischen) Community" [„Community Improvement"], dem *dritten* Beispiel für verlagerte Klassenkämpfe. Auch hier greift er auf die Debatten im Bürgertum des 19. Jahrhunderts zurück, um zu zeigen, dass dieses bereits seit langem versucht, den „Geist der Community" als Mittel gegen Klassenbewusstsein und potentiell revolutionäre Umtriebe in Stellung zu bringen. Während zu diesem Zweck zunächst vor allem kirchliche Institutionen und Formen der direkten ideologischen Kontrolle genutzt wurden, beruht die Propagierung sozialer Harmonie seit Ende des 19. Jahrhunderts, so Harvey weiter, vermehrt auf dem Versprechen einer realen Verbesserung der Lebensverhältnisse der urbanen Armen und der steigenden Bedeutung (sozial-)wissenschaftlicher Expertise. Neben der Tatsache, dass auf diesem Weg die zugrunde liegenden strukturellen Ursachen für die Entstehung urbaner Armut nicht gelöst werden können, ist diese Strategie einer „Stärkung der Community" in Harveys Augen noch in weiterer Hinsicht zutiefst widersprüchlich:

> „[T]he 'principle of community' is not a bourgeois invention. It also has its authentic working-class counterpart as a defensive and even an offensive weapon in class struggle. The conditions of life in the community are of great import to the working class, and they can therefore become a focus of stuggle which can assume a certain relative autonomy from that waged in the factory. The institutions of community can be captured and put to work for working-class ends. (...) The principle of community can then become a springboard for class action rather than an antidote to class struggle. Indeed, we can argue that the definition of community as well as the command of its institutions is one of the stakes in class struggle in capitalist society." (ebd.: 88)

Die generelle Gültigkeit dieser These illustriert Harvey anhand der historisch variierenden Rolle der Kirche in der Gesellschaft. Für den urbanen Kontext verweist er auf die Vielzahl von Allianzen und Konfliktlinien, die sich infolge dieser widersprüchlichen Bedeutung von Community innerhalb und zwischen Klassen ergeben können und welche die Anwendung von Teile-und-Herrsche-Strategien durch die Bourgeoisie zu einem ökonomisch und politisch riskanten Manöver machen. So besteht z.B. die Möglichkeit, dass bürgerliche, suburbane Communitys gegen weiteres wirtschaftliches Wachstum opponieren, oder dass ethnische und religiöse Konflikte innerhalb der ArbeiterInnenklasse, die von der Bourgeoisie bewusst geschürt wurden, außer Kontrolle geraten und in urbane Aufstände umschlagen.

Obwohl zumindest die Strategien einer „Stärkung der Community" aus dieser Perspektive also durchaus ambivalente Effekte haben können, äußert sich Harvey bzgl. der generellen Auswirkungen des Klassenkampfs auf die Prozesse der Kapitalzirkulation durch die gebaute Umwelt am Ende von *Framework* skeptisch. Er konstatiert, die Kämpfe der ArbeiterInnenklasse könnten zwar durchaus beträchtliche Zugeständnisse erzwingen. Allerdings wurden diese – z.B. im Fall der Wohnungs- oder Gesundheitsversorgung – von der Bourgeoisie normalerweise in neue Möglichkeiten zur Akkumulation verwandelt und kämen daher über eine bloße Veränderungen des Verlaufs der Kapitelkreisläufe nicht hinaus: „Class struggle can (...) provoke switching crisis, the outcome of which can change the structure of investment flows to the advantage of the working class. But those demands that lie within the economic possibilities of accumulation as a whole can in the end be conceded by the capitalist class without loss." (ebd.: 89) Als konkretes Beispiel für die nachhaltige Dynamik von Akkumulationsprozessen, aber auch für deren Wechselverhältnis mit den Konjunkturen der Klassenkämpfe führt Harvey hier den Verlauf von Investitionen in die gebaute Umwelt im Paris des 19. Jahrhunderts an.[5] Obwohl deren Einbruch in den Jahren 1830, 1848 sowie 1871 entscheidend durch die politischen Ereignisse vor Ort bestimmt worden sei, weise der Rhythmus dieser Investitionen doch genau jene charakteristische Periodizität von ca. 15–25 Jahren auf, die auch in Städten bzw. Ländern mit einem weit geringeren Niveau sozialer Auseinandersetzungen zu beobachten gewesen sei. Was zunächst überraschend anmutet, nimmt Harvey zum Anlass für ein abschließendes Fazit:

> „(…) [I]f we think it through, this is not, after all, so extraordinary. We still live in a capitalist society. And if that society has survived, then it must have done so by imposing those laws of accumulation whereby it reproduces itself. To put it this way is not to diminish working-class resistance but to show that a struggle to abolish the wages system and the domination of capital over labor must necessarily look to the day when the capitalist laws of accumulation are themselves relegated to the history books. And until that day, the capitalist laws of accumulation, replete with all of their internal contradictions, must necessarily remain the guiding force in our history.“ (ebd.)

Um nachvollziehen zu können, worin die Interdependenzen zwischen Urbanisierungsprozessen und den widersprüchlichen Gesetzmäßigkeiten der Kapitalakkumulation bestehen und welche Bedeutung (verlagerte) Klassenkämpfe in dieser Dynamik einnehmen, bietet *Framework* zweifellos einen gelungenen Ausgangspunkt. Der Blick auf einige der zentralen Einwände, welche die kritische Rezeption seines Ansatzes hervorgebracht hat, zeigt indes, dass Harveys Zugang bis hierhin noch keineswegs hinreichend entwickelt ist.

---

5 In seinem Essay *Paris, 1850-1870* untersucht Harvey detailliert die räumliche Restrukturierung der Stadt, die unter Haussmann nach dessen Ernennung zum Präfekten und Stadtplaner im Jahr 1853 vorangetrieben wurde. Er sieht darin einerseits den Versuch, die noch stark durch das 18. Jahrhundert geprägten und daher den Anforderungen eines sich dynamisierenden Kapitalismus nicht mehr gewachsenen sozialen und geographischen Strukturen der französischen Hauptstadt aufzubrechen. Andererseits – und dies ist für den vorliegenden Kontext entscheidend – betrachtet Harvey im Sinne seines Modells der Kapitalkreisläufe die Stadterneuerungsprojekte Haussmanns als Reaktion auf die 1848 von Großbritannien ausgehende, europaweite Überakkumulationskrise sowie die damit verbundenen ökonomischen und politischen Verwerfungen: „The surpluses of capital and labor power, so crushingly evident in 1848, were to be absorbed through a program of massive long-term investment in the built environment. Within a year of the declaration of Empire, more than a thousand were at work on the construction site of the Tuileries; untold thousands were back at work building the railroads; and the mines and forges, desolate at late as 1851, were racing to meet the burgeoning demand. What was, perhaps, the first great crisis of capitalism was overcome, it seemed, through the long-term application of capital to the reorganization of space relations.“ (Harvey 1985a: 70; vgl. auch Harvey 2009 [2008]: 317f.)

6.2 Kritische Rezeption

In der beinahe unüberschaubaren Vielfalt von Bezugnahmen, die Harveys Analysen kapitalistischer Urbanisierung in den letzten 30 bis 40 Jahren erfahren haben, nimmt die Diskussion um sein Modell der Kapitalkreisläufe insofern einen besonderen Stellenwert ein, als hier ein vergleichsweise eindeutig identifizierbarer Rezeptionsstrang vorliegt. Obwohl sich die entsprechenden Beiträge hinsichtlich ihrer Stoßrichtung, Abstraktionsebene und nicht zuletzt ihrer Ergebnisse zum Teil beträchtlich unterscheiden, ist ihnen doch der Versuch gemein, die von Harvey entwickelte Herangehensweise auf die ein oder andere Art und Weise tatsächlich für die Analyse zeitgenössischer Urbanisierungsprozesse nutzbar zu machen. Gleichzeitig verbindet sie der Anspruch, Harveys Thesen kritisch auf ihre Stichhaltigkeit hin zu überprüfen sowie mögliche Unzulänglichkeiten und Leerstellen zu benennen und gegebenenfalls – zumeist unter Rückgriff auf andere Zugänge – zu korrigieren. Auch wenn dabei in einzelnen Fällen der Eindruck entsteht, seine Argumentation – oder ein Zerrbild derselben – diene lediglich als Negativfolie, um die eigene Position in hellerem Licht erscheinen zu lassen oder eine grundlegende Ablehnung marxistischer Theorie zu begründen, trägt gerade die Kritik enorm zum Verständnis der Möglichkeiten und Grenzen seines Ansatz bei.

Konkret lassen sich zwei größere Rezeptionswellen identifizieren, deren Schwerpunkt – sprachlich und empirisch – in beiden Fällen in den USA und Großbritannien liegt, deren Ausläufer aber auch bis in den deutschsprachigen Raum reich(t)en: Eine erste Welle setzte im Anschluss an die Publikation von *The Urbanization of Capital* (Harvey 1985b) und damit die Wiederveröffentlichung des 1979 erstmals erschienenen Essays *Framework* ein, verlief bis in die frühen 1990er Jahre und zeichnet sich durch ein mehrheitlich hohes theoretisches Niveau aus (vgl. z.B. Gottdiener 1994 [1985]; Feagin 1987; Beauragard 1991; 1994; Haila 1988; 1991; Krätke 1991; Ball 1986; King 1989a; 1989b; 1989b; Katz 1986; Saunders 1987; Krämer/Neef 1985; Katznelson 1992; Low 1990). Eine zweite, bisher noch kleinere, und aufgrund der veränderten (wissens-)politischen Kräfteverhältnisse vergleichsweise marginalisierte sowie häufig auch stärker empirisch ausgerichtete Rezeptionswelle ist im Zusammenhang mit jungeren Debatten um die Widersprüche des neoliberalen, finanzdominierten Kapitalismus und also die Ursachen für dessen gegenwärtige Krise entstanden (vgl. z.B. Gotham 2009; Aalbers 2009; 2011; Holm 2010; 2011b; Christophers 2011). Da in diesen jüngeren Texte zumindest theoretisch kaum über die bereits zuvor entwickelten Argumente hinausgegangen wird, bleibt die folgende Auseinandersetzungen zunächst auf die erste Rezeptionswelle beschränkt. Diesbezüglich offenbart sich die Existenz zweier, einander jedoch sowohl personell als auch inhaltlich überschneidender Stoßrichtungen der Kritik, die im Folgenden nacheinander skizziert und auf ihre Plausibilität hin überprüft werden: Während eine erste

Strömung die politökonomische Gültigkeit von Harveys Modell der Kapitalkreisläufe in Frage stellt (Kapitel 6.2.1), erhebt eine zweite Gruppe von AutorInnen den Vorwurf, sein Zugang weise eine gesellschaftstheoretische Leerstelle auf (Kapitel 6.2.2). Da sich im Ansatz von Mark Gottdiener diese beiden Achsen der kritischen Rezeption verdichten und seine eigene, von Harvey abweichende Interpretation des Lefebvreschen Modells der Kapitalkreisläufe gerade im Verzicht auf eine hinreichende politökonomische Fundierung einige exemplarische Charakteristika aufweist, wird am Ende dieses Kapitels der Frage nachgegangen, ob sein Ansatz eine Alternative zu jenem von Harvey darstellen kann (Kapitel 6.2.3).

6.2.1 Politökonomische Kritik

Entsprechend Harveys eigener Vorgehensweise fokussiert die politökonomisch motivierte Kritik an seinem analytischen Zugang auf seine Akkumulations- und Krisentheorie sowie insbesondere auf die konkrete Gestalt seines Modells der Kapitalkreisläufe. Sie lässt sich dabei nach einer eher empirisch (vgl. z.B. Beauragard 1991; 1994; Feagin 1987; Haila 1991) und einer stärker theoretisch (vgl. z.B. Krämer/Neef 1985: 16ff.; Saunders 1987: 214ff.; Krätke 1991: 11ff.) begründeten Ausrichtung unterscheiden. Ein Blick auf diese Beiträge offenbart, dass dieser Kritikstrang überall dort ins Leere greift, wo Harvey ein unzureichendes Verständnis der strukturellen Ursachen kapitalistischer Krisen bzw., genauer, eine nachfrageorientierte Krisentheorie unterstellt wird. Einsatzpunkt ist hierfür zumeist das Argument, Harvey habe mit seinem Begriff der „produktiven Investitionen" vorschnell das „Gesetz des tendenziellen Falls der Profitrate" und das Primat der Mehrwert*produktion* aufgegeben. Stattdessen betrachte er Investitionen in den sekundären und tertiären Kapitalkreislauf allein unter dem Gesichtspunkt der effektiven Nachfrage, d.h. der *Realisierung* von Mehrwert (vgl. z.B.: Krämer/Neef 1985: 17f.; Saunders 1987: 214ff.).

Jenseits der konkreten Frage, ob der Begriff der produktiven Investition tatsächlich geeignet ist, das Verhalten einzelner KapitalistInnen hinreichend zu erklären (siehe unten), zielt diese unspezifische Kritik indes daneben. So lässt sich vor dem Hintergrund von Harveys krisentheoretischem Zugang – der in *Framework* zwar weniger differenziert als in *Limits*, aber doch fast vollständig ausgeführt wird – konstatieren, dass er das „Gesetz" nicht grundsätzlich aufgibt, sondern ausgehend von diesem lediglich auf die realen Formen fokussiert, in welchen der tendenzielle Fall der Profitrate konkret auftritt – als Überschuss von Kapital und Arbeit. Auch ist es schlicht unzutreffend, wie Peter Saunders zu behaupten, Harvey würde „(...) seine Gewichtung der Überakkumulation nirgendwo theoretisch (...) [ausweisen]" und setzte diese „(...) als analytischen Ausgangspunkt stillschweigend voraus." (Saunders 1987: 216). Und schließlich kann der Hinweis von Krämer/Neef (1985: 18), eine

Umlenkung der Kapitalströme in den sekundären oder tertiären Kreislauf ändere nichts an der steigenden organischen Zusammensetzung des Kapitals und löse daher langfristig das Problem sinkender Profitraten nicht, schwerlich als Argument gegen Harveys Konzeption vorgebracht werden, gibt diese These doch lediglich treffend seine eigene Position wieder.

Bedenkenswerter scheinen stattdessen jene Einwände, die sich auf die Definition und das konkrete Verhältnis von primärem und sekundärem Kapitalkreislauf richten. Auch hier gilt es indes zunächst, eine Reihe offenkundiger Missverständnisse auszuräumen, die vor allem in einigen empirisch orientierten Arbeiten zu beobachten sind und dort mitunter fragwürdige Methoden bzw. zu eng gezogene Gültigkeitskriterien sowie entsprechend voreilige Schlussfolgerungen nach sich ziehen. Obgleich diesen Untersuchungen, die zumeist den Immobilienmarkt in den USA zum Gegenstand haben, das Verdienst zukommt, das analytische Potential, aber auch die Notwendig keit einer Konkretisierung von Harveys Ansatz offenzulegen, kritisieren sie diesen mitunter an der falschen Stelle: So behauptet Harvey in *Framework* weder, Investitionen in den sekundären Kapitalkreislauf fänden *ausschließlich* dann statt, wenn im primären Kreislauf profitable Anlagemöglichkeiten fehlten, noch, sie wären die *einzig* mögliche Reaktion auf eine solche Situation. Da er die Verschiebung des Überschusses von Kapital und Arbeit hier demgegenüber als zeitlichen *und* räumlichen Prozess analysiert sowie die zentrale Bedeutung des Kredit- und Finanzsystems betont, kann es zudem schwerlich als Argument *gegen* Harvey vorgebracht werden, dass Investitionen in den Immobilienmarkt in konkreten Fällen de facto von Banken und Versicherungen getätigt werden oder aus dem Ausland und nicht dem industriellen Sektor vor Ort stammen (vgl. z.B. Feagin 1987: 182ff.; Beauragard 1991: 94ff.; 1994).

Obwohl mancher Einwand an dieser Stelle demnach eher einer unpräzisen Rezeption denn Defiziten in Harveys Ansatz anzulasten ist, lenkt diese Kritik die Aufmerksamkeit doch auf eine möglicherweise zu scharf gezogene Grenze des primären Kapitalkreislaufs[6] sowie generell auf die Grundlagen seiner Differenzierung zwischen diesem und dem sekundären Kreislauf. In diese Richtung zielt etwa Krätke (1991: 12, 11), der diese Unterscheidung als „funktionalistisch konstruiert" kritisiert und zu bedenken gibt, es sei „(…) keineswegs selbstverständlich und zwingend, dass das im Bau- und Immobiliensektor investierte anlagesuchende Kapital aus überschüssigem Kapital *des Produktionssektors* besteht – es kann sich ebensogut um Investitionen

6 So müsste im Rahmen einer konkreten Analyse zweifellos zwischen verschiedenen Quellen überschüssigen (Geld-)Kapitals unterschieden und also z.B. der im Zuge politisch vermittelter Privatisierungspolitiken massiv gewachsenen Bedeutung von Pensionsfonds Rechnung getragen werden (vgl. Christophers 2011). Indem er die Bedeutung der Mehrwert*produktion* hervorhebt, bleibt die explizite Benennung eines primären, industriellen Kapitalkreislaufs auf einer theoretischen Ebene jedoch überaus wichtig (vgl. Kapitel 6.3).

innerhalb einer längst verselbstständigten besonderen Anlagesphäre handeln." Zwar widerspricht Krätke selbst dieser Position in seinen eigenen zeitdiagnostischen Analysen, wo er – meines Erachtens aus gutem Grund – doch auf das Konzept von Harvey zurückgreift (vgl. ebd.: 167ff., s. auch Kapitel 6.3). Allerdings verbindet die hier angedeutete Annahme, der Immobilienmarkt folge einer gegenüber gesamtwirtschaftlichen Prozessen weitgehend autonomen Logik bzw. einer „intrinsic dynamic" (Haila 1991: 348), viele AutorInnen gegen Harvey (vgl. etwa ebd., Beauragard 1994; Feagin 1987; Gottdiener 1994 [1985]: 183ff.).

Diese Sichtweise kann als Reaktion auf die diagnostizierte Schwäche seines Ansatzes verstanden werden, die Kapitalverlagerung vom primären in den sekundären Kreislauf schlüssig zu erklären. Dabei zielt die Kritik zum einen – entsprechend der generellen Vorbehalte des zweiten Kritikstrangs (vgl. Kapitel 6.2.2) – auf die Ebene der Institutionen und Akteure und also auf die Frage danach, *wie* solche Verlagerungen stattfinden: „(...) [T]he politics of capital switching is undertheorized (...)" (Beauragard 1994: 729; vgl. auch Haila 1991: 360). Zum anderen wird bemängelt, Harvey begründe nicht, *warum* es zu solchen Verlagerungen komme. So erhebt Gottdiener den Vorwurf, Harvey könne ebenso wenig wie zuvor Lefebvre zufriedenstellend die Frage beantworten, „(...) why investment is *more* profitable in the built environment, that is, both fail to show how the falling rate of profit in the primary circuit can make capital circulate as investment in space." (Gottdiener 1994 [1985]: 187) Obwohl das Konzept der Kapitalkreisläufe nämlich sehr anschaulich macht, dass solche Investitionen überschüssiges Kapital raum-zeitlich verschieben und die Entstehung von Überakkumulationskrisen auf diesem Weg verzögern können, bleibt bis hierhin weitgehend unklar, warum derartige Investitionen auch wirklich stattfinden sollten. In diesem Zusammenhang erweist sich insbesondere der von Harvey in *Framework* eingeführte Begriff der „produktiven Investitionen" als problematisch – wenn auch aus anderen Gründen, als zuvor z.B. von Saunders vermutet. Anstelle einer allgemeinen akkumulations- und krisentheoretischen Kritik ist eher der Verweis auf die Gefahr einer funktionalistischen Sichtweise angebracht: So erlaubt es die Tatsache, dass eine Investition potentiell produktiv ist, d.h. die Grundlage für die Produktion von Mehrwert *allgemein* erweitern kann, nicht, zu erklären, weshalb neben dem Staat auch einzelne KapitalistInnen diese dann auch tatsächlich tätigen sollten; schließlich unterliegen letztere aufgrund innerkapitalistischer Konkurrenz auch dann noch dem Imperativ, ihr Kapital *individuell* möglichst profitabel – hier nun in der Bedeutung konkreter Preisgrößen – zu verwerten, wenn solche Investitionen grundsätzlich in ihrem Klasseninteressen liegen.

Der Begriff der produktiven Investitionen hat an dieser Stelle indes nicht nur deshalb unglückliche Implikationen, weil die Perspektive des Gesamtkapitals eingenommen und zumindest impliziert wird, Investitionsverlagerungen in den sekundären Kapitalkreislauf fänden früher oder später ohnehin statt. Vielmehr erscheint es auch fragwürdig, Überinvestitionen in die gebaute Umwelt und daran anschließende Entwertungsprozesse umgekehrt am Kriterium *fehlender* Produktivität festzumachen, wird dieser Begriff in seiner Allgemeinheit doch kaum den spezifischen Dynamiken von Verwertungskrisen am Immobilienmarkt gerecht. Hier bleibt umgekehrt also offen, „(...) why secondary circuit investment reaches saturation (...)" (Gottdiener 1994 [1985]: 97). Harvey deshalb jedoch zu unterstellen, er vertrete eine „functionalist theory of devalorization" (ebd., s. auch 191ff.), geht zu weit und zeugt von einer ungenauen Rezeption von *Framework*. Obwohl Harvey durchaus die potentiell funktionalen Effekte der periodisch auftretenden Entwertung von Elementen der gebauten Umwelt hervorhebt, leitet er letztere nämlich gerade nicht aus den Erfordernissen der Kapitalzirkulation ab, sondern erklärt sie, wie gesehen, unter Verweis auf die dort strukturell vorhandene Spannung zwischen Investition und Desinvestition, zwischen Fixiertheit und Bewegung. Anders als von Gottdiener unterstellt, behauptet Harvey zudem nirgendwo, alle Investitionen in den sekundären Kapitalkreislauf wären produktiv oder könnten Krisen vollständig verhindern. Vielmehr besteht ein zentrales Anliegen seiner Theorie ja gerade darin, zu zeigen, dass ohne eine Überwindung der grundlegenden Widersprüche – und also des Kapitalismus selbst – jede vermeintliche Lösung immer nur von begrenzter Dauer sein kann: „The 'fix' is hardly methadone (...)" (Merrifield 2002: 144).

6.2.2 Gesellschaftstheoretische Kritik

Worin bestehen demgegenüber die Einwände des zweiten, eher gesellschaftstheoretisch orientierten Strangs der Kritik an der in *Framework* entwickelten Perspektive? Der Blick auf diese Gruppe von AutorInnen, zu der etwa Michael Ball (1986), Ross King (1989a; 1989b; 1989b), Nicholas Low (1990), Peter Saunders (1987: 206ff.) oder Ira Katznelson (1992: 119ff.) gezählt werden können, zeigt zunächst, dass sich die von ihnen vertretenen Argumente mit einigen der immer wiederkehrenden Vorwürfe gegen Harveys Zugang überschneiden. Wenn sein Ansatz hier also zum Teil als „ökonomistisch", „funktionalistisch", „kapitallogisch" oder „strukturalistisch" kritisiert wird, dann deckt sich diese Sichtweise daher nicht nur ganz generell mit zentralen Positionen, die insbesondere in der Debatte um *Condition* vorgebracht wurden (vgl. Kapitel 3.2.3, 3.3.3), sondern auch mit deren spezifisch urbanisierungstheoretischen Ausläufern (vgl. z.B. Smith 2001: 23ff.; Tajbakhsh 2001: 72ff.). Letztere können hier und im Folgenden freilich bestenfalls angedeutet werden, würde eine Diskussion der dort – unter anderem im Anschluss an das Werk von Ernesto Laclau und Chantal Mouffe – vertretenen post-marxistischen Positionen den vorliegenden Rahmen doch bei weitem sprengen.

Nimmt man stattdessen die Kritik der oben genannten AutorInnen und Harveys Ausführungen in *Framework* als Ausgangspunkt, so fällt eine Einschätzung zunächst insofern vergleichsweise leicht, als Harvey, wie im letzten Kapitel gesehen, selbst einräumt, seine Argumentation sei aufgrund der abstrakten und allgemeinen Darstellungsweise in diesem Text „struktur-funktionalistisch" und unterkomplex. Dementsprechend ist der Standpunkt von King (1989a: 451f.), Beauregard (1994: 729) oder Gottdiener (1994 [1985]: 96f., 189) absolut plausibel: Sie erkennen einerseits zwar an, Harvey schreibe staatlichen Institutionen sowie dem Kredit- und Finanzsystem als Vermittlungsinstanzen auf theoretischer Ebene eine zentrale Bedeutung zu, beanstanden andererseits aber, er gehe dabei nicht weit genug und vernachlässige vor allem deren Eigendynamik. Konkret kritisiert etwa Gottdiener Harveys enge Fokussierung auf institutionelle Arrangements und die fehlende Beschäftigung mit konkreten Akteuren bzw. unterschiedlichen Nutzungsformen gebauter Umwelt als strukturalistisch sowie sein Staatsverständnis als instrumentalistisch (vgl. ebd.). Eine ähnliche Stoßrichtung verfolgt King (1989a: 456), der Harvey ein „somewhat limited and even economically deterministic treatment of crisis" vorwirft und für eine stärkere Berücksichtigung von politischem und kulturellem „System" sowie von Klassenverhältnissen plädiert.

Die Art und Weise, wie letztere in *Framework* thematisiert werden, ist ebenfalls Gegenstand umfangreicher Kritik. Diese bezieht sich zunächst – vollkommen zurecht – auf den Umstand, dass Harvey die Bedeutung des Klassenkampfes in diesem Essay „(...) an den Schluss seiner Analyse der Kapitalakkumulation an[hängt] und (...) sie nur bruchstückhaft und unsystematisch [entwickelt]." (Krämer/Neef 1985: 18) Obwohl zweifelhaft ist, dass „[d]ie bei Harvey mißlungene Integration der beiden Themen 'Akkumulation' und 'Klassenkampf' (...) auf ein generelles Problem marxistischer Theoriebildung [verweist]" (ebd.), stehen einander beide Themen an dieser Stelle doch, wie hier bemängelt, weitgehend unvermittelt gegenüber. Dies ist nicht zuletzt deshalb bedauerlich, weil Harvey an dieser Stelle durchaus wichtige Interventionen vornimmt. Dies betrifft vor allem sein Insistieren auf die Bedeutung der Reproduktion der Arbeitskraft für den Akkumulationsprozess sowie seinen Versuch einer Überführung der von Poulantzas (2002: 73) geprägten These, wonach „(...) in (...) Klassengesellschaften jede Macht einen Klassencharakter besitzt" – ohne deshalb darauf reduzierbar zu sein –, auf das Feld urbaner sozialer Verhältnisse. Dieses Verdienst wird indes dadurch geschmälert, dass er den Arbeitsplatz a priori als zentralen Ort von Kämpfen festschreibt und mit der Rede von deren „Verlagerung" eine zeitliche, analytische und letztlich auch politische Vorgängigkeit signalisiert, die nicht haltbar ist: „(...) [I]f we are interested in the social organization of society (...) then there is no warrant for giving a privileged place to the workplace in the analysis of group and class formation, 'for with the seperation of work and home, and between social classes in space, class relations are lived and experienced not only at work, but also off work in residence communities'." (Katznelson 1992: 129; vgl. auch Tajbakhsh 2001: 78ff.)

Harveys Ansatz in *Framework* scheint somit weitgehend ungeeignet, Prozesse der Klassenformierung und der Entstehung sozialer Kämpfe in ihrer Komplexität und Mehrdimensionalität bzw. „Überdeterminierung“ (Althusser) nachvollziehen zu können. Gleichzeitig geht jedoch die von Saunders (1987: 216, 232) oder Krämer/Neef (1985: 18f.) vertretene Behauptung zu weit, er würde urbane soziale Verhältnisse und Community-Kämpfe gänzlich auf den Faktor „Klasse“ reduzieren und ihnen *gar keine* Eigendynamik zugestehen. Allerdings bleiben diese Aspekte in *Framework* zweifelsohne ebenso noch völlig unter-theoretisiert wie die Frage unbeantwortet, mit Hilfe welcher Institutionen und Praxen die Bourgeoisie ihre Dominanz über die Reproduktion der Arbeitskraft und den Urbanisierungsprozess ausübt und materielle Zugeständnisse in Chancen zur Kapitalakkumulation ummünzt. Da das Kapital hier als vorab konstituiertes Kollektivsubjekt auftritt und der Klassenkampf, wie von Krämer und Nee (ebd.: 18) kritisiert, den Charakter einer „black box“ annimmt, erweckt etwa Harveys Erklärung der Suburbanisierung tatsächlich den Eindruck eines kapitallogischen Argumentationsgangs.

Zusammenfassend lässt sich somit festhalten, dass beide Kritikstränge in Hinblick auf *Framework* eine ganze Reihe wichtiger Defizite benennen, der Text selbst aufgrund seines allgemeinen, überblicksartigen Charakters jedoch kaum geeignet ist, die identifizierten Probleme weiter zu verfolgen. Angesichts dessen wäre es naheliegend, die Grenzen, die dieser Text vorgibt, zu überschreiten, und danach zu fragen, ob die genannten Inkonsistenzen nicht im Rekurs auf andere Arbeiten Harveys überwunden werden können. Gerade weil auf viele dieser Publikationen in der kritischen Rezeption regelmäßig – zumeist aber eben bloß oberflächlich – verwiesen wird, ist es verwunderlich, warum es jenseits der Arbeiten von Haila (1991; 1988) und Krätke (1991: 161ff.) an Versuchen mangelt, diese zueinander in eine produktive Beziehung zu setzen. Wie im Folgenden sichtbar wird, kann Mark Gottdieners Ansatz als besonders eindrückliches Beispiel für diese eher engstirnige Zugangsweise gelten.

6.2.3 Mark Gottdieners Ansatz – (k)eine Alternative?!

Mit seinem Buch *The Social Production of Urban Space* (Gottdiener 1994 [1985]) verfolgt Gottdiener ein Ziel, das auch andere TheoretikerInnen – etwa Edward Soja – immer wieder ausgegeben haben: Die Entwicklung einer Form der kritischen Stadtforschung, die direkt an das Werk von Lefebvre anknüpft und sich auf diesem Weg von der als verkurzt wahrgenommenen Zugangsweise von Harvey – und Castells – emanzipiert. Dass eine solche stärkere Bezugnahme auf Lefebvre eine Vielzahl neuer analytischer Möglichkeiten eröffnen kann, steht außer Frage. Gleichzeitig zeugen die Passagen von Gottdieners Buch, in denen er Harveys Theorie diskutiert und gegen diesen eine Rückkehr zu Lefebvres ursprünglichem Modell der Kapitalkreisläufe vorschlägt (vgl. ebd.: 86ff., 183ff.), jedoch auch von den möglichen

Konsequenzen einer allzu einseitigen Ausrichtung an einem Ansatz, dessen zentrales Charakteristikum nach Gottdiener darin besteht, „(...) that [it] transcended political economy.“ (ebd.: 1994 [1985]: viii)

Die möglichen Unschärfen, die hieraus resultieren können, werden dort sichtbar, wo Gottdiener seine Deutung der – werttheoretisch unhaltbaren (vgl. Kapitel 4.1, Fn. 62) – Formulierung Lefebvres erläutert, wonach – „[w]ährend der Anteil des globalen Mehrwertes, der in der Industrie gebildet und realisiert wird, absinkt [–] (...) der Teil des Mehrwerts zu[nimmt], der durch die Spekulation und auf dem Bausektor gebildet und realisiert wird. Der zweite Kreis tritt an die Stelle des ersten.“ (Lefebvre 1972 [1970]: 170) Statt wie Harvey zyklische Prozesse der Kapital*zirkulation* durch die *gebaute Umwelt* zu theoretisieren, müsse, so Gottdiener im Anschluss an dieses Zitat, auf jene der Mehrwert*produktion* im *Raum* – in dieser Abstraktheit – fokussiert werden. Die Begründung hierfür sucht Gottdiener bei Marx: Weil dieser die Bewegung von Produkten zum Markt und also die Überwindung räumlicher Barrieren durch die Transport- und Kommunikationsindustrie als Komponente des Produktions- und nicht des Zirkulationsprozesses gefasst habe, müssten räumliche Konfigurationen generell zu den Produktivkräften gezählt und daher als mehrwertschaffend verstanden werden (Gottdiener 1994 [1985]: 186f.). Zwar gehen die Konsequenzen, die Gottdiener aus dem Rekurs auf Marx zieht, zu weit: Die Produktion räumlicher Konfigurationen betrifft nicht immer und ausschließlich Infrastrukturen für Transport und Kommunikation und wo sie es doch tut, nehmen diese dann erst recht die konkrete Form gebauter Umwelt an. Dennoch ist Gottdieners grundlegendes Argument zweifellos zutreffend. Es wie an dieser Stelle *gegen* Harvey vorzubringen, ist indes geradezu absurd: Dieser hat den betreffenden Zusammenhang nicht nur bereits in *Framework* selbst angedeutet (vgl. Kapitel 6.1), sondern ihn vor allem in *Limits* auch zu einem der Ausgangspunkte für seinen theoretischen Zugriff auf die Dynamiken und Widersprüche der räumlich ungleichen Entwicklung des Kapitalismus gemacht – dies jedoch, durch seine Fokussierung auf die Kapital*zirkulation* in Raum *und Zeit*, aus einer ungleich breiteren Perspektive als Gotttdiener (vgl. Kapitel 5). Dass letzterer dies hier mit keinem Wort erwähnt, erscheint freilich beinahe folgerichtig, erklärt er die Diskussion von Harveys theoretischem Hauptwerk *Limits* doch mit der Begründung für überflüssig, das Buch fungiere „(...) more as general analysis of capitalism than as a study of urban phenomena.“ (Gottdiener 1994 [1985]: 88)

Statt also die vertiefte Auseinandersetzung mit Harveys urbaner Politischer Ökonomie zu suchen, beruft sich Gottdiener in der Folge erneut auf Lefebvre, um seine These zu untermauern, der sekundäre weise gegenüber dem primären Kapitalkreislauf fortwährend eine erhöhte Profitabilität auf und wäre daher generell eine bevorzugte Anlagesphäre. Im Gegensatz zu Harveys These eines zyklischen, kriseninduzierten Charakters von Investitionen in den Immobilienmarkt vermittle Lefebvres Argumentation „(...) a clear impression (...) of real estate's intrinsic and progressively more constant ability to siphon off capital in profitable ventures (...)" (ebd.: 187). Diese besondere Qualität führt Gottdiener (ebd.: 188ff.) – und mit ihm andere, die um ein von Harvey abweichendes Erklärungsmodell ringen (vgl. z.B. Saunders 1987: 215f.) – zunächst auf die verhältnismäßig geringe organische Zusammensetzung des Kapitals im Immobilienmarkt und der Bauindustrie zurück, welche besondere Profitaussichten eröffne. Ironischerweise findet sich der zentrale Einwand gegen dieses (Miss-)Verständnis des Marxschen „Gesetzes des tendenziellen Falls der Profitrate" bereits in Harveys Erläuterung des Begriffs der produktiven Investition (Harvey 1989c: 68; vgl. auch Harvey 2006 [1982]: 62ff., 270f.). Demnach beruht das „Gesetz" maßgeblich auf der Annahme, dass – vermittelt über die Preiskonkurrenz sowie das Kredit- und Finanzsystem – Kapitalbewegungen zwischen Sektoren mit divergierenden Profitraten die Vorteile besonders profitabler Sektoren *beständig* ausgleichen und sich so eine allgemeine Durchschnittsprofitrate herausbildet. Die Vorstellung, im sekundären Kapitalkreislauf könne die Profitrate dauerhaft höher sein als anderswo, ist aus dieser Perspektive unplausibel, weshalb sie zur Erklärung von entsprechenden Investitionsverlagerungen nicht geeignet ist.

Gottdiener fällt mit dieser ersten Begründung für das spezielle Anlagepotential des sekundären Kapitalkreislaufs indes nicht nur hinter die Grundlagen der Marxschen Kritik der Politischen Ökonomie, sondern de facto auch hinter den zweiten Teil seines eigenen Arguments zurück. Dieser besagt, der sekundäre Kreislauf wäre deshalb besonders attraktiv, weil Grundeigentum in kapitalistisch dominierten Gesellschaftsformationen vollständig kommodifiziert sei und gleichzeitig gegenüber anderen Waren flexiblere Nutzungs- und infolgedessen auch Verwertungsmöglichkeiten erlaube. Das Ergebnis sei ein überaus dynamischer Immobilienmarkt, der einer Vielzahl unterschiedlicher Akteuren profitable Anlagemöglichkeiten eröffne, zugleich aber periodisch das Entstehen von Spekulationsblasen befördere und so – neben den z.B. ökologischen Kosten ungeplanter Stadtentwicklung – die Gefahr dysfunktionaler Investitionen und krisenhafter Entwertung beinhalte. Dies mache regelmäßig staatliche Interventionen erforderlich, ohne dass diese die entstandenen Widersprüche tatsächlich dauerhaft lösen könnten (vgl. Gottdiener 1994 [1985]: 187ff.)

Mit dieser Beschreibung untergräbt Gottdiener zum einen ungewollt die Idee weiter, im sekundären Kapitalkreislauf könnte die Profitrate dauerhaft höher sein als anderswo – schließlich garantiert die vollständige Durchkapitalisierung, von der er hier spricht, die sektorale Angleichung dieser Rate (vgl. Kapitel 6.3). Zum anderen zeichnet er jedoch auch ein detailliertes Bild der Dynamiken spekulativer Stadtentwicklung. Wie im Folgenden sichtbar wird, unterscheidet sich dieses indes, anders als er selbst glauben machen möchte, zunächst kaum von dem, was Harvey in seinen Texten jenseits von *Framework* erarbeitet hat. Der einzige wirkliche Unterschied – und dieser ist dafür zentral – besteht darin, dass Gottdiener aus dem Rekurs auf Lefebvre und seiner Analyse des Immobilienmarktes gegen Harvey die

Schlussfolgerung zieht, die theoretische Kategorie der Grundrente müsse zugunsten der alleinigen Fokussierung auf jene des Profits aufgegeben werden: „It is more fruitful to study the role of the secondary circuit and its array of institutions and individuals involved in the turnover of real estate for *profit* than it is to analyze *ground rent* within an urban context using nineteenth-century concepts derived from agricultural production." (ebd.: 193, Herv. F.W.; vgl. auch Gottdiener 1987)

Wie Anne Haila (1991: 347f.) zurecht kritisiert, erscheint die Konstruktion einer derart scharfen Trennlinie zwischen dem Modell des sekundären Kapitalkreislaufs und marxistischer Rententheorie sowie die Bewertung von letzterer als historisch überholt gerade deshalb ungerechtfertigt, weil Harvey an unterschiedlichen Stellen erfolgreich versucht hat, beide Zugänge produktiv miteinander zu verbinden – in dem von Gottdiener an anderer Stelle seines Buches durchaus rezipierten Text *Class-Monopoly Rent, Finance Capital, and the Urban Revolution* (Harvey 1985b: 62ff.) sogar unter expliziter Bezugnahme auf die Thesen Lefebvres (vgl. Kapitel 6.3.3). Dass Gottdiener dies ignoriert, wirft nicht nur ein schlechtes Licht auf seine theoretische Praxis: „Gottdiener's criticism is unfair, because he seems wilfully to disregard Harvey's explanation." (Haila 1991: 348)[7] Vielmehr beraubt die vorschnelle Verabschiedung der Rententheorie ihn auch der Möglichkeit, die Funktionsweise des sekundären Kapitalkreislaufs in ihrer ganzen Widersprüchlichkeit tatsächlich systematisch erklären zu können: „(...) [T]he secondary circuit cannot be studied without analysing rent." (ebd.)

So geht aus Gottdieners Argumentation nicht befriedigend hervor, worin genau die spezifischen Verwertungsmöglichkeiten infolge der Kommodifizierung des Grundeigentums bestehen, die Investitionen in den sekundären Kapitalkreislauf besonders attraktiv machen sollen. Wenn, wie Haila (ebd.) betont, gerade diesbezüglich die Rententheorie den „missing link" darstellt, dann gilt dies, so die hier vertretene These, auch für die von Gottdiener ebenfalls unzureichend beantwortete Frage, aufgrund welcher strukturellen Ursachen der Immobilienmarkt notwendigerweise großen Instabilitäten unterliegt und unter welchen Bedingungen sich diese krisenhaft Bahn brechen. Da *Framework*, wie gesehen, ähnliche Leerstellen aufweist und selbst keinerlei Bezüge zur Rententheorie enthält, verspricht ein Aufgreifen von Harveys entsprechenden, anderswo vorangetriebenen Überlegungen an dieser Stelle überaus produktiv zu sein. Insofern sich über die Kategorie der Rente der Fokus auf die sozialen Verhältnisse *im* städtischen Raum verschiebt, ermöglicht eine

---

7 Ähnliches gilt zweifellos auch für Gottdieners sehr polemische Rezension zu Harveys Doppelband *The Urbanization of Capital* und *Consciousness and the Urban Experience* (vgl. Gottdiener 1987). Über das Streben nach Distinktionsgewinn hinaus enthält der Text jedoch durchaus eine Reihe zutreffender Argumente, die im Folgenden entsprechend Berücksichtigung finden.

solche thematische Ausweitung darüber hinaus die schrittweise Annäherung an das Feld der mit dem Prozess kapitalistischer Urbanisierung verbundenen Akteure, Institutionen und Konflikte.

6.3 Rententheorie als „Missing link"

> „Rent, it is fair to say, troubled Marx deeply. (...) [H]is writings on the subject, all of which were published posthumously, are for the most part tentative thoughts set down in the process of discovery. As such they often appear contradictory. (...) The result is a good deal of confusion and an immense and continuing controversy among those few hardy souls who have tried to pick their way through the minefield of his writings on the subject." (Harvey 2006 [1982]: 330)

Diese lakonische Beobachtung, mit der Harvey das Kapitel zu Rententheorie in *Limits* einleitet, umschreibt treffend, warum dieses Thema zweifellos einen jener Aspekte der Marxschen Theorie darstellt, der besonders schwer zugänglich ist und abseits kleiner ExpertInnenzirkel kaum Aufmerksamkeit erfährt. Gerade deshalb erscheint es an dieser Stelle notwendig, zumindest kursorisch auf Harveys generelle Interpretation marxistischer Rententheorie einzugehen. Daher wird im Folgenden in einem ersten Schritt rekonstruiert, warum sein Ansatz sowohl die Annahme, Grundeigentum sei eine „reine Finanzanlage", als auch die Kategorie der Klassenmonopolrente umfasst und was dies konkret bedeutet (Kapitel 6.3.1). Wenn diese Ausführungen größtenteils auf einer höheren Abstraktionsebene angesiedelt sind als die letzten beiden Kapitel, so steht anschließend die dort aufgeworfene Frage im Mittelpunkt, inwiefern marxistische Rententheorie tatsächlich zu einem besseren Verständnis der Funktionsweise des sekundären Kapitalkreislaufs beitragen kann (Kapitel 6.3.2). Abschließend wird dann anhand von Harveys Interpretation der Dynamiken und Widersprüche spekulativer Stadtentwicklung im Fordismus und Neoliberalismus das zeitdiagnostische Potential der gewonnenen Analyseperspektive verdeutlicht (Kapitel 6.3.3).

6.3.1 Harveys Rententheorie: Grundeigentum als „reine Finanzanlage" und das Konzept der Klassenmonopolrente

Angesichts der Tatsache, dass Harvey Anfang der 1970er Jahre maßgeblich durch die Beschäftigung mit dem Wohnungs- und Häusermarkt in Baltimore und den darin eingeschriebenen Formen der Diskriminierung zum Marxisten wurde, erscheint es folgerichtig, dass er sich, ausgehend von einer ersten Annäherung in *Social Justice* (vgl. Harvey 2009 [1973]: 153ff.), in der Folge kontinuierlich mit Fragen der Marxschen Rententheorie auseinandergesetzt hat. Am umfassendsten und theoretisch ausgefeiltesten geschieht dies zweifellos in dem eingangs genannten Kapitel aus

Limits (vgl. Harvey 2006 [1982]: 330ff.), das sich gemeinsam mit einem zeitgleich erschienenen Artikel (vgl. Harvey 1989c: 90ff.) durchaus als Einführung in diese Thematik lesen lässt. Neben einer grundsätzlichen Begriffsbestimmung von Rente als Zahlung an den/die GrundeigentümerIn für das Recht zur Nutzung des Bodens und der Grundstücksbestandteile (z.B. Straßen oder Gebäude) sowie der Verortung von Rente als Kategorie der Verteilung – und also nicht der Produktion – von Mehrwert erfolgt hier unter anderem eine fundierte Diskussion der unterschiedlichen Formen der Grundrente bei Marx (absolute, Monopol- und Differentialrente). Die Art und Weise, in der Harvey diesbezüglich argumentiert, weist *Limits* dabei als den vorläufigen Höhepunkt seiner in den frühen 1970er Jahren angestoßenen Bemühungen aus, die von Marx im 19. Jahrhundert entwickelte Rententheorie für die Analyse eines entwickelten, urbanisierten Kapitalismus zu adaptieren. Die schrittweise inhaltliche Re-Orientierung, die Harvey in diesem Zeitraum vollzogen hat und die in einer Verschiebung des Fokus von der „Klassenmonopolrente" zum Grundeigentum als „reiner Finanzanlage" zum Ausdruck kommt, lässt sich mit Haila (1988; 1991) und Krätke (1991: 105ff.) als Teil eines generellen Wandels innerhalb der Debatten um die Marxsche Rententheorie verstehen.

Harveys Analyse in *Limits* ist demnach einer von mehreren wegweisenden Beiträgen, die in den späten 1970er und frühen 1980er Jahren die Entwicklung einer „neuen" Theorie (städtischer) Grundrente vorantrieben, um sich damit kritisch von „älteren" Zugängen abzusetzen. Letztere – zu denen auch Harveys eigene, frühe Arbeiten gezählt werden können – hatten zu Beginn der 1970er Jahre erstmals versucht, die Marxsche Rententheorie für die Analyse städtischer Entwicklungen fruchtbar zu machen. Dabei wurde die Aneignung von Grundrente zumeist als vorkapitalistisches Überbleibsel betrachtet, das einen Abzug vom Mehrwert bedeute und für den Akkumulationsprozess daher als Schranke fungiere. Die Aufmerksamkeit galt hier hauptsächlich der Aneignung von absoluter oder Monopolrente, die auf der individuellen oder kollektiven Kontrolle der GrundeigentümerInnen über ihren Boden bzw. die Grundstücksbestandteile beruht und die für die Entstehung von Durchschnittspreisen und -profitraten – und damit eine ungehinderten Kapitalzirkulation – tatsächlich eine Barriere darstellt. Vor dem Hintergrund zeitgenössischer städtischer Restrukturierungsprozesse argumentieren die „neuen" Ansätze demgegenüber, Grundrente wäre ein integrales Element des entwickelten Kapitalismus und nehme im Akkumulationsprozess eine aktive, d.h. in erster Linie koordinierende und allokative Funktion ein. Analytisch von besonderer Bedeutung sind hier daher die zwei Formen der Differentialrente, die eine Verwandlung von standortbedingten Extraprofiten in Grundrente bedeuten und somit die Angleichung von Profitraten über räumliche Differenzen hinweg garantieren.

Wie im Folgenden sichtbar wird, müssen „ältere" und „neue" Zugänge dabei nicht notwendig in einem scharfen Widerspruch stehen, sondern können einander, insbesondere im Kontext des urbanen Raums, auch ergänzen. Dennoch ist Harveys Analyse in *Limits* zunächst zweifellos prototypisch für die Stoßrichtung der „neuen" Rententheorie. Den zentralen Hinweis gibt diesbezüglich die Form, in der hier die Kategorie der gebauten Umwelt eingeführt wird. Weil, wie gesehen, deren Elemente nicht bewegt werden können, ohne ihren Wert zu verlieren, schreibt Harvey ihrer Anordnung im (Stadt-)Raum an dieser Stelle eine zentrale Bedeutung zu: „Elements of the built environment have spatial position or location as a fundamental rather than an incidental attribute." (Harvey 2006 [1982]: 233) Dieses Spezifikum wird noch dadurch verstärkt, dass sich der Nutzen solcher Elemente immer nur im Verhältnis zur Position anderer, ebenfalls immobiler Objekte bemisst und externe Effekte zum Tragen kommen. Aus dieser Perspektive erfordern Investitionen in die gebaute Umwelt noch umfangreichere Voraussetzungen, als etwa in *Framework* angedeutet: „The built environment has to be regarded (...) as a geographically ordered, complex, composite commodity. The production, ordering, maintenance, renewal and transformation of such a commodity poses serious dilemmas. The production of individual elements (...) has to be co-ordinated, both in time and space, in such a way as to allow the composite commodity to assume an approprate configurartion." (ebd.) Wegen dieser besonderen Anforderungen bedarf es demnach neben der bereits genannten Institutionen des Kredit- und Finanzsystems sowie des Staates – und mit diesen aufs engste verknüpft – noch einer weiteren Koordinierungs- und Vermittlungsinstanz: jener des Immobilienmarktes. Erst dessen Formierung führe nämlich dazu,

> „(...) that all aspects of production and use of the built environment are brought within the orbit of the circulation of capital. If things were not so, then capital could not establish itself (replete with all its contradictions) in the physical landscape in a manner generally supportive of accumulation – the built environment that capital requires for production, exchange and consumption could not be influenced in the interest of capital." (ebd.: 234f.)

Die Entstehung eines solchen Marktes muss indes überall dort auf Barrieren stoßen, wo das Grundeigentum auf eine Art und Weise organisiert ist, welche der ungehinderten Kapitalzirkulation entgegensteht. In diesem Sinne drängt, wie Krätke (1991: 163) im Anschluss an Harvey ausführt, „(...) die Konstellation, dass privates Grundeigentum als Hindernis und Schranke für die Kapitalakkumulation wirken *kann*, die kapitalistische Gesellschaft zu einer Restrukturierung der Grundeigentums-Verhältnisse. Diese Restrukturierung vollzieht sich historisch durch einen Formwandel der Grundstücksverwertung im Sinne der *Durchkapitalisierung des Grundeigentums*." Auf der Ebene sozialer Akteure[8] impliziert dieser Prozess – dessen

8 Wie von Katz (1986) aus einer operaistischen Perspektive kritisiert, verbleibt die rententheoretische Analyse Harveys in *Limits* fast ausschließlich auf der Ebene des Kapitals, die Kämpfe von ArbeiterInnen und ihre Versuche einer Selbstorganisierung räumlicher Verhältnisse gehen in die Funktionsbestimmung der Grundrente nicht ein. Ob dies auf

konkreten geschichtlichen Verlauf Harvey im Rückgriff auf die Darstellung von Marx lediglich kurz andeutet (vgl. Harvey 2006 [1982]: 343ff.; 1985b: 103ff.) – demnach die Auflösung der Konzentration des Grundeigentums in den Händen einer distinkten, historisch gewachsenen Klasse (z.B. von aristokratischen GroßgrundbesitzerInnen) und deren Verschmelzung mit bestimmten Fraktionen der Bourgeoisie bzw., allgemeiner, das Zurückdrängen traditioneller GrundeigentümerInnenstrukturen zugunsten deren zunehmender Heterogenisierung. Ihren konkreten Niederschlag findet die Durchkapitalisierung des Grundeigentums im Handeln ökonomischer Akteure dabei in der „(...) increasing tendency to treat the land as a pure financial asset." (Harvey 2006 [1982]: 347):

> „For the buyer, the rent figures in his accounts as the interest on the money laid out on land purchase, and is in principle no different from similar investments in government debt, stocks and shares of enterprises, consumer debt and so on. The money laid out is interest-bearing capital in every case. The land becomes a form fictitious capital, and the land market functions simply as a particiular branch – albeit with some special characteristics – of the circulation of interest-bearing capital. Under such conditions the land is treated as a pure financial asset which is bought and sold according to the rent it yields. Like all such forms of fictitious capital, what is traded is a claim upon future revenues, which means a claim upon future profits from the use of the land or, more directly, a claim upon future labour." (ebd.)

Nimmt Grundeigentum in diesem Sinne den Charakter einer reinen Finanzanlage – seine „true capitalistic form" (ebd., s. auch 367ff.) – an, beinhaltet dessen Erwerb demnach, wie jede andere Form fiktiven Kapitals auch, den Anspruch auf einen Anteil an *zukünftigen* Erträgen, in diesem Fall aus der Grundrente. Dadurch entsteht auf Seiten der GrundeigentümerInnen – reduziert auf gewöhnliche GeldkapitalistInnen – ein starker Anreiz zur *„aktive[n]* Maximierung des Rentenaufkommens" (Krätke 1991: 164), stellt dieses doch den Zins auf das investierte Kapital dar. Gleichzeitig orientiert sich der Preis eines Grundstücks unter diesen Umständen immer weniger an der aktuell zu erzielenden und immer mehr an der für die Zukunft erwarteten Grundrente. Weil diese wiederum – zumindest in letzter Konsequenz – an die möglichen Erträge aus der Mehrwertproduktion gekoppelt ist, entwickeln GrundeigentümerInnen ein vitales Interesse an der Ausweitung des Akkumulationsprozesses, weshalb sie diesen – z.B. über großangelegte (Stadt-)Entwicklungsprojekte – nach

---

der von Harvey gewählten Abstraktionsebene tatsächlich einen Mangel darstellt und inwieweit das von Katz vorgebrachte Konzept der „workers rent" der diagnostizierten Problematik Abhilfe zu verschaffen mag, kann an dieser Stelle nicht diskutiert werden. Im Unterschied zu *Limits* fokussiert Harvey dort, wo er unter dem Begriff der Klassenmonopolrente die sozialen Verhältnisse am Wohnungs- und Häusermarkt untersucht, indes sehr genau auf die Macht- und Herrschaftsdimension, die mit der Rentenaneignung verbunden sind (siehe unten, vgl auch Kapitel 6.4).

Kräften fördern: „By actively pursuing the appropriation of values, landholders can force production on the land into new configurations and even push surplus value production on a scale and with an intensity that might not otherwise occur." (Harvey 2006 [1982]: 368) Indem sie den Boden jener Nutzung zuführen, die aktuell oder zukünftig am gewinnbringendsten zu sein verspricht, sorgen GrundeigentümerInnen im engen Verbund mit ImmobilienentwicklerInnen (vgl. Kapitel 6.4) demnach dafür, dass sich der Immobilienmarkt dynamisiert und zu einer – aus dem Blickwinkel der Kapitalakkumulation – effizienten Koordinierungsinstanz wird:

> „The land market shapes the allocation of capital to land and thereby shapes the geographical structure of production, exchange and consumption, the technical division of labour in space, the socioeconomic spaces of reproduction, and so forth. Land prices form signals to which the various economic agents can respond. The land market is a powerful force making for rationalization of geographical structures in relation to competition." (ebd.: 369)

Aus dieser Perspektive kann daher zunächst von einem produktiven Wechselverhältnis zwischen der Kapitalakkumulation und dem Grundeigentum ausgegangen werden: „Capital organizes space, but space helps organize capital as well." (Katz 1986: 68)[9] Diese koordinierende Funktion erfüllt der Immobilienmarkt freilich umso besser, je ungehinderter zinstragendes Kapital hier zirkulieren kann und je mehr

9 Ausgehend von der Diagnose, dem Grundeigentum komme infolge seiner Verwandlung in eine reine Finanzanlage eine positive, koordinierende Funktion für den Akkumulationsprozess zu, wurde Harvey vereinzelt vorgeworfen, er würde diese Verwandlung aus dessen funktionalen Erfordernissen ableiten und also kapitallogisch argumentieren: „Whilst recognising the potential problems posed by landed property, Harvey has tended to emphasise what he regards as the benefits. (...) [H]e has suggested that rent orders the spatial distribution of landed uses in the most profitable way: (...) [T]he search for the coordinating role seems teleologically to determine the conclusions reached rather than the arguments themselves (...)." (Ball 1986: 452) Gegen eine solche Interpretation spricht zum einen, dass, wie im Folgenden sichtbar wird, Harvey die von Ball genannten potentiellen Probleme in seiner Analyse nicht einfach nur erkennt, sondern sie zu einem Angelpunkt derselben macht. Einen zweiten Einwand formuliert Haila (1988: 82ff.), wenn sie – explizit gegen Ball gewandt – darauf insistiert, Harvey habe lediglich von einer *Tendenz* zu einer solchen Durchkapitalisierung des Grundeigentums gesprochen. Zwar geht er offenkundig davon aus, bei der langfristigen Realisierung dieser Tendenz handele es sich um eine historische Notwendigkeit, allerdings erklärt er diesen Sachverhalt zugleich zum Gegenstand konkreter Analysen: „Only that kind of landownership that treats the land as a pure financial asset will do. All other forms of landed property must give way. (...) How far capitalist social formations have advanced down such a path is a matter for historical investigation." (Harvey 2006 [1982]: 371) Während Harvey eine solche Untersuchung konkreter Gesellschaftsformation in *Limits* selbstredend nicht leistet, zeigen sowohl seine Analysen des Immobilienmarktes im historischen Paris (vgl. Harvey 1985a: 63ff.; Kapitel 6.3.2) als auch in den USA (vgl. Kapitel 6.3.3, 6.4.2), dass die

Grundeigentum also tatsächlich zu einer Finanzanlage unter vielen wird. Eine engere Anbindung an den Kredit- und Finanzmarkt führt dazu, dass sich Investitionen in Immobilien immer direkter an den Bewegungen des Zinssatzes ausrichten, da dieser den Vergleich mit den Renditeerwartungen anderswo – etwa in der industriellen Produktion – ermöglicht (vgl. auch Kapitel 5.2.4). Gleichzeitig verstärkt die Verschränkung mit den Dynamiken des Kredit- und Finanzsystems auch das spekulative Moment, das dem Grundeigentum notwendigerweise inhärent ist, sobald es die Form von fiktivem, auf zukünftige Einnahmen gerichteten Kapitals annimmt. Somit wird die ohnehin bestehende Tendenz zur Bildung kreditfinanzierter Spekulationsblasen weiter befördert:

> „The appropriation of rent (...) fosters the fetishistic illusion that land and even location are directly productive of value. Similar illusions surround property markets and the circulation of government debt. Fictitious capitals are, after all, fictitious. The circulation of titles to claims on future labour is inherently speculative. The whole system of relations upon which the production of spatial configurations in the built environment is based, tends to facilitate and, on occasion, to exacerbate the insane bouts of speculation to which the credit system is in any case prone." (Harvey 2006 [1982]: 397)

Die Ursache für die besonders starke Ausprägung solcher Spekulationen am Immobilienmarkt macht Harvey in den spezifischen Effekten aus, welche die Institution des kapitalistischen Privateigentums im Fall des Bodens hat: Da diese zwingend die Verfügbarkeit über einen ganz bestimmten Flecken Erde mit charakteristischen (Standort-)Qualitäten bedeutet, d.h. einen absoluten Raum markiert (vgl. Kapitel 3.3.1), sind mit Grundeigentum selbst unter der Bedingung einer weitgehenden Durchkapitalisierung noch monopolitische Privilegien verbunden. Dieser Umstand bietet somit die Chance zur Aneignung besonders hoher Renten und lädt daher noch stärker als bei anderen Formen fiktiven Kapitals zur Spekulation auf die Zukunft ein (vgl. Harvey 2006 [1982]: 348ff.).

Während Harvey den bereits von Marx benannten Umstand, dass diese Monopolmacht und die damit verbundene Chance zur Aneignung von Monopolrente insbesondere im urbanen Kontext von zentraler Bedeutung sind, an dieser Stelle nur am Rande ausführt, steht dieser Sachverhalt in seinen Texten aus den frühen 1970er Jahren unter dem Begriff der „Klassenmonopolrente" im Zentrum seiner rententheoretischen Überlegungen (vgl. z.B. Harvey 2009 [1973]: 153ff.; Harvey/Chatterjee 1974; Harvey 1985b: 62ff.).[10] Dieser Typ der Rente beruht demnach

---

Verwandlung des Grundeigentums in eine reine Finanzanlage sozial hergestellt werden muss und auf je spezifischen institutionellen Voraussetzungen beruht.

10 Harvey hat die Kategorie der Monopolrente später im Kontext seiner kritischen Auseinandersetzung mit der neoliberalen Globalisierung wieder aufgegriffen, um mit ihrer Hilfe die Ursachen und Widersprüche der zunehmenden Kommodifizierung des Kulturellen

auf der kollektiven, politisch organisierten (Klassen-)Macht privater GrundeigentümerInnen und ihrer daraus erwachsenden Fähigkeit, für ihren Boden und die Grundstücksbestandteile aufgrund spezieller Standortqualitäten – z.B. des Prestiges innenstädtischer Lagen – oder einer besonderen Knappheit für bestimmte Nutzungsformen – z.B. der Wohnungsmarkt für einkommensschwache oder rassistisch diskriminierte MieterInnen – besonders hohe Rentenforderungen stellen zu können (vgl. hierzu Kapitel 6.4). Wie Harvey selbst ausführt, ist dieses Konzept der Klassenmonopolrente mit jenem des Grundeigentums als „reiner Finanzanlage" keineswegs inkompatibel:

> „We do not have to appeal here to the idea of any inherent class power on part of all landholders nor even depart from the concept of land as a pure financial asset, a form of fictitious capital. We simply have to recognize that within the complex matrix of urban development, situations arise in which space can be collectively monopolized and a given pattern of the circulation of revenues trapped within its confines." (Harvey 1989c: 102)

Was Harvey hier mit Blick auf die Zirkulation von Revenuen und, der Ausrichtung seiner konkreten empirischen Analysen entsprechend, insbesondere hinsichtlich des Wohnungs- und Häusermarktes konstatiert, lässt sich dahingehend verallgemeinern, dass die unterschiedlichen Schwerpunkte „älterer" und „neuer" Zugänge zu marxistischer Rententheorie einander nicht ausschließen, sondern sich produktiv ergänzen können. Ganz in diesem Sinne zeigen viele rententheoretische Beiträge und empirische Analysen, dass die Aneignung von Klassenmonopolrenten unter den Bedingungen einer zunehmenden Durchkapitalisierung des Grundeigentums in den letzten Jahrzehnten keineswegs an Bedeutung verliert, sondern im Gegenteil mehr und mehr zu einem zentralen Einflussfaktor auf Urbanisierungsprozesse wird (vgl. z.B. Krätke 1991: 153ff.; Haila 1988: 85ff.; King 1989a; 1989b; 1989b). Bezieht man diese Diagnose auf die Ebene der Theorie zurück, wird evident, dass die Wahrscheinlichkeit überbordender Spekulation im Bereich des Immobilienmarktes durch die Möglichkeit zur Nutzung monopolitischer Privilegien weiter steigt. Damit tritt an dieser Stelle die ganze Widersprüchlichkeit dieses Marktes umso deutlicher hervor: Die selben Mechanismen, die notwendig sind, damit Grundeigentum von einer Schranke zu einem Katalysator des Akkumulationsprozesses werden und die räumliche Struktur eine aus dieser Perspektive möglichst rationale Form annehmen kann, drohen beständig ein Ausmaß anzunehmen, das eben dieser Funktion zuwiderläuft und die Gefahr einer krisenhaften Entwertungen letztlich weiter verstärkt: „Speculation is both the lifeblood of the city and the mechanism that drains it of vitality (...)" (Zukin 2006: 111). Diese Paradoxie hat Harvey in *Limits* derart pointiert zusammengefasst, dass diese Passage es verdient, en bloc wiedergegeben zu werden:

– vom Weinhandel bis hin zu spektakulärer Museumsarchitektur – zu analysieren (vgl. Harvey 2001 bzw. Harvey 2012b: 89ff.).

„[S]peculation in land and property markets and in government debt are necessary evils. Too much speculation, to be sure, diverts capital away from real production and meets its fate of devaluation as a consequence. But curtailment of speculation has equally invidious results from the standpoint of capitalism. The transformation of spatial configuration in the built environment would be held in check and physical landscape necessary to future accumulation could not hope to materialize. It would be nice is [sic!] there were some middle path between these two extremes. But this cannot be. Rampant speculation and unchecked appropriation, costly as these are for capital and life-sapping as the may be for labour, generate the chaotic ferment out of which new spatial configurations can grow. Speculative re-structuring achieved in phases of easy credit and expansion, stand to be rationalized in the course of the subsequent crises. Waves of speculation in the creation of new spatial configurations are as vital to the survival of capitalism as other forms of speculation. (...) The creation of spatial configurations and the circulation of capital in built environment is, we can firmly conclude, a highly active moment in the general processes of crisis formation and resolution." (Harvey 2006 [1982]: 398)

Mit dem letzten Satz dieser prägnanten Zusammenfassung verweist Harvey de facto wieder zurück auf die Debatte um das Konzept der Kapitalkreisläufe. Aufgrund des Abstraktionsniveaus und des generellen Erkenntnisinteresses von *Limits* werden seine diesbezüglichen Ausführungen aus *Framework* an dieser Stelle jedoch – abgesehen von der Reproduktion eines der Diagramme – leider nicht aufgegriffen. Um zu klären, inwieweit das bis hierhin entwickelte Verständnis marxistischer Rententheorie tatsächlich den „missing link" darstellt, mit dessen Hilfe die Inkonsistenzen in Harveys *und* Gottdieners Konzept des sekundären Kapitalkreislaufs behoben werden können, ist es daher notwendig, sich wieder stärker den explizit urbanisierungstheoretischen Texten von Harvey zuzuwenden.

6.3.2 Rente und sekundärer Kapitalkreislauf

In diesem Zusammenhang erscheint insbesondere der bereits erwähnte Text *Class-Monopoly Rent, Finance Capital, and the Urban Revolution* (Harvey 1985b: 62ff.) (im Folgenden *Class-Monopoly Rent*) hilfreich, ist es doch dessen erklärtes Ziel „(...) to shed some light on Lefebvre's hypotheses by examining how rent (...) arisis in the context of the urbanization process." (ebd.: 62) Das produktive Potential dieses erstmals 1974 erschienen Essays beruht dabei vor allem auf dem Blickwinkel, unter dem sich Harvey dem sekundären Kapitalkreislauf hier nähert. Statt, wie in *Framework,* mit dem Begriff der produktiven Investition von Beginn an die Perspektive des Gesamtkapitals einzunehmen und so Gefahr zu laufen, die (Gewinn-)Interessen einzelne KapitalistInnen analytisch zu vernachlässigen, geht er in *Class-Monopoly Rent* den genau umgekehrten Weg. Wird auf die einzelnen KapitalistInnen fokussiert, scheint sich zunächst, wie von Gottdiener behauptet, die Unterscheidung von Rente und Profit – d.h. zwischen der Verteilung von Mehrwert und dessen Produktion – als hinfällig zu erweisen: „The individual investor does not particularly care about the distinction; the overall rate of return on financial outlays is what matters. Money is put, therefore, where the rate of return is highest irrespective of wheter productive activity is involved or not. If rates of return are high in the real estate and property markets, then investment will shift from the primary productive circuit of capital in a manner that would be consistent with Lefebvre's thesis.“ (ebd.: 64)

Um die Plausibilität des Konzepts des sekundären Kapitalkreislaufs nachweisen zu können, stellt sich Harvey daher – mehr als zehn Jahre *vor* Gottdiener – die Frage, „(...) how returns can be higher on the secondary circuit over any lenght of time.“ (ebd.) Zwar baut die Antwort, zu der er an dieser Stelle gelangt (vgl. ebd.: 81f.), auf der Kategorie der Klassenmonopolrente auf. Vor dem Hintergrund der bisherigen rententheoretischen Überlegungen lässt sich Harveys Ergebnis jedoch generalisieren: Demnach ist es vor allem die Möglichkeit zur Rentenaneignung sowie das damit verbundene und durch Multiplikatoreffekte – z.B. die wechselseitige Abhängigkeit der Immobilienpreise zwischen Stadtzentrum und Peripherie – sowie die Eigenlogik des Kredit- und Finanzsystems weiter verstärkte spekulative Potential, das im Immobilienmarkt besondere Gewinnaussichten eröffnet. Diese sind die zentralen strukturellen Ursache dafür, dass einzelne KapitalistInnen – ihrem individuellen Interessen an möglichst hohen Renditen folgend – dort investieren: „[R]ent is the incentive that attracts investments in the real estate sector.“ (Haila 1991: 348)

Da diese Annahme noch immer auf einer relativ hohen Abstraktionsebene angesiedelt ist, impliziert sie keineswegs, die Bedeutung anderer, konkreterer – eigenlogischer – Gründe für Investitionen in den Immobilienmarkt zu negieren. Igal Charney (2001: 741f.) nennt diesbezüglich etwa eine hohe Inflationsbeständigkeit, Bemühungen um eine Diversifizierung von Investments auf Seiten von Unternehmen oder besondere steuerliche Vergünstigungen, während Joe Feagin (1987: 185ff.) zusätzlich die sozialpsychologische Dimension und also den Einfluss von Traditionen, Stimmungslagen und Erwartungen – z.B. das Bild von Immobilien als „Betongold“ – betont, die z.B. durch Stadtmarketing gezielt beeinflusst werden können.[11] Ebenso wenig wird die Möglichkeit ausgeschlossen, dass wie von Harvey in seinen

11 Dieser Fall wird von Harvey zum einen im Zusammenhang mit den Aktivitäten lokaler Klassenallianzen und städtischer Wachstumskoalitionen thematisiert (vgl. Kapitel 6.5). Zum anderen hat er in einem jüngeren Interview – noch vor Ausbruch der gegenwärtigen Krise – ganz allgemein auf die Bedeutung hingewiesen, die solche ideologisch-kulturellen Aspekte für die Stabilisierung einer zunehmend auf der Produktion fiktiven Kapitals beruhenden Wirtschaft haben. Damit die steigenden Ansprüche auf zukünftig produzierten Mehrwert auch tatsächlich realisiert und Verluste also vermieden werden können, bedarf es demnach „(...) a basis in expectations, which must be socially constructed. People have to believe that wealth – mutual funds, pensions, hedge funds – will continue to increase indefinitely. To secure these expectations is a work of hegemony that falls to the state, and its relays in the media. This is something the two great theorists of the last world crisis

Analysen der Suburbanisierung im Fordismus mitunter angedeutet – in spezifischen Konjunkturen die tatsächliche Warenproduktion, d.h. die Errichtung von Häusern, Straßen usw. durch die Bauindustrie besondere Gewinnaussichten verspricht. Neben der bereits erwähnten Angleichung der sektoralen Profitraten erscheint dies jedoch insofern keine allgemeine Erklärung für die spezifische Attraktivität des sekundären Kapitalkreislaufs zu sein, als letzterer auch Investitionen in bereits bestehende Immobilien umfasst und generell „[d]ie von Immobilien- und Grundeigentümern kontinuierlich angeeigneten Grundstückserträge (...) den bei der Bauproduktion geschaffenen Mehrwert erheblich [übersteigen]" (Krätke 1991: 175).

Wenn die theoretische Kategorie der Rente sich somit als zentral erweist, um politökonomisch begründen zu können, warum der sekundäre Kapitalkreislauf generell, aber insbesondere in Phasen der Überakkumulation ein beliebtes Anlageziel ist, dann hilft sie umgekehrt auch bei der Beantwortung der Frage, warum solche Investitionen notwendigerweise an Schranken stoßen müssen. Bedingung hierfür ist jedoch, die Perspektive der einzelnen KapitalistInnen nicht zu verabsolutieren und also nicht, wie dies Gottdiener in seiner Kritik an Harvey tut, die Unterscheidung von Rente und Profit, die im konkreten Einzelfall tatsächlich überaus schwierig zu treffen ist (vgl. Harvey 1985b: 64; Krätke 1991: 159f., 167f.), auf analytischer Ebene vorschnell aufzugeben: „(...) [T]he fact that the distinction between productive and unproductive investment has disappeared from the investor's calculus does not negate the significance of such a distinction as a social fact. If all capital chases rent and no capital goes into production, then no value will be produced out of which the transfer payment that rent represents can come." (Harvey 1985b: 64) Dieses Dilemma wird dadurch verstärkt, dass, wie gesehen, der Anreiz zur Maximierung des Rentenaufkommens zugleich notwendig ist, damit der Immobilienmarkt für die Kapitalakkumulation als räumliche Koordinierungsinstanz fungieren kann:

> „There is, it seems, something perverse in trying to create physical conditions favourable to accumulation by giving free reign to the *appropriation* of surplus value by landlords, developers, financiers, and the like (none of whom, with the exception of builders, organize the real production of surplus value). In particular, it opens the question: how much appropriation is appropriate? To this there is no clear answer and even if there were there is no guarantee that the forces at work under capitalism could ever achieve it. Hence arises the persistent worry that too much capital might circulate in 'unproductive' land and property speculation, or in state debt, at the expense of actual surplus production." (Harvey 2006 [1982]: 397f.; vgl. auch: 234)

Obwohl sich die Frage, *wann* die spekulative Dynamik des Immobilienmarktes ein für die Kapitalakkumulation positives Maß übersteigt, auf Ebene der Theorie nicht

understood very well – it is instructive to read Gramsci and Keynes side by side." (Harvey 2001 [2000]: 23)

lösen lässt, macht diese doch sichtbar, *dass* und *warum* eine solche Entwicklung früher oder später einsetzen muss: Da die Renditen, die dort erzielt werden, größtenteils auf der Aneignung von Renten bzw. der daran orientierten Spekulation auf Immobilienpreise fußen, besteht nicht nur grundsätzlich die Gefahr, dass die damit verbundenen Ansprüche auf zukünftig erst noch zu erwirtschaftenden Mehrwert nicht hinreichend erfüllt werden können und es infolgedessen zu Krisen- und Entwertungsprozessen kommt. Vielmehr drohen letztere auch deswegen zu entstehen, weil (...) eine exzessive Grundrentenaneignung durch kapitalistische Unternehmen (...) jeden Anreiz zu einer 'produktiven' Investitionstätigkeit untergraben" kann (Krätke 1991: 169), wodurch sich die Wahrscheinlichkeit einer Deckung der wachsenden Ansprüche weiter verringert. Beide Risiken müssen sich in dem Maße verstärken, in welchem die institutionell vorangetriebene Durchkapitalisierung des Immobilienmarktes neue Räume für die Zirkulation anlagesuchenden Kapitals öffnet und die Bedeutung des Kredit- und Finanzsystems insgesamt steigt.

Genau eine solche Dynamik – und deren krisenhaftes Ende – hat Harvey anhand der Restrukturierung von Paris in der zweiten Hälfte des 19. Jahrhunderts konkret untersucht. Das dort von Haussmann initiierte „(...) proto-Keynesian system of debt-financed infastructural urban improvements" (Harvey 2009 [2008]: 318) beruhte demnach maßgeblich auf der Entstehung neuer Finanzinstrumente und -institutionen, sowie, damit untrennbar verbunden, auf einem hoch spekulativen Immobilienmarkt, in dem Grundeigentum tatsächlich seine „true capitalistic form" (Harvey 2006 [1982]: 347) angenommen hatte: „Parisian property was more and more appreciated as a pure financial asset, as a form of fictitious capital whose exchange value, integrated into the general circulation of capital, entirely dominates use value." (Harvey 1985a: 82) Während die hieraus erwachsende Dynamik für Haussmanns Projekt zunächst förderlich war bzw. es überhaupt erst ermöglichte, wurde sie im Kontext zunehmender sozialer und politischer Spannungen Ende der 1860er Jahre diesem schließlich auch zum Verhängnis „Here, as in other times and places (New York in the 1970s springs immediatly to mind), a state apparatus that set out to solve the problems of overaccumulation, through deficit-financing its own expenditures, in the end fell victim to the slippery contradictions embodied in the circulation of interest-bearing money capital." (ebd.: 98)

Wie im Folgenden anhand von Harveys Deutung fordistischer und neoliberaler Urbanisierungsprozesse – mehrheitlich in den USA – deutlich wird, entfaltet der Blick auf diese Widersprüche auch und gerade für das 20. und 21. Jahrhundert ein großes zeitdiagnostisches Potential. Um die von Harvey angenommenen politökonomischen Zusammenhänge und den historischen Verlauf überhaupt gemeinsam abbilden zu können, verbleibt die Darstellung dabei auf einer Makroebene und sieht von konkreten Akteuren, institutionellen Spezifika und sozialen Auseinandersetzungen zunächst ab (vgl. hierzu Kapitel 6.4).

6.3.3 Spekulative Stadtentwicklung im Fordismus und Neoliberalismus

Wie Harvey die massive und im Weltmaßstab beinahe beispiellose Welle der (Sub-) Urbanisierung, die in den USA nach dem zweiten Weltkrieg angestoßen wurde, interpretiert, ist in der Rekonstruktion des Textinhalts von *Framework* im Zusammenhang mit dem Begriff „verlagerter Klassenkampf" bereits angeklungen (vgl. Kapitel 6.1.2). Seine diesbezügliche Thesen lassen sich jedoch auch in einer Vielzahl anderer Texte finden, ist dieser Themenkomplex – neben dem historischen Paris – doch bis heute in Harveys Argumentation das vielleicht meistgebrauchte Beispiel (vgl. z.B. Harvey 1977; 1985a: 36ff.; 1985b: 62ff.; 1989c: 34ff.; 2009 [2008]: 318ff.). Aus seiner Sicht war der Urbanisierungsschub nach 1945, der unter anderem die Errichtung des landesweiten, am Vorbild des deutschen Autobahnnetzes orientierten *Interstate-Highway*-Systems, den Bau von Wohn(-eigentums-)häusern, Shopping-Centern oder öffentlichen Gebäuden sowie nicht zuletzt die räumliche Restrukturierung New Yorks durch den Stadtplaner Robert Moses umfasste, eine spezifische Reaktionsform auf die „Great Depression" – jene sich über die gesamten 1930er Jahre erstreckende Krisenperiode, an deren Anfang der Börsencrash von 1929 stand, welcher wiederum selbst durch das Platzen einer Immobilienblase (mit-)ausgelöst wurde und eine Weltwirtschaftskrise einläutete (vgl. Harvey 2012a). In Harveys Augen wurde der Überschuss von Kapital und Arbeit, den er – entsprechend seiner Krisentheorie (vgl. Kapitel 5.1.3) – als Hauptmerkmal der „Großen Depression" ausmacht, zunächst maßgeblich durch den Zweiten Weltkrieg aufgefangen bzw. physisch vernichtet. Nach dessen Ende drohte daher eine Rückkehr der ökonomischen Krise sowie, infolge einer zunehmend unzufriedenen und politisch nach Links neigenden ArbeiterInnenschaft, eine soziale Destabilisierung. Da die „Great Depression" als Unterkonsumtionskrise wahrgenommen wurde, versuchte man dieser Situation mittels nachfrageorientierter Lösungen beizukommen. In diesem Kontext gewann jene bereits während des *New Deal* auf den Weg gebrachte Strategie an Bedeutung, die Harvey im Anschluss an die Arbeiten seines ehemaligen Doktoranden Richard Walker (vgl. z.B. 1981) als „suburban solution" bezeichnet:

> „For nearly a generation after 1945, suburbanization was part of a package of moves (the global expansion of world trade, the reconstruction of the war-torn urban systems of Western Europe and Japan, and a more or less permanent arms race being the other key elements) to insulate capitalism against the threat of crisis of underkonsumtion. It is now hard to imagine that postwar capitalism could have survived, or to imagine what it would have now been like, without suburbanization and proliferating urban development." (Harvey 1989c: 39)

Ohne dass Harvey den Begriff an dieser Stelle bereits verwenden würde, beschreibt er hier das klassische Beispiel eines *spatio-temporal fix* (vgl. Kapitel 5.4): Der Überschuss an Kapital und Arbeit, welche die „industrielle“ Form des Kapitalismus bzw. der Urbanisierung in der ersten Hälfte des 20. Jahrhunderts produziert hatte, wurde mit Hilfe langfristiger Investitionen in die physischen und sozialen Infrastrukturen bzw. den sekundären und tertiären Kapitalkreislauf, d.h. konkret in die gebaute Umwelt der (Vor-)Städte sowie die Mittel des individuellen und kollektiven Konsums, absorbiert. Die Verschiebung von einer „'supply-side' to a 'demand-side' urbanization“ (Harvey 1989c: 34), die im Zuge dessen einsetzte, veränderte die Lebens- und Konsumweise weiter Teile der US-Amerikanischen Bevölkerung massiv, ließ den Anteil von Wohneigentum rapide ansteigen und eröffnete dem Kapital infolge der wachsenden Bedeutung von Fragen des Lebensstils und der KonsumentInnensouveränität neue Verwertungsmöglichkeiten – sowohl durch den Verkauf von Konsumgütern wie Autos, Kühlschränken oder Wohnungseinrichtungen, als auch durch die Aneignung von Klassenmonopolrenten im (sub-)urbanen Raum. Gleichzeitig beruhte diese fordistische Urbanisierung entscheidend auf staatlichen Interventionen und einer keynesianischen Wirtschafts- und Finanzpolitik. Zudem korrespondierte sie mit dem Entstehen monopolistischer Großunternehmen und war vom Wachstum des Kredit- und Finanzsystems sowie der Schaffung immer größerer Mengen fiktiven Kapitals abhängig.

Die letztgenannten Aspekte haben Harvey 1974 in dem Text *Class-Monopoly Rent* zur Zeitdiagnose einer „inner transformation of capitalism“ bewogen, „(...) such that finance capital comes to exercise a hegemonic power over industrial production as well as all other aspects of life.“ (Harvey 1985b: 84) Als Teil dieser These eines politisch-institutionell vermittelten Übergangs von einer industriellen zu einer „finance form of capitalism“ (ebd.: 86)[12] hebt er an dieser Stelle die insgesamt steigende ökonomische Bedeutung der Stadt – als Ort des Konsums – hervor: „Urbanism has (...) been transformed from an expression of the production needs of the industrialist to an expression of the controlled power of finance capital, backed by the power of

12 Obwohl Harvey an dieser Stelle lediglich auf Marx und nicht auf Hilferding oder Lenin Bezug nimmt, wirkt seine Argumentation und Begrifflichkeit auch von den Theorien der beiden letztgenannten beeinflusst. Infolgedessen scheint er unter „Finanzkapital“ hier sowohl ein Element der Kapitalzirkulation als auch eine bestimmte Fraktion innerhalb der Bourgeoisie – als handelndem Akteur – zu verstehen (zur Unterscheidung vgl. Harvey 2006 [1982]: 282ff.). Zudem ist der „Finanzkapitalismus“, von dem die Rede ist, nicht mit den Termini „finanzdominiertes Akkumulationsregime“ oder „Finanzialisierung“ deckungsgleich, die in jüngeren Debatten zur Beschreibung der aktuellen, neoliberalen Entwicklungsweise gebraucht werden (vgl. z.B. Huffschmid 2002; Chesnais 2004; Sablowski 2009). Gerade deshalb zeigt Harveys Zugriff indes, dass sich die Geschichte des Kapitalismus einer allzu schematischen Periodisierung entzieht und es sich bei manchen der Prozesse, die gegenwärtig allein dem Neoliberalismus zugeschriebenen werden, um säkulare Entwicklungstrends handelt – etwa im Fall des generellen Verschuldungsniveaus (vgl. Harvey 2001 [1985]: 322).

the state, over the totality of the production process. Herein lies the significance of urbanization as a mode of consumption and as a producer of new social wants and needs." (ebd.: 88) Wenn die Besonderheit dieser Entwicklung demnach darin liegt, „(...) dass die Durchsetzung der Finanzform des Kapitals nicht lediglich eine andere bauliche Umwelt schafft als die herkömmliche industrielle Form, sondern vielmehr, dass die Produktion des Raumes selbst zur Substanz der Akkumulation des Kapitals wird" (Keil 1987: 136), dann klingt dies zwar zunächst ähnlich wie der zuvor kritisierte Zugang von Gottdiener (vgl. Kapitel 6.2.3). Im Unterschied zu diesem kann Harvey jedoch die inhärente Krisenhaftigkeit der hier angedeuteten Transformation kapitalistischer Urbanisierung inhaltlich begründen. Aus seiner Perspektive entfaltet das Kredit- und Finanzsystem und die damit verknüpften Urbanisierungsprozesse nämlich eine – spekulativ aufgeheizte – Eigendynamik, die aus der Lösung einer zuvor bestehenden Krise neue Widersprüche entstehen lässt:

> „(...) [T]he finance form of capitalism, which has emerged as a response to the inherent contradictions in the competitive industrial form, is itself unstable and beset by contradictory tendencies. Of necessity, it treats money as a 'thing-in-itself' and thereby constantly tends to undermine the production of value in pursuit of the form rather than the substance of wealth. (...) The perpetual tendency to try to realize value without producing it is, in fact, the central contradiction of the finance form of capitalism. And the tangible manifestations of this central contradiction are writ large in the urban landscapes of the advanced capitalist nations." (Harvey 1985b: 88)

Obwohl diese Deutung zweifellos noch sehr allgemein bleibt, nimmt Harvey hier nicht nur eine Perspektive ein, die sich zur Erklärung der aktuellen Wirtschafts- und Finanzkrise ebenfalls als äußerst nützlich erweist[13], sondern benennt auch vergleichsweise früh eine Problematik, die er später als wichtige *ökonomische* Krisendynamik fordistischer (Sub-)Urbanisierung ausgemacht hat. Demnach musste dieses Modell nicht zuletzt deshalb an seine Grenzen stoßen, weil die raum-zeitliche Verschiebung von Kapital mittels der Investitionen in physische und soziale Infrastrukturen eine immer stärker steigende Verschuldung – und damit Ansprüche auf zukünftig noch zu produzierenden Mehrwert – nach sich zog, während die nachfrage-seitige Ausrichtung der Städte auf Fragen des individuellen und kollektiven Konsums gleichzeitig die Möglichkeiten zur Begleichung dieser Ansprüche zunehmend einschränkte: „The tension between cities as 'workshops' for production and as centers for consumption was not easy to contain. Investment in the physical and social infrastructures for

13 So hat Thomas Sablowski (2011: 41) im Anschluss an Althusser und mit Blick auf die Zirkulation fiktiven Kapitals eine Formulierung geprägt, die dem von Harvey hier angedeuteten Verhältnis von primärem zu sekundärem Kapitalkreislauf meines Erachtens sehr ähnlich ist: „Die Bewegungen des Finanzkapitals und insbesondere des fiktiven Kapitals werden zwar durch die Widersprüche im Kreislauf des industriellen Kapitals *determiniert*, wirken jedoch auch auf diesen zurück und *dominieren* ihn zunehmend."

consumption, coupled with the politics of redistribution, does not necessarily create a favorable climate for capitalist production." (Harvey 1989c: 42) Insofern die Optionen, diesem Widerspruch etwa durch das Drucken neuen Geldes oder einer Verlagerung von Produktionskapazitäten zu begegnen, einer (schleichenden) Entwertung der bestehenden, sehr umfangreichen Investitionen in diese Infrastrukturen gleichkam, lassen sich für Harvey an dieser Stelle einige der strukturellen Gründe für die „Krise der (fordistischen) Stadt" und des Fordismus im Allgemeinen identifizieren – wenngleich diese selbstredend noch eine Vielzahl weiterer, ökonomischer, aber vor allem auch sozialer und kultureller Ursachen hatte (vgl. hierzu Harvey 1989b: 121ff.; s. auch Kapitel 6.4.3). Zudem wurde in seinen Augen auch der endgültige ökonomische Zusammenbruch der fordistischen Entwicklungsweise durch städtische Prozesse mit vorangetrieben, war doch der Crash des – zuvor nicht umsonst boomenden – Immobilienmarktes Anfang 1973 – noch vor dem Ölpreisschock Ende des Jahres – ein zentraler Auslöser der folgenden Rezession bzw. Stagflationskrise, welche wiederum in eine schwere Fiskal- und Legitimationskrise mündete (vgl. Harvey 1989b: 145; 1989c: 43f.; 2012a: 5f.).

Wenn Harvey diesbezüglich die faktische Zahlungsunfähigkeit New Yorks 1975 – damals einer der größten öffentlichen Haushalte der Welt – in jüngeren Veröffentlichungen als „iconic case" (Harvey 2005: 44) bezeichnet hat, dann vor allem deshalb, weil die neoliberale Restrukturierung der Stadt, die als Reaktion auf diese Krise „von oben" durchgesetzt wurde, eine Art Testlauf für eine breitere Entwicklung war: „(...) [T]o the degree that urbanization had become part of the problem, so it had to be part of the solution. The result was a fundamental transformation of the urban process after 1973." (Harvey 1989c: 44) Neben anderen Aspekten einer nunmehr stärker konkurrenzorientierten, „unternehmerischen" Stadtpolitik (vgl. Kapitel 6.5) wurde in New York, aber auch in anderen US-Amerikanischen Metropolen – wie z.B. Harveys Heimatstadt Baltimore – rasch eine neue, „postmoderne" Form spekulativer Stadtentwicklung sichtbar. Neben ihrer ideologisch-kulturellen Effekte – etwa einer „pacification by cappuccino" (Sharon Zukin nach: Harvey 2009 [2008]: 323; vgl. auch Harvey 1987; Harvey 2001 [1992]) – diente diese erneut auch als Senke für anlagesuchendes Kapitel. Harvey hat nicht nur bereits früh den konkreten Verlauf dieser Prozesse und ihre sozial verheerenden Auswirkungen – den „rot beneath the glitter" (Szanton 1986, zitiert nach: Harvey 1989a: 14) – thematisiert sowie daraus die Dringlichkeit einer grundlegend anderen Stadtpolitik abgeleitet (vgl. z.B. Harvey 1987; 1989a; 1989c: 43ff.; s. auch Kapitel 6.5.3), sondern auch die tiefen ökonomischen Widersprüche dieser Form der Urbanisierung hervorgehoben:

> „Gesteigerte interstädtische Konkurrenz führt zu in sozialer Hinsicht kostspieligen Investitionen, die das Problem der Überakkumulation, das anfangs zum Übergang zu flexibler Akkumulation führte, eher vergrößert als verkleinert (...). Einfach gesagt: Wie viele erfolgreiche Mehrzweckhallen, Sportstadien, Disney-Worlds und Hafenanlagen

> kann es geben? (...) Überinvestitionen in allen Bereichen, von der Einkaufspromenade zur kulturellen Einrichtung, machen die im städtischen Raum eingeschlossenen Werte hochgradig anfällig für Entwertung. Wo die Wiederbelebung der Innenstädte auf blühender Beschäftigung im Finanz- und Immobilienbereich beruht, in dem Menschen täglich Kredit- und Immobiliengeschäfte für andere Menschen machen, die im Finanz- und Immobilienbereich arbeiten, ist sie abhängig von einer enormen Schuldenexpansion von seiten der Individuen, Gemeinden und Regierung. Wenn diese Kredite faul werden, werden die Auswirkungen sehr viel zerstörerischer sein, als das die Sprengung von Pruitt-Igoe je symbolisieren konnte." (Harvey 1987: 124f.)[14]

Was hier noch als beinahe prophetisch anmutende Warnung formuliert und anderswo politökonomisch unterfüttert wird (vgl. z.B. Harvey 1989b: 192ff., 356f.), konnte Harvey in seinen jüngeren Untersuchungen zur gegenwärtigen, neoliberalen Phase kapitalistischer Urbanisierung und den „urbanen Wurzeln" der aktuellen Krise gewissermaßen in Echtzeit nachverfolgen (vgl. z.B. Harvey 2009 [2008]; 2010; 2011; 2012b; 2012a). Insbesondere für die Periode nach dem Platzen der so genannten „Dotcom- bzw. Hightech-Blase" um die Jahrtausendwende kommt er dabei zum Schluss, „[that] [t]he property market directly absorbed a great deal of surplus capital through the construction of city-center and suburban homes and office spaces, while the rapid inflation of housing prices (...) boosted the U.S. domestic market for consumer goods and services. American urban expansion partially steadied the global economy (...)." (Harvey 2009 [2008]: 321) Gleichzeitig diagnostiziert Harvey eine zunehmend globale Entfaltung von Urbanisierungsprozessen, weshalb es etwa in Großbritannien, Irland, Spanien sowie vor allem in China und anderen BRIC-Staaten zu einem ähnlichen Immobilienboom gekommen sei. Während der sekundäre Kapitalkreislauf also in einer ersten Phase einmal mehr half, überschüssiges Kapital raum-zeitlich zu verschieben, hat umgekehrt die Subprime-Hypothekenkrise, deren Entstehen erst durch die – profitgetriebene – Lockerung der Kreditvergabekriterien sowie die Erfindung neuer Finanzinstrumente ermöglicht wurde, ab 2007 erneut gezeigt, was passiert, wenn wachsenden Mengen fiktiven Kapitals zu wenig produzierter Mehrwert bzw. zu geringe Realeinkommen gegenüberstehen. Ebenso verweist die Ausbreitung der zunächst eher regionalen bzw. nationalen Subprime-Krise auf die Immobilienmärkte in den genannten europäischen Staaten sowie in weiterer Folge auf das gesamte Kredit- und Finanzsystem, die Realwirtschaft und schließlich die staatlichen Haushalte auf eine immer engere Verzahnung globaler Kapitalströme. In diesem Zusammenhang gelten Harvey die riesigen, staatlich vor-

---

14 Die Sprengung des städtischen Wohnbauprojekts *Pruitt-Igoe* in St. Louis (Missouri, USA) am 15. Juli 1972 wird häufig als symbolisches Ende moderner Architektur und Sozialpolitik und als Beginn von Postmoderne und Post-Fordismus in der Stadt interpretiert (vgl. Harvey 1987: 109). Zur Geschichte von Pruitt-Igoe und seiner diskursiven Instrumentalisierung im Kontext der „Krise der Stadt" in den 1970er Jahren siehe Herlitz (2012).

angetriebenen Urbanisierungsprojekte in China als „the primary stabilizer of global capitalism today" (ebd.). Allerdings stellt sich für ihn auch hier die Frage, (…) wann die Überakkumulation von Kapital in eine Überakkumulation von Investitionen in die gebaute Umwelt [Korr. Übers., F.W.] umschlägt." (Harvey 2012a: 26)

Obwohl letzteres trotz mancher Anzeichen im Fall von China bisher nicht geschehen zu sein scheint, stützen eine ganze Reihe empirischer Einzelstudien Harveys Interpretation der jüngeren Entwicklungen (vgl. z.B. Gotham 2009; Aalbers 2009; 2011; Immergluck/Aalbers/Marcuse 2009; Heeg/Dörry 2009; Heeg 2011; Holm 2010; 2011b; Christophers 2011). Über die Deutung der aktuellen Krise hinaus hat dieses Kapitel gezeigt, warum es trotz der durchaus vorhandenen Problematiken (vgl. Kapitel 6.2) und einer längst nicht voll entwickelten Begrifflichkeit generell sinnvoll erscheint, an Harveys Interpretation des sekundären Kapitalkreislaufs festzuhalten: Nicht, um – wie von KritikerInnen häufig geargwöhnt – jegliche Investitionsverlagerungen in den Immobilienmarkt auf eine bloße Funktion eines (zu) eng gefassten primären Kapitalkreislaufs zu reduzieren und so die „relative autonomy between the two circuits" (Beauragard 1994: 720) zu negieren; sondern um Prozesse spekulativer Stadtentwicklung in ihrem kriseninduzierten und zugleich selbst notwendig krisenhaften Verlauf systematisch aus den strukturellen Dynamiken, Widersprüchen und Entwicklungstendenzen des Kapitalismus bzw. dessen einzelner Phasen erklären und sie so in einen breiteren gesellschaftstheoretischen und -politischen Kontext stellen zu können. Eine solche Perspektive droht in empirischen Fallstudien – die zweifelsohne ungleich elaborierter und detaillierter ausfallen als Harveys mehrheitlich theoretisch orientierte Texte – mitunter verloren zu gehen. Ohne den Anspruch auf eine differenzierte Analyse deshalb aufgeben zu müssen, kann Harveys Ansatz somit gerade aufgrund seines vergleichsweise abstrakten, auf größere Räume und längere Perioden ausgerichteten Blickwinkels einen wichtigen Beitrag zu einem besseren Verständnis der kontinuierlichen Umwälzung der urbanen Landschaften und Lebensrealitäten leisten. Mit diesem letzten Argument ist freilich wieder auf die in der kritischen Rezeption – vor allem im Rahmen des zweiten hier identifizierten Kritikstrangs (vgl. Kapitel 6.2.2) – aufgeworfene Frage verwiesen, welchen Stellenwert Harvey Akteuren, Institutionen und Konflikten in seinem Ansatz überhaupt einräumt und wie er deren Verhältnis zu Prozessen der Kapitalakkumulation fasst.

6.4 Akteure, Institutionen und Konflikte kapitalistischer Urbanisierung

Wollte man lediglich den Nachweis antreten, dass Harvey Prozesse kapitalistischer Urbanisierung nicht allein durch die Linse der Kapitalakkumulation im engeren Sinn betrachtet und er spekulative Stadtentwicklung stattdessen als stets umkämpftes

Terrain auffasst, das von konkreten Akteure und Institutionen geprägt ist, wäre es ausreichend, an dieser Stelle erneut auf seine Untersuchung zum historischen Paris zu verweisen: Darin werden nicht nur zentrale Persönlichkeiten des Zweiten Kaiserreichs wie Napoleon III., Haussmann – „that archetype of the capitalist developer, the archangel of creative destruction" (Harvey 1985a: 177) – die Bankiersfamilien der Rothschilds und Pereires oder Pierre-Joseph Proudhon und Louis-Auguste Blanqui, sondern auch die verschiedenen subalteren Klassen(-fraktionen) sowie ihre Lebensbedingungen, Organisationsformen und Kämpfe eingehend diskutiert. Ebenso untersucht Harvey hier die Rolle des Staates als ökonomischem Akteur und wichtigem repressiven Apparat sowie schließlich den Aufschwung sozialer und politischer Auseinandersetzungen in den 1860er Jahren, der 1871 in die Entstehung der Pariser Kommune mündete (vgl. ebd.: 96ff., 206ff.).

Wie im Folgenden vor allem anhand von Harveys Untersuchungen zur Urbanisierung in den USA sichtbar wird, lässt die Vorgehensweise in solchen konkreten Analysen zwar durchaus wichtige Rückschlüsse auf sein generelles Verständnis zu. Dennoch sollen zunächst seine Versuche im Mittelpunkt stehen, Akteure, Institutionen und Konflikte auf theoretischer Ebene in seinen Zugang zu integrieren. Diesbezüglich kann die These als Leitmotiv gelten, kapitalistische Urbanisierung produziere „(...) not only a 'second nature' of built environments (...) but also an urbanized human nature (...)" (Harvey 1989c: 199). In diesem Sinne wendet sich Harvey vor allem mit dem Band *Consciousness and the Urban Experience* explizit gegen eine Reduzierung von Urbanisierung auf Prozesse der Kapitalakkumulation: „(...) [The] processes of urbanization of capital are paralleled by the urbanization of social relations (...)" (Harvey 1985a: xvii). Da er die konkrete Gestalt dieser sozialen Verhältnisse jedoch keineswegs nur in diesem Buch oder in einzelnen Beiträgen thematisiert, gleicht dieses Kapitel noch stärker als zuvor einem Parforceritt durch Harveys Werk. Dies birgt zwar die Gefahr des Rosinenpickens, ermöglicht aber andererseits, wiederkehrende Fragestellungen zu identifizieren, um die Harvey in seinen Analysen der Akteure, Institutionen und Konflikte kapitalistischer Urbanisierung kreist, sowie Mängel gegebenenfalls theorieimmanent zu überwinden. In einem ersten Schritt liegt der Fokus im Folgenden auf einigen der zentralen Akteure und Konflikte, die Harvey im städtischen Raum ausmacht (Kapitel 6.4.1). Anschließend wird danach gefragt, wie er die Vermittlung zwischen allgemeinen (Akkumulations-)Tendenzen und konkreten Urbanisierungsprozessen denkt und welchen theoretischen Status er dabei dem Staat und Institutionen im Allgemeinen einräumt (Kapitel 6.4.2). Am Ende steht dann, auch unter Rückgriff auf aktuelle Veröffentlichungen Harveys, sein Verständnis der Stadt als Arena sozialer (Klassen-)Kämpfe im Mittelpunkt der Betrachtungen (Kapitel 6.4.3).

6.4.1 Akteure und Konflikte im städtischen Raum

Nimmt man den Immobilienmarkt im engeren Sinne als Ausgangspunkt, so deuten bereits die Ausführungen in *Limits* darauf hin, dass Michael Balls (1986: 452) These, die in diesem Zusammenhang zentralen sozialen Verhältnisse wären in Harveys Werk „(...) relegated to an unjustified obscurity", kaum gerechtfertigt ist. Obwohl auf der höchsten Abstraktionsebene angesiedelt, wird hier, wenn auch nur auf wenigen Seiten, ein zumindest grobes Bild des Immobilienmarktes als eigenständiger Handlungssphäre gezeichnet (vgl. Harvey 2006 [1982]: 395ff.). Die Grundlage für deren Herausbildung macht Harvey dabei in dem Umstand aus, dass die Produktion der gebauten Umwelt aufgrund deren besonderer Merkmale – ihre räumliche Fixierung und den damit verknüpften Entwertungsrisiken – häufig auf fixem Kapitel „des selbstständigen Typs" beruht (vgl. Kapitel 5.2.2). Infolgedessen ließe sich in diesem Bereich eine spezifische Akteurskonstellation identifizieren:

> „The peculiar necessities of circulation of capital through built environments has meant to evolution of a special kind of production-realization system which defines new roles for economic agents. *Landowners* receive *rent*, *developers* receive *increments in rent* on the basis of improvements, *builders* earn *profit of enterprise*, *financiers* provide money capital in return for *interest* at the same time as they can capitalize any form of revenue acruing from use of the built environment into a *fictitious capital* (property price), and the *state* can use *taxes* (present or anticipated) as backing for investments which capital cannot or will not undertake but which nevertheless expand the basis for local circulation of capital." (Harvey 2006 [1982]: 395)

Gerade weil diese Rollen im Zuge der vollständigen Einbeziehung von Grundeigentum und gebauter Umwelt in den Prozess der Kapitalzirkulation ein hohes Maß an Eigendynamik entwickeln, bildet der Immobilienmarkt demnach tendenziell eine relativ autonome gesellschaftliche Handlungssphäre aus: „(...) [T]he production and maintenance of built environments often crystallizes out into a highly specialized system linking economic agents who perform each role seperately or in limited combinations." (ebd.) Vor dem Hintergrund von Harveys bisheriger Analyse wirkt es einleuchtend, dass er innerhalb dieses Systems dem zinstragenden Kapital eine „hegemoniale Rolle" (ebd.: 396) zuschreibt, dessen Funktion einer Koordinierung von Investitionen und einer Organisierung räumlicher Strukturen jedoch zugleich an die Existenz institutioneller Voraussetzungen – in Form des Kredit- und Finanzsystems, staatlichen Bürokratien und Förderungen etc. – knüpft.

Diese Andeutungen werden in *Limits* freilich nicht weitergeführt, eine Auseinandersetzung mit möglichen Konflikten sowie vor allem der Rolle der NutzerInnen gebauter Umwelt bleibt aus. Genau darauf fokussiert Harvey demgegenüber in dem erstmals 1977 erschienenen Essay *Labor, Capital, and Class Struggle around the Built Environment in Advanced Capitalist Societies* (Harvey 1985a: 36ff.), sowie, mit zum Teil etwas abweichender Gewichtung (siehe unten), auch im ein Jahr später veröffentlichten *On Planning the Ideology of Planning* (Harvey 1985b: 165ff.). Ausgangspunkt seiner zeitdiagnostisch eingefärbten Erläuterungen ist hier das bereits in *Framework* thematisierte Verhältnis von sozialen Kämpfen am Arbeitsplatz zu solchen im Stadtteil, d.h. in der Reproduktionssphäre (vgl. Kapitel 6.1.2). Dass Arbeiten und Leben überhaupt als separat wahrgenommen werden, ist Harvey zufolge Ergebnis der seit dem industriellen Kapitalismus bestehenden räumlichen Trennung beider Bereiche. Obwohl die Reproduktionssphäre mittlerweile mehr und mehr in die Prozesse der Kapitalakkumulation integriert werde, bestehe diese Differenzierung nach wie vor – mit wichtigen Folgen für Fragen des Klassenkampfes:

> „The split between the place of work and the place of residence means that the struggle of labor to control the social conditions of its own existence splits into two seemingly independent struggles. The first, located in the workplace, is over the wage rate, which provides the purchasing power for consumption goods, and the conditions of work. The second, fought in the place of residence, is against secondary forms of exploitation and appropriation represented by merchant capital, landed property, and the like. This is a fight over the costs and conditions of existence in the living place." (Harvey 1985a: 38)

Um diese zweite Form von Kämpfen näher analysieren zu können, unterscheidet Harvey an dieser Stelle nicht nur zwischen der ArbeiterInnenklasse, die in der gebauten Umwelt zunächst vor allem einen Gebrauchswert, d.h. konkret ein Mittel für den Konsum und die eigene Reproduktion sieht, und dem „Kapital im Allgemeinen", für welche die gebaute Umwelt Möglichkeiten zur Ausdehnung ihrer Akkumulation bzw. der Verschiebung überakkumulierten Kapitals eröffnet. Vielmehr erweitert er diese Dualität um jene Kapitalfraktion, die durch die Produktion der gebauten Umwelt als Ware selbst Mehrwert erwirtschaftet (die Bauindustrie), und jene, die in Gestalt von GrundeigentümerInnen, Banken, institutionellen AnlegerInnen usw. ihre Renditen aus der Aneignung von Renten bzw. Zinsen erzielt (vgl. ebd.: 36f.; 1985b: 167ff.). Diese Typologie – von der Harvey, entsprechende Vorwürfe Gottdieners (1994 [1985]: 90, 100) vorwegnehmend, selbst sagt, sie sei bloß „analytisch" und klassentheoretisch unterkomplex – wird in der Folge genutzt, um eine Reihe grundlegender städtischer Konfliktfelder zu identifizieren.

Dabei liegt der Fokus einerseits auf dem Antagonismus zwischen Kapital und Arbeit (Harvey 1985a: 41ff.). Ähnlich wie in *Framework*, aber ohne hierfür explizit den Begriff „verlagerter Klassenkampf" zu gebrauchen, kommt Harvey diesbezüglich zu dem Schluss, soziale Prozesse und Auseinandersetzungen in der Reproduktionssphäre seien für die Aufrechterhaltung des kapitalistischen Status quo von derart zentraler Bedeutung, dass sie die Intervention des „Kapitals im Allgemeinen" erforderten. Diesbezüglich werden vier Bereiche angeführt: die Förderung individuellen Wohneigentums für die ArbeiterInnenklasse, die Frage der Lebenshaltungskosten bzw. des Werts der Arbeitskraft, die Organisierung des kollektiven Konsums sowie schließlich der Sozialisierung der ArbeiterInnen und die Schaffung künstlicher Natur- und

Freizeitlandschaften bzw. suburbaner Gartenstädte als Ausgleich zum Arbeitsalltag. Trotz inhaltlicher Überschneidungen erscheint Harveys Skizze dabei thematisch umfassender, stärker auf die Umkämpftheit der Prozesse ausgerichtet sowie – etwa durch den Verweis auf reale historische Akteure oder Gramscis Fordismus-Analysen – insgesamt fundierter als in *Framework*. Allerdings erweckt die kursorische Darstellung und der Verzicht auf eine Analyse von Prozessen der Klassenformierung erneut den Eindruck, das „Kapital im Allgemeinen" sowie *die* ArbeiterInnenklasse würden einander in konkreten Gesellschaftsformationen tatsächlich als Kollektivsubjekte begegnen. Infolgedessen droht Harveys wichtiger Hinweis, dass urbane Konflikte auf einer strukturellen Ebene immer *auch* die Frage der Reproduktion des kapitalistischen Gesamtzusammenhangs betreffen und daher einen Klassengehalt haben, beständig dahingehend verabsolutiert zu werden, es ginge bei solchen Auseinandersetzungen letztlich um nichts anderes als das Wohl und Wehe des Kapitalismus. Besonders deutlich tritt diese Tendenz in seinem Fazit zutage:

> „Conflicts in the living place are, we can conclude, mere reflections of the underlying tension between capital and labor. Appropriators and the construction faction mediate the forms of conflict – they stand between capital and labor and thereby shield the real source of tension from view. The surface appearance of conflicts around the built environment – the struggles against the landlord or against urban renewal – conceals a hidden essence that is nothing more than the struggle between capital and labor." (Harvey 1985a: 57)

Diese reduktionistische und – nicht zuletzt aufgrund der Ausdrucksweise – beinahe verschwörungstheoretisch anmutende Argumentation steht insofern in einem gewissen Spannungsverhältnis zum ersten Teil des Textes, als Harvey dort durchaus städtische Konfliktfelder identifiziert, die mehr sind als eine „bloße Widerspiegelung" des grundlegenden Antagonismus' zwischen Kapital und Arbeit (vgl. ebd.: 38ff.). Dabei geht er zunächst davon aus, dass die Konzentration der Reproduktionsbedingungen der ArbeiterInnen im städtischen Raum letztere in einen (Klassen-)Widerspruch zu den Profitinteressen der Bauindustrie und GrundeigentümerInnen treten lässt, der je nach Rahmenbedingungen höchst unterschiedliche Erscheinungs- und Verlaufsformen annehmen kann: Die Möglichkeiten reichen vom Widerstand gegen überhöhte Mieten bzw. Haus- und Baukosten über die Ablehnung von Stadterneuerungsprojekten bis hin zu Initiativen für einen besseren Zugang zu öffentlichen Infrastrukturen oder Fragen der Lebensqualität. Wie Harvey betont, entfalten in diesem Zusammenhang die spezifischen Charakteristika der gebauten Umwelt eine modifizierende Wirkung: So befördert deren räumliche Fixierung ebenso die Entstehung externer (Nachbarschafts-)Effekte, wie sie die Chance auf die Nutzung monopolitischer Privilegien eröffnet: „There are, as a consequence, all kinds of opportunities for both appropriators and the construction faction, for developers, speculators, and even private individuals, to reap windfall profits and monopoly rents. Internecine conflicts within a class and faction are therefore just as common as conflicts between classes and factions." (ebd.: 39) Als Beispiel für diesen Sachverhalt nennt Harvey etwa die Möglichkeit, dass sich Teile der Bourgeoisie in der Forderung nach billigem Wohnraum mit der ArbeiterInnenklasse gegen die Interessen der GrundeigentümerInnen verbünden, um steigende Lohnforderungen zu verhindern, oder ArbeiterInnen selbst auf eine verstärkte Tätigkeit der Bauindustrie drängen.

Wenngleich diese Ausführungen zeigen, dass sich eine Reduzierung städtischer Konflikte auf eine Auseinandersetzung zwischen Kapital und Arbeit – als abstrakten Entitäten – selbst innerhalb eines bloß schematischen klassentheoretischen Zugangs als problematisch erweist, bleibt die Darstellung bis hierhin sehr allgemein. Ein wesentlich konkreteres Bild städtischer Konflikte vermitteln demgegenüber die beiden Beispiele, die Harvey im Text *Class-Monopoly Rent* gibt, um die Aneignungsformen von Klassenmonopolrente zu illustrieren (vgl. Harvey 1985b: 66ff.).[15] Er beschreibt hier zum einen das Verhältnis zwischen HausbesitzerInnen und einkommensschwachen MieterInnen. Da letztere aufgrund ihres geringen sozialen Status', fehlender finanzieller Möglichkeiten sowie damit verbundener räumlicher Immobilität in einem spezifischen Segment des Wohnungsmarktes gefangen sind, können die VermieterInnen dort – vorausgesetzt, sie agieren gemeinsam als Klasse und setzen z.B. Leerstand strategisch ein – außerordentlich hohe Forderungen stellen und so eine überdurchschnittliche Rendite erzielen. Wird diesem Mechanismus und der mit ihm verbundenen Klassenmonopolmacht nicht politisch entgegengesteuert (z.B. mit Hilfe von Mietgesetzen oder öffentlichem Wohnbau), verursacht dies hohe soziale Kosten: „With rising rents eating into an already limited disposable income, low-income tenants can respond only by subdividing space with the inevitable consequences – overcrowding and slum formation." (ebd.: 67)

Das (fast) genaue Gegenteil dieses Szenarios offenbart das zweite Beispiel für die Bedeutung und Funktionsweise von Klassenmonopolrenten: das Verhältnis zwischen spekulativ orientieren ImmobilienentwicklerInnen [„speculator-developer"] und der Mittel- bzw. Oberklasse. Im Unterschied zu einkommensschwachen MieterInnen haben Angehörige wohlhabenderer Schichten zwar mehr oder minder zum gesamten Wohnungs- und Häusermarkt Zugang; allerdings sind sie wegen des Prestiges, das mit bestimmten Nachbarschaften verknüpft ist, oder als Reaktion auf soziale Veränderungen bzw. deren ideologischer Wahrnehmung – wie der „Niedergang" der US-Amerikanischen Innenstädte in den 1960er Jahren – in ihrer Wahl ebenfalls auf eng umgrenzte, (vor-)städtische Räume fokussiert. Diese Orientierung wird von ImmobilienentwicklerInnen genutzt und z.B. mit Hilfe von Werbemaßnahmen weiter gefördert, um im Rahmen der von ihnen – gemeinsam mit GrundeigentümerInnen,

15 Beide im Folgenden beschriebenen Fälle werden auch in Harveys historischer Studie zu Paris anhand der Gentrifizierung und Restrukturierung des städtischen Raums detailliert nachgezeichnet (vgl. Harvey 1985a: 143ff., 92ff.).

InvestorInnen etc. – vorangetriebenen Urbanisierungsprozesse Klassenmonopolrenten erwirtschaften zu können. Innerhalb des Immobilienmarkts kommt solchen EntwicklerInnen somit eine zentrale Funktion zu: „They promote an optimal timing of land-use change, ensure that the current value of land and housing reflects expected future returns, seek to organize externalities to enhance the value of their existing developments, and generally perform a coordinating and stabilizing function in the face of considerable market uncertainty." (ebd.: 68) Angesichts der Bedeutung des Immobilienmarkts für die raum-zeitliche Koordinierung des Akkumulationsprozesses (vgl. Kapitel 6.3.1) sind diese „promoter of urbanization" daher generell „(...) integral and essential to the workings of a capitalist economy." (Harvey 1985b: 68)[16]

Damit ImmobilienentwicklerInnen diese Funktion auch tatsächlich erfüllen können, bedarf es Harvey zufolge jedoch bestimmter institutioneller Rahmenbedingungen. Letztere haben in diesem Zusammenhang zumindest zwei Erfordernisse zu erfüllen: „(1) they must reduce the uncertainty in land-use competition, usually through some form of governmental regulation – planning or zoning controls, provision of infrastructure, etc.; and (2) they must encourage wealthy groups – those who can afford to wait for land to 'ripen' – to participate as speculator-developers, usually by offering convenient and advantageous tax arrangements." (ebd.) In Gestalt lokaler (Bau-)Behörden und Entscheidungsgremien werden solche Institutionen von Harvey zudem als jene Kanäle identifiziert, durch die ImmobilienentwicklerInnen in der USA ihren gemeinsamen Klasseninteressen politisch zur Geltung verhelfen, um so – z.B. über günstige Bauvorschriften – die Kräfteverhältnisse gegenüber der Nachfrage-Seite positiv zu beeinflussen und möglichst hohe Klassenmonopolrenten erzielen zu können. Ausgehend von dieser konkreten Konstellation verfolgt Harvey die These, die Möglichkeit zur Rentenaneignung und damit letztlich die gesamte Koordinierung des kapitalistisch organisierten Immobilienmarktes beruhe auf einer hierarchisch organisierten, die Umverteilung von „unten" nach „oben" sicherstellenden institutionellen Grundstruktur. Zwar sei diese national unterschiedlich ausgeprägt, ihre Existenz wäre aber ein generelles Erfordernis:

> „(...) [A]ll capitalist economies must, of necessity, possess elaborate devices to integrate national and local aspects of economies, to integrate inividual decisions with the needs of society as a whole. Any society must possess, in short, formalized human practices that resolve the social aggregation problem. These formalized human practices are manifest in a structure of financial and governmental institutions which (...) create the basis for class-monopoly power in the land and property markets." (ebd.: 69)

16 Zur zentralen Bedeutung solcher ImmobilienentwicklerInnen für urbane Restrukturierungsprozesse in *Global Cities* wie London oder New York siehe z.B. Haila (1997) und Fainstein (1994).

Insofern dieser Hinweis auf das „social aggregation problem" über die Frage der Klassenmonopolrente hinaus auf eine grundlegende gesellschaftstheoretische Problematik verweist, eröffnet sich hier die Möglichkeit, einen der zentralen Einwände gegen Harveys Ansatz wieder aufzugreifen und genauer zu untersuchen: sein Verständnis von Institutionen und Staat (vgl. Kapitel 6.2.2).

6.4.2 Das Problem der Vermittlung – Institutionen und Staat

Wie das obige Zitat bereits andeutet, nähert sich Harvey der Frage, wodurch allgemeine gesellschaftliche Dynamiken und das individuelle oder kollektive Handeln von Akteuren vermittelt werden, in seinen urbanisierungstheoretischen Arbeiten aus der Perspektive kapitalistischer Reproduktion. Wenn er damit einen ähnlichen Weg wählt wie in seinem theoretischen Hauptwerk *Limits* (vgl. Kapitel 5), dann gilt dies auch für seine konkrete Vorgehensweise. Ähnlich wie dort betont Harvey nämlich auch im Zusammenhang mit Urbanisierungsprozessen zwar beständig die große Bedeutung des Staates und institutioneller Faktoren generell, schreckt vor deren expliziter Theoretisierung dann jedoch häufig zurück. Eine der wenigen Ausnahmen stellt diesbezüglich der bereits erwähnte Text *On Planning the Ideology of Planning* (Harvey 1985b: 165ff.) dar, in dem er versucht, die gesellschaftliche Rolle von Stadt- und RegionalplanerInnen zu bestimmen. Im Anschluss an eine zusammenfassende Darstellung der Bedeutung gebauter Umwelt in Klassenkonflikten und ökonomischen Prozessen beschreibt Harvey darin in einer kurzen Passage – und unter Verweis auf die Arbeiten von Elmar Altvater, Ralph Miliband, Nicos Poulantzas und James O'Connor – seine eigene staatstheoretische Position folgendermaßen:

> „I shall simply take the view that state institutions and the processes whereby state powers are exercised must be so fashioned that they (...) contribute, insofar as they can, to the reproduction and growth of the social system. Under this conception we can derive certain basic functions of the capitalist state. It should
> 1. help to stabilize an otherwise rather erratic economic and social system by acting as a 'crisis-manager';
> 2. strive to create the conditions for 'balanced growth' and a smooth process of accumulation;
> 3. contain civil strife and factional struggles by repression (police power), cooptation (buying off politically or economically), or integration (trying to harmonize the demands of warring classes or factions)." (ebd.: 174f.)

Ganz ähnlich wie in seinem einzigen rein staatstheoretischen Text *The Marxian Theory of the State* (Harvey 2001 [1976]) – der freilich kaum Bezüge zum Thema Stadt und Urbanisierung aufweist und daher hier nicht eingehender diskutiert wird – schränkt Harvey diese Bestimmung ein, indem er eine besondere, von ihm als „sozial-demokratisch" bezeichnete Ausprägung von Staatlichkeit zum Regelfall erklärt. Diese unterscheidet er von Situationen, in denen der Staat ein bloßes Herrschaftsinstrument in den Händen einer einzelnen sozialen Gruppe darstellt: „The state can effectively perform all of these functions only if it succeeds in internalizing within its processes the conflicting interests of class, factions, diverse geographical groupings, and so on. A state that is entirely controlled by one and only one faction, that can operate only repressively and never through integration or cooptation, will likely be unstable (...)" (Harvey 1985b: 175).[17] Zwar würde es sich beim sozial-demokratischen Typ, so Harvey weiter, noch immer um einen kapitalistischen Staat handeln, dessen Mittel nur um den Preis einer Krise der Staatlichkeit gegen den gesellschaftlichen Status quo eingesetzt werden könnten. Allerdings habe die – begrenzte – Offenheit und Pluralität zur Folge, dass sich die bestehenden Widersprüche und Konflikte zwischen unterschiedlichen Klassen(-fraktionen) in Spannungen innerhalb der staatlichen Apparate und Bürokratien übersetzten.

Obwohl Harvey an dieser Stelle – anders als im Text *The Marxism Theory of the State* – z.B. den Begriff der Hegemonie nicht benutzt, klingt in diesem Bild durchaus eine wichtige Erkenntnis der staatstheoretischen Debatten der 1970er Jahre an, die unter anderem von den oben angeführten Autoren geführt wurden: Dass sich nämlich der kapitalistische Staat aufgrund seiner besonderen, relativ autonomen Form den unmittelbaren Partikularinteressen einzelner Klassen(-fraktionen) entzieht und stattdessen durch – freilich höchst selektive – Kompromissbildungs- und Aushandlungsprozesse sowie interne Konflikte geprägt ist. Angesichts dessen erscheint es übertrieben, Harvey gerade unter Verweis auf *On Planning the Ideology of Planning* eine durch und durch funktionalistische bzw. instrumentalistische Argumentation vorwerfen – zumal wenn stattdessen aus einer (neo-)weberianischen oder post-marxistischen Perspektive kontrafaktisch eine vollkommene Autonomie des Staates bzw. seiner BeamtInnen und eine reine Kontingenz des Politischen postuliert wird (vgl. z.B. Low 1990: 1097; Katznelson 1992: 130ff.; Tajbakhsh 2001: 72ff.). Da Harvey (hegemonialen) Kämpfen innerhalb der staatlichen Institutionen an dieser Stelle

17 Ohne dass sich Harvey in seinen Paris-Studien mit staatstheoretischen Überlegungen aufhalten würde, verweist er dort implizit auf das hier entwickelte Bild, wonach nur eine „sozial-demokratische" Staatsform langfristig stabil ist, wenn er die Schwierigkeiten Haussmanns, eine dauerhafte Unterstützung für seine Modernisierungspolitik zu finden, sowie das Entstehen der Pariser Kommune generell, unter anderem auf die autoritäre und undemokratische Herrschaftsform zurückführt, die infolge der Machtergreifung von Napoleon III. 1851 auch und besonders in Paris etabliert worden war: „(...) [T]he denial of popular sovereignity in the capital was a burning issue that pulled many workers and bourgeois into support of the Commune (...).From this standpoint, Haussman's failure to sustain a permanent class alliance had less to do with what he did than with how he did it. But then the authoritarian style of his administration had everything to do with the circumstances that gave rise to the coup d'état in the first place. So it stood to reason that he could not long survive the transition to liberal Empire." (Harvey 1985a: 107f.)

keine weitere Aufmerksamkeit schenkt und er die möglichen Konflikte zwischen der spezifischen, „sozial-demokratischen“ Form des Staates und dessen angeführten Funktionen nur am Rande erwähnt, entsteht indes tatsächlich der Eindruck, der Staat besitze in seinen Augen „(...) only that degree of autonomy it needs to perform these functions.“ (Katznelson 1992: 131)

Diese Einschätzung erhält zudem durch die Art und Weise Nahrung, in der Harvey in dem Text *Labor, Capital, and Class Struggle around the Built Environment in Advanced Capitalist Societies* (vgl. Kapitel 6.4.1) die Form bestimmt, in der das „Kapital im Allgemeinen“ in die Reproduktionssphäre interveniert: „When capital intervenes in struggles over the built environment, it usually does so through the agency of state power.“ (Harvey 1985a: 41) Diese Diagnose, die in der Diskussion der einzelnen Dimensionen solcher Interventionen des Kapitals von Harvey wiederholt, aber nicht weiter spezifiziert oder belegt wird, evoziert unweigerlich das Bild vom Staat als bloßem Vollzugsorgan und Agenten des „Kapitals im Allgemeinen“. Es ist Gottdiener (1994 [1985]: 92; s. auch Katznelson 1992: 133) an dieser Stelle daher zuzustimmen, wenn er kritisiert: „(...) Harvey ascribes far too much rationality to the (...) state-capital articulation. In particular, the abstraction 'capital in general' as the chosen means of specifying the nature of state intervention leads Harvey down a terminally functionalist path.“ Während ein Teil dieser Problematik also erneut in der Verwendung der abstrakten und klassentheoretisch unterbestimmten Kategorie „Kapital im Allgemeinen“ als vergleichsweise konkretem Analyseinstrument begründet liegt, krankt Harveys Zugang zum anderen an den „(...) familiar defects of functionalist analysis unaccompanied by the specification of mechanisms (wether purposive or not) that sustain the imputed functional relationship.“ (Katznelson 1992: 132)

Um den Vorwurf des Funktionalismus entkräften zu können, wäre demnach der Nachweis notwendig, dass und aufgrund welcher Prozesse die Interessen des Kapitals bzw. einzelner Fraktionen tatsächlich in besonderem Maße im und durch den Staat wirkmächtig werden. Hierfür bedürfte es einerseits einer Erklärung von Klassenprojekten und Prozessen der Klassenformierung sowie andererseits – und damit eng verknüpft – eines ausgereiften staatstheoretischen Zugriffs, welcher z.B. in der Lage sein müsste, die „strukturellen“, „strategischen“ und „raum-zeitlichen“ Selektivitäten des kapitalistischen Staates sowie dessen Charakter als „materielle Verdichtung sozialer Kräfteverhältnisse“ begrifflich zu fassen (vgl. z.B. Offe 1972; Jessop 2007; Poulantzas 2002; Brenner 2004). Dass Harvey dies nicht leistet bzw. über keine derartigen theoretischen Kategorien verfügt, macht sich in seinen Arbeiten zweifelsohne immer wieder negativ bemerkbar. Wie jedoch bereits der oben angeführte Hinweis auf die Bedeutung lokaler (Bau-)Behörden und Entscheidungsgremien für die Interessenartikulation von ImmobilienentwicklerInnen gezeigt hat, bedeutet dies keineswegs, die Frage nach der konkreten Durchsetzung kapitalistischer Interessen in Urbanisierungsprozessen bliebe in seinen analytischen Texten gänzlich ungeklärt.

Einen auch theoretisch interessanten Anhaltspunkt liefert diesbezüglich zunächst die Art und Weise, in der Harvey im Text *On Planning the Ideology of Planning*, anknüpfend an seine allgemeinen staatstheoretischen Bemerkungen, die gesellschaftliche Rolle von Stadt- und RegionalplanerInnen tatsächlich bestimmt (vgl. Harvey 1985b: 175ff.). Dabei verbleibt er zunächst ganz im bekannten Rahmen: Weil Stadtplanung ein Teil der Staatsapparate ist, müsse – wenngleich vereinfachend – davon ausgegangen werden, „(...) that the planner's task is to contribute to the process of social reproduction and that in so doing the planner is equipped with powers vis-à-vis the production, maintenance, and management of the built environment which permit him or her to intervene in order to stabilize, to create the conditions for 'balanced growth', to contain civil strife and factional struggle by repression, cooptation, or integration." (ebd.: 175f.) Für Harvey beruht die Erfüllung dieser gesellschaftsstabilisierenden Funktionen nicht nur auf dem umfangreichen Wissen von StadtplanerInnen über die Akteure, Erfordernisse und Konflikte in Urbanisierungsprozessen, sondern auch auf ihrer Fähigkeit, erfolgreich zwischen diesen zu vermitteln. Ihren Ausdruck findet diese spezifische Rolle ihm zufolge in der Vorstellung von sozialer Harmonie als dem zentralen ideologischen Leitbild der Stadtplanung sowie einer vergleichsweise progressiven Ausrichtung der gesamten Zunft:

> „In fact, the whole tradition of planning is progressive in the sense that the planner's commitment to the ideology of social harmony (...) always puts the planner in the role of 'righter of wrongs',„corrector of imbalances', and 'defender of the public interest'. The limits of this progressive stance are clearly set, however, by the fact that the definitions of the public interest, of imbalance, and of inequity are set according to the requirements for the reproduction of the social order, which is, whether we like the term or not, a distinctively capitalist order." (ebd.: 177)

Im Anschluss an diese instruktive Charakterisierung, die jedoch erneut die Frage nach dem *Wie* der beschriebenen Begrenzung ausklammert, identifiziert Harvey entlang der verschiedenen Dimensionen der Interventionen des „Kapitals im Allgemeinen" – die Bekämpfung innerer Unruhen, eine Politik der räumlichen Verteilung usw. – sowie allgemeiner ökonomischer Erfordernisse in den Stadt- und RegionalplanerInnen zentrale Akteure der Aufrechterhaltung des kapitalistischen Normalzustands im urbanen Raum. Diese noch sehr allgemeine Deutung wird in der Folge konkretisiert. Ausgehend von der These, soziale Deutungsmuster und Wissensbestände – das „fixed capital of our intellectual world" (ebd.: 178) wären immer dann tiefgreifenden Veränderungen unterworfen, wenn es im Zuge gesellschaftlicher Umbrüche auch zu ideologischen Krisen komme, thematisiert Harvey das Verhältnis von Kontinuität und Bruch in den Weltbildern und Theorien von PlanerInnen seit der „Krise der Stadt" in den 1960er Jahren. Demnach waren es paradoxerweise – analog zur Funktionsweise des sozial-demokratischen Staatstyps – gerade die ideologischen Auseinandersetzungen, die im Zuge dieser Krise innerhalb des Planungswesen aufbrachen, welche eine besonders effektive Bewältigung der innerstädtischen Unruhen und die Befriedung der „gefährlichen Klassen“ ermöglichten:

> „At first sight (and indeed at the time) it seemed as if planning theory was fragmented in the 1960s as different segments of the planning fraternity moved according to their position or inclination to one or the other pole of the ideological spectrum. With the benefit of hindsight, we can see that this process was nothing more than the internalization within the planning apparatus of conflicting social pressures and positions. And this internalization and the oppositions that it provoked proved functional, not matter what individuals thought or did. The technocrats helped to define the outer bounds of what could be done at the same time as they sought for new instrumentalities to accomplish dispersal and to establish social control. The advocates for the urban poor and the instrumentalities that they devised provided the channels for cooptation and integration at the same time as they pushed the system to provide whatever could be provided, being careful to stop short at the boundaries that the technocrats and 'fiscal conservatives' helped to define. Those who pushed advocacy too far were either forced out or deserted planning altogether and became activists and political organizers.“ (ebd.: 183)

Dass im Anschluss an diese – gemessen am Kriterium gesellschaftlicher Stabilität – erfolgreiche Phase der Auseinandersetzung zu Beginn der 1970er Jahre eine massive ideologische Verschiebung vom Ziel sozialer Gerechtigkeit hin zum Ideal effizienter und technokratischer Planung möglich war, schreibt Harvey einerseits den sich verschlechternden sozioökonomischen Rahmenbedingungen sowie andererseits der aktiven Beeinflussung von Kräfteverhältnissen im Planungswesen – und darüber hinaus – zu. Verantwortlich sei jedoch auch das Fortbestehen des Leitbildes sozialer Harmonie. Da dieses, indem es die Realitäten kapitalistischer Vergesellschaftung systematisch entnenne, die Entstehung eines kritischen Selbst- und Weltverständnisses von PlanerInnen verhindere, wäre die Überwindung dieses Bildes die notwendige Voraussetzung für progressive Veränderungen im Planungswesen. Wenngleich diese politischen Schlussfolgerung am Ende sehr allgemein bleibt und auch dieser Textabschnitt von funktionalistischen Beiklängen keineswegs frei ist – zumal es ihm, wie Low (vgl. 1990: 1098ff.) zurecht einwendet, an einer Analyse der spezifischen Klassenposition von Angehörigen staatlicher Bürokratien mangelt –, beinhaltet er doch mehr als nur eine lehrreiche Betrachtung der strukturellen Widersprüche und Grenzen von Stadtplanung im Kapitalismus: Harveys Beschäftigung mit dem Planungswesen weist insofern über die zuvor kritisierten Mängel hinaus, als Akteuren, institutionellen Spezifika sowie ideologischen Kämpfen hier ein vergleichsweise zentraler Stellenwert eingeräumt wird und die Argumentation – wenigstens zum Teil – auf einer historisch konkreten Analyse fußt.

Noch deutlicher legt Harvey einzelne Mechanismen, die eine für den Kapitalismus funktionalen Verlauf von Urbanisierungsprozessen begünstigen, dort offen, wo er den Wohnungs- und Häusermarkt in den USA im Allgemeinen und in Baltimore im Speziellen konkret untersucht (vgl. z.B. Harvey/Chatterjee 1974; Harvey 1977;

1985b: 62ff.). Diese Thematik ist dabei insofern besonders aufschlussreich, als die Art und Weise, in der Harvey sie im Kontext seiner Argumentation zum „Kapital im Allgemeinen" diskutiert (vgl. z.B. Harvey 1985a: 42ff.; 1985b: 178ff.; 2001 [1978]: 82ff.), einen ganz zentralen Einsatzpunkt für den Vorwurf des Funktionalismus markiert (vgl. z.B. Gottdiener 1994 [1985]: 92f.; Ball 1986: 452). Kritisiert wird hier vor allem seine auch in *Framework* (vgl. Kapitel 6.1.2) sichtbare Tendenz, die massive Zunahme individuellen Wohneigentums infolge der Suburbanisierungsprozesse der Nachkriegszeit lediglich ausgehend von dem – zweifellos realen, aber möglicherweise vollkommen unintendierten – Effekt sozialer Stabilisierung zu erklären, der mit Privateigentum und Hypothekenverschuldung verbunden ist. Demgegenüber zeichnet Harvey in seinen konkreteren, empirisch gesättigten Analysen ein sehr viel detaillierteres und differenziertes Bild – ohne deshalb notwendigerweise zu einem abweichenden Ergebnis zu gelangen.

Dabei scheint Harvey hier zunächst an die kritisierte Perspektive auf (staatliche) Institutionen anzuknüpfen. So nimmt er z.B. in *Class-Monopoly Rent* erneut die drei oben genannten Staatsfunktionen zum Ausgangspunkt und konstatiert, diese würden sich in drei Ziele nationaler Wohnungspolitik „übersetzen": die Sicherstellung eines möglichst reibungslosen Verlaufs der allgemeinen Wohnungsversorgung, die Nutzung von Bauindustrie und Wohnungsmarkt als Mittel kontrazyklischer, keynesianischer Wirtschaftspolitik sowie die Bewahrung des öffentlichen Friedens durch wohlfahrtsstaatliche Leistungen in diesem Bereich (vgl. Harvey 1985b: 70). Was hier auf den ersten Blick wahlweise wie eine willkürliche oder eine funktionalistische Setzung wirkt, wird von Harvey, der darin seinem damaligen Doktoranden Walker (vgl. 1981) folgt, anderswo im Zuge eines konkreteren Blicks und mit Verweis auf zentrale Akteure, Institutionen und innerstaatliche Debatten freilich nachvollziehbar begründet (vgl. Harvey 1977).

Im Gegensatz zu den allgemeiner gehaltenen Texten wird so nicht nur ersichtlich, wie die Ziele der nationalen Wohnungspolitik der USA im Kontext der spezifischen Situation entstanden sind, in der sich das Land nach dem Ende des zweiten Weltkriegs befand; oder warum Suburbanisierung und individuelles Wohneigentum von einer Antwort auf die als Problem der Unterkonsumtion wahrgenommene Krise der 1930er Jahre zu einem Hauptmerkmal der US-Amerikanischen Stadtentwicklung werden konnte. Vielmehr legt Harvey auch die zentralen Mechanismen offen, durch welche die nationale Wohnungspolitik – bis heute – auf lokaler Ebene Wirkungsmacht entfaltet. Wenngleich die staatliche Bürokratie und gesetzlichen Vorgaben dabei auf den verschiedenen Ebenen – national, bundesstaatlich, lokal usw. – eine zentrale Rolle einnehmen, identifiziert er als wichtigsten Transmissionsriemen jenes komplexe, hierarchisch organisierte und staatlich regulierte Geflecht aus öffentlichen und privaten, kommerziellen und nicht-kommerziellen Agenturen, Banken, Bausparkassen, Spar- und Kreditvereinigungen, Community-Netzwerke usw., über das in den USA – zumeist auf der Grundlage von Hypotheken – die Finanzierung privater Wohnversorgung, d.h. vor allem Wohn*eigentums*, sichergestellt wird. Obwohl überaus inkohärent und fragmentiert, komme diesem institutionellen Arrangement, dessen bekannteste Komponenten infolge der jüngsten Subprime-Krise zweifelsohne die beiden Hypothekenbanken *Fannie Mae* und *Freddie Mac* sind, gerade aufgrund seiner Entstehungsgeschichte eine vermittelnde Funktion zu: „Since the financial superstructure has largely been fashioned as a response to the various crises in the development of capitalism in the United States, we have to conclude that the financial superstructure provides the mediating link between the urbanization process (...) and the necessities dictated by the underlying dynamic of capitalism in the United States." (Harvey 1977: 138)

Wie diese Vermittlung tatsächlich verläuft, hat Harvey für die späten 1960er und frühen 1970er Jahre anhand des sozialräumlich hochgradig ausdifferenzierten, in verschiedene Submärkte unterteilten Wohnungs- und Häusermarktes in Baltimore untersucht (vgl. z.B. ebd.: 128ff.; 1985b: 71ff.; Harvey/Chatterjee 1974). Mittels der Detailanalyse einzelner Stadtteile, statistischer Daten, Kartenmaterial usw. kann er dabei veranschaulichen, wie die konkrete Entwicklung vor Ort durch das Zusammenspiel einer staatlichen, auf Wirtschaftswachstum durch Urbanisierung und die Beilegung der „Krise der Stadt" ausgerichteten Wohnungspolitik mit dem individuellen – aber kollektiv organisierten – Interesse von HausbesitzerInnen und ImmobilienentwicklerInnen am Erzielen möglichst hoher Klassenmonopolrenten geprägt wurde. Aus der Perspektive der jüngsten Subprime-Hypothekenkrise ist diesbezüglich vor allem der als Reaktion auf die innerstädtischen Riots eingeführte Ansatz von Interesse, der Schwarzen Bevölkerung, die zuvor durch diskriminierende Kreditvergabepraxen, das so genannte „red-lining", von großen Segmenten des Häuser- und Wohnungsmarktes ausgeschlossen war, mittels neuer institutioneller Arrangements eben diesen Zugang zu ermöglichen – was zugleich, entsprechend der makroökonomisch beeinflussten Lage am Hypothekenmarkt, die Möglichkeit für neue, besonders dreiste Spekulationsgeschäfte bot und massive Verdrängungsprozesse anstieß. Da dies wiederum den Widerstand lokaler Communitys hervorrief, gelangt Harvey hier zu der auf den ersten Blick provokant anmutenden Einschätzung, Community-Aktivismus sei „interest-rate sensitive" (Harvey 1977: 135). Sein Fazit fällt insgesamt ernüchternd aus, betont es doch den zutiefst vermachteten, kapitalistischen Charakter der Stadtentwicklung in den USA:

> „The contemporary history of residential differentiation in any city in the United States (...) shows that communities are disrupted, populations moved (often against their will) and the whole structure of the city altered as the urbanization process, coordinated in its major outlines through the mediations of governmental and financial structures, is utilized as a vehicle to sustain an effective demand for product. An accelerating rate of 'planned obsolesence' in our cities appears as a necessary evil to feed the dynamics of capital accumulation and growth within the United States economy." (ebd.: 137)

Mit dieser luziden Beschreibung der Funktionsweise des Wohnungs- und Häusermarktes trägt Harvey nicht nur zum besseren Verständnis einiger der zentralen, bis heute bestehenden Charakteristika von Urbanisierungsprozessen in den USA – und möglicherweise darüber hinaus – bei. Vielmehr sind diese Analysen bis zu einem gewissen Grad auch geeignet, das Bild zu korrigieren, Harvey leite seine Argumente lediglich aus den Reproduktionserfordernissen des Kapitalismus ab bzw. räume Formen institutioneller Vermittlung eine zu geringe Rolle ein. Indem er sich in seinen Fallstudien zu Baltimore analytisch bis hinunter auf die Ebene der Stadtteile und des dort angesiedelten Widerstands lokaler Communitys begibt, eröffnet sich hier zudem die Möglichkeit, seine zuvor als reduktionistisch kritisierten Überlegungen zum Verhältnis sozialer Kämpfen am Arbeitsplatz zu solchen im Stadtteil unter Rückgriff auf einige ältere und neuere Arbeiten Harveys neu zu diskutieren und produktiv zu wenden.

6.4.3 Die Stadt als Arena sozialer (Klassen-)Kämpfe

Anders als Manuel Castells und die an ihn anschließende Tradition der *New Urban Sociology* hat Harvey das Thema der urbanen sozialen Bewegungen nie in den Mittelpunkt seiner theoretischen Überlegungen gestellt. Wie gesehen (vgl. Kapitel 6.4.1), droht die Perspektive einer urbanen Politischen Ökonomie, die er stattdessen vertritt, insbesondere dort ein verkürztes Verständnis urbaner Kämpfe zu erzeugen, wo er diese in generalisierender Manier auf die Interventionen des „Kapitals im Allgemeinen" zurückführt. Demgegenüber erweist sich seine Betrachtungsweise als gewinnbringend, sobald diese konkretisiert und explizit mit einer Zeitdiagnose verknüpft wird. Hierfür stellt erneut der Text *Class-Monopoly Rent* (vgl. Harvey 1985b: 82ff.) ein gutes Bespiel dar. Ausgehend von der These, dass Prozesse spekulativer Stadtentwicklung immer dann an Fahrt gewinnen, wenn die Verlagerung in den sekundären Kapitalkreislauf eine im Vergleich zu anderen Anlageoptionen hohe Rendite verspricht, verallgemeinert Harvey an dieser Stelle seine in der obigen Passage getroffene Diagnose, wonach lokale Kämpfe vor allem eine Reaktion auf Immobilienspekulationen sind: „When industrial demand lags and industrial profits decline, financial institutions will compensate by moving into the land and property markets (...). [M]any communities will resist these external forces controlling the conditions of their existence – hence the community conflict typical of advanced capitalist societies. This analysis suggests a certain underlying unity of community-based and work-based conflict." (Harvey 1985b: 86)

Trotz dieser Einschätzung wird in *Class-Monopoly Rent* jedoch zunächst, deutlicher als in anderen Texten, die Eigenlogik von Community-Kämpfe hervorgehoben. Als Differenz zu Konflikten am Arbeitsplatz macht Harvey dabei abweichende Organisationsformen – hier Stadtteilgruppen, dort z.B. Gewerkschaften –, unterschiedliche Modi der Auseinandersetzung oder ein stärker weiblich dominiertes AktivistInnenfeld, d.h. de facto eine andere soziale Zusammensetzung, aus. Zudem bestehe die Möglichkeit, dass der individuelle politische Standpunkt in beiden Sphären voneinander abweicht, müsse doch von einer „complex geography of subjective class-consciousness“ (ebd.: 83) ausgegangen werden. Daher hält Harvey fest: „The expression of class interest around community issues cannot (...) be interpreted as a simple reflection of class interest at the point of production.“ (ebd.) Gerade deshalb erachtete er es indes für notwendig, dass Kämpfe am Arbeitsplatz und solche im Stadtteil wechselseitig aufeinander Bezug nehmen und sich unterstützen. Dies erhöhe nicht nur, wie etwa die Geschichte von Minenstreiks zeige (vgl. hierzu auch Harvey 2012a: 37), ihre Schlagkraft, sondern helfe auch, eine zentrale Problematik vieler Community-Initiativen zu überwinden: ein zu engstirniges politisches Bewusstsein und eine Verabsolutierung der eigenen Interessen auf Kosten aller anderen.

Einem solchen Konkurrenzdenken hält Harvey den universalistischen Blick eines allgemeinen Klassenstandpunkts entgegen: „Parochialist community-based class interest can never be an adequate surrogate for objective social class, for it ignores the essential fact that the survival of the community depends, given the enormous complexity in the division of labor, upon commodity exchanges on a global scale and because it ignores the links in the production and circulation of value in society.“ (Harvey 1985b: 83f.) Statt jedoch einem abstrakten Begriff von objektivem Klasseninteresse das Wort zu reden oder die Existenz eines am Arbeitsplatz (vor-)formierten Klassensubjekts zu suggerieren, folgt Harvey hier seiner eigenen Zeitdiagnose auf das Feld der Klassentheorie. Demnach muss das, was Klasse konkret bedeutet, in einem fordistischen bzw. – so Harveys Diktion in diesem Text – einem vom Finanzkapital dominierten Kapitalismus, der ökonomisch immer stärker in die (urbane) Konsum- bzw. Reproduktionssphäre ausgreift (vgl. Kapitel 6.3.3), neu bestimmt werden:

> „If objective classes are still to be defined in terms of the production and appropriation of surplus value, then it is now production as a totality (including the production of new modes of consumption and new social wants and needs) rather than immediate production which defines the divison between producers and appropriators of surplus value. (...) Exploitation (...) can impose itself as much on the circulation of revenues as on the circulation of capital (...).“ (Harvey 1985b: 86f.)

Wenn sich demnach die Klassenherrschaft der Bourgeoisie parallel zur Ausweitung des Akkumulationsprozesses ebenfalls auf immer weitere Lebensbereiche und insbesondere den städtischen Raum ausdehnt, schafft dies indes nicht bloß die strukturellen Grundlagen für eine Neubestimmung der ArbeiterInnenklasse und ihres gemeinsamen Klasseninteresses. Da „[d]ie Dynamik des Kapitalismus selbst (...) die (seit Engels' Wohnungsfrage) als klassisch empfundene Trennung zwischen Produktion und Reproduktion auf[hebt] (...)“ (Keil 1987: 139), besteht vielmehr zwischen den Kämpfen in den unterschiedlichen gesellschaftlichen Bereichen eine zunehmend enge

Wechselwirkung. Gleichzeitig bringen die verstärkte sozialräumliche Ausdifferenzierung und der Bedeutungsgewinn unterschiedlicher Lebens- und Konsumweisen jedoch eigenständige, genuin urbane Konfliktlinien hervor, weshalb die Sphären von Produktion und Reproduktion paradoxerweise immer weniger miteinander zu tun zu haben scheinen: „The growing hegemonic power of finance capital over the totality of production, circulation, and realization of value in society (...) produces a dichotomy between work-based and community-based conflict at the same time as it demonstrates their underlying unity." (Harvey 1985b: 87)

Anders als in diesen eher konzeptionellen Ausführungen geht Harvey in jenen kurzen Passagen, in denen er die „Krise der (keynesianischen) Stadt" in ihrer sozialen und politischen Dimension bzw. die „1968er Jahre" im Allgemeinen konkret diskutiert (vgl. Harvey 1989c: 40ff.; 2009 [2008]: 319f.), auf die – in den USA im Vergleich zu Europa möglicherweise wirklich geringere – Bedeutung von Arbeitskämpfen überhaupt nicht ein. Dem liegt seine These zugrunde, Fragen der Produktion, Arbeit oder Klassenzugehörigkeit wären in dieser Periode gegenüber solchen der Reproduktion, des Konsums und der (Um-)Verteilung in den Hintergrund getreten. Wenn Harvey das abnehmende Gewicht von Konflikten am Arbeitsplatz hier also aus der vorherrschenden gesellschaftlichen, insbesondere aber auch städtischen Entwicklung erklärt, dann prägt diese Perspektive auch seinen Blick auf die tatsächlich existierenden sozialen Kämpfe. So deutet er die innerstädtischen Aufstände der mehrheitlich Schwarzen Bevölkerung in den USA der 1960er Jahre sowie das Aufkommen urbaner sozialer Bewegungen – zwei für ihn zentrale Faktoren in den Umbrüchen jener Zeit –, ausgehend von der dominanten Form der Urbanisierung und deren Widersprüchen: „The strong processes of spatial reorganization of consumer landscapes left behind growing pockets of abandonment and deprivation, for the most part concentrated in inner cities. It was almost as if creative destruction split into the physical and social destruction of the inner cities and the creation of the suburbs." (Harvey 1989c: 40) Während die Riots in den Innenstädten demnach als Reaktion auf Desinvestition und sozialpolitische Ignoranz gedeutet werden können, zeugen die urbanen sozialen Bewegungen in ihrer Fokussierung auf Themen wie Ökologie, Geschlechterverhältnisse oder Aspekte des kollektiven Konsums für Harvey vom ambivalenten Charakter der Denk- und Lebensweisen, die durch die (Sub-)Urbanisierung neu geschaffenen wurden:

> „Consumer sovereignty, if taken seriously, presupposes a certain popular empowerment to shape the qualities of urban life and construct collective spaces in an image of community quiete different from that embodied in the circulation of capital. The production of space tended to run up against sensitivity of place. The boundary between consumerist innovation promoted by capitalism and attempts to construct community in the image of real self-fulfilment became excedingly fuzzy." (ebd.: 41)

Zwar verfolgt Harvey die Dynamik, die sich aus dem letztgenannten Verständnis von Community speist und die bis heute auch und gerade bürgerliche Kräfte aus den

Vororten dazu bringt, gegen bestimmte Bauvorhaben zu protestieren und für Formen des „KonsumentInnen-Sozialismus“ einzutreten, hier nicht weiter.[18] Allerdings eröffnet sein Zugang, urbane Kämpfe als Effekt breiterer gesellschaftlicher und vor allem städtischer Entwicklungstendenzen zu betrachten, eine interessante Perspektive. Indem er die Entstehung solcher Kämpfe nicht abstrakt aus den Interventionen des „Kapitals im Allgemeinen“ ableitet, sondern in historisch-geographisch spezifischen Widerspruchskonstellationen verortet, nimmt Harvey an dieser Stelle nämlich bereits manches von dem vorweg, was er seit einigen Jahren im Zusammenhang mit seiner Analyse des Neoliberalismus unter dem Begriff „Akkumulation durch Enteignung“ (Harvey 2005 [2003]: 136ff.) diskutiert. Aus diesem Blickwinkel intensivieren sich Konflikte im städtischen Raum in bestimmten Phasen und nehmen dabei *auch* einen Klassencharakter an, weil sie die Antwort auf ein Klassenprojekt „von oben“ sind. Dessen Ziel besteht dabei darin, durch urbane Restrukturierungen, von denen vor allem die ohnehin bereits Marginalisierten negativ betroffen sind, neue Anlagefelder für überakkumuliertes Kapital zu erschließen. [19]

Als Beispiele für eine solche Strategie nennt Harvey die „Haussmannisierung“ der Pariser Innenstadt im 19. Jahrhundert, die Umgestaltung von New York durch Robert Moses bzw., in jüngerer Vergangenheit, die Verwandlung von Manhatten „into a vast gated community for the rich“ unter Michael Bloomberg (vgl. Harvey 2009 [2008]: 329) oder die Privatisierung der Sozialwohnungen in Großbritannien durch die Regierung Thatcher (vgl. ebd.: 324ff.). Zudem thematisiert er solche Prozesse mit Blick auf den globalen Süden bzw. die BRIC-Staaten. Dort eröffnet die zumeist gewaltvolle Vertreibung der urbanen Armen und die Zerstörung städtischer Slums ImmobilienentwicklerInnen den (fast) kostenfreien Zugang zu wertvollen Grundstücken – z.B. in attraktiven Hanglagen rund um die Millionenstädte – und also die Möglichkeit zum Erzielen hoher Profite. Und schließlich fasst Harvey als Akkumulation durch Enteignung auch jene „[r]äuberische[n] Methoden in den Städten“ des globalen Nordens und aktuell insbesondere der USA, die auf sekundärer Ausbeutung in Miet- und Kreditverhältnissen beruhen und „(...) durch die Geld in die Zirkulation des fiktiven Kapitals gesaugt wird, mit dem die enormen Vermögensgewinne aus dem Finanzsystem gestützt werden.“ (Harvey 2012a: 23) Harveys Analysen des Häuser- und Wohnungsmarktes in Baltimore haben bereits

---

18 In Form einer scharfen Kritik kommunitaristischer Ideologien hat Harvey manche dieser Fragen später wieder aufgegriffen (vgl. z.B. Harvey 1996a: 54).

19 Harveys Verständnis städtischer Konflikte überschneidet sich hier mit Beiträgen aus der kritischen Gentrifizierungsforschung, die ob der Verdrängung der urbanen Armen aus den Innenstädten ebenfalls von einem „Klassenkampf von oben“ sprechen, dabei aber stärker als Harvey auch auf die symbolisch-kulturelle Dimension solcher Prozesse hinweisen (vgl. Twickel 2010: 101ff.; Smith 1996).

darauf verwiesen, dass solche, häufig durch fragwürdige Gesetze begünstigte und mit Betrügereien oder bewussten Falschinformationen einhergehende Praktiken eine lange Tradition haben. Gegenwärtig gilt ihm der Subprime-Hypothekenmarkt sowie die Welle an Zwangsversteigerungen, die seit dessen Zusammenbruch 2007 stattgefunden haben und die Harvey, in Anlehnung an die Klassendimension der Katastrophe von New Orleans, als „financial Katrina" bezeichnet (Harvey 2009 [2008]: 330), als zentrale Beispiele für einen gigantischen, institutionell vermittelten Reichtumstransfer von „unten" nach „oben".

Wenn Harveys jüngere Veröffentlichungen an dieser Stelle also dazu beitragen, die bereits in *Class-Monopoly Rent* angedeutete Sichtweise zu konkretisieren, nach der städtische Kämpfe ein wichtiges Moment in breiteren Klassenauseinandersetzungen sind, ohne deshalb die Form einer Konfrontation der abstrakt gedachten Kollektivsubjekte „ArbeiterInnenklasse" und „Kapital im Allgemeinen" anzunehmen, dann erlaubt insbesondere der Text *Die urbanen Wurzeln der Finanzkrise* (Harvey 2012a: 36f.) es auch, diesen Zugang noch weiter zu radikalisieren. Harvey formuliert hier nämlich einen Gedanken, der sich in gewisser Weise wie die Fortsetzung seines oben angeführten Plädoyers liest, die objektiven – im Sinne von strukturellen – Klassenverhältnisse müssten im Sinne der „production as a totality" (Harvey 1985b: 87) bestimmt werden: „Warum betrachten wir nicht die Stadt als den Ort der Mehrwertproduktion statt die Fabrik? (...) Wir haben (...) die Wahl: Sollen wir bejammern, dass die Möglichkeit der Revolution vorüber ist, oder unseren Begriff des Proletariats so verändern, dass er die Horden unorganisierter Produzenten der Verstädterung [Urbanisierung; F.W.] umfasst, und deren besonderen revolutionären Kapazitäten und Stärken erkunden?" (Harvey 2012a: 35) Mit diesen Überlegungen nähert sich Harvey ein Stück weit der (post-)operaistisch beeinflussten Rede von der „Stadt als Fabrik" an. Diese Bezeichnung folgt der These, dass im globalen Norden infolge des weitgehenden – zum Teil aber auch nur vermeintlichen – Verschwindens der industriellen Produktion aus den (Innen-)Städten dort nun das Herz eines neuen, auf immaterieller, affektiver und vernetzter Kultur- und Wissensarbeit fußenden Kapitalismus schlage, weshalb die Kämpfe der Multitude um die (Wieder-)Aneignung dieser urbanen Räume und Prozesse von zentraler Bedeutung seien (vgl. z.B. Twickel 2010: 19ff.; Schäfer 2010; Hardt/Negri 2010).

Gerade im Kontrast zu diesem Konzept besteht die Stärke von Harveys Ansatz darin, auf der Zentralität von Mehrwertproduktion bzw. Kapitalzirkulation zu beharren und diese Prozesse in ihrer physisch-materiellen Dimension ernst zu nehmen. Infolgedessen sind die ArbeiterInnen, die er hier als revolutionäres Subjekt vor Augen hat, nicht in erster Linie Kulturschaffende, Kreative oder prekarisierte AkademikerInnen, sondern vielmehr all jene, die zur Produktion und Reproduktion der Stadt – als zentralem Ort der Wertproduktion und -zirkulation (vgl. Kapitel 4.1, 4.2) – beitragen, indem sie die physischen und sozialen Infrastrukturen des täglichen

Lebens aufrechterhalten. Neben BauarbeiterInnen oder Hausangestellten nennt Harvey hier unter anderem „die Pflegekräfte und Lehrerinnen, die Instandsetzungsarbeiter in den Abwasserkanälen und U-Bahnen, die Installateure und Elektriker, die Krankenhausarbeiterinnen, die LKW-, Bus-, und Taxifahrer, die Arbeiterinnen in den Restaurants und Entertainer, die Bankangestellten und Beschäftigten bei der Stadtverwaltung. (...) Das ist die proletarische Kraft, die organisiert werden muss, wenn die Welt verändert werden soll." (Harvey 2012a: 41) Die begriffliche Ausweitung des Proletariats, die hier vollzogen wird, und der Hinweis, ein großer Teil dieser Arbeiten sei „(...) schon immer befristet, ungesichert, prekär [gewesen] und [habe] (...) auf Wanderarbeit [beruht]" (ebd.: 36), korrespondiert mit einer veränderten Sichtweise auf die Geschichte von Arbeitskämpfen im engeren Sinn. Anders als es die dominante Erzählung innerhalb der Linken glauben machen wolle, wären solche Kämpfe selten allein von den tatsächlichen FabrikarbeiterInnen getragen worden. Vielmehr hätten sie zumeist auf einer sehr viel breiteren, die Stadtteile und Wohngebiete umfassenden Basis aufgebaut. Dies anzuerkennen, habe weitreichende Konsequenzen:

> „Sobald wir den Blick auf die sozialen Milieus richten, in denen die Kämpfe entstehen, verändert sich in allen diesen Fällen der Eindruck von dem, was das Proletariat sein könnte und worin seine Erwartungen und Ziele bestehen. (...) Diese Orte sind in ihrer sozialen Struktur stärker von den Trennungen nach Geschlecht, Hautfarbe oder Religion geprägt, während Fragen der sozialen Reproduktion eine wichtige oder sogar bestimmende Rolle für die Herausbildung von politischer Subjektivität und politischem Bewusstsein spielen. Aus dieser Perspektive ergibt sich ein völlig anderes Bild von der Dynamik des Klassenkampfes und dem Charakter der politischen Forderungen." (ebd.: 37)

Jenseits der Frage, welche strategischen Konsequenzen diese jüngsten Interventionen Harveys für die Frage von linker Stadtpolitik haben (vgl. Kapitel 6.5.3), ist offensichtlich, dass sie zwar an seine oben diskutierten Arbeiten anknüpfen, zugleich jedoch auch über diese hinausgehen. Dies betrifft nicht zuletzt den hier angedeuteten Versuch, Klassenverhältnisse stärker in ihrer konkret-komplexen, durch andere gesellschaftliche Strukturkategorien überdeterminierten Ausprägung zu denken. Da er dies in den 1970er und 1980er Jahren auf einer theoretisch-konzeptionellen Ebene tatsächlich nicht oder nur in ungenügender Form[20] getan hat, müsste genau

---

20 Als Beispiel kann diesbezüglich der 1975 erschienene Text *Class Structure and the Theory of Residential Differentiation* (Harvey 1989d: 109ff.) gelten. Einerseits erarbeitet Harvey darin, in Anlehnung an die zeitgenössischen Beiträge von Giddens und Poulantzas, einen elaborierten Zugriff auf die Marxsche Klassentheorie, der die wichtige Unterscheidung zwischen dem abstrakt-einfachen, auf der Ebene der kapitalistischen Produktionsweise angesiedelten Klassengegensatz zwischen Kapital und Arbeit und der Pluralität von Klassenverhältnissen in konkreten Gesellschaftsformationen hervorhebt und verschiedene Bestimmungsfaktoren von Prozessen der Klassenstrukturierung diskutiert. Andererseits

hier der Einsatzpunkt für die selbst allzu häufig eher abstrakt anmutenden Kritik an einem möglichen Klassenreduktionismus Harveys liegen (vgl. z.B. Khosla 2005; s. auch Kapitel 3.2.3). Demgegenüber bleibt es neben seinen Untersuchungen zu Baltimore, in denen er, wie gesehen, den rassifizierten Charakter des dortigen Immobilienmarktes deutlich hervorhebt – ohne ihn freilich gesondert zum Thema zu machen – erneut seiner historischen Studie *Paris, 1850–1870* (Harvey 1985a: 63ff., hier v.a. 154ff.) vorbehalten, zu zeigen, dass Harvey zumindest auf der Ebene konkreter Analysen die tatsächliche Komplexität urbaner sozialer (Klassen-)Verhältnisse durchaus auch in den 1980er Jahren schon mitreflektiert hat. So wird hier zum einen mustergültig sichtbar, wie ein an der Marxschen Schrift *Der achzehnte Brumaire des Louis Bonaparte* (Marx 1975 [1852]) orientierter Zugang in der Lage ist, die Pluralität sozialer Lagen und die damit verbundenen Lebensweisen offenzulegen, ohne deshalb den grundlegenden Widerspruch zwischen Kapital und Arbeit – oder auch die Geschlechterverhältnisse (vgl. Harvey 1985a: 134ff., 191ff.) – aus den Augen verlieren zu müssen. Zum anderen ist dies Essay erwähnenswert, weil Harvey darin äußerst genau auf das Wechselverhältnis von Klasse und (städtischer) Community fokussiert:

> „There is a tendency in modern times to see these as mutually exclusive categories that give rise to antagonistic forms of consciousness and political action (...). This plainly was not so in Paris under the Second Empire. That many felt at home with the idea that there was a community of class as well as a class of community was not an ideological aberration; it had a real material base. (...) Haussman's works and the transformation of the Parisian land and property market upset traditional notions of community as much as they upset the sociospatial structure, and transformations in financial structures and labor processes had no less an impact upon the material basis of class relations. It is only in terms of such confusions that the extraordinary alliance of forces which produced the Paris Commune – the greatest class-based communal uprising in capitalist history – can be fully appreciated." (ebd.: 154)

Ohne an dieser Stelle auf die Details seiner Analyse – die in diesem Text ohnehin nicht die Ereignisse von 1871 selbst (vgl. hierzu Harvey 1989c: 207ff., 242), sondern ihren geschichtlichen Vorlauf zum Gegenstand hat – eingehen zu können, macht

gleitet das Essay spatestens dort, wo Harvey versucht, die so gewonnene Perspektive mit Überlegungen zur Herausbildung der sozialräumlichen Struktur von Städten zu verknüpfen, in eine funktionalistische Argumentation ab. So wird das Zustandekommen einer solchen Struktur und also die Existenz distinkter städtischer Communitys, Milieus und Nachbarschaften nicht bloß – zurecht – als wichtiges Moment im Prozess der Klassenformierung begriffen, sondern unzulässigerweise aus den Reproduktionserfordernissen des Kapitalismus – in dieser Allgemeinheit – abgeleitet: „Residential differentiation is to be interpreted in terms of the reproduction of the social relations within capitalist society. (...) The fragmentation of large concentrations of population into distinctive communities serves to fragment class-consciousness (...) and thereby frustrates the transformation from capitalism to socialism through class struggle (...)" (ebd.: 118).

dieses Zitat doch eines deutlich: Anders, als ihm dies einzelne KritikerInnen kontrafaktisch unterstellen (vgl. z.B. Tajbakhsh 2001: 74ff.), reduziert Harvey die Pariser Kommune gerade nicht auf ihren – zweifellos vorhandenen – Klassengehalt, sondern sieht diesen untrennbar verbunden mit der Charakterisierung als genuin städtische soziale Bewegung (vgl. auch Harvey 2012a: 34f.). Diese Gleichzeitigkeit, die eine abstrakte Gegenüberstellung der Kategorien Klasse und Community fragwürdig erscheinen lässt, verortet er dabei nicht nur auf einer strukturellen Ebene, sondern auch und besonders im Bewusstsein der handelnden Akteure. Während Harvey diese Sphäre des Ideologischen in seiner Paris-Studie anhand kultureller Repräsentationen, dominanter Diskurse oder politischer Programmatiken untersucht (vgl. Harvey 1985a: 168ff.), bemüht er sich in einer Reihe anderer Beiträge aus *Consciousness and the Urban Experience* (Harvey 1985a) und insbesondere in dem programmatischen Aufsatz *The Urbanization of Consciousness* (Harvey 1989c: 229ff.) um eine abstraktere Konzeptualisierung.

Obwohl diese Passagen zweifellos keine konsistente ideologie- oder kulturtheoretische Fundierung von Harveys Ansatz leisten und er darin, anders als z.B. Lefebvre, auch keine Theorie des Alltagslebens entwirft, enthalten sie doch einige interessante Argumente – die in seinem Werk ansonsten jedoch kaum mehr aufgegriffen werden, trotz der intensiven Beschäftigung mit der symbolisch-kulturellen Dimension postmoderner Urbanisierung (vgl. z.B. Harvey 1987: 120ff.; 1989b: 66ff.) oder seinem später gewachsenen Interesse an Gesellschaftstheorie im Allgemeinen. Harvey versucht in seinen Reflexionen zur „Urbanisierung des Bewusstseins" – sich darin Lefebvre und dem Ideologie-Begriff von Gramsci und Althusser annähernd – Städte als den zentralen Ort zu begreifen, an dem Individuen ihr Verhältnis zur Welt leben: „(...) [I]ncreasing urbanization makes this the primary level at which individuals experience, live out, and react to the changes going on around them." (Harvey 1989c: 230) Diesem Sachverhalt müsse auch analytisch Rechnung getragen werden: „The 'urbanization of consciousness' has (...) to be taken as a real social, cultural, and political phenomenon in its own rigth." (Harvey 1985a: xviii) In diesem Zusammenhang antizipiert Harvey die Vielfalt urbaner sozialer Verhältnisse und macht deutlich, dass Prozesse der individuellen Bewusstseinsbildung und der Formierung kollektiver sozialer Akteure in unterschiedlichen Sphären bzw. an unterschiedlichen Orten stattfinden – von der Ebene des Individuums bzw. des Körpers über die Familie, die (städtische) Community, den Arbeitsplatz bis hin zum Staat. Anders als von manchen KritikerInnen behauptet (vgl. z.B. Katznelson 1992: 126; Tajbakhsh 2001: 78ff.), werden die entstehenden, von Harvey als genuin urban begriffenen Wahrnehmungs, Denk- und Handlungsweisen dabei explizit nicht als direkter Ausdruck von Klassenverhältnissen oder als „falsches Bewusstsein", sondern als „fetischisiert" verstanden:

> „[C]ommon sense representations of daily experience obscure inner meaning, even though the surface appearance to which they respond is real enough. If it appears that

> decaying housing produces crime and that the automobile produces the suburb, than we have to recognize the material correlations between such things, even though the social forces that produce them remain hidden. And for purposes of daily life it is often sufficient and even necessary to accept the surface appearances as the basis for action. To live in the suburbs without a car is as foolish as strolling in a slum oblivious of the higher probability of criminal behavior. The consciousness produced by a fetishistic reading of daily urban life is not bourgeois or capitalistc. It exists on a quite different plane.“ (Harvey 1989c: 230)

Damit die grundlegenden sozialen Prozesse und Mechanismen, welche die konkrete Gestalt des städtischen Alltagslebens produzieren, trotz dieser Tendenz zur Fetischisierung sichtbar und in der Folge veränderbar gemacht werden können, ist das urbanisierte Bewusstsein für ihn zum Einsatzpunkt kritischer Intervention zu machen. Es erscheint als „key political problem“ (ebd.) bzw. als Arena, in der ausgehend von Alltagserfahrungen ideologisch darum gerungen werden muss, dass sich urbane Kämpfe nicht auf die Partikularinteressen einzelner Communitys beschränken, sondern als Teil einer breiteren (Klassen-)Bewegung auf eine grundlegende Transformation von Stadt und Gesellschaft zielen. Obwohl Harvey hier auf die Wechselwirkung zwischen Bewusstsein und gesellschaftlicher Praxis hinweist – „consciousness can express only what practical experience teaches“ (ebd.: 243) – werden diese Gedanken nicht weiter inhaltlich unterfüttert, *wie* eine Verbindung beider Sphären auch jenseits von „moments of breackdown and revolution“ (ebd.) hergestellt werden kann, bleibt daher leider offen.

Der konkrete Raum, in dem eine solche Verbindung entstehen kann und muss, ist jene der städtischen Politik im weitesten Wortsinn. Sie ist es denn auch, auf die sich die politischen Hoffnungen und Erwartungen progressiv orientierter Kräfte häufig richten – nur, um dann beinahe ebenso häufig enttäuscht zu werden. Wenn abschließend Harveys Verständnis von Stadtpolitik untersucht werden soll, so ist damit daher die Frage verknüpft, worin er deren Möglichkeiten, aber auch Grenzen ausmacht und was dies für die bis hierhin weitgehend ausgeblendete politisch-strategische Dimension seines Ansatzes bedeutet.

6.5 Stadtpolitik zwischen relativer Autonomie und kapitalistischen Zwängen

Das Thema städtische Politik wurde von Harvey erst Mitte der 1980er Jahre und damit vergleichsweise spät als theoretisch eigenständiges Element in seine Analyse kapitalistischer Urbanisierung eingeführt. Hierfür können – von Außen – drei einander überlappende Erklärungsfaktoren ausgemacht werden: Gerade vor dem Hintergrund des letzten Kapitels lässt sich seine Hinwendung zum Thema Stadtpolitik *erstens* dahingehend interpretieren, dass Harvey hier „(...) einem offensichtlichen Defizit seiner

Theorie zu begegnen [versucht] – der Vermittlung von ökonomischen Prozessen durch die politische Sphäre der Stadt." (Keil 1987: 140) Ob er sich mit dieser Leerstelle im Zuge seiner eigenen Analysen konfrontiert sah und daraufhin eine entsprechende Weiterentwicklung vollzog oder ob das verstärkte Aufgreifen dieser Thematik als Reaktion auf seine KritikerInnen zu interpretieren ist, darüber kann hier nur spekuliert werden.

Für den letztgenannten Fall spricht, dass Harvey in seinen Texten zu städtischer Politik explizit auf zeitgenössische Theoriedebatten Bezug nimmt. Insbesondere in dem für das vorliegende Kapitel zentralen Essay *The Place of Urban Politics in the Geography of Uneven Capitalist Development* (Harvey 1989: 125ff.) (im Folgenden *Urban Politics*) macht er diese sogar zum Ausgangspunkt seiner Argumentation, wenn er mit Verweis auf die in den 1980er Jahren erschienenen Arbeiten von Peter Saunders, John Mollenkopf oder Manuel Castells beklagt: „There is an emerging consensus, as dangerous as it is unfounded, that the fluid movement of urban and regional politics cannot be incorporated into any rigorous statement of the Marxist theory of capital accumulation." (ebd.: 125) Obwohl er eingesteht, solche Kritik an marxistischer Theorie wäre teilweise gerechtfertigt und zeuge von der realen Schwierigkeit, „(...) to bring the generalities of Marxian theory to bear on specific local and conjunctural events" (ebd.), möchte Harvey hier nachweisen, dass diese dazu sehr wohl in der Lage ist. Insofern es ihm an dieser Stelle daher über die konkrete Thematik hinaus auch um eine grundsätzliche Verteidigung marxistischer Positionen geht, kann sein verstärktes theoretisches Interesse an Stadtpolitik daher *zweitens* als Antwort auf den sich in den 1980er Jahren vollziehenden Paradigmenwechsel innerhalb der kritischen Stadtforschung verstanden werden (vgl. Kapitel 1, 3.2.3).

Daran anknüpfend besteht ein *dritter* Faktor schließlich in den ökonomischen, politischen und ideologisch-kulturellen Veränderungen, die diesem Paradigmenwechsel zugrunde lagen bzw. in der spezifischen Transformation, die städtische Politiken im Zuge dessen durchliefen. Wie Harvey am Beispiel seiner Wahlheimat Baltimore beobachten konnte (vgl. z.B. Harvey 1988; 2001 [1992]; 1989a; 2000: 133ff.), begannen Städte im Verlauf der 1970er Jahre den Auswirkungen der Krise des Fordismus (Deindustrialisierungsprozesse, eine fiskalische und soziale Krise usw.) mit Hilfe neuartiger und teilweise zumindest temporär erfolgreicher Wachstumsstrategien zu begegnen. Das aufgrund der Durchsetzung des Neoliberalismus mittlerweile hinlänglich bekannte Vorgehen bestand dabei verstärkt darin, Unternehmen günstige Standortbedingungen bzw. ein „gutes Geschäftsklima" (niedrige Steuern, umfassende Infrastrukturen, geschwächte Gewerkschaften usw. usf.) anzubieten, städtische Bürokratien an privatwirtschaftlichen Standards auszurichten und – zulasten sozialpolitischer Ziele – mittels spektakulärer Großprojekte eine Kulturalisierung und „Festivalisierung" der Stadtpolitik (vgl. Häußermann/Siebel 1993) voranzutreiben. Harvey hat in diesem Zusammenhang den heute längst geflügelten Begriff der „unternehmerischen Stadt" geprägt, deren Merkmale er wie folgt bestimmt: „The new urban entrepreneurialism typically rests (...) on a public-private partnership focussing on investment and economic development with the speculative construction of place rather than amelioration of conditions within a particular territory as its immediate (though by no means exclusive) political and economic goal." (Harvey 1989a: 8)

Wenn die Suche nach den Ursachen für die fast flächendeckende Durchsetzung der unternehmerischen Stadt als Leitbild *und* konkreter Politikform für Harvey somit der vielleicht wichtigste Anstoß war, um sich ab Mitte der 1980er zunehmend auch theoretisch der Analyse städtischer Politik zuzuwenden, dann sind seine diesbezüglichen Überlegungen zweifellos stark zeitdiagnostisch geprägt. Insofern er sein Konzept von Stadtpolitik jedoch ebenso nutzt, um Entwicklungsdynamiken im Paris des 19. Jahrhunderts (vgl. Harvey 1985a: 106ff.) sowie der „industriellen" und „keynesianischen" bzw. fordistischen Stadt zu erklären (vgl. Harvey 1989c: 28ff., 152ff.), fordert dies indes offensichtlich auch ein gewisses Maß an Allgemeingültigkeit ein. In diesem Sinne wird im Folgenden zunächst – auf einer gegenüber dem letzten Abschnitt wieder höheren Abstraktionsebene – untersucht, wie Harvey ausgehend von der Bestimmung urbaner Regionen als Formen strukturierter Kohärenz die Entstehung lokaler Klassenallianzen und zugleich deren inhärente Instabilität begründet (Kapitel 6.5.1). Die aus diesen Überlegungen entwickelte These einer relativen Autonomie städtischer Politik sowie die Einschränkung, letztere wäre „(...) the powerful and often innovative but in the end disciplining arm of uneven accumulation and class struggle in geographic space" (Harvey 1989c: 127), ist Gegenstand des nächsten Abschnitts (Kapitel 6.5.2). Das Buch endet schließlich mit der Frage, welche strategischen Konsequenzen Harvey aus seinem Verständnis von Stadtpolitik und kapitalistischer Urbanisierung im Allgemeinen zieht, warum sich der Kapitalismus in seinen Augen nur durch eine „urbane Revolution" überwinden lässt, und was für eine Rolle er dabei der Parole „Recht auf Stadt" zuschreibt (Kapitel 6.5.3).

6.5.1 Strukturierte Kohärenz und lokale Klassenallianzen

> „When I speak of urban politics (...) it is in the broad sense of political processes at work within a fluidly defined but nevertheless eplicit space. I do not mean the mayor and city council, though they are one important form of expression of urban politics. Nor do I necessarily refer to an exclusively defined urban region, because metropolitan regions overlap and interpenetrate when it comes to the important processes at work there."
>
> *Harvey 1989c: 127*

Seinem prozessbasierten Verständnis kapitalistischer Urbanisierung entsprechend (vgl. Kapitel 4.2) nähert sich Harvey dem Themenfeld der Stadtpolitik aus einer sowohl inhaltlich als auch räumlich weit gefassten Perspektive. Wenn die Entität, auf die sich Harveys Begriff städtischer Politik hier bezieht, daher „(...) nicht mehr einer Stadt im klassischen Sinne, sondern vielmehr einer weit ins Umland ausgreifenden urbanen Region [entspricht]" (Schmid 2005: 43)[21], dann ist damit direkt auf seinen Zugang zu (urbanen) Regionen als Formen strukturierter Kohärenz verwiesen, den er in der Analyse der geographisch ungleichen Entwicklung des Kapitalismus entwickelt hat (vgl. Kapitel 5.3.2). Genau dort knüpft Harvey in *Urban Politics* denn auch an, um zu einem theoretisch informierten Verständnis städtischer Politik zu gelangen. Stärker noch als bereits in *Limits* und *Geopolitics* offenbart die Bestimmung strukturierter Kohärenz, die er dabei vorbringt und die, wiewohl nicht explizit benannt, ganz offensichtlich auch seinem Verständnis des historischen Paris zugrunde liegt, unverkennbare Parallelen zur Regulationstheorie oder den ähnlich gelagerten Versuchen von Mike Davis, die Entwicklung der urbanen Region Los Angeles aus einer marxistischen Perspektive zu analysieren (vgl. Schmid 1996: 244f.; 2005: 43; Keil 1987: 140f.; Davis 1987; 2006 [1990]):

> „At the heart of that coherence lies a particular technological mix – understood not simply as hardware but also as organizational forms – and a dominant set of social relations. Together these define models of consumption as well as of the labor process. The coherence embraces the standard of living, the qualitites and style of life, work satisfactions (or lack thereof), social hierarchies (authority structures in the workplace, status systems of consumption), and a whole set of sociological and psychological attitudes toward working, living, enjoying, entertaining, and the like." (Harvey 1989c: 140)

Von seinen Ausführungen aus *Limits* und *Geopolitics* unterscheidet sich Harveys Zugriff hier indes dadurch, dass er die Bedeutung des Arbeitsmarktes nicht nur generell aufwertet, sondern sie gar zum Ausgangspunkt seiner Definition des Urbanen erklärt: „I (...) propose to view 'urban' in the first instance as geographically contiguous labor market within which daily exchanges and substitutions of labor power are possible." (ebd.: 127f.) In diesem Zusammenhang lässt sich konstatieren, dass Harvey urbane Regionen in *Urban Politics* generell verstärkt unter dem As-

21 Angesichts dieser zutreffenden Wiedergabe von Harveys Begriff urbaner Regionen ist es unverständlich, warum Schmid eine Seite nach diesem Zitat gegen diesen das Argument vorbringt, seine Konzeption des Städtischen sei u.a. deshalb „problematisch", weil die Stadt darin „(...) eine physisch abgrenzbare Einheit [bleibt], eine Vorstellung, die schon zum damaligen Zeitpunkt [in den 1980er Jahren, F.W.] zunehmend obsolet wurde." (Schmid 2005: 44) Auch die anderen Kritikpunkte (u.a. die Reduzierung von Städten auf Unternehmen am Weltmarkt und ein ungenügendes Verständnis städtischer Konfliktlinien) sowie die pauschale Einschätzung, Harvey verfolge eine „abstrakte" Konzeption „des" Raumes bzw. „der" Stadt und seine Theorie habe eine „ökonomistische und „funktionalistische Grundprägung" (ebd.: 45), zeugen davon, dass Schmids an dieser Stelle ohnehin nur knapp gehaltene Auseinandersetzung mit Harveys Zugang teilweise unter einer selektiven und oberflächlichen Lektüre leidet.

pekt der Reproduktion der Arbeitskraft betrachtet und dabei die Eigenlogik und potentielle Widersprüchlichkeit dieses Prozesses gegenüber den Erfordernissen der Akkumulation bzw. den Interessen des Kapitals hervorhebt. Wenn er sich damit bis zu einem gewissen Grad dem Konzept der kollektiven Konsumtion von Castells annähert (vgl. Schmid 2005: 43f.; Castells 1977 [1972]), dann unterscheidet sich sein Zugang zugleich deshalb positiv von diesem, weil er darüber die Bedeutung von Produktionsprozessen nicht vernachlässigt. Während dies einerseits die Bedingung der Möglichkeit jeder politökonomisch informierten Analyse kapitalistischer Urbanisierung darstellt (vgl. Kapitel 6.3), zeichnet ein solcher Zugang andererseits ein zutreffenderes Bild gegenwärtiger Entwicklungstendenzen, lässt sich doch in vielen globalen Metropolen eine Ausbreitung neuer Sweatshop-Industrien bzw. eine Re-Industrialisierung ausmachen (vgl. z.B. Soja 2000: 156ff.). In diesem Sinne ist Harveys Perspektive auch „die Kritik am ideologischen Konstrukt der postindustriellen Stadt impliziert." (Keil 1987: 136)

Für den vorliegenden Kontext wichtiger ist freilich die bereits hinlänglich dargestellte Einschätzung, die strukturierte Kohärenz, die sich in urbanen Regionen als „kollektive[n] Produktions- *und* Reproduktionseinheit[en]" (Schmid 1996: 245; Herv. F.W.) herausbildet, würde wesentlich auf der Existenz physischer und sozialer Infrastrukturen beruhen. Deren spezifische Merkmale und Funktionen verlangen demnach danach, die Bestimmung dessen, was mit urbane Region bezeichnet wird, zu erweitern:

> „It is more than a set of overlapping and interpenetrating commodity and labour markets; more than a set of intersecting labour processes and productive forces; more, even than a simple structured coherence of production and consumption. It is also a living community endowed with certain physical and social assets, themselves the product of a long process of historical development and class struggle. These assets define the wealth of a community, and it is through their proper maintenance, enhancement, deployment, and use that the productivity of labor power stands to be continuously preserved and enhanced at the same time as the reproduction and expansion of capital is assured. The problem, of course, is that this wealth is produced and sustained through the circulation of capital, which is itself crisis-prone. The viability of the physical and social infrastructures is perpetually threatened by the cold winds of overaccumulation, devaluation, and dissolution." (Harvey 1989c: 147f.)

Genau hier setzt Harvey nun an, um die Entstehung lokaler Klassenallianzen und, daran anknüpfend, die relative Autonomie städtischer Politik zu erklären. Folgt man seiner Darstellung in *Urban Politics* sowie den beinahe identischen, aber enger politökonomisch ausgerichteten Überlegungen aus *Limits* (Harvey 2006 [1982]: 419ff.) und *Geopolitics* (Harvey 2001 [1985]: 333ff.), sind solche Allianzen angesichts der grundlegenden Instabilität und Krisenhaftigkeit des Kapitalismus ganz allgemein „(...) a necessary and inevitable response to the need to defend values already embodied and structured regional coherence already achieved." (ebd.: 333) Lokale

Klassenallianzen verfolgen demnach das grundlegende Ziel, die ökonomische und soziale Prosperität einer urbanen Region zu erhalten oder auszuweiten. An ihrem Zustandekommen haben zunächst vor allem jene Akteure ein gemeinsames Interesse, deren Investitionen dort räumlich gebunden und daher in besonderem Maße von Entwertung bedroht sind, sowie solche, die direkt von Investitionen in physische und soziale Infrastrukturen profitieren: „Land and property owners (including that faction of the working class that has gained acces to homeownership), developers and builders, the local state, and those who hold the mortgage and public debt have much more to gain from forging a local class alliance to protect their interests and to ward off the threat of localized devaluations than do transient laborers, itinerant salesman, and peripatetic multinationals." (Harvey 1989c: 149)

Insofern physische und soziale Infrastrukturen für beinahe alle sozialen Prozesse in einer urbanen Region auf die ein oder andere Weise von Bedeutung sind – bzw., noch allgemeiner, generell die räumliche Bewegungsfähigkeit von Kapital und Arbeit erst ermöglichen (vgl. 5.3.1) – sind jedoch selbst die letztgenannten, hoch mobilen Akteure am Erhalt und Ausbau solcher Infrastrukturen interessiert. Zudem geht die Attraktivität lokaler Klassenallianzen über diesen Aspekt hinaus und besteht z.B. auch für Unternehmen, die vor Ort über spezifische Standortvorteile verfügen, Händler und Kleinbetriebe, die von den Kreisläufen der lokalen Ökonomie abhängig sind oder Teile der ArbeiterInnenklasse, die sich in vorangegangenen Auseinandersetzungen relativ günstige Lebens- und Arbeitsbedingungen erkämpft haben. Da es in diesem Sinne beinahe für alle Akteure in einer Stadt unter bestimmten Bedingungen ratsam sein kann, die Geschicke der Stadt aktiv zu beeinflussen, hält Harvey fest:

> „We see the basis here for the rise of some kind of alliance between all classes in defense of social reproduction (of both accumulation and the reproduction of labor power) within the urban region. The alliance typically engages in community boosterism and strives to create community solidarity behind ideas of social progress and defense of local interests. Such activities, I want to stress, are not aberrations of class struggle but are a necessary and particular manifestation of the way class relations and accumulation unfold in space." (Harvey 1989c: 150)

Trotz dieser Vielzahl von Faktoren, welche die Entstehung solcher Allianzen begünstigt, sind diese Allianzen gleichzeitig inhärent instabil. Dies hat strukturelle Gründe, die sich mit Harvey (ebd.: 150ff.) in interne und externe differenzieren lassen. Die erstgenannten betreffen vor allem den Umstand, dass lokale Allianzen die bestehenden Interessengegensätze und Antagonismen zwischen den verschiedenen sozialen Gruppen und Klassen(-fraktionen) in der Stadt zwar in Hinblick auf spezifische Entscheidungen und Themen temporär überwinden, nicht jedoch dauerhaft aufheben können. Da konkrete städtische Politiken in ihren Effekten nie gänzlich neutral ausfallen, müssen diese Differenzen Harvey zufolge früher oder später doch zu Tage treten und existierende Allianzen in Frage stellen. Das Konfliktpotential, das hiervon ausgeht, sticht insbesondere dann ins Augen, wenn die beiden externen Unsicherheitsfaktoren Berücksichtigung finden.

Dabei handelt es sich *erstens* um die „tension between the virtues of local commitment and temptation to move“ (Harvey 2006 [1982]: 421), die angesichts kapitalistischer Konkurrenz und Klassenkampf für alle sozialen Akteure besteht – vor allem dann, wenn Krisen- und Entwertungsprozesse auftreten. Für die einzelnen Akteure stellt sich diese Spannung dabei konkret dar als „(...) choice between staying in place and striving for local improvement or moving elsewhere to where profits, wage rates, working conditions, life-styles, environmental qualitites, hopes for the future, and so on appear better.“ (Harvey 1989c: 151) Obwohl grundsätzlich alle Akteure vor dieser Wahl stehen und, wie Harvey betont, konkrete Entscheidungen immer von einer Vielzahl von Umständen abhängig sind, fällt ein Ortswechsel und also die Aufkündigung einer lokalen Klassenallianz jenen am leichtesten, deren Potential für geographische Mobilität am ausgeprägtesten ist, also z.B. den bereits erwähnten multinationalen Konzernen. Dieser Aspekt gewinnt vor allem im Zusammenhang mit dem *zweiten* von Harvey als extern ausgewiesenem Faktor an Bedeutung: die Veränderung der lokalen Situation durch tatsächlich von Außen kommende Einflussgrößen wie Migrations- oder (Des-)Investitionsbewegungen. Derartige Prozesse treffen Regionen zwar mitunter tatsächlich unvorbereitet. Da sie die Kräfteverhältnisse vor Ort nachhaltig verändern, können solche externen Faktoren von lokalen Akteure jedoch auch bewusst als strategisches Mittel eingesetzt werden: „The ability to mobilize external relations and possibilities becomes an important bargaining strength in negotiations within the class alliance.“ (ebd.: 152)

An dieser Stelle lässt sich somit zum einen zusammenfassend konstatieren, dass im Fall lokaler Klassenallianzen die gleiche strukturelle Spannung zwischen Fixiertheit und Bewegung am Werk ist, die, wie gesehen (vgl. Kapitel 5.3), den Zirkulationsprozess des Kapitals generell prägt und für Prozesse der Territorialisierung und Deterritorialisierung ursächlich ist: „The dynamic of capitalism in the end tends to break apart the very alliances it initially promotes.“ (Harvey 2001 [1985]: 335) Zum anderen kann jedoch ausgehend von dieser eher allgemeinen Feststellung auch danach gefragt werden, wie lokale Allianzen angesichts dieser widersprüchlichen Tendenzen überhaupt konkret zustande kommen. Damit ist unmittelbar auf den Kern städtischer Politik verwiesen, geht es hier nach Harvey doch um „(...) the political means available to define, articulate, and act upon class-alliance aims and the political art of forging a ruling-class alliance out of the conflictual and contradictory impulses that lie behind the tendency toward local class-alliance formation.“ (Harvey 1989c: 152) Diese Bestimmung zeigt, dass Harveys Konzept von Stadtpolitik eng mit seinem Verständnis der räumlich ungleichen Entwicklung des Kapitalismus verknüpft ist. Was dies für seine Einschätzung der Dynamiken einer solchen Politik bedeutet, gilt es im Folgenden näher zu untersuchen.

6.5.2 Die relative Autonomie städtischer Politik – und ihre Grenzen

Obwohl die entsprechenden Debatten im Text *Urban Politics* keine Erwähnung finden, begibt sich Harvey mit seinen Überlegungen zur Stadtpolitik in ein Feld, das innerhalb der kritischen Stadtforschung Mitte der 1980er Jahre längst nicht nur unter dem Aspekt einer zunehmend (neo-)liberalen, unternehmerischen Ausrichtung thematisiert wurde. Vielmehr stellte sich angesichts der zeitweiligen Erfolge einer *new urban left* in einer ganzen Reihe englischer Städte bzw. urbaner Regionen (vgl. Geddes 2009: 63f.; Howard 1995) und zum Teil ebenfalls hoffnungsvoller lokaler Entwicklungen in anderen Ländern vermehrt „(...) die politische Frage, ob und inwieweit der lokale Staat für eine oppositionelle Stadtpolitik funktionalisierbar sein könnte (...)“ (Krätke/Schmoll 1987: 30). In der Weiterführung der intensiven Diskussionen der 1970er Jahre[22] war die mögliche „relative Autonomie“ städtischer Politik in den 1980er Jahren somit in doppelter Hinsicht ein zentrales Thema: Zum einen bei der Analyse lokal spezifischer, unternehmerischer und also herrschaftlicher Strategien zur Überwindung der Folgen der Krise des Fordismus – das Beispiel Baltimore –, und zum anderen bei der Suche nach neuen Ansatzpunkten und Spielräumen für linke Politik. Genau an dieser Stelle knüpf Harvey – die Frage nach einer möglichen Überschneidung beider Aspekte in Gestalt einer „progressiven“ bzw. „roten“ neoliberalen Stadtpolitik, wie sie gegenwärtig z.B. in Wien zu beobachten ist (vgl. INURA_Wien 2011), implizit vorwegnehmend – an, wenn er zu Beginn von *Urban Politics* das Ziel ausgibt, „(...) to show how, why, and within what limits a 'relatively autonomous' urban politics can arise and how that 'relative autonomy' is not only compatible with but also necessary to the processes of capital accumulation.“ (Harvey 1989c: 125f.)[23]

Seine Antwort auf diese Frage baut dabei unmittelbar auf der obigen Bestimmung von Stadtpolitik auf. Demnach schafft die strukturell bedingte Instabilität lokaler Klassenallianzen einen politischen Raum, in dem Entscheidungen und Entwicklungen möglich werden, die den Dynamiken der Kapitalakkumulation bis zu einem

---

22 Einen knappen Überblick über diese frühen Debatten vermitteln neben dem Text von Krätke/Schmoll z.B. auch Pickvance (1995) oder, mit ungleich kritischerer Haltung, Paris (1983).

23 Mit der relativen Autonomie städtischer Politik ist hier also in erster Linie das Verhältnis gegenüber den Erfordernissen der Kapitalakkumulation bzw. allgemeinen gesellschaftlichen Entwicklungstendenzen bezeichnet und weniger, wie in staatstheoretischen Debatten häufig der Fall, gegenüber dem Feld des Klassenkampfes bzw. dem Zugriff einzelner Klassen(-fraktionen). Beide Dimensionen, wie dies z.B. in den Debatten um das Werk von Nicos Poulantzas getan wird (vgl. z.B. Demirovic 2007), in Hinblick auf den lokalen Staat zusammenzudenken, würde zur Schärfung von Harveys Begrifflichkeit beitragen, kann an dieser Stelle jedoch nicht geleistet werden.

gewissen Grad entgegenstehen können (vgl. ebd.: 32f., 152ff.; 1989a: 14f.). Konkret zeichnen für Harvey die komplexe Interaktion unterschiedlicher, teilweise antagonistischer Akteure und das hohe Maß an gesellschaftlicher Dynamik innerhalb der strukturierten Kohärenz urbaner Regionen dafür verantwortlich, dass der politische Prozess dort durch ein große Offenheit geprägt ist. In dieser Gemengelage könne in Gestalt von KommunalpolitikerInnen und „urban managers" jene spezifische Akteursgruppe an Macht und Bedeutung gewinnen, die in besonderer Weise mit der „art of politics", also vor allem dem „game of coalition politics" vertraut ist (Harvey 1989c: 152; s. auch Harvey 1989a: 6f.). Ihre Fähigkeit bestehe vor allem darin, eine *herrschende* Klassenallianz – im Anschluss an Poulantzas (2002: 157ff.) ließe sich auch von einem „Machtblock" sprechen – zu schmieden und deren politisches Überleben zu sichern.[24]

Ohne es zu explizieren, argumentiert Harvey hier überaus gramscianisch (vgl. auch Low 1990: 1096f.) bzw. nimmt offenkundig Anleihen an seinem Verständnis des „sozial-demokratischen" Staatstyps (vgl. Kapitel 6.4.2). So stellt er die These auf, KommunalpolitikerInnen und *urban managers* wären dann besonders erfolgreich, wenn sich eine solche lokale Allianz nicht nur selbst als Repräsentantin der städtischen Community verstehe, sondern von letzterer auch als legitime Vertreterin des Allgemeininteresses gesehen werde. Hierfür bedürfe es der Organisierung von Autorität und massenhafter Zustimmung mit Hilfe von charismatischen Führungspersönlichkeiten, materiellen Zugeständnissen, Kooptierung oder Zwang. Obwohl dabei dem lokalen Staat im engeren Sinn eine wichtige Rolle zukomme, könnten derartige Allianzen nur dort entstehen und sich in der Folge an der Macht halten, wo sich StadtpolitikerInnen und -managerInnen gleichzeitig auch die häufig informellen Prozesse im Bereich der Zivilgesellschaft zu Nutze machten: „It is (...) the interpenetration of class, group, and individual relations within and between the state and civil society which provides the matrix of possibilities for building a ruling coaltion." (Harvey 1989c: 153) Ähnlich dieser Bestimmung spricht Harvey – der darin den zeitgenössischen Debatten innerhalb der Sozialwissenschaften folgt – im Zusammenhang mit unternehmerischer Stadtpolitik statt von „government" von „governance" (Harvey 1989a: 6f.).[25]

---

24 Als historisches Beispiel für das Zustandekommen, die Bedeutung, aber auch die Instabilität solcher Klassenallianzen und die besondere Bedeutung einzelner Führungsfiguren in der Stadtpolitik lässt sich hier erneut das Wirken von Haussmann im Paris des Zweiten Kaiserreichs anführen (vgl. Harvey 1985a: 106ff.).

25 Wenngleich die Ausweitung des analytischen Blickfeldes, die Harvey an dieser Stelle – bzgl. der Akteure, der Formen politischer Praxis, deren Räumen usw. – vornimmt, sich für seinen Ansatz als überaus gewinnbringend darstellt, fehlt es hier – wie bereits zuvor (vgl. Kapitel 5.4 und 6.4) – an einem theoretischen Verständnis der Materialität bzw. institutionellen „Dichte" kapitalistischer Staatlichkeit. Somit ist der Vorwurf von

Angesichts dieser Pluralität der Akteure und Räume städtischer Politik bedeutet deren relative Autonomie für Harvey dabei mehr als bloß das Zustandekommen wechselnder Bündnisse in einzelnen Themenfeldern. Sie impliziert vielmehr auch grundsätzlich die Möglichkeit stark divergierender politischer und ökonomischer Projekte – sowohl im Vergleich zu anderen urbanen Regionen als auch zu nationalen oder globalen Entwicklungstendenzen. Ohne diesbezüglich an dieser Stelle ins Detail zu gehen, nennt Harvey hier etwa die Existenz urbaner Revolutionsbewegungen wie der Pariser Kommune bzw. Spielarten des „kommunalen Sozialismus" – also etwa Milwaukee in den 1900er, das Rote Wien in den 1920er, sowie Bologna, der *Greater London Council* oder Santa Monica in den 1980er Jahren – und kontrastiert solche progressiven Entwicklungen mit den explizit prokapitalistischen Wachstumskoalitionen, die sich nach 1945 in den meisten US-Amerikanischen Städten durchgesetzt haben (vgl. Harvey 1989c: 28ff., 153ff.). Sowohl im Fall solcher politisch vergleichsweise einfach zuzuordnenden Beispiele als auch in Hinblick auf urbane Regionen mit weniger spektakulärer Entwicklungspfaden sind es Harvey zufolge die spezifischen Bedingungen vor Ort, die diese oder jene lokale Klassenallianz hervorbringen sowie die Möglichkeiten und Grenzen ihrer Politik bestimmen. Im Regelfall verfüge die herrschende Allianz jedoch über vergleichsweise große Einflussmöglichkeiten, könne sie mit Hilfe von Investitionsentscheidungen, Gesetzesinitiativen und politischen, sozialen oder kulturellen Maßnahmen die Entwicklungsperspektive der eigenen Stadt doch nachhaltig prägen. Harveys generelles Fazit fällt an dieser Stelle daher zunächst eindeutig aus: „From all of these standpoints, the political-economic evolution of an urban region appears relatively autonomous and certainly unique and particular to every instance." (ebd.: 154)

Würde Harvey über diese Feststellung nicht hinausgehen, hätte er zwar – trotz der nach wie vor fehlenden staatstheoretischen Fundierung seiner Argumentation – einen wichtigen Beitrag zur Erklärung der strukturell bedingten Funktionsweise städtischer Politik geleistet. Wie er selbst einräumt, stünde diese Diagnose dem von ihm ansonsten gezeichneten Bild eines sich entlang von Gesetzmäßigkeiten und grundlegenden Widersprüchen entwickelnden Kapitalismus jedoch gänzlich unvermittelt gegenüber. Statt nun lediglich zu zeigen, dass und wie beide Zugänge trotzdem miteinander vereinbar sind, macht er es sich im weiteren Verlauf von *Urban Politics* zur Aufgabe, nachzuweisen, „(...) how and why the autonomy and the uniqueness are

---

Gottdiener, bei Harveys Konzept der relativen Autonomie städtischer Politik handle es sich um „(...) a simulacrum of Poulantzas in which politics possesses no state apparatus" (Gottdiener 1987: 127) nicht ganz von der Hand zu weisen. Anders verhält es sich freilich mit den restlichen seiner an dieser Stelle vorgebrachten Einwände: weder vertritt Harvey in *Urban Politics* eine Gleichgewichtstheorie, noch lässt sich vor dem Hintergrund des eben Ausgeführten ernsthaft behaupten, sein Begriff der strukturierten Kohärenz umfasse lediglich ökonomische Faktoren.

not only compatible with but also vital to the logic of accumulation in geographical space.“ (Harvey 1989c: 156; s. auch Harvey 1989a: 14ff.) Die Antwort auf diese Fragen liegt nach Harvey im Faktum interurbaner Konkurrenz als der konkreten Form, in der eine herrschende Klassenallianz bzw. deren einzelne Mitglieder innerhalb der räumlich ungleichen Entwicklung des Kapitalismus die ökonomischen Bedingungen ihrer eigenen Existenz reproduzieren müssen. In diesem Sinne hält er anderswo mit Blick auf die Herausbildung unternehmerischer Stadtpolitik fest: „Consideration of inter-urban competition (...) indicates a way in which a seemingly autonomous urban entrepreneurialism can be reconciled with the albeit contradictory requirements of continuous capital accumulation while guaranteeing the reproduction of capitalist social relations on ever wider scales and at deeper levels.“ (Harvey 1989a: 15) [26] Diese noch sehr allgemeine Sichtweise wird in *Urban Politics* systematisiert, indem Harvey analytisch zwischen vier – einander ergänzenden bzw. aufeinander aufbauenden – Dimensionen unterscheidet, entlang derer sich die relative Autonomie städtischer Politik und die generellen Erfordernisse kapitalistischer Akkumulation überschneiden (vgl. Harvey 1989c: 155ff.).

Einen *ersten* Berührungspunkt diskutiert Harvey unter dem von Harvey Molotch (1976) geprägten Terminus der Stadt als „Wachstumsmaschine“ [„the city as a growth machine“]. Die Entstehung von Wachstumskoalitionen wird von Harvey dabei als Antwort auf eine spezifische Herausforderung kapitalistischer Produktion interpretiert: Da die Bedingungen, derer diese vor allem in Form physischer und sozialer Infrastrukturen notwendigerweise bedarf, hohe sowie über einen langen Zeitraum gebundene und daher riskante Investitionen erfordern (vgl. Kapitel 5.2, 5.3), erscheint ihre Bereitstellung für individuelle KapitalistInnen nicht sonderlich attraktiv bzw. kaum möglich. Die Konsequenz ist offensichtlich: „The politics then have to precede the economy.“ (Harvey 1989c: 156) Hat Harvey diesen Sachverhalt im Zusammenhang mit seinem Konzept der Kapitalkreisläufe bzw. seiner Analysen des Immobilienmarktes bereits mehrfach ausgeführt (vgl. Kapitel 6.1 und 6.4), so identifiziert er hier nun zusätzlich die lokale Klassenallianz als jenen Akteur, der die in die Zukunft gerichtete und daher spekulative Bereitstellung der notwendigen Infrastrukturen übernehmen kann, indem sie die Risiken – vermittelt über Finan-

26 Harvey selbst hat darauf hingewiesen, dass eine solche Sichtweise auf Städte durch die Linse interurbaner Konkurrenz gleichzeitig die Gefahr der Entnennung der sozialen Macht- und Herrschaftsverhältnisse birgt – auch dann, wenn sie eigentlich kritisch intendiert ist: „(...) [T]he reification of cities when combined with a language that sees the urban process as an active rather than passive aspect of political economic development poses acute dangers. It makes it seem as if ‘cities’ can be active agents when they are mere things. Urbanisation should, rather, be regarded as a spatially grounded social process in which a wide range of different actors with quite different objectives and agendas interact through a particular configuration of interlocking spatial practices.“ (Harvey 1989a: 5)

zierungsmodelle, Konsortien, Public-Private-Partnerships etc. – kollektiviert. In einer solchen Allianz dominieren notwendigerweise die Interessen derer, die – wie z.B. das Finanzkapital, ImmobilienentwicklerInnen oder in der Baubranche tätige Fraktionen der ArbeiterInnenklasse – in diesem Prozess materielle Vorteile zu erwarten haben. Da diese sich jedoch nur im Fall wirtschaftlicher Prosperität auch tatsächlich einstellen, offenbart sich hier die zentrale und genuin kapitalistische Dynamik hinter der Stadt als Wachstumsmaschine: „The growth coaltion uses its political and economic power to push the urban region into an upward spiral of perpetual and sustained accumulation." (Harvey 1989c: 157)

Dies gelingt indes umso besser, desto stärker eine Stadt zugleich als „Treibhaus innerkapitalistischer Innovation" (Keil 1987: 143), d.h. als Ort der Entwicklung der Produktivkräfte, fungiert. An dieser Stelle macht Harvey daher die *zweite* Überschneidung zwischen der relativen Autonomie städtischer Politik und dem Prozess kapitalistischer Akkumulation aus. Obwohl er sich dabei zunächst auf die Überlegungen von Jane Jacobs beruft, die in vielen Arbeiten des *new regionalism* und der Forschung zu urbanen Hightech-Zentren wie z.B. Los Angeles ebenfalls stark rezipiert werden (vgl. z.B. Soja 2000), unterscheidet sich Harvey von beiden Ansätzen hier durch seine ungleich kritischere Haltung. Zudem legt er ein breites, über die Produktionssphäre im engeren Sinn hinausgehendes Verständnis von Innovation an den Tag. Damit versucht Harvey seiner These Rechnung zu tragen, dass Umwälzungen im Arbeitsprozess auf der beständigen Veränderung einer Vielzahl anderer gesellschaftlicher Bereiche innerhalb der strukturierten Kohärenz einer urbanen Region basieren, also z.B. der Reproduktionssphäre, kulturellen Praxen oder staatlichen Strukturen. Angesichts der Notwendigkeit, diese Transformationen im Verhältnis zur Akkumulation „rational" zu gestalten, kämen hier die Charakteristika städtischer Politik besonders zum Tragen: „It is as speculative, innovative, and unpredictable in its details as are capitalist processes of product innovation and technological and locational change. Furthermore, such behavior presupposes a wide range of individual liberties so that individuals, organizations, and social groups can probe in all manner of different directions. The more open the society, the more innovative it will likely be in al these different respects." (Harvey 1989c: 127, s. auch 158; 1989a: 15) In diesem Zusammenhang weist Harvey darauf hin, dass diesbezüglich gerade die Kämpfe und Forderungen urbaner sozialer Bewegungen häufig – und zumeist gegen ihren Willen – zu Modernisierungsprozessen beitragen würden. Ob letztere dabei erfolgreich verlaufen, macht sich für ihn letztlich wieder am Kriterium kapitalistischer Akkumulation fest: „The succesful urban region is one that evolves the right mix of life-styles and cultural, social, and political forms to fit with the dynamics of capital accumulation." (Harvey 1989c: 158)

Dieser zweifelhafte Erfolg einer Stadt bemisst sich indes immer nur im Verhältnis zu anderen urbanen Regionen, weshalb deren Rolle als kollektive Wettbewerbseinheit in den Konkurrenzverhältnissen des globalen Kapitalismus einen *dritten*

Aspekt darstellt, an dem die relative Autonomie städtischer Politik und der Prozess kapitalistischer Akkumulation nach Harvey zusammentreffen: „Like individual entrepreneurs, each urban region has the autonomy to pursue whatever course it will, but in the end each is disciplined by the external coercive laws of competition." (ebd.) Obwohl angesichts der potentiellen Folgen von fehlender Konkurrenzfähigkeit, d.h. insbesondere einer Entwertung von Investitionen und einem sozioökonomischen Niedergang, daher beständig eine (Selbst-)Disziplinierung entlang der Erfordernisse der Kapitalakkumulation erfolgt, impliziert dies für Harvey keineswegs eine einfache Angleichung städtischer Entwicklungspfade. Vielmehr macht es in seinen Augen gerade den Charakter von urbanen Regionen als kollektiven Wettbewerbseinheiten aus, dass sie ihre relative Autonomie nutzen, um sich im Sinne eines „collective entrepreneur" (ebd.: 161) auf einzelne Felder zu spezialisieren und sich dort in der globalen Konkurrenz vorteilhaft zu positionieren.

Mit Blick auf die unternehmerische Stadtpolitik identifiziert Harvey idealtypisch vier Strategien, die lokalen Klassenallianzen diesbezüglich grundsätzlich offen stehen (vgl. ebd.: 45ff.; 1989a: 8ff.; 1988: 24f.). Diese können demnach versuchen, ihrer urbanen Region (1) eine günstige Position in der internationalen Arbeitsteilung zu verschaffen, sie (2) als Konsumzentrum zu positionieren, (3) in die Konkurrenz um Kommando- und Kontrollfunktionen für globalisierte Waren-, Finanz- und Informationsströme einzutreten oder (4) die Umverteilung von Ressourcen privatwirtschaftlicher, zivilgesellschaftlicher und vor allem staatlicher und militärischer Akteure zu den eigenen Gunsten zu nutzen. Wie Harvey betont, treten solche Strategien im Regelfall miteinander kombiniert auf und fallen je nach der Geschichte und den spezifischen Voraussetzungen einer Stadt sowie den Kräfteverhältnissen vor Ort höchst unterschiedlich aus: Während sich etwa New York als Reaktion auf die Krise der 1970er Jahre zu einem *der* Kommando- und Kontrollzentren der Welt(-finanz-)wirtschaft entwickelt und zugleich als eigene Konsum-Marke neu erfunden hat, wurde parallel dazu Los Angeles zu einem wichtigen Zentrum der Hightech- *und* Sweatshop-Industrie sowie Baltimore zu einem Beispiel einer mittlerweile weitgehend fehlgeschlagenen Revitalisierung mittels einer auf Tourismus und Konsum ausgerichteten Strategie der Kulturalisierung und Festivalisierung. Gerade das letzte Beispiel zeigt dabei, dass der Erfolg solcher Strategien letztlich an die Kriterien kapitalistischer Konkurrenz rückgebunden bleibt: „All kinds of combinations are possible. But the uniqueness has to be seen as historically and geographically contingent. The combinations, arrived at through voluntaristic and autonomous struggles, are in the end contingent upon processes of capital accumulation and the circulation of associated revenues in space and time." (Harvey 1989c: 159)

Mit diesem Verweis auf die Kapitalzirkulation in Raum und Zeit ist das Stichwort für die letzte der hier verhandelten Dimensionen genannt: In dem Maße, in welchem sich die politische Macht einer lokal herrschenden Klassenallianz nicht auf die Stadt selbst beschränkt, sondern auch auf andere Räume ausgreift, lässt sich die urbane Region in Harveys Augen *viertens* als geopolitische Einheit in der räumlich ungleichen Entwicklung des Kapitalismus verstehen. Wie sehr sie dabei als machtvoller Akteur agieren kann, ist zunächst von ihrer Wettbewerbsposition bzw. ihrer Stellung in der Hierarchie urbaner Regionen und also davon abhängig, wie groß eine Stadt ist, über welches ökonomische Potential sie verfügt, inwieweit sie Kommando-Funktionen auf sich vereint, politisches Entscheidungszentrum ist, usw. usf. Wenngleich diese Parameter in ihrer Gesamtheit der lokalen Allianz als Ressourcen dienen und von ihr genutzt werden, um die Stadt als geopolitische Einheit in Stellung zu bringen, können sie Harvey zufolge auch zueinander in Widerspruch treten und auf diesem Weg zu schweren Konflikten innerhalb der Machtarchitektur einer urbanen Region führen. Angesichts solcher Konflikte sowie einer generell relativ starken Fragmentierung der politischen Strukturen vieler urbanen Regionen besteht die Herausforderung für lokale Klassenallianzen nach Harvey darin, die Stadt mit Hilfe ideologischer Manöver und medialer Kampagnen überhaupt erst zu einer geopolitischen (Wettbewerbs-)Einheit zu formen: „It will strive to built a political machine, not necessarily confined to conventional political channels, to wage geopolitical struggle in a world of uneven geographical development." (Harvey 1989c: 160)

Wie Harvey anschaulich darstellt, verschwimmen im Zuge solcher Strategien die Grenzen zwischen einer nach Innen, auf den eigenen Machterhalt oder -ausbau gerichteten und einer geopolitischen, nach Außen orientierten Politik: Lokale Auseinandersetzungen sind für weltweite Positionierung einer Stadt ebenso von zentraler Bedeutung, wie umgekehrt die Stellung einer urbanen Region im globalen Wettbewerb die Handlungsoptionen einer lokalen Klassenallianz – und ihrer Gegner – vor Ort nachhaltig beeinflusst. Insbesondere während Krisen werden daher Strategien des *spatial fix* bzw. des *spatio-temporal fix* für lokale Klassenallianzen zum Mittel der Wahl (vgl. Kapitel 5.3.3., 5.3.4, 5.4), die Stadt als „imperialist city" (Harvey 1989c: 34) zum Ausgangspunkt und Zentrum geopolitischer Interventionen. Die Dynamik, die aus dieser Verknüpfung von lokalen mit globalen Prozessen bzw. von konkreten Partikularinteressen und allgemeinen Tendenzen entsteht, lässt lokale Klassenallianzen in ihrer Rolle als geopolitische Wettbewerbseinheit zu einer zentralen Vermittlungsinstanz der geographisch ungleichen Entwicklung des Kapitalismus werden:

> „Competiton between different urban regions and the coalitions that represent them helps coordinate the political and social landscape with capitalism's exacting requirements. It helps discipline geographical variations in accumulation and class struggle within the bounds of capitalism's dynamic at the same time as it opens fresh spaces and possibilities within which that dynamic can flourish. The different coalitions become key agents in the uneven geographical development of capitalism. (...) Capitalism's pursuit of a spatial fix for its own inner contradictions is actively mediated though the actions of a ruling coalition attentive to the fate of accumulation and class struggle within each urban region." (Harvey 1989c: 161, s. auch 54ff.)

Stellt sich das Wirken der lokalen Allianz aus dieser Perspektive für die Reproduktion des Kapitalismus als vollkommen funktional dar, wird dieses Bild nachhaltig getrübt, sobald auf die Widersprüche fokussiert wird, die darin enthalten sind. Anders als für die ungleiche Entwicklung des Kapitalismus im Allgemeinen gestaltet sich eine Verschärfung interurbaner Konkurrenz für die einzelnen Akteure der lokalen Klassenallianz nämlich nicht zwangsläufig positiv – ein Umstand, der sich an den konkreten Auswirkungen unternehmerischer Stadtpolitik in den letzten Jahrzehnten deutlich ablesen lässt und von Harvey in diesem Sinne bereits früh thematisiert wurde (vgl. z.B. ebd.: 50ff.; 1987; s. auch Kapitel 6.3.3, 6.4.3). Im Angesicht drohender Entwertung oder eines Verlustes an Lebensqualität besteht für lokale Klassenallianzen in Harveys Augen stattdessen ein großer Anreiz, Macht zu monopolisieren – etwa durch Klientelismus oder eine Beschränkung des Zugangs zum lokalen Arbeitsmarkt für MigrantInnen – und so die Reproduktion der bestehenden lokalen, aber auch geopolitischen Verhältnisse – ein hierarchisch geordnetes Städtesystems oder imperiale Dominanz – abzusichern. Die Stabilisierung des Status quo, die auf diesem Weg erreicht wird, untergräbt jedoch beständig genau jene Dynamiken, die für eine Koordinierung der ungleichen Entwicklung des Kapitalismus notwendig sind. Dies mündet in Phasen wirtschaftlicher Stagnation und führt früher oder später dazu, dass die strukturellen Widersprüche des Kapitalismus krisenhaft aufbrechen, was innerhalb einer herrschenden, aus vielen verschiedenen Akteuren und Interessen zusammengesetzten Klassenallianz interne Spannungen und Konflikte hervorruft. Eine solche Situation erlaubt es ebenso den Kräften innerhalb einer Stadt, die Macht der herrschenden Klassenallianz in Frage zu stellen und selbst ein alternatives Bündnis zu schmieden, wie es anderen urbanen Regionen die Möglichkeit verschafft, bestehende geopolitische Hierarchien zu durchbrechen und in der globalen Städtehierarchie gegebenenfalls eine neue, vorteilhaftere Position zu erobern. Letztlich sieht Harvey somit auch hier machtvolle Prozesse der schöpferischen Zerstörung am Werk:

> „The ruling-class alliances, the urban political processes, and the geographical rivalries that capitalism produces (...) appear, at a certain point, as major barriers to further capitalist development. The revolutionary power of capitalism has to destroy and reshape the sociopolitical forms it has created in geographical space. The seemingly autonomy and perpetual ferment of urban political processes lies at the very heart of that contradiction. But then, so too does the potentiality of urban politics to shape the cutting edge of revolution. The urban region either submits to the forces that created it or becomes the hearth of a revolutionary movement." (Harvey 1989c: 162)

Wenn krisenhafte Transformationen innerhalb von Städten sowie regionalen und globalen Städtesystemen in diesem Sinne nicht nur eine neue Welle kapitalistischer Restrukturierung einläuten, sondern auch die Perspektive revolutionärer Veränderung eröffnen können, verweist dies wieder zurück auf den politischen Einsatz der Debatte um die „relative Autonomie" städtischer Politik. Abschließend soll daher anhand älterer, aber auch aktueller Texte von Harvey diskutiert werden, worin er die Rolle von Städten und Urbanisierungsprozessen im Kampf gegen den kapitalistischen Status quo sieht und wie er dabei historische Erfahrungen und gegenwärtige Bewegungen bewertet.

6.5.3 Vom kommunalen Sozialismus zur urbanen Revolution

Es bedarf nicht erst eines neuerlichen Verweises auf die Pariser Kommune, um Harveys These, wonach Städte das Herz einer (potentiell) revolutionären Bewegung werden können, bestätigt zu sehen. Vielmehr haben in jüngster Vergangenheit die Ereignisse des Arabischen Frühlings und das Aufflammen urbaner Aufstände und Protestbewegungen in den kapitalistischen Zentren – von New York über London und Madrid bis nach Athen und Tel Aviv – einmal mehr gezeigt, dass in Krisenphasen insbesondere die Straßen und Plätze der Metropolen diejenigen Orte sind, an denen sich soziale und politische Auseinandersetzungen zuspitzen und auf grundlegender Ebene über die weitere gesellschaftliche Entwicklung diskutiert bzw. entschieden wird. Wenn daher gegenwärtig „[d]ie Stadt in der Revolte" (Bareis et al. 2010), aber auch der generelle Aufschwung urbaner sozialer Bewegungen eine intensive Diskussion erfährt, so steht dabei nicht zuletzt die Frage im Raum, wie sich solche eher kurzfristigen, in Konjunkturen verlaufenden Kämpfe zu mittel- und langfristig angelegten, d.h. organisierten und zum Teil auch institutionalisierten Projekten emanzipatorischer Stadtpolitik verhalten.

Insofern letztere in der Vergangenheit häufig die Form eines „kommunalen Sozialismus" annahmen und dieser Begriff auch in aktuellen Debatten immer wieder fällt, erscheinen Harveys Überlegungen hierzu als gute Möglichkeit, sich seinen im engeren Sinn politisch-strategischen Positionen anzunähern. Diesbezüglich ist zunächst eine kurze Textpassage erwähnenswert, in der er mit Blick auf die Beispiele aus dem späten 19. und frühen 20. Jahrhundert zwei Gründe anführt, warum Versuche, sich mittels lokalstaatlicher Politiken vor den Zumutungen der kapitalistischen Verwertungslogik zu schützen, historisch auf große Schwierigkeiten stießen (vgl. Harvey 1989c: 32f.). Zum einen nennt Harvey hier die im letzten Abschnitt ausführlich dargestellte *politökonomische* Dynamik, der die einzelnen Städte ausgesetzt sind: „The discipline of competition and of 'abstract labor' on the world market could not for long be held at bay without lapsing into an isolationism that could destroy much that had been achieved." (ebd.: 32) Zum anderen mussten Experimente des kommunalen Sozialismus demnach an jene *geo-politische* Grenze stoßen, mit der in Harveys Augen alle – auch die nicht-staatsförmigen – urbanen Bewegungen bis heute konfrontiert sind: die überlegene Kontrolle des Raumes durch die Bourgeoisie. Diese, auf historischen Erfahrungen und einem größeren strukturellen Machtpotential beruhende Fähigkeit, wird von Harvey hier und anderswo entlang von mindestens zwei Dimensionen diskutiert.

Erstens führt er die erfolgreichen Versuche der Herrschenden an, mittels räumlicher Praxen die physische sowie symbolische Kontrolle über konkrete Orte, d.h. die Straßen, Plätze und Viertel einer Stadt, (wieder) zu erlangen. Dieser Sachverhalt lässt sich erneut vor allem anhand des historischen Paris veranschaulichen (vgl. Harvey 1985a: 63ff.; Harvey 1989c: 212ff.; s. auch Harvey 1989b: 232ff.): So war es nicht nur das erklärte Ziel der Stadtentwicklungsprojekte von Haussmann, durch die Zerstörung enger Gassen, den Bau breiter Boulevards und generell die Gentrifzierung des Stadtzentrums zukünftige, lokal verankerte Aufstände zu verhindern. Vielmehr beruhte auch die Niederschlagung der Pariser Kommune – ähnlich wie zuvor der ArbeiterInnenbewegung in der Revolution von 1848 – wesentlich auf den überlegenen Kommunikationsmitteln der bürgerlichen Kräfte sowie ihrer Fähigkeit, die Stadt zu isolieren und gleichzeitig militärische Kräfte aus anderen Teilen Frankreichs hinzuzuziehen. Dass die zuvor von Haussmann vorangetriebene Öffnung und Erweiterung der räumlichen Struktur von Paris – etwa in Gestalt neuer Alltagserfahrungen auf den öffentlichen Plätzen und Boulevards – wesentlich zu der sozialen, politischen und kulturellen Gemengelage beigetragen hatte, welche die Kommune erst ermöglichte, verweist dabei auf die durchaus vorhandene Widersprüchlichkeit bürgerlicher Raumstrategien.

Dies gilt auch für deren zweite, im engeren Sinn politisch-institutionelle Dimension. Mit Blick auf Paris untersucht Harvey hier vor allem die Versuche der ArbeiterInnenklasse, durch den Aufbau eigener, internationaler oder stadtweiter Organisationen dem überlegenen Zugriff der Bourgeoisie auf den Raum und ihrer intensiven Vernetzung zu begegnen (vgl. Harvey 1985a: 165ff.). Insofern diese Bemühungen nur bedingt erfolgreich waren, findet er darin seine These bestätigt, „[that] [w]orking class movements are (...) generally better at organizing in and dominating *place* than they are at commanding *space*. (...) On the other hand, simultaneity of revolutionary upsurges in different locations, as in 1848 or 1968, strikes fear into any ruling class precisly because its superior command over space is threatened." (Harvey 1989b: 236f.) Dass diese Kontrolle dennoch weiterbesteht, schreibt Harvey dabei vor allem Eingriffen des kapitalistischen Staates zu: „One of the principle tasks of the capitalist state is to locate power in the spaces which the bourgeoisie controls, and disempower those spaces which oppositional movements have the greatest potentiality to comand." (ebd.: 237) Als historisches Beispiel dient ihm hierfür die zunehmende Machtverschiebung von der lokalen auf die nationale Ebene, die Ende des 19. Jahrhunderts stattfand und die er als Reaktion auf die wiederkehrenden Bewegungen in Richtung eines kommunalen Sozialismus bzw. anderer Projekte emanzipatorischer Stadtpolitik interpretiert (vgl. Harvey 1989c: 32f.).

Dass Harveys generelle These, wonach der Kapitalismus bis heute nicht nur, wie von Lefebvre angenommen, durch die Produktion von Raum, sondern vielmehr auch durch dessen Kontrolle überlebt hat (vgl. ebd.: 57f.), ebenso für die jüngere Vergangenheit gilt, verdeutlicht sein kurzer Hinweis auf die 1986 erfolgte Abschaffung des *Greater London Council* durch die Regierung Thatcher (vgl. Harvey 1989b: 237). Die Auflösung dieser obersten Verwaltungsbehörde Londons, die ab Anfang der 1980er Jahre vom linken Flügel der *Labour Party* um Ken Livingstone kontrolliert wurde und durch eine vergleichsweise progressive Stadtpolitik ein Gegengewicht zur neoliberalen Politik der „Iron Lady" zu setzen versuchte, stellt bis heute eines der prominentesten Beispiele einer herrschaftlichen *politics of scale* dar (vgl. Wissen/Röttger/Heeg 2008). Insofern der *Greater London Council* ein zentraler Bezugspunkt der eingangs erwähnten englischen *new urban left* war, offenbaren sich hier denn auch die politischen Grenzen dieser Strategie, der aus heutiger Perspektive das zweifelhafte Verdienst zukommt, das neoliberale Wunschbild einer „Renaissance der (Innen-)Städte" auf besonders innovative Art und Weise vorangetrieben zu haben (vgl., affirmativ, Bodenschatz 2005).

Warum die *new urban left* auch aus politökonomischen Gründen scheitern musste, verdeutlicht Harvey Ende der 1980er in seinem Text *From Managerialism to Entrepreneurialism: The Transformation in Urban Governance in Late Capitalism.* Anknüpfend an seine im letzten Kapitel dargestellte Analyse gelangt er darin, explizit auf die Erfahrungen aus England verweisend, zur Einschätzung, „(...) [that] even the most resolute and avantgarde municipial socialists will find themselves, in the end, playing the capitalist game and performing as agents of discipline for the very processes the are trying to resist." (Harvey 1989a: 5). Zwar eröffne, so Harveys Diagnose, das post-fordistische Regime „flexibler Akkumulation" zunächst auch sozioökonomisch schwachen Städten die Chance, mittels innovativer Wachstumsstrategien neuen Wohlstand zu erlangen. Allerdings müsse der „frostige Wind der Konkurrenz" (Harvey 1987: 126) und die flächendeckende Durchsetzung einer unternehmerischer Stadtpolitik über kurz oder lang notwendigerweise dazu führen, dass die Spielräume für alternative Entwicklungspfade gegenüber der fordistischen Periode – aus gutem Grund die Geburtsstunde der Idee einer „relativen Autonomie" lokaler Politik – wesentlich kleiner würden:

> „(...) [T]o the degree that inter-urban competition becomes more potent, it will almost certainly operate as an 'external coercive power' over individual cities to bring them closer into line with the discipline and logic of capitalist development. It may even force repetitive and serial reproduction of certain patterns of development (such as the serial reproduction of 'world trade centers' or of new cultural and entertainment centers, waterfront development, of postmodern shopping malls, and the like)." (Harvey 1989a: 10)

Angesichts dieser Konstellation wendet sich Harvey dagegen, einzelne stadtpolitische Akteure dafür verantwortlich zu machen, das progressive Potential, das in der unternehmerischen Vorstellung von der Stadt als „collective corporation" (ebd.: 16) liege, nicht verwirklicht oder die eigenen progressiven Vorsätze nicht umgesetzt zu haben. Stattdessen plädiert er dafür, die Wurzeln der dominanten, sozial destruktiven und ökonomisch instabilen Stadtpolitik im Faktum interurbaner Konkurrenz und den strukturellen Dynamiken der ungleichen räumlichen Entwicklung des Kapitalismus zu suchen. Vor dem Hintergrund dieser Perspektive – die den Prozess der ideologisch-politischen Durchsetzung unternehmerischer Stadtpolitik und ihrer, auf theoretisch Ebene noch betonten Vermittlung durch lokale Klassenallianzen leider vollkommen ausblendet – gelangt Harvey zu folgendem politischen Fazit: „Socialism within one city is not (...) a feasible project even under the best of circumstances. Yet cities are important power bases from which to work. The problem is to devise a geopolitical strategy of inter-urban linkage that mitigates inter-urban competition and shifts political horizons away from the locality and into a more generalisable challenge to capitalist uneven development." (ebd.)

Eine ganz ähnliche politische Stoßrichtung verfolgt Harvey auch in dem fast zeitgleich erschienenen Essay *Flexible Akkumulation durch Urbanisierung* (Harvey 1987), in dem er sich unter anderem kritisch mit dem Umstand auseinandersetzt, dass sich „[d]ie politische Ideologie auf der Linken (...) zugunsten eines 'durchführbaren' dezentralisierten Sozialismus verschoben [hat], der sich sehr viel stärker von Sozialdemokratie und Anarchismus als vom traditionellen Marxismus inspirieren lässt." (ebd.: 126) Ohne die realen Errungenschaften bzw. Potentiale der verschiedenen lokalen bzw. kommunalen Initiativen – neben der englischen *new urban left* nennt er Formen der „Regenbogen-Koalition" in den USA sowie die „Grünen" im damaligen Westdeutschland – deshalb zu negieren, beharrt er gegen die Gefahren eines Lokalismus auch hier auf der Notwendigkeit einer breiten, räumlich und zeitlich ausgreifenden sowie „alte" und „neue" Linke verbindenden Herangehensweise:

> „(...) [E]s ist geographisch [ebenso] unbegründet und naiv, die Eigenschaften eines globalen Prozesses zu ignorieren, wie die unterschiedlichen Qualitäten des Ortes und der Community. Praxisformen, die sich nur aus der zweiten Annahme ableiten, führen zu einer Politik der Anpassung und Unterordnung, anstatt zu einer des aktiven Widerstandes und der sozialistischen Veränderung. Und dennoch muß eine globale Strategie des Widerstandes und der Veränderung mit den realen Gegebenheiten in der Community beginnen. Das Problem besteht in der Formierung einer zentralisierten Politik, die es mit der zunehmend zentralisierten Macht flexibler Akkumulation aufnimmt, gleichzeitig aber der Basis des lokalen Widerstands treu bleibt. (...)" (ebd.: 127; korr. Übers. F.W.)

An dieser Stelle wird somit zweierlei sichtbar: Erstens deutet Harvey die historischen, aber auch die zeitgenössischen Erfahrungen dahingehend, dass jedes Projekt emanzipatorischer Stadtpolitik, das sich auf eine einzige Stadt oder gar einzelne Stadtteile beschränkt und keine gesamtgesellschaftliche und antikapitalistische Transformationsperspektive sucht, aus ökonomischen und politischen Gründen zum Scheitern verurteilt ist. Entweder entsteht auf diesem Weg ein zwar möglicherweise sozialpolitisch durchaus progressiver, politisch jedoch zahnloser, nicht verallgemeinerbarer und obendrein paternalistischer „Sozialismus in einer Stadt"

– für den das Rote Wien der Zwischenkriegszeit das wohl prominenteste Beispiel darstellt (vgl. Opratko/Probst 2010); oder aber die entsprechende Bewegung bleibt wirkungslos bzw. bricht in sich zusammen, was, je nach vorherigem Einsatz, unterschiedlich verheerende Konsequenzen haben kann. Mit Blick auf den Versuch einer revolutionären Überwindung des kapitalistischen Status quo gelten Harvey hier die Ereignisse von 1871 als warnendes Beispiel: „(...) [A]s the Paris Commune proved once and for all, there are then only two possible immediate outcomes. Either the revolution spreads and engulfs the whole of society, or the forces of reaction reoccupy the city and forcibly bring its politics under control." (Harvey 1989c: 127) Gleichzeitig verweist die Pariser Kommune jedoch auch auf die zweite wichtige Dimension von Harveys Position: Sein Insistieren darauf, dass Städte und Urbanisierungsprozesse, entsprechend ihrer zentralen Bedeutung für das ökonomische (vgl. Kapitel 6.1.1, 6.3), aber auch politisch-ideologische (vgl. Kapitel 6.1.2, 6.4) Überleben des Kapitalismus, der Angelpunkt jeder gesellschaftsverändernden Praxis sein müssen, die diesen überwinden möchte. Während diese Sichtweise in der Rede von Städten als „Machtbasen" bzw. Communitys als Orten konkreter Kämpfe in diesem Abschnitt bisher nur angeklungen ist, hat Harvey sie anderswo in aller Klarheit dargelegt:

> „If the urbanization of capital and of consciousness is so central to the perpetuation and experience of capitalism, and if it is through these channels that the inner contradictions of capitalism are now primarily expressed, then we have no option but to put the urbanization of revolution at the center of our political strategies. (...) Any political movement that does not embed itself in the heart of the urban process is doomed to fail in advanced capitalist society. Any political movement that does not secure its power within the urban process cannot long survive. Any political movement that cannot offer ways out of the multiple alientations of contemporary urban life cannot command mass support for the revolutionary transformation of capitalism. (...) Socialism has therefore to adress the problem of the simultaneous transformation of capitalism and its distinctive form of urbanization." (Harvey 1989c: 254f.)

Dieses Plädoyer dafür, der Urbanisierung des Kapitals eine Urbanisierung des antikapitalistischen Kampfes entgegenzusetzen, impliziert für Harvey gleichzeitig auch, gesellschaftliche Alternativen nicht ausgehend von einem abstrakten „socialist blueprint" (ebd.: 56) zu entwerfen, sondern darauf zu pochen, dass diese allein in konkreten Prozessen der Selbstemanzipation entstehen können: „Reale Macht für die heute Machtlosen muß durch Kampf von unten gewonnen und darf ihnen nicht aus Großzügigkeit von oben gegeben werden." (Harvey 1987: 129) Um jedoch über reine Abwehrkämpfe hinauskommen und eine „Politik der radikaleren Veränderung" (ebd.: 127) anstoßen zu können, bedarf es in Harveys Augen zweier Bedingungen: erstens einer kapitalistischen Krise – deren Entstehen aufgrund der Widersprüche des Regimes flexibler Akkumulation und also z.B. des gewachsenen Stellenwerts des Kredit- und Finanzsystems wahrscheinlicher geworden sei – und zweitens des „(...) Aufstieg[s] einer politischen Kraft, die in der Lage ist, das Machtvakuum auszufüllen und kreativ damit umzugehen.“ (ebd.: 128) In Hinblick auf das letztgenannte Moment hebt Harvey hier vor allem die Bedeutung der symbolischen Repräsentation der Marginalisierten hervor und wirft, ohne sie dann tatsächlich zu beantwortet, die Frage auf, wie und vor allem in welcher Sprache sich die Möglichkeiten und Grenzen politischer Praxis und konkreter Bündnisarbeit diskutieren lassen und welche Rolle darin kritische Theorie einnehmen kann.

Zwar gibt es hierzulande gegenwärtig keinerlei Anzeichen für den „Zusammenbruch der Regierungsfähigkeit der Bourgeoisie“ (ebd.) – als notwendige Bedingung jeder Revolution – oder das Entstehen einer derart machtvollen „politischen Kraft“, wie sie Harvey hier vorschwebt. Allerdings scheint angesichts der aktuellen, auch und besonders urbanen Krise sowie der Zunahme städtischer Revolten und urbaner sozialer Bewegungen die hier angeführte Bedingungskonstellation doch etwas weniger weit entfernt zu sein als noch zum Zeitpunkt des Erscheinens dieser Ausführungen – zumal mit der Parole „Right to the City“ mittlerweile ein Bezugspunkt existiert, der für die unzähligen und äußerst heterogenen Initiativen, Bewegungen und Kämpfe die Möglichkeit einer gemeinsamen Sprache zu eröffnen scheint (vgl. Bareis et al. 2010: 802ff.; Holm 2011a). Angesichts dieser Entwicklungen ist es daher kein Zufall, dass Harvey die Frage danach, welche Rolle städtische Politik im Kampf um die revolutionäre Überwindung des Kapitalismus einnehmen kann oder gar muss, in seinen jüngsten Veröffentlichungen wieder in den Mittelpunkt seines Interessen gerückt hat (vgl. z.B. Harvey 2009 [2008]: 328ff.; 2012a: 32ff.; 2012b). In diesen Texten wird meines Erachtens erneut die oben skizzierte Doppelperspektive sichtbar.

Der erste Argumentationsstrang besteht dabei darin, auch und besonders gegen die in Teilen der Linken noch immer existente – und von ihm selbst, wie gesehen (vgl. Kapitel 6.1.2, 6.2.2), in den 1970er Jahren mitunter ebenfalls vertretene – Privilegierung der Fabrik als Raum des Klassenkampfes die Bedeutung und das revolutionäre Potential städtischer Konflikte und urbaner sozialer Bewegungen hervorzuheben. Mit seiner Aufforderung, nicht mehr die Fabrik, sondern die Stadt als zentralen Ort der Mehrwertproduktion zu begreifen (vgl. Harvey 2012a: 33ff.), wird die Produktion und Reproduktion urbaner Prozesse für ihn zum zentralen Einsatzpunkt antikapitalistischer Politik:

> „Only when politics focuses on the production and reproduction of urban life as the central labor process out of which revolutionary impulses arise will it be possible to mobilize anti-capitalist struggle capable of radically transforming daily life. Only when it is understood that those who built and sustain urban life have a primary claim to that which they have produced, and that one of their claims it to unalienated right to make a city more after their own heart's desire, will we arrive at a politics of the urban that will make sense.“ (Harvey 2012b: xvi)

Mit dieser Sichtweise verändert sich indes auch das Verständnis dessen, was das Proletariat in der Vergangenheit war oder heute ist (vgl. Kapitel 6.4.3). Harvey diagnostiziert, dass in den kapitalistischen Zentren die klassischen Fabriksarbeitsplätze im Verschwinden begriffen sind und die ArbeiterInnenklasse zunehmend die Gestalt eines äußerst heterogenen, häufig unorganisierten urbanen „Prekariats" annimmt. Gerade mit Blick auf diese Veränderung erkennt er – darin linken Gewerkschaftsaktivistlnnen und ForscherInnen folgend – in geographischen, stadtteilbezogenen Formen der Organisierung eine zentrale Möglichkeit zur Erneuerung der organisierten ArbeiterInnenbewegung:

> „*Wenn sich der Klassenkampf nicht auf den Arbeitsplatz beschränkt, dann sollten sich auch die Gewerkschaften nicht auf den Arbeitsplatz beschränken.* Die strategische Konsequenz daraus ist, dass die Gewerkschaften die Städte organisieren müssen, nicht einfach nur die Arbeitsplätze (oder Branchen). Und die Städte können nur organisiert werden, wenn die Gewerkschaften mit Verbündeten in den großstädtischen Wohnvierteln zusammenarbeiten." (Fletcher/Gaspasin 2008: 174; zitiert nach: Harvey 2012a: 38)

Aus dieser Perspektive scheint Harvey die Problematik: „,Wie organisiert man eine Stadt?' (...) eine der Schlüsselfragen zu sein, auf die die Linke eine Antwort finden muss, wenn sie den antikapitalistischen Kampf in den kommenden Jahren wiederbeleben will." (Harvey 2012a: 38) Diesbezüglich verweist er zwar auf die „Anregungen", welche die Geschichte linker Stadtregierung – vom „Roten Bologna" über den *Greater London Council* bis hin nach Milwaukee in den USA – sowie jüngere Beispiele wie der BürgerInnenhaushalt von Porto Alegre, ökologische Programme in Curitiba oder die kommunalen Strukturen in El Alto geben könnten (vgl. ebd.: 38f.; 2012b: 135ff.). Allerdings werden dabei die – von Harvey vor 20 Jahren selbst ausgewiesenen – Problematiken solcher Experimente eines kommunalen Sozialismus bestenfalls am Rande thematisiert, eine Rückbindung an seine theoretischen Überlegungen zur Funktionsweise und den strukturellen Grenzen städtischer Politik findet nicht statt. Somit stehen hinsichtlich der Frage, wie eine progressive Organisation von Städten oder gar eine „linke Metropolenpolitik" (Holm/Lederer/Naumann 2011) tatsächlich aussehen könnte, ohne dabei die Fehler der – mitunter, wie etwa in Berlin, durchaus auch jüngeren – Vergangenheit zu wiederholen, auch auf Seiten von Harvey noch einige Antworten aus.

Offensichtlich ist jedoch, dass er in den Suchprozessen, die an dieser Stelle notwendig sind, den urbanen Kämpfen, die gegenwärtig unter der Parole „Recht auf Stadt" – als „Schrei und Forderung" – geführt werden, die zentrale Rolle zuschreibt. Dabei betont er jedoch zunächst die Ambivalenz dieses, von Lefebvre stammenden Slogans: Insofern Lefebvres – von ihm selbst in *Social Justice* aufgegriffene (vgl. Kapitel 4.1) – Prognose einer „urbanen Revolution" dahingehend eingetreten sei, dass die Unterschiede zwischen Stadt und Land immer stärker verschwänden und Urbanisierung heute als globales Phänomen verstanden werden müsse, wäre zunehmend unklar, was das „Recht auf Stadt" eigentlich genau bedeuten solle: „[T]o claim the right to the city is, in effect, to claim a right to something that no longer exists (if it ever truly did).“ (Harvey 2012b: xv) Ohne die Relevanz der Parole „Recht auf Stadt“ deshalb in Abrede zu stellen – er hält sie vor allem aufgrund der symbolischen Bedeutung des Begriffs „Stadt“ und der damit verbundenen, utopischen „Vorstellungswelten“ für politisch besonders produktiv – macht Harvey doch mit Nachdruck darauf aufmerksam, was es heißt, dass sie de facto ein „leerer Signifikant“ ist:

> „Everything depends on who gets to fill it with meaning. The financiers and developers can claim it, and have every right to do so. But then so can the homeless and the *sans-papiers*. We inevitably have to confront the question of whose rights are being identified, while recognizing, as Marx puts it in *Capital*, that ‘between equal rights force decided.’ The definition of the right is itself an object of struggle, and that struggle has to proceed concomitantly with the struggle to materialize it.“ (ebd.)

Genau an dieser Stelle kommt nun die zweite Stoßrichtung von Harveys Argumentation zum Tragen, spricht er sich doch dafür aus, in diesen Deutungskämpfen den Slogan „Recht auf Stadt“ als gesamtgesellschaftliche, antikapitalistische und revolutionäre Formel in Stellung zu bringen. In diesem Sinn möchte Harvey dieses „Recht“ zum einen, im Anschluss an Lefebvre, als ein kollektives verstanden wissen – wodurch es sich von den individuellen, bloß juridisch gedachten Menschen-, BürgerInnen- und Eigentumsrechten unterscheidet (vgl. Harvey 2009 [2008]: 315). Entsprechend seinem Verständnis von Urbanisierung als Prozess der Kapitalzirkulation (vgl. Kapitel 4.1, 4.2) bzw. der Stadt als Fabrik (vgl. Harvey 2012a: 35; s. auch Kapitel 6.4.3) tritt Harvey zum anderen dafür ein, das „Recht auf Stadt“ als Anspruch auf die demokratische Kontrolle ebendieser Prozesse zu interpretieren und zu verfechten. Eine linke Deutung dieses Slogans besteht demnach darin,

> „(…) dass alle, deren Arbeit an der Produktion und Reproduktion der Stadt beteiligt ist, das kollektive Recht nicht nur auf das von ihnen Produzierte haben, sondern auch auf die Entscheidung darüber, was wo und wie produziert werden soll. Es müssen demokratische Instrumente geschaffen werden (andere, als die der existierenden Demokratie der Geldmacht), mit denen über eine Wiederbelebung des städtischen Lebens jenseits der vorherrschenden Klassenverhältnisse entschieden werden kann, die mehr ‘unseren’ Wünschen entspricht (den Produzent_innen der Verstädterung [Urbanisierung, F.W.] und des städtischen Lebens). (Harvey 2012a: 40; vgl. auch Harvey 2009 [2008]: 328f.)

Jenseits der Frage, wie eine solche demokratische (Selbst-)Kontrolle der ProduzentInnen konkret aussehen könnte – was wieder zurück auf die Frage nach der Organisation der Stadt verweist –, ist offensichtlich, dass Harvey hier auf die Einnahme eines Klassenstandpunkts drängt. Wie bereits ausgeführt (vgl. Kapitel 6.4.3), sind die Subjekte der Veränderung, die er im Zusammenhang mit dem „Recht auf Stadt“ vor Augen hat, denn auch städtische ArbeiterInnen in einem sehr weiten Wortsinn, von Hausangestellten und Küchenhilfen über Kanal- und BauarbeiterInnen oder in der Energie- oder Nahrungsmittelbranche Tätigenden bis hin zu HandwerkerInnen und – ohne dass Harvey diese Gruppen tatsächlich nennen würde – Kreativschaffenden und KünstlerInnen: „Die städtischen Produzent_innen müssen sich erheben und ihr Recht auf die Stadt, die sie kollektiv produzieren, zurückfordern." (Harvey 2012a: 41) Am Beispiel der Streiks von TransportarbeiterInnen illustriert Harvey, dass diese ProduzentInnen – vor allem, wo sie mit den physischen und sozialen Infrastrukturen der Stadt zu tun haben – gerade aufgrund ihrer Positionierung in urbanisierten Klassenverhältnissen über spezifische Fähigkeiten verfügen, die ihren Forderungen und ihrer politischen Praxis eine besondere Durchschlagskraft verleihen kann: „Als organisierte Kraft hätten diese Arbeiter_innen die Macht, den Stoffwechsel der Stadt zu ersticken." (ebd.: 36)

Ein solcher Zugang bedeutet freilich auch, sich hinsichtlich der realen Möglichkeiten auf Veränderung keinerlei Illusionen hinzugeben. Wenn städtische Konflikten tatsächlich, wie von Harvey angenommen, ein oder möglicherweise *das* zentrale Moment gegenwärtiger Klassenkämpfe sind, dann liegt auf der Hand, dass hier auch der Ort ist, wo jene Kräfte intervenieren, welche ein vitales Interesse an der Aufrechterhaltung des gesellschaftlichen Status quo haben. Insofern hier die Bedeutung der zuvor angeführten Bemerkung von Marx, nach der zwischen gleichen Rechten die Gewalt entscheidet, in voller Konsequenz sichtbar wird, warnt Harvey daher auch vor einem allzu weltfremden Verständnis des „Rechts auf Stadt". Während vor allem die alltäglichen Praxen des urbanen Lebens nämlich tatsächlich, wie von Lefebvre hervorgehoben, einen utopischen Möglichkeitsraum eröffneten und dieser besonders in spontanen Versammlungen an zentralen städtischen Orten, wie sie auch für die jüngere Vergangenheit so charakteristisch waren, sicht- und erfahrbar werde, zeigten sich gerade hier auch die Grenzen einer solchen Perspektive: „It is at this point (...) that the urban revolutionary romanticism that so many now attribute to and love about Lefebvre crashes against the rock of his understanding of capitalist realities and capital's power. Any spontaneous alternative visionary moment is fleeting; if it is not seized at the flood, it will surely pass (...)" (Harvey 2012b: xvii) Wenn sich Harvey hier dagegen wendet, Lefebvre nur als Verfechter von Spontanität, Mikropolitiken und utopischem Überschuss zu interpretieren, dann kommt darin sein eigenes Verständnis von der Notwendigkeit einer *urbanen* Revolution als urbaner *Revolution* noch einmal derart pointiert zum Ausdruck, dass sich jedes weitere Schlusswort erübrigt:

> „Lefebvre was far too well aware of the strength and power of the dominant practices not to recognize that the ultimate task is to eradicate those practices through a much broader revolutionary movement. The whole capitalist system of perpetual accumulation, along with its associated structures of exploitative class and state power, has to be overthrown and replaced. Claiming the right to the city is a way-station on the road to that goal. It can never be an end in itself, even if it increasingly looks to be one of the most propitious paths to take." (ebd.: xviii)

Danksagung

Dieses Buch ist die überarbeitete Fassung meiner Diplomarbeit, die ich 2011 am Institut für Politikwissenschaft der Universität Wien eingereicht habe. Dort mit dem Werk von David Harvey in Berührung gekommen zu sein und dieses Projekt in Angriff genommen zu haben, verdanke ich Markus Wissen. Er und Bernd Belina konnten mir zudem wichtige inhaltliche Hinweise geben, ohne die mancher Aspekt von Harveys Arbeiten (noch) schwerer zu durchdringen gewesen wären. Veronika Duma, Bettina Köhler, Hanna Lichtenberger, Benjamin Opratko, Stefan Probst und Hans Pühretmayer haben Teile des Manuskripts vorab gelesen und mir durch ihre Kommentare und Korrekturen sehr geholfen. Schließlich danke ich allen drei Herausgebern der *Raumproduktionen*-Reihe für die Möglichkeit zur Publikation, ebenso Günter Thien und dem Verlag Westfälisches Dampfboot für die freundliche und geduldige Zusammenarbeit.

Da das Buch den (vorläufigen) Abschluss meiner siebeneinhalb Jahre in Wien darstellt, sei auf diesem Weg auch noch einer Reihe von Personen und Zusammenhängen gedankt, die dieses Projekt zum Teil zwar nur indirekt beeinflusst, es aber letztlich erst ermöglicht haben: Zunächst Ulrich Brand und allen Anderen, die am Institut für Politikwissenschaft in Wien kritische Lehre und Forschung ermöglichen und selbst vorantreiben; den Mitgliedern von INURA-Wien für die Möglichkeit, Einiges von dem, was sich in diesem Buch lediglich in (zu) abstrakter Form wiederfindet, anhand der Stadt Wien konkretisiert haben zu können; den FreundInnen und GenossInnen der Gruppe „Perspektiven", die lange mehr waren als nur eine politische „Homebase"; der Tapas-Bar und ihrer Crew für eine unvergleichliche Mischung aus Lohnarbeit, Rotweinverkostung und politischer Debatte; Katharina Hajek und Bengt Stiller für – viel zu seltene – Abende am gemeinsamen Küchentisch; und zuletzt Veronika Duma, ohne die dieses Buch und so vieles Andere nicht möglich gewesen wäre.

Widmen möchte ich diese Arbeit meinen lieben Eltern Gudrun und Ekkehard Wiegand.

Frankfurt, im November 2012

Abkürzungsverzeichnis

Class-Monopoly Rent	Class-Monopoly Rent, Finance Capital, and the Urban Revolution (Harvey 1985b: 62ff.)
Condition	The Condition of Postmodernity. An Enquiry into the Origins of Cultural Change (Harvey 1989b)
Explanation	Explanation in Geographie (Harvey 1969)
Framework	The Urban Process under Capitalism: A Framework for Analysis (Harvey 1989c: 59ff.)
Geopolitics	The geopolitics of capitalism (Harvey 2001 [1985])
Justice & Nature	Justice, Nature and the Geography of Difference (Harvey 1996b)
Limits	The Limits to Capital (Harvey 2006 [1982])
Urban Politics	The Place of Urban Politics in the Geography of Uneven Capitalist Development (Harvey 1989c: 125ff.)
Social Justice	Social Justice and the City (Harvey 2009 [1973])

Literatur

Primärtexte von Harvey

Harvey, David (1969): Explanation in Geography, London, Arnold.

– (1972): Revolutionary and Counter-revolutionary Theory in Geography and the Problem of Ghetto Formation, in: Antipode, 4 (2): 1-13.

– (1977): Government Policies, Financial Institutions and Neighbourhood Change in United States Cities, in: Harloe, Michael (Hg.): Captive Cities. Studies in the Political Economy of Cities and Regions, Chichester/New York/Brisbane/Toronto, John Wiley & Sons: 123-139.

– (1978 [1974]): Klassenmonopolrente, Finanzkapital und Urbanisierung, in: Mayer, Margit/ Roth, Roland/Brandes, Volkhard (Hg.): Stadtkrise und soziale Bewegungen. Texte zur internationalen Entwicklung, Köln/Frankfurt am Main, VA: 55-77.

– (1985a): Consciousness and the Urban Experience. Studies in the History and Theory of Capitalist Urbanization, Baltimore, The John Hopkins University Press.

– (1985b): The Urbanization of Capital. Studies in the History and Theory of Capitalist Urbanization, Oxford, Basil Blackwell.

– (1985 [1978]): Die Entwicklung der städtischen baulichen Umwelt im Kapitalismus: theoretisches Rüstzeug für eine Analyse, in: Krämer, Jürgen/Neef, Rainer (Hg.): Krise und Konflikte in der Großstadt im entwickelten Kapitalismus. Texte zu einer „New Urban Sociology", Basel/Boston/Stuttgart, Birkhäuser: 49-72.

– (1987a): Flexible Akkumulation durch Urbanisierung: Reflexionen über „Postmodernismus" in amerikanischen Städten, in: Prokla 69: 109-131.

– (1987b): The world systems trap, in: Studies in Comparative International Development, 22 (1): 42-47.

– (1987c): Three myths in search of a reality of urban studies, in: Environment and Plannung D: Society and Space, 5 (4): 367–376.

– (1988a): The Geographical and Geopolitical Consequences of the Transition from Fordist to Flexible Accumulation, in: Sternlieb, George/Hughes, James W. (Hg.): America's New Market Geography. New Brunswick, New Jersey, Center for Urban Policy Research, Rutgers State University of New Jersey.

– (1988b): „The Restless Analyst": an interview with David Harvey [interviewers: Linda Peake and Peter Jackson], in: Journal of Geography in Higher Education, 12 (1): 5-20.

– (1988c): Urban Places in the „Global Village": Reflections on the Urban Condition in Late Twentieth Century Capitalism, in: Mazza, Luigi (Hg.): World Cities and the Future of the Metropolis, Milan, Electra: 21-31.

– (1989a): From Managerialism to Entrepreneurialism: The Transformation of Urban Governance in Late Capitalism, in: Geografiska Annaler. Series B, Human Geography, 71 (1): 3-17.

– (1989b): The Condition of Postmodernity. An Enquiry into the Origins of Cultural Change, Malden/Oxford/Carlton, Blackwell Publishing.

– (1989c): The Urban Experience, Baltimore/London, The John Hopkins University Press.

– (1991 [1985]): Geld, Zeit, Raum und die Stadt, in: Wentz, Martin (Hg.): Stadt-Räume, Frankfurt a.M./New York: 149-168.
– (1992): Postmodern morality plays, in: Antipode, 24 (3): 300-326.
– (1996a): Cities or urbanization?, in: City: analysis of urban trends, culture, theory, policy, action, 1 (1-2): 38-61.
– (1996b): Justice, Nature and the Geography of Difference, Oxford, Blackwell.
– (1998): The Humboldt Connection, in: Annals of the Association of American Geographers, 88 (4): 723-730.
– (1999): On fatal flaws and fatal distractions, in: Progress in Human Geography, 23 (4): 557-566.
– (2000): Spaces of Hope, Edinburgh, Edinburgh University Press.
– (2001a): Cartographic identities: geographical knowledge under globalization, in: Ders.: Spaces of Capital. Towards a Critical Geography, Edinburgh: 208-233.
– (2001b): Globalization and the „Spatial fix", in: Geographische Revue, 2: 23-30.
– (2001c): Preface, in: Ders.: Spaces of Capital. Towards a Critical Geography, Edinburgh: vii-x.
– (2001d): Spaces of Capital, Edinburgh University Press.
– (2001e): The art of rent: globalization and the commodification of culture, in: Ders.: Spaces of Capital. Towards a Critical Geography, Edinburgh: 394-411.
– (2001 [1974]-a): Population, resources, and the ideology of science, in: Ders.: Spaces of Capital, Edinburgh: 38-67.
– (2001 [1974]-b): What kind of geography for what kind of public policy?, in: Ders.: Spaces of Capital, Edinburgh: 27-37.
– (2001 [1975]): The geography of capitalist accumulation: a reconstruction of the Marxian theory, in: Ders.: Spaces of Capital, Edinburgh: 237-266.
– (2001 [1976]): The Marxian theory of the state, in: Ders.: Spaces of Capital, Edinburgh: 267-283.
– (2001 [1978]): On countering the Marxian myth – Chicago-style, in: Ders.: Spaces of Capital, Edinburgh: 68-89.
– (2001 [1981]): The spatial fix: Hegel, Von Thünen and Marx, in: Ders.: Spaces of Capital, Edinburgh: 284-311.
– (2001 [1983]): Owen Lattimore: a memoire, in: Ders.: Spaces of Capital, Edinburgh: 90-107.
– (2001 [1984]): On the history and present condition of geography: an historical materialist manifesto, in: Ders.: Spaces of Capital, Edinburgh: 108-120.
– (2001 [1985]): The geopolitics of capitalism, in: Ders.: Spaces of Capital, Edinburgh: 312-344.
– (2001 [1992]): A view from Federal Hill, in: Ders.: Spaces of Capital, Edinburgh: 128-157.
– (2001 [2000]): Reinventing geography: an interview with the editors of New Left Review, in: Ders.: Spaces of Capital, Edinburgh: 3-24.
– (2002): Memories and Desires, in: Gould, Peter/Pitts, Forrest R. (Hg.): Geographical Voices. Fourteen Autobiographical Essays, Syracuse/New York, Syracuse University Press: 149-188.

– (2003a): Die Geographie des „neuen“ Imperialismus: Akkumulation durch Enteignung, in: Zeller, Christian (Hg.): Die globale Enteignungsökonomie, Münster, Verlag Westfälisches Dampfboot: 183-215.
– (2003b): Paris, Capital of Modernity, New York/London, Routledge.
– (2004): Retrospect on The Limits to Capital, in: Antipode, 36 (3): 544-549.
– (2005a): A Brief History of Neo-liberalism, Oxford, Oxford University Press.
– (2005b): Raum als Schlüsselbegriff, in: Ders.: Räume der Neoliberalisierung, Hamburg: 125-157.
– (2005 [2003]): Der neue Imperialismus, Hamburg, VSA-Verlag.
– (2006): Comment on Commentaries, in: Historical Materialism, 14 (4): 157-166.
– (2006 [1982]): The Limits to Capital, London/New York, Verso.
– (2007): „Reflections“. David Harvey interviewed by Alberto Toscano, in: Development and Change, 38 (6): 1127-1135.
– (2007 [2005]-a): Kleine Geschichte des Neoliberalismus, Zürich, Rotpunktverlag.
– (2007 [2005]-b): Räume der Neoliberalisierung. Zur Theorie der ungleichen Entwicklung, Hamburg, VSA-Verlag.
– (2008): Symposium on Giovanni Arrighi's Adam Smith in Beijing. Participants: Giovanni Arrighi, Joel Andreas, David Harvey, Unter: http://www.youtube.com/watch?v=nLdNKf0vAhg, zuletzt aufgerufen am 28.07.2012.
– (2009): Cosmopolitanism and the Geographies of Freedom, New York, Columbia University Press.
– (2009 [1973]): Social Justice and the City, Athens/London, The University of Georgia Press.
– (2009 [2008]): The Right to the City, in: Ders. (Hg.): Social Justice and the City, Athens/London, The University of Georgia Press: 315-332.
– (2010a): Crises of capitalism, RSA Animate (video), unter: http://comment.rsablogs.org.uk/2010/06/28/rsa-animate-crisis-capitalism/, aufgerufen am 4.11.2011.
– (2010b): The Enigma of Capital, London, Profile Books.
– (2011a): Crises, Geographic Disruptions and the Uneven Development of Political Responses, in: Economic Geography, 87 (1): 1-22.
– (2011b): Marx' „Kapital“ lesen, Hamburg, VSA-Verlag.
– (2012a): Die urbanen Wurzeln der Finanzkrise. Die Stadt für den antikapitalistischen Kampf zurückgewinnen. Supplement der Zeitschrift Sozialismus 2/2012, Hamburg, VSA-Verlag.
– (2012b): Rebel Cities. From the Right to the City to the Urban Revolution, London/New York, Verso.
Harvey, David/Callinicos, Alex (2012): Marx's Method in Capital. Debate at the Marxism 2012-Festival (video), unter: http://www.youtube.com/watch?v=yhnvlPxkuKs, aufgerufen am 07.09.2012.
Harvey, David/Chatterjee, Lata (1974): Absolute rent and the structuring of space by governmental and financial institutions, in: Antipode, 6 (1): 22-36.
Harvey, David/Scott, Allen (1989): The Practice of Human Geography: Theory and Empirical Specificity in the Transition from Fordism to Flexible Accumulation, in: Macmillan, Bill (Hg.): Remodelling Geography, Oxford, Basil Blackwell: 217-229.

Harvey, David/Smith, Neil (1984): Geography: From Capitals to Kapital, in: Ollman, Bertell/Vernoff, Edward (Hg.): The Left Academy. Marxist Scholarship on American Campuses, New York: 99-121.

Sonstige Literatur

Aalbers, Manuel (2009): The sociology and geography of mortgage markets: reflections on the financial crisis, in: International Journal of Urban and Regional Research, 33 (2): 281-290.

– (2011): Place, Exclusion and Mortgage Markets, Oxford, Wiley-Blackwell.

Althusser, Louis (1977): Ideologie und ideologische Staatsapparate. Anmerkungen für eine Untersuchung, in: Ders.: Ideologie und ideologische Staatsapparate. Hamburg/Westberlin: 108–168.

– (1983 [1978]): Marx' Denken im Kapital, in: Prokla, 50: 130-147.

Althusser, Louis/Balibar, Étienne (1972): Das Kapital lesen, Reinbek, Rowohlt.

AnArchitektur (2006a): Material zu David Harvey: Flexible Akkumulation durch Urbanisierung. AnArchitektur 16.

– (2006b): Steinbrüche der Theoriebildung. Manuel Castells, David Harvey und die Widerstände in der kapitalistischen Stadt. Ein E-Mail-Gespräch. Beilage zu AnArchitektur 16-17.

Anievas, Alexander (Hg.) (2010): Marxism and World Politics. Contesting Global Capitalism, London/New York, Routledge.

Archer, Kevin (1987): Mythology and the problem of reading in urban and regional research, in: Environment and Plannung D: Society and Space, 5 (4): 384-393.

Archer, Margaret, et al. (Hg.) (1998): Critical Realism. Essential Readings, London/New York, Routledge.

Arrighi, Giovanni (2008): Adam Smith in Beijing: Die Genealogie des 21. Jahrhunderts, Hamburg, VSA Verlag.

Ashman, Sam, et al. (2006): Symposium on David Harvey's The New Imperialism, in: Historical Materialism, 14 (4): 3-166.

Balibar, Étienne (2007): Uprisings in the Banlieues, in: Constellations, 14 (1): 47-71.

Ball, M. (1986): The built environment and the urban question, in: Environment and Planning D: Society and Space, 4 (4): 447-464.

Bareis, Ellen, et al. (2010): Die Stadt in der Revolte, in: Das Argument, 289: 795-805.

Barnes, Trevor (2004): „The Background of Our Lives": David Harvey's The Limits to Capital, in: Antipode, 36 (3): 407-413.

– (2006): Between Deduction and Dialectis: David Harvey on Knowledge, in: Castress, Noel/Gregory, Derek (Hg.): David Harvey. A Critical Reader, Malden/Oxford/Carlton: 26-46.

Barret, Michéle (1983): Das unterstellte Geschlecht. Umrisse eines materialistischen Feminismus, Hamburg, Argument-Verlag.

Beauragard, Robert (1991): Capital Restructuring and the New Built Environment of Global Cities: New York and Los Angeles, in: International Journal of Urban and Regional Research, 15 (1): 90-105.

– (1994): Capital switching and the built environment: United States, 1970-89, in: Environment and Planning A, 26: 715-732.

Belina, Bernd (2003): Harveys Postmodernisierung des Marxismus: Zwischen den Stühlen, in: Geographische Revue, 2003 (1): 61-69.

– (2006): Raum, Überwachung, Kontrolle. Vom staatlichen Zugriff auf städtische Bevölkerung, Münster, Westfälisches Dampfboot.

– (2008): Die kapitalistische Produktion des Raums: zwischen Mobilität und Fixierung, in: Krumbein, Wolfgang, et al. (Hg.): Kritische Regionalwissenschaft. Gesellschaft, Politik, Raum, Münster, Westfälisches Dampfboot: 70-86.

– (2010): Krise und gebaute Umwelt. Zum Begriff des „sekundären Kapitalkreislaufs" und zur Zirkulation des fixen Kapitals, in: Z – Zeitschrift Marxistische Erneuerung (83): 8-19.

– (2011): Kapitalistische Raumproduktionen und ökonomische Krise. Zum Begriff des spatial fix bei David Harvey, in: Zeitschrift für Wirtschaftsgeographie, 4: 239-252.

Belina, Bernd/Michel, Boris (Hg.) (2007a): Raumproduktionen. Beiträge der Radical Geography. Eine Zwischenbilanz, Münster, Westfälisches Dampfboot.

– (2007b): Raumproduktionen. Zu diesem Band, in: Dies. (Hg.): Raumproduktionen. Beiträge der Radical Geography. Eine Zwischenbilanz, Münster, Westfälisches Dampfboot: 7-34.

Benjamin, Walter (1977 [1935]): Paris, die Hauptstadt des XIX. Jahrhunderts, in: Ders.: Illuminationen. Ausgewählte Schriften 1, Frankfurt a.M., Suhrkamp: 170-184.

Berking, Helmuth/Löw, Martina (2005): Wenn New York nicht Wanne-Eickel ist... Über Städte als Wissensobjekt der Soziologie, in: Dies. (Hg.): Die Wirklichkeit der Städte, Baden-Baden, Nomos: 9-22.

Bhaskar, Roy (1998 [1979]): The Possibility of Naturalism. A Philosophical Critique of the Contemporary Human Seiences (3rd edition), London/New York, Routledge.

Bodenschatz, Harald (2005): Vorbild England: Urban Renaissance in Birmingham und Manchester, in: kunsttexte.de, 3.

Borst, Renate, et al. (Hg.) (1990): Das neue Gesicht der Städte. Theoretische Ansätze und empirische Befunde aus der internationalen Debatte, Basel/Boston/Berlin, Birkhäuser-Verlag.

Braun, Bruce (2006): Towards a New Earth and a New Humanity: Nature, Ontology, Politics, in: Castree, Noel/Gregory, Derek (Hg.): David Harvey. A Critical Reader, Malden/Oxford/Carlton, Blackwell Publishing: 191-222.

Brenner, Neil (1998): Between fixity and motion: accumulation, territorial organization and the historical geography of spatial scales, in: Environment and Planning D: Society and Space, 16 (4). 459-481.

– (2004): New State Spaces. Urban Governance and the Rescaling of Statehood, Oxford, Oxford University Press.

– (2009): What is critical urban theory?, in: City: analysis of urban trends, culture, theory, policy, action, 13 (2-3): 198-207.

Brenner, Robert (1977): The Origins of Capitalist Development: A Critique of Neo-Smithian Marxism, in: New Left Review, I/104 (July-August 1977): 25-92.

Bretthauer, Lars, et al. (2006): Einleitung, in: Dies. (Hg.): Poulantzas lesen. Zur Aktualität marxistischer Staatstheorie, Hamburg, VSA-Verlag: 7–31.

Brigham, Ann/Reineke, Yvonne/Tang, Donna Taxco (1997): Book Review: Justice, Nature and the Geography of Difference, in: Gender, Place & Culture: A Journal of Feminist Geography, 4 (3): 365-370.

Callinicos, Alex (1987): Making History. Agency, Structure and Change in Social Theory, Cambridge/Oxford, Polity Press.

– (2006): David Harvey and Marxism, in: Castress, Noel/Gregory, Derek (Hg.): David Harvey. A Critical Reader, Malden/Oxford/Carlton: 47-54.

– (2009): Imperialism and Global Political Economy, Cambridge, Polity.

Candeias, Mario (2009): Neoliberalismus, Hochtechnologie, Hegemonie. Grundrisse einer transnationalen kapitalistischen Produktions- und Lebensweise. Eine Kritik. Zweite Auflage, Hamburg, Argument-Verlag.

Castells, Manuel (1970): Structures sociales et processus d'urbanization, in: Annales, Economies, Societés, Civilization, 25: 1155-1199.

– (1977 [1972]): Die kapitalistische Stadt. Ökonomie und Politik der Stadtentwicklung, Hamburg/Westberlin, VSA-Verlag.

– (2012 [1973]): Kampf in den Städten. Gesellschaftliche Widersprüche und politische Macht. Mit einem Vorwort von Andrej Holm, Hamburg, VSA-Verlag.

Castree, Noel (1995): On theory's subject and subject's theory: Harvey, capital, and the limits to classical Marxism, in: Environment and Planning A, 27: 269-297.

– (2001): From spaces of antagonism to spaces of engagement, in: Brown, Andrew/Fleetwood, Steve/Roberts, Michael (Hg.): Critical Realism and Marxism, New York/London, Routledge: 187-214.

– (2004): David Harvey, in: Hubbard, Phil/Kitchin, Rob/Valentine, Gill (Hg.): Key Thinkers on Space and Place, London/Thousand Oaks/New Delhi, Sage: 181-188.

– (2006): The Detour of Critical Theory, in: Castress, Noel/Gregory, Derek (Hg.): David Harvey. A Critical Reader, Malden/Oxford/Carlton: 247-269.

– (2007): David Harvey: Marxism, Capitalism and the Geographical Imagination, in: New Political Economy, 12 (1): 97-115.

– (2008): The Limits to Capital (1982): David Harvey, in: Hubbard, Phil/Kitchin, Rob/Valentine, Gill (Hg.): Key Texts in Human Geography, Los Angeles/London/New Delhi/Singapure, Sage: 61-70.

Castree, Noel/Essletzbichler, Jürgen/Brenner, Neil (2004a): Introduction to the Symposium: David Harvey's The Limits to Capital: Two Decades On, in: Antipode, 36 (3): 401-405.

– [Organizers] (2004b): Symposium: David Harvey's The Limits to Capital: Two Decades On, in: Antipode, 36 (3): 400-550.

Castree, Noel/Gregory, Derek (Hg.) (2006): David Harvey. A Critical Reader, Malden/Oxford/Carlton.

Charney, Igal (2001): Three Dimensions of Capital Switching within the Real Estate Sector: A Canadian Case Study, in: International Journal of Urban and Regional Research, 25 (4): 740-758.

Chesnais, François (2004): Das finanzdominierte Akkumulationsregime: theoretische Begründung und Reichweite, in: Zeller, Christian (Hg.): Die globale Enteignungsökonomie, Münster, Verlag Westfälisches Dampfboot: 217-254.

Chouinard, Vera/Fincher, Ruth (1983): A Critique of „Structural Marxism and Human Geography", in: Annals of the Association of American Geographers, 73 (1): 137-150.

Chouinard, Vera/Grant, Ali (1995): On being not even anywhere near „the project": ways of putting ourselfes in the picture, in: Antipode, 27 (2): 137-166.

Christophers, Brett (2011): Revisiting the Urbanization of Capital, in: Annals of the Association of American Geographers, 101 (6): 1347-1364.

Christopherson, Susan (1989): On being outside „the project“, in: Antipode, 21 (2): 83-89.

Clarke, Simon (1991): Introduction, in: Ders. (Hg.): The State Debate, Houndmills, Basingstoke, Hampshire: 1-61.

– (1994): Marx's Theory of Crisis, Houndmills.

Corbridge, Stuart (1998): Reading David Harvey: Entries, Voices, Loyalities, in: Antipode, 30 (1): 43-55.

Cox, Kevin R. (Hg.) (1978): Urbanization and Conflict in Market Societies, Chicago/London, Maroufa Press/Methuen.

Cox, Robert W. (2011 [1981]): Soziale Kräfte, Staaten und Weltordnungen: Jenseits einer Theorie Internationaler Beziehungen, in: Opratko, Benjamin/Prausmüller, Oliver (Hg.): Gramsci global. Neogramscianische Perspektiven in der Internationalen Politischen Ökonomie, Hamburg: 39-83.

Craib, Ian (1992): Modern Social Theory: from Parsons to Habermas, Hertfordshire, Harvester Wheatsheaf.

Davis, Mike (1987): Chinatown, Part Two? The „Internationalization“ of Downtown Los Angeles, in: New Left Review, 164: 65-86.

– (2006 [1990]): City of Quarz. Ausgrabungen der Zukunft in Los Angeles, Berlin, Assoziation A.

Dear, Michael, et al. (1987): Reconsidering social theory: a debate, in: Environment and Planning D: Society and Space, 5 (4): 367-434

Dear, Michael J. (2003): The Los Angeles School of Urbanism: An Intellectual History, in: Urban Geography, 24 (6): 493-509.

Dear, Michael J./Scott, Allen. J. (Hg.) (1981): Urbanization and urban planning in capitalist society, London/New York, Methuen.

Demirović, Alex (2007a): Nicos Poulantzas. Aktualität und Probleme materialistischer Staatstheorie. Zweite, überarbeitete und erweiterte Auflage, Münster, Westfälisches Dampfboot.

– (2007b): Politische Gesellschaft – zivile Gesellschaft. Zur Theorie des integralen Staates bei Antonio Gramsci, in: Buckel, Sonja/Fischer-Lescano, Andreas (Hg.): Hegemonie gepanzert mit Zwang. Zivilgesellschaft und Politik im Staatsverständnis Antonio Gramscis, Baden-Baden, Nomos. 21-41.

Deppe, Frank, et al. (2004): Der neue Imperialismus, Heilbronn, Distel Verlag

Deutsche, Rosalyn (1991): Boys town, in: Environment and Planning D: Society and Space, 9 (1): 5-30.

Döring, Jörg/Thielmann, Tristan (2009a): Einleitung: Was lesen wir im Raume? Der Spatial turn und das geheime Wissen der Geographen, in: Dies. (Hg.): Spatial turn. Das Raumparadigma in den Kultur- und Sozialwissenschaften, Bielefeld, transcript: 7-45.

– (Hg.) (2009b): Spatial turn. Das Raumparadigma in den Kultur- und Sozialwissenschaften, Bielefeld, transcript.

Duncan, James/Ley, David (1982): Structural Marxiam and Human Geography: A Critical Perspective, in: Annals of the Association of American Geographers, 72 (1): 30-59.

Dunn, Bill/Radice, Hugo (Hg.) (2006): 100 Years of Permanent Revolution. Results and Prospects, London/Ann Arbor, MI.

Eagleton, Terry (1997): Spaced out. Review of Justice, Nature and the Geography of Difference by David Harvey, in: London Review of Books, 24. April 1997, 18 (8): 22-23.

Eckardt, Frank (Hg.) (2012): Handbuch Stadtsoziologie, Wiesbaden, Springer.

Eisel, Ulrich (2009): Landschaft und Gesellschaft. Räumliches Denken im Visier, Münster, Westfälisches Dampfboot.

Elden, Stuart (2004): Understanding Henri Lefebvre. Theory and the Possible, London, Continuum.

Engels, Friedrich (1972 [1845]): Die Lage der arbeitenden Klasse in England. Nach eigner Anschauung und authentischen Quellen, in: Marx, Karl/Ders.: Werke. Band 2, Belin.

– (1973 [1872]): Zur Wohnungsfrage, in: Marx, Karl/Ders.: Werke. Band 18, Berlin: 209-287.

Fainstein, Susan (1994): The City Builders. Property, Politics, and Planning in London and New York, Oxford Cambridge, Blackwell.

Feagin, Joe (1987): The secondary circuit of capital: office construction in Houston, Texas, in: International Journal of Urban and Regional Research, 11 (2): 172-192.

Fee, Elizabeth/Shopes, Linda/Zeidman, Linda (Hg.) (1992): The Baltimore Book: New Views on Local History, Philadelphia.

Fine, Ben (2006): Debating the „New" Imperialism, in: Historical Materialism, 14 (4): 133-156.

Fine, Ben/Harris, Lawrence (1979): Rereading Capital, London.

Fine, Ben/Saad-Filho, Alfredo (2010 [2004]): Marx's „Capital", London/New York, PlutoPress.

Folin, Marino (1981): The production of the general conditions of social production and the role of the state, in: Harloe, Michael/Lebas, Elizabeth (Hg.): City, class and capital. New developments in the political economy of cities and regions, London, Edward Arnold: 51-60.

Geddes, Mike (2009): Marxism and Urban Politics, in: Davis, Jonathan/Imbroscio, David (Hg.): Theories of Urban Politics. Second Edition, Los Angeles u.a., Sage: 55-72.

Gerstenberger, Heide (2007): Fixierung und Entgrenzung. Theoretische Annäherung an die politische Form des Kapitalismus, in: Prokla, 147: 173-197.

Gidwani, Vinay (2004): The Limits to Capital: Questions of Provenance and Politics, in: Antipode, 36 (3): 527-542.

Gieryn, Thomas (2006): City as Truth-Spot: Laboratories and Field-Sites in Urban Studies, in: Social Studies of Science, 36 (5): 5-38.

Gotham, Kevin Fox (2009): Creating Liquidity out of Spatial Fixity: The Secondary Circuit of Capital and the Subprime Mortgage Crisis, in: International Journal of Urban and Regional Research, 33 (2): 355-371.

Gottdiener, Mark (1987): Urbanization, consciousness and the limits of capital logic, in: International Journal of Urban and Regional Research, 11 (1): 125-131.

– (1994 [1985]): The Social Production of Urban Space. Second Edition, Austin, University of Texas Press.

Gottlieb, Manuel (1976): Long swings in urban development, New York.

Gough, Jamie (2004): The Relevance of The Limits to Capital to Contemporary Spatial Economics: For an Anti-Capitalist Geography, in: Antipode, 36 (3): 512-526.

Gregory, Derek (2006): Introduction: Troubling Geographies, in: Castress, Noel/Ders. (Hg.): David Harvey. A Critical Reader, Malden/Oxford/Carlton: 2-25.

– (2007 [1994]): Das Auge der Macht, in: Belina, Bernd/Michel, Boris (Hg.): Raumproduktionen. Beiträge der Radical Geography. Eine Zwischenbilanz, Münster, Westfälisches Dampfboot: 133-153.

Gregory, Derek/Urry, John (Hg.) (1985): Social Relations and Spatial Strcutures, Houndmills/London, Macmillan.

Hackworth, Jason (2007): The Neoliberal City. Governance, Ideology, and Development in American Urbanism Ithaca/London, Cornell University Press.

Haila, Anne (1988): Land as a financial asset: the theory of urban rent as a mirror of economic transformation, in: Antipode, 20 (2): 79-100.

– (1991): Four types of investment in land and property, in: International Journal of Urban and Regional Research, 15 (3): 343-365.

– (1997): The neglected builder of global cities, in: Källstorp, Ove, et al. (Hg.): Cities in Transformation – Transformation in Cities, Aldershot u.a., Avebury: 51-64.

Hall, Stuart (2004 [1985]): Bedeutung, Repräsentation, Ideologie. Althusser und die poststrukturalistische Debatte, in: Ders.: Ideologie, Identität, Repräsentation. Ausgewählte Schriften, Bd. 4 (hrsg. von Juha Koivisto und Andreas Merkens), Hamburg, Argument-Verlag: 34-65.

Haraway, Donna/Harvey, David (1995): Nature, politics, and possibilities: a debate and discussion with David Harvey and Donna Haraway, in: Environment and Planning D: Society and Space, 13: 507-527.

Harding, Sandra (Hg.) (2004): The Feminist Standpoint Theory Reader: Intellectual and Political Controversies, New York/London, Routledge.

Hardt, Michael/Negri, Toni (2010): Multitude und Metropole, in: Blätter für deutsche und internationale Politik, 7/2010: 109-119.

Hardy, Flora (1998): It's Necessary to Talk about Trees, in: Antipode, 30 (1): 6-13.

Harloe, Michael (Hg.) (1977): Captive Cities. Studies in the Political Economy of Cities and Regions, Chichester/New York/Brisbane/Toronto, John Wiley & Sons.

Harloe, Michael/Lebas, Elizabeth (Hg.) (1981): City, class and capital. New developments in the political economy of cities and regions, London, Edward Arnold.

Harman, Chris (2007): The rate of profit and the world today, in: International Socialism (115).

Hartmann, Roger, et al. (1986): Theorien zur Stadtentwicklung. Geographische Hochschulmanuskripte Heft 12, Oldenburg, Gesellschaft zur Förderung regionalwissenschaftlicher Erkenntnisse e.V.

Hartsock, Nancy (1998a): Moments, Margins, and Agency, in: Annals of the Association of American Geographers, 88 (4): 707-712.

– (1998b): The Feminist Standpoint Revisited and Other Essays, Oxford/Boulder, Colorado, Westview Press.

– (2006): Globalization and Primitive Accumulation: The Contributions of David Harvey's Dialectical Marxism, in: Castress, Noel/Gregory, Derek (Hg.): David Harvey. A Critical Reader, Malden/Oxford/Carlton: 167-190.

Häußermann, Hartmut/Kemper, Jan (2005): Die soziologische Theoretisierung der Stadt und die „New Urban Sociology", in: Berking, Helmut/Löw, Martina (Hg.): Die Wirklichkeit der Städte, Baden-Baden, Nomos.

Häußermann, Hartmut/Siebel, Walter (Hg.) (1993): Festivalisierung der Stadtpolitik. Stadtentwicklung durch große Projekte. Leviathan Sonderheft, Opladen, Westdeutscher Verlag.

Hayford, Alison (1984): The Limits to Capital, in: Antipode, 16 (1): 46-47.

Hayter, Teresa/Harvey, David (Hg.) (1993): The Factory in the City: The Story of the Cowley Automobile Workers in Oxford, Brighton, Mansell.

Heeg, Susanne (2008): Von Stadtplanung und Immobilienwirtschaft: Die „South Boston Waterfront" als Beispiel für eine neue Strategie städtischer Baupolitik, Bielefeld, Transcript.

– (2011): Finanzkrise und städtische Immobilienmärkte. Die räumlichen Auswirkungen in und zwischen Städten, in: Demirovic, Alex, et al. (Hg.): VielfachKrise. Im finanzmarktdominierten Kapitalismus, Hamburg, VSA-Verlag: 181-198.

Heeg, Susanne/Dörry, Sabine (2009): Leerstände und Bauboom – Büroimmobilien nur noch ein Anlageprodukt? Über die Folgen der Verflechtung von Finanz- und Immobilienmärkten, in: Forschung Frankfurt, 3/2009: 30-36.

Heinrich, Michael (2004): Kritik der politischen Ökonomie. Eine Einführung, Stuttgart, Schmetterling Verlag.

Henderson, George (2004): Value: The Many-Headed Hydra, in: Antipode, 36 (3): 445-460.

Herod, Andrew (2007 [1999]): Von der Geographie der Arbeit zur Arbeitsgeographie: Der spatial fix der Arbeit und die Geographie des Kapitalismus, in: Belina, Bernd/Michel, Boris (Hg.): Raumproduktionen. Beiträge der Radical Geography. Münster, Westfälisches Dampfboot: 173-204.

Hitz, Hansruedi, et al. (Hg.) (1995): Capitales Fatales: Urbanisierung und Politik in den Finanzmetropolen Frankfurt und Zürich, Zürich, Rotpunkt.

Holm, Andrej (2010): Privare heißt rauben. Zur Ökonomie von Wohnungsprivatisierungen, in: Z – Zeitschrift Marxistische Erneuerung (83 (September 2010)): 46-59.

– (2011a): Das Recht auf die Stadt, in: Blätter für deutsche und internationale Politik, 8/2011: 89-97.

– (2011b): Neuordnungne des Städtischen. Ungleiche Entwicklung des Raumes als Ausdruck und Folge von Krisendynamiken, in: Demirovic, Alex, et al. (Hg.): VielfachKrise. Im finanzmarktdominierten Kapitalismus, Hamburg, VSA-Verlag: 199-210.

Holm, Andrej/Lederer, Klaus/Naumann, Matthias (Hg.) (2011): Linke Metropolenpolitik. Erfahrungen und Perspektiven am Beispiel Berlin, Münster, Westfälisches Dampfboot.

Horlitz, Sabine: The Construction of a Blast: The 1970s Urban Crisis and the Demolition of the Pruitt-Igoe Public Housing Complex, in: Jackson, Will et al. (Hg.) (2012): Crisis, Rupture and Anxiety. An Interdisciplinary Examination of Contemporary and Historical Human Chalenges, Newcastle upon Tyne, Cambridge Scholars Publishing: 17-38.

Howard, Nick (1995): The rise and fall of socialism in one city, in: International Socialism Journal, 69.

Hubbard, Phil (2006): City, London/New York, Routledge.

Hudson, Ray (2004): Reflecting on The Limits to Capital, 20 Years on…, in: Antipode, 36 (3): 414-419.

– (2006): On What's Right and Keeping Leftt: Or Why Geography Still Needs Marxian Political Economy, in: Antipode, 38 (2): 374–395.

Huffschmid, Jörg (2002): Politische Ökonomie der Finanzmärkte. Aktualisierte und erweiterte Neuauflage, Hamburg.

Immergluck, Dan/Aalbers, Manuel/Marcuse, Peter (2009): A Symposium on the Subprime Crisis, in: City & Community, 8 (3): 341-356.

INURA_Wien (2011): „Red " urban neoliberalism in crisis? The case of Vienna. Konferenzpapier präsentiert auf der 6th. International Conference of Critical Geography (ICCG), 16.–20. August 2011, Frankfurt am Main.

Jaeggi, Urs (1976): Theoretische Praxis. Probleme eines strukturalen Marxismus, Frankfurt a.M., Suhrkamp.

Jameson, Fredric (1998): The Brick arid the Balloon: Architecture, Idealism and Land Speculation, in: Ders.: The Cultural Turn. Selected Writings on the Postmodern 1983-1998, London/New York: 162-189.

Jaret, Charles (1983): Recent Neo-Marxist Urban Analysis, in: Annual Review of Sociology, 9: 499-525.

Jessop, Bob (2002): The Future of the Capitalist State, Cambrige/Oxford/Maiden, Politiy Press.

– (2004): On The Limits of The Limits to Capital, in: Antipode, 36 (3): 480-496.

– (2006): Spatial Fixes, Temporal Fixes and Spatio-Temporal Fixes, in: Castress, Noel/Gregory, Derek (Hg.): David Harvey. A Critical Reader, Malden/Oxford/Carlton: 142-166.

– (2007): State Power: A Strategic-Relational Approach, Cambridge, Polity.

Jessop, Bob/Brenner, Neil/Jones, Martin (2008): Theorizing sociospatial relations, in: Environment and Planning D: Society and Space, 26: 389-401.

Johnston, Ronald/Sidaway, James (2004): Geography & Geographers: Anglo-American Human Geography since 1945. 6. Auflage, London et.al., Arnold.

Jones, Andrew (1999): Dialectics and difference: against Harvey's dialectical „post-Marxism", in: Progress in Human Geography, 33 (4): 529-555.

Jones, John Paul (2004): David Harvey: Live Theory, London, Continuum International Publishing.

Jones, John Paul/Woodward, Keith (2009): David Harvey, in: Kitchin, Rob/Thrift, Nigel (Hg.): The International Encyclopedia of Human Geography. Vol. 5, Oxford, Elsevier: 24-27.

Jones, Martin/Ward, Kevin (2002): Excavating the Logic of British Urban Policy: Neoliberalism as the „Crisis of Crisis-Management", in: Brenner, Neil/Theodore, Nik (Hg.): Spaces of Neoliberalism. Urban Restructuring in North America and Western Europe, Malden, MA/Oxford/Carlton, Blackwell Publishing: 126-147.

– (2004a): Capitalist Development and Crisis Theory: Towards a „Fourth Cut", in: Antipode, 36 (3): 497-511.

Katz, Cindi (2006): Messing with „the Project", in: Castress, Noel/Gregory, Derek (Hg.): David Harvey. A Critical Reader, Malden/Oxford/Carlton: 234-246.

– et al. (1998): Political and Intellectual Passions: Engagements with David Harvey's Justice, Nature and the Geography of Difference, in: Annals of the Association of American Geographers, 88 (4): 706-730.

Katz, Steven (1986): Towards a Sociological Definiton of Rent: Notes on David Harvey's The Limits to Capital, in: Antipode, 18 (1): 64-78.

Katznelson, Ira (1992): Marxism and the City, Oxford, Clarendon Press.

Kearns, Gerry (1984): Making space for Marx, in: Jounal of Historical Geography, 10 (4 (Oktober 1984)): 411-417.

Keil, Roger (1987): David Harvey und das Projekt einer materialistischen Stadttheorie, in: Prokla (69): 132-147.

Khosla, Punam (2005): Privatization, Segregation and Dispossession in Western Urban Space: An Antiracist, Marxist-Feminist Reading of David Harvey, Major Reasearch Paper submitted to the Faculty of Environmental Studies, York University Ontario, Canada. unter: http://pi.library.yorku.ca/dspace/bitstream/handle/10315/14259/punam-khosla.pdf?sequence=1, aufgerufen am 03.01.2012.

King, Ross (1989a): Capital switching and the role of ground rent: 1 Theoretical problems, in: Environment and Planning A, 21 (4): 445-462.

– (1989b): Capital switching and the role of ground rent: 2 Switching between circuits and switching between submarkets, in: Environment and Planning A, 21 (6): 711-738.

– (1989c): Capital switching and the role of ground rent: 3 Switching between circuits, switching between submarkets, and social change, in: Environment and Planning A, 21 (7): 853-880.

Kinzel, Katherina (2009): Politische Epistemologie. Konzeptionen wissenschaftlicher Erkenntnisproduktion aus herrschaftskritischer Perspektive, unveröffentl. Diplomarbeit an der Fakultät für Philosophie und Bildungswissenschaft, Universität Wien.

Kipfer, Stefan (2008): Die Zentralität des Städtischen: Überlegungen zur Skalenfrage, in: Wissen, Markus/Bernd, Röttger/Heeg, Susanne (Hg.): Politics of Scale. Räume der Globalisierung und Perspektiven emanzipatorischer Politik, Münster, Westfälisches Dampfboot: 85-105.

Kipfer, Stefan, et al. (2008a): On the Production of Henri Lefebvre, in: Dies. (Hg.): Space, Difference, Everyday Life. Reading Henri Lefebvre, New York/London, Routledge: 1-23.

– et al. (Hg.) (2008b): Space, Difference, Everyday Life. Reading Henri Lefebvre, New York/London, Routledge.

Kipfer, Stefan/Milgrom, Richard (2002): Henri Lefebvre – Urbanization, Space and Nature: Editors' Preface, in: Capitalism Nature Socialism, 13 (2): 37-41.

Köhler, Bettina (2008): Gesellschaftliche Naturverhältnisse, Politische Ökologie und ökologisch-feminististische Sichtweisen, in: Das Argument, 279: 850-857.

Krämer, Jürgen/Neef, Rainer (Hg.) (1985): Krise und Konflikte in der Großstadt im entwickelten Kapitalismus. Texte zu einer „New Urban Sociology", Basel/Boston/Stuttgart, Birkhäuser.

Krätke, Stefan (1991): Strukturwandel der Städte. Städtesystem und Grundstücksmarkt in der „post-fordistischen" Ära, Frankfurt a.M./New York, Campus-Verlag.

Krätke, Stefan/Schmoll, Fritz (1987): Der lokale Staat – „Ausführungsorgan" oder „Gegenmacht"?, in: Prokla, 68: 30-72.

Kröcher, Uwe (2007): Die Renaissance des Regionalen. Zur Kritik der Regionalisierungseuphorie in Ökonomie und Gesellschaft (= Raumproduktionen: Theorie und gesellschaftliche Praxis, Bd. 2), Münster.

– (2008): Der New Regionalism: Aufstieg und Fall(stricke) einer regionalwissenschaftlichen Alternative zur Neoklassik, in: Krumbein, Wolfgang, et al. (Hg.): Kritische Regionalwissenschaft. Gesellschaft, Politik, Raum, Münster, Westfälisches Dampfboot 191-211.
Krumbein, Wolfgang (2008): Raumanalysen bei Marx: Der Raum im Kontext von Produktion, Zirkulation, Krise und Staat, in: Ders./von Frieling, Hans-Dieter/Kröcher, Uwe/Sträter, Detlev (Hg.): Kritische Regionalwissenschaft. Gesellschaft, Politik, Raum, Münster, Westfälisches Dampfboot: 42-69.
Läpple, Dieter (1973): Staat und allgemeine Produktionsbedingungen, Westberlin.
– (1987): Zur Diskussion über 'lange Wellen', 'Raumzyklen' und gesellschaftliche Restrukturierung, in: Prigge, Walter (Hg.): Die Materialität des Städtischen. Stadtentwicklung und Urbanität im gesellschaftlichen Umbruch, Basel
Boston, Birkhäuser Verlag: 59-76.
Lebas, Elizabeth, et al. (1982): Urban and Regional Sociology in Advanced Industrial Societies: A Decade of Marixt and Critical Perspectives, in: Current Sociology, 30 (1).
Lefebvre, Henri (1974 [1973]): Die Zukunft des Kapitalismus, München, Paul List Verlag.
– (1972 [1970]): Die Revolution der Städte, München, List Verlag.
– (1975 [1972]): Die Stadt im marxistischen Denken, Ravensburg, Maier.
Leyshon, Andrew (2004): The Limits to Capital and Geographies of Money, in: Antipode, 36 (3): 461-469.
Leyshon, Andrew/Thrift, Nigel (1997): Money/Space: Geographies of Monetary Transformation, London, Routledge.
Lindner, Rolf (2004): Walks on the Wild Side: Eine Geschichte der Stadtforschung, Frankfurt a.M., Campus.
Low, Nicholas (1990): Class, politics, and planning: from reductionism to pluralism in Marxist class analysis, in: Environment and Planning A, 22: 1091-1114.
Lyotard, Jean-François (1984 [1979]): The Postmodern Condition. A Report on Knowledge, Manchester, Manchester University Press.
Marsh, David/Furlong, Paul (2002): A Skin, not a Sweater: Ontology and Epistemology in Political Science, in: Ders./Stoker, Gerry (Hg.): Theory and Methods in Political Science. Zweite Auflage, Houndmills, Palgrave: 17-41.
Marx, Karl (1962 [1867]): Das Kapital. Kritik der politischen Ökonomie. Erster Band: Der Produktionsprozeß des Kapitals, in: Ders./Engels, Friedrich: Werke. Band 23, Berlin.
– (1963 [1885]): Das Kapital. Kritik der politischen Ökonomie. Zweiter Band: Der Zirkulationsprozeß des Kapitals, in: Ders./Engels, Friedrich: Werke. Band 24, Berlin.
– (1971 [1857]): Einleitung [zur Kritik der Politischen Ökonomie], in: Ders./Engels, Friedrich: Werke. Band 13, Berlin, Verlag, Dietz: 615-641.
– (1972 [1863]): Theorien über den Mehrwert. Erster bis dritter Teil, in: Ders./Engels, Friedrich: Werke. Band 26.1 bis 26.3, Berlin.
– (1975 [1852]): Der achzehnte Brumaire des Louis Bonaparte, in: Ders./Engels, Friedrich: Werke. Band 8, Berlin: 115-207.
– (1976 [1843/44]): Zur Kritik der Hegelschen Rechtsphilosophie. Einleitung, in: Ders./Engels, Friedrich: Werke. Band 1, Berlin/DDR: 378-391.
– (1978 [1845]): Thesen über Feuerbach, in: Ders./Engels, Friedrich: Werke. Band 3, Berlin: 5-7.

– (1983 [1858]): Grundrisse der Kritik der politischen Ökonomie, in: Ders./Engels, Friedrich: Werke. Band 42, Berlin: 47-959.
– (1983 [1894]): Das Kapital. Kritik der politischen Ökonomie. Dritter Band: Der Gesamtprozeß der kapitalistischen Produktion, in: Ders./Engels, Friedrich: Werke. Band 25, Berlin.
Marx, Karl/Engels, Friedrich (1969 [1845/46]): Die deutsche Ideologie, in: Dies.: Werke. Band 3, Berlin: 5-530.
– (1972 [1848]): Manifest der Kommunistischen Partei, in: Dies.: Werke. Band 4, Berlin: 459-493.
Massey, Doreen (1991): Flexible sexism, in: Environment and Planning D: Society and Space, 9 (1): 31- 57.
– (1994): Space, Place and Gender, Cambridge.
– (1995 [1984]): Spatial Division of Labour. Social Structures and the Geography of Production, Houndmills u.a.
Mayer, Margit/Roth, Roland/Brandes, Volkhard (Hg.) (1978): Stadtkrise und soziale Bewegungen. Texte zur internationalen Entwicklung, Köln/Frankfurt am Main, VA.
McDowell, Linda (1992): Multiple voices: speaking from inside and outside „the project", in: Antipode, 24 (1): 56-72.
– (1998): Some academic and political implications of Justice, Nature and the Geography of Difference, in: Antipode, 30 (1): 3-5.
McDowell, Linda, et al. (1998): Justice, Nature and the Geography of Difference: A Review Symposium, in: Antipode, 30 (1): 1-55.
Merrifield, Andy (2002): Metromarxism. A Marxist Tale of the City, New York/London, Routledge.
– (2006): Henri Lefebvre. A Critical Introduction, New York, Routledge.
Merrifield, Andy/Swyngedouw, Erik (Hg.) (1996): The Urbanization of Injustice, London, Lawrence & Wishart.
Milicevic, Aleksandra Sasha (2001): Radical Intellectuals: What Happened to the New Urban Sociology?, in: International Journal of Urban and Regional Research, 25 (4): 759–783.
Molotch, Harvey (1976): The city as a growth machine: Toward a political economy of place, in: American Journal of Sociology, 82 (2): 309-32.
Morris, Meaghan (1992): The man in the mirror, in: Theory, Culture & Society, 9 (1, February 1992): 253-279.
Nowak, Jörg (2009): Geschlechterpolitik und Klassenherrschaft. Eine Integration marxistischer und feministischer Staatstheorien, Münster, Westfälisches Dampfboot.
O'Keefe, Phil (1984): The Limits of The Limits to Capital, in: Antipode, 16 (1): 45-46.
Offe, Claus (1972): Strukturprobleme des kapitalistischen Staates. Aufsätze zur politischen Soziologie, Frankfurt a.M., Suhrkamp.
Ollman, Bertell (2003): Dance of the Dialectic. Steps in Marx's Method, Urbana/Chicago, University of Illinois Press.
Olson, Sherry H. (1997 [1980]): Baltimore: The Building of an American City, Baltimore, The Johns Hopkins University Press.
Opratko, Benjamin (2012): Hegemonie. Politische Theorie nach Antonio Gramsci, Münster, Westfälisches Dampfboot.

Opratko, Benjamin/Probst, Stefan (2010): Sozialismus in einer Stadt?, in: Perspektiven. Magazin für linke Theorie und Praxis, 11 (Sommer 2010): 12-19.
Ossenbrügge, Jürgen (1983): Politische Geographie als räumliche Konfliktforschung. Konzepte zur Analyse der politischen und sozialen Organisation des Raumes auf der Grundlage angloamerikanischer Forschungsansätze, Hamburg, Institut für Geographie u. Wirtschaftsgeographie der Universität Hamburg.
Paris, Chris (1983): The myth of urban politics, in: Environment and Planning D: Society and Space, 1 (1): 89–108.
Parker, Simon (2004): Urban Theory and the Urban Experience. Encountering the city, London/New York, Routledge.
Paterson, John (1984): David Harvey's Geography, New York, Croom Helm, Beckenham and Barnes and Noble.
Peet, Richard (Hg.) (1977a): Radical Geography. Alternative Viewpoints on Contemporary Social Issues, London, Methuen & Co Ltd.
– (1977b): The Development of Radical Geography in the United States, in: Ders. (Hg.): Radical Geography. Alternative Viewpoints on Contemporary Social Issues, London, Methuen & Co Ltd: 6-30.
– (1998): Modern Geographical Thought, Oxford/Malden, Blackwell Publishers.
Pickvance, Chris (Hg.) (1976): Urban Sociology: Critical Essays, London, Methuen.
– (1995): Marxist Theories of Urban Politics, in: Judge, David/Stoker, Gerry/Wolman, Harold (Hg.): Theories of Urban Politics, London/Thousand Oaks/New Delhi, Sage Publications: 253-275
Poulantzas, Nicos (2002): Staatstheorie. Politischer Überbau, Ideologie, Autoritärer Etatismus. Mit einer Einleitung von Alex Demirovic, Joachim Hirsch und Bob Jessop, Hamburg, VSA-Verlag.
Probst, Philipp (2010): Vom Aufstieg und Fall der Profitrate, in: Perspektiven. Magazin für linke Theorie und Praxis, 12 (Herbst 2010): 56-65.
Pühretmayer, Hans (2005): Über das Politische des Wissenschaftlichen. Interventionen des Critical Realism in verschiedene Ökonomietheorien, in: Kurswechsel, 4/2005: 28-44.
– (2010): Zur Kombinierbarkeit von Critical Realism und Poststrukturalismus: Eine Reformulierung der Struktur-Handlungs-Frage, in: Österreichische Zeitschrift für Politikwissenschaft (ÖZP), 39 (1): 9-26.
Puller, Armin (2010): Verdichtungskonzept und Reproduktionsproblematik in der Staatstheorie von Nicos Poulantzas. Zu einigen Aspekten aktueller staatstheoretischer Debatten zwischen (Neo-)Poulantzianismus, Formanalyse, Poststrukturalismus und Critical Realism, unveröffentl. Diplomarbeit an der Fakultät für Sozialwissenschaften, Universität Wien.
Rigby, David (2004): Celebrating The Limits to Capital and Lamenting the Crisis of Marxism, in: Antipode, 36 (3): 420-426.
Sablowski, Thomas (2003): Krisentendenzen der Kapitalakkumulation, in: Das Argument, 251: 438-452.
– (2009): Die Ursachen der neuen Weltwirtschaftskrise, in: Kritische Justiz, 2.
– (2011): Die jüngste Weltwirtschaftskrise und die Krisentheorien, in: Demirovic, Alex, et al. (Hg.): VielfachKrise. Im finanzmarktdominierten Kapitalismus, Hamburg, VSA-Verlag: 29-44.

Saunders, Peter (1987): Soziologie der Stadt, Frankfurt a.M./New York, Campus Verlag.

Saunders, Peter/Williams, Peter (1986): The new conservatism: some thoughts on recent and future developments in urban studies, in: Environment and Planning D: Society and Space, 4: 393-399.

Sayer, Andrew (1987): Hard work and its alternatives, in: Environment and Plannung D: Society and Space, 5 (4): 395-399.

– (1992 [1984]): Method in Social Science. 2nd Edition, London/New York.

– (1995): Radical Political Economy. A Critique, Oxford/Cambridge, Blackwell.

– (2000): Realism and Social Science, Los Angeles/London/New Delhi/Singapore/Washington DC, Sage.

Schäfer, Christoph (2010): Die Stadt ist unsere Fabrik – The City is Our Factory, Leipzig, Spector Books.

Schmid, Christian (1996): Urbane Region und Territorialverhältnis – Zur Regulation des Urbanisierungsprozesses, in: Bruch, Michael/Krebs, Hans-Peter (Hg.): Unternehmen Globus. Facetten nachfordistischer Regulation, Münster, Westfälisches Dampfboot: 224-253.

– (2005): Stadt, Raum und Gesellschaft. Henri Lefebvre und die Theorie der Produktion des Raumes, Stuttgart, Franz Steiner.

Scott, Allen J. (1988): Metropolis. From the Division of Labor to Urban Form, Berkeley/Los Angeles, University of California Press.

Scott, Allen. J./Soja, Edward. W. (Hg.) (1996): The City. Los Angeles and Urban Theory at the End of the Twentieth Century, Berkeley/Los Angeles/London, University of California Press.

Shaikh, Anwan (1978): Eine Einführung in die Geschichte der Krisentheorie, in: Prokla, 30: 3-42.

Sheppard, Eric (2004): The Spatiality of The Limits to Capital, in: Antipode, 36 (3): 470-479.

– (2006): David Harvey and Dialectical Space-time, in: Castress, Noel/Gregory, Derek (Hg.): David Harvey. A Critical Reader, Malden/Oxford/Carlton: 121-141.

Silver, Beverly (2005 [2003]): Forces of Labor. Arbeiterbewegung und Globalisierung seit 1870, Berlin/Hamburg, Assoziation A.

Singer, Mona (2005): Geteilte Wahrheit. Feministische Epistemologie, Wissenssoziologie und Cultural Studies, Wien, Löcker.

Smith, Michael Peter (2001a): Transnational Urbanism. Locating Globalization, Malden/Oxford/Carlton, Blackwell Publishing.

Smith, Neil (1979): Toward a Theory of Gentrification A Back to the City Movement by Capital, not People, in: Journal of the American Planning Association, 45 (4): 538-448.

– (1995a): Editorial, in: Environment and Planning D: Society and Space, 13: 505-506.

– (1995b): Remaking scale: competition and cooperation in prenational and postnational Europe, in: Eskelinen, Heikkui/Snickars, Folke (Hg.): Competitive European Peripheries, Berlin, Springer: 59-74.

– (1996): The New Urban Frontier. Gentrification and the Revanchist City, London/New York, Routledge.

– (2001b): Marxism and Geography in the Anglophone World, in: Geographische Revue, 2001 (2): 5-21.

– (2003): Foreword, in: Lefebvre, Henri: The Urban Revolution, Minneapolis.
– (2008): Book review essay – David Harvey: A Critical Reader, in: Progress in Human Geography, 32 (1): 147-155.
– (2008 [1984]): Uneven Development. Nature, Capital and the Production of Space. 3rd Edition. With a new afterword by the author and a foreword by David Harvey, Athens, Georgia, The University of Georgia Press.
Soja, Edward (1980): The Socio-Spatial Dialectic, in: Annals of the Association of American Geographers, 70: 207-225.
– (1985): The Spatiality of Social Life: Towards a Transformative Retheoretisation, in: Gregory, Derek/Urry, John (Hg.): Social Relations and Spatial Structures, Houndmills/London, Macmillan: 90-127.
– (1989): Postmodern Geographies. The Reassertion of Space in Critical Social Theory, London/New York, Verso.
– (1996): Thirdspace. Journeys to Los Angeles and Other Real-and-Imagined Places, Oxford UK/Cambridge Ma., Blackwell.
– (2000): Postmetropolis. Critical Studies of Cities and Regions, Maldern/Oxford/Carlton, Blackwell.
– (2007 [1989]): Verräumlichungen: Marxistische Geographie und kritische Gesellschaftstheorie, in: Belina, Bernd/Michel, Boris (Hg.): Raumproduktionen. Beiträge der Radical Geography. Münster, Westfälisches Dampfboot: 77-110.
Stalder, Felix (2008): Manuel Castells. The theory of the network society, Cambridge, Polity Press.
Swyngedouw, Erik (1999): Marxism and historical-geographical materialism: A spectre is haunting geography, in: Scottish Geographical Journal, 115 (2): 91-102.
Tabb, William/Sawers, Larry (Hg.) (1978): Marxism and the Metropolis. New Perspectives in Urban Political Economy, New York, Oxford University Press.
Tajbakhsh, Kian (2001): The Promise of the City. Space, Identity, and Politics in Contemporary Social Thought, Berkely/Los Angeles/London, University of California Press.
ten Brink, Tobias (2008a): Geopolitik. Geschichte und Gegenwart kapitalistischer Staatenkonkurrenz, Münster.
– (2008b): Staatenkonflikte. Zur Analyse von Geopolitik und Imperialismus -- ein Überblick, Stuttgart, Lucius & Lucius.
Thrift, N. J. (1987): No perfect symmetry, in: Environment and Plannung D: Society and Space, 5 (4): 400-407.
Thrift, Nigel (2006): David Harvey: A Rock in a Hard Place, in: Castress, Noel/Gregory, Derek (Hg.): David Harvey. A Critical Reader, Malden/Oxford/Carlton: 223-233.
Topalov, Christian (1983): Capital, history and the limits of economies, in: International Journal of Urban and Regional Research, 7 (4): 603-607.
Twickel, Christoph (2010): Gentrifizierungsdingsbums oder eine Stadt für Alle, Hamburg, Edition Nautilus.
Walker, Richard (1981): A theory of suburbanization, in: Dear, Michael/Scott, Allen (Hg.): Urbanization and planning in capitalist society, New York.
– (2004): The Spectre of Marxism: The Return of The Limits to Capital, in: Antipode, 36 (3): 434-443.

Warf, Barney/Arias, Santa (Hg.) (2009): The Spatial Turn. Interdisciplinary perspectives, Abingdon, Routledge.

Webster, Frank/Dimitriou ' Basil (Hg.) (2004): Manuel Castells, London, Sage.

Weeks, John (1981): Capital and Exploitation, New Jersey.

Williams, Michael (1998): The Ambiguity of Nature, in: Antipode, 30 (1): 26-35.

Wissen, Markus (2010): Klimawandel, Geopolitik und „imperiale Lebensweise". Das Scheitern von „Kopenhagen" und die strukturelle Überforderung internationaler Umweltpolitik, in: Kurwechsel. Zeitschrift für gesellschafts-, wirtschafts- und umweltpolitische Alternativen, 2: 30-38.

– (2011): Gesellschaftliche Naturverhältnisse in der Internationalisierung des Staaes. Konflikte um die Räumlichkeit staatlicher Politik und die Kontrolle natürlicher Ressourcen, Münster, Westfälisches Dampfboot.

Wissen, Markus/Naumann, Matthias (2008): Uneven Development. Zum Konzept ungleicher Entwicklung in der radical geography, in: Krumbein, Wolfgang, et al. (Hg.): Kritische Regionalwissenschaft. Münster, Westfälisches Dampfboot 87-109.

Wissen, Markus/Röttger, Bernd/Heeg, Susanne (Hg.) (2008): Politics of Scale. Räume der Globalisierung und Perspektiven emanzipatorischer Politik, Münster, Westfälisches Dampfboot.

Wright, Melissa (2006): Differences that Matter, in: Castress, Noel/Gregory, Derek (Hg.): David Harvey. A Critical Reader, Malden/Oxford/Carlton: 80-101.

Young, Iris Marion (1998): Harvey's complaint with race and gender struggles: a critical response, in: Antipode, 30 (1): 36-42.

Zeller, Christian (Hg.) (2004): Die globale Enteignungsökonomie, Münster, Westfälisches Dampfboot.

Zukin, Sharon (1980): A Decade of the New Urban Sociology, in: Theory and Society, 9 (4): 575–601.

– (1989 [1982]): Loft Living: Culture and Capital in Urban Change. 2nd ed., New York, Rutgers University Press.

– (2006): David Harvey on Cities, in: Castree, Noel/Gregory, Derek (Hg.): David Harvey. A Critical Reader, Malden/Oxford/Carlton: 102-120.